国家社会科学基金一般项目（编号：24BGL021）

数字服务化的
实现机制与路径研究

DIGITAL
SERVITIZATION

周 丹 戴维奇 ◎ 著

ZHEJIANG UNIVERSITY PRESS
浙江大学出版社
·杭州·

图书在版编目（CIP）数据

数字服务化的实现机制与路径研究／周丹，戴维奇
著. -- 杭州：浙江大学出版社，2024. 12. -- ISBN
978-7-308-25760-2

Ⅰ. F426.4-39

中国国家版本馆 CIP 数据核字第 2025FZ8579 号

数字服务化的实现机制与路径研究
SHUZI FUWUHUA DE SHIXIAN JIZHI YU LUJING YANJIU
周　丹　戴维奇　著

责任编辑	杨利军	
责任校对	汪淑芳	
封面设计	闰江文化	
出版发行	浙江大学出版社	
	（杭州市天目山路 148 号　邮政编码 310007）	
	（网址：http://www.zjupress.com）	
排　　版	杭州好友排版工作室	
印　　刷	杭州钱江彩色印务有限公司	
开　　本	710mm×1000mm　1/16	
印　　张	22.75	
字　　数	382 千	
版 印 次	2024 年 12 月第 1 版　2024 年 12 月第 1 次印刷	
书　　号	ISBN 978-7-308-25760-2	
定　　价	88.00 元	

前　言

　　党的二十届三中全会吹响了进一步全面深化改革、推进中国式现代化的伟大号角,提出实体经济和数字经济深度融合是我国未来实体经济高质量发展的必由之路,也是支撑我国数字经济高质量发展的重要基础。数字服务化是指制造企业通过数字技术的监测、控制、优化、自动化等功能,推动企业从以产品为中心的服务模式向以顾客为中心的服务模式转变,从而创造和获取价值。因此,数字服务化是我国推进数实融合发展的重要抓手。习近平总书记在中共十九届中央政治局第三十四次集体学习时强调:"近年来,互联网、大数据、云计算、人工智能、区块链等技术加速创新,日益融入经济社会发展各领域全过程,……,数字经济发展速度之快、辐射范围之广、影响程度之深前所未有,正在成为重组全球要素资源、重塑全球经济结构、改变全球竞争格局的关键力量。"(习近平,2022)数字技术不断赋能传统产业升级,催生出新产业、新业态和新模式,为制造企业数字服务化带来了新机遇。2016 年,工业和信息化部、国家发展改革委、中国工程院印发的《发展服务型制造专项行动指南》提出"探索智能服务新模式"。2020 年,工业和信息化部等 15 个部门联合发布《关于进一步促进服务型制造发展的指导意见》(工信部联政法〔2020〕101 号),强调利用新一代信息技术推动服务型制造企业提供定制化服务的重要意义。

　　现实中,数字服务化正以多种模式协助制造企业创造新的增长机会来实现数实融合深度发展。例如,较早从事大型风力发电机组制造的企业运达集团,通过搜集和分析机组运营数据为顾客预测风力,开拓了风电场设计服务,实现持续价值创造;海尔集团开发出全球最大的大规模定制解决方案平台卡奥斯(COSMOPlat),集成定制设计、采购、生产、物流和服务,成功地为客户提供全面的解决方案。由此可见,数字服务化采用数字技术赋能或数据要素嵌入的方式,助力制造企业围绕产品提供基础服务或围绕顾客需求提供高级定制化服务或解决方案,这不仅为制造企业增加了新的价值创造机会,也实现了实体经济的高质量发展。

然而,制造企业的数字服务化所面临的挑战不容忽视,制造企业在数字服务化过程中要承受来自数字化和服务化的双重转型挑战,所产生的成本和所需要的投入决定了制造企业数字服务化的成败。因此,很多制造企业犹豫不决,不肯放开一搏,数字服务化往往停留在口号阶段。因此,如何驱动制造企业实施数字服务化?数字服务化是如何作用于企业绩效的?数字服务化是否与关键主体发生交互?数字服务化的实现路径是什么?如何保障数字服务化高效发展?这些问题是当前理论界和实业界亟待研究的问题。

为此,本书基于动态能力理论、服务生态系统理论、知识基础观、范围经济理论、资源重构理论等多种理论视角,通过案例探索与实证研究,剖析制造企业数字服务化的驱动机制、数字服务化对企业绩效的作用机制、制造企业数字服务化的交互机制,以及制造企业数字服务化的发展模式和实现路径等问题,以寻求数字经济背景下数字服务化发展的新洞见,同时为我国数实深度融合发展、先进制造企业与现代服务化融合、制造业高质量发展的政策制定以及制造企业管理者增强数字服务化认知和明确数字服务化发展方向等方面提供参考建议。基于"问题提出→理论基础→实现机制→实现路径→政策建议"研究思路,本书首先对服务化与数字服务化的相关研究进行文献综述,厘清现有研究基础,识别潜在研究空缺,探索未来研究热点;其次,分析数字服务化的实现机制,具体分析制造企业数字服务化的驱动机制、作用机制和交互机制;最后,明确制造企业数字服务化的发展方向,具体探索制造企业数字服务化的发展模式、实现路径、优化对策和保障措施。总体上得到五个方面的研究结论。

一是数字平台能力可以有效驱动数字服务化发展。数字平台能力通过影响企业的知识边界拓展和权力边界拓展而驱动数字服务化,参与者互补性与服务复杂性对知识边界拓展的中介效应产生调节作用,参与者互补性(或服务复杂性)越强,知识边界拓展的中介效应越弱,但参与者互补性与服务复杂性对权力边界拓展的中介效应没有产生调节作用。

二是数字服务化对企业绩效的积极影响取决于服务网络的合理配置以及冗余资源的激活。服务化与企业绩效之间呈 U 形关系,服务化对企业绩效的贡献处于 20% 到 40% 之间时,企业可以预见服务化即将带来收益。数字服务化是一种特殊类型的服务化,基础数字服务化和高级数字服务化都有利于提升制造企业绩效,都可通过构建服务网络连带、扩大服务网络规模对制造企业绩效产生积极影响。冗余资源虽然会减弱基础数字服务化对构建服务网络连带(service network tie)的依赖性,但冗余资源能够促进构建服务网络连带与扩大服务网络规模。

三是数字服务化情境下企业与知识型服务机构、服务化与技术创新、服务化与数字化会产生差异化交互效应。制造企业与知识型服务机构互动时,只有识别出技术服务机构的"知识源"和专业服务机构的"桥梁"作用才能有效互动。服务化与技术创新互动时,新颖型服务化只有与利用式技术创新进行组合才能积极提升制造企业绩效,而探索式技术创新分别与效率型、新颖型服务化进行组合均对制造企业绩效具有抑制作用。服务化与数字化互动时,外部数字化与高级服务化、内部数字化与基础服务化,相对于外部数字化与基础服务化、内部数字化与高级服务化,更有助于提升企业绩效。

四是数字服务化的实现路径可归纳为数字化到服务化再到数字服务化。具体表现为产品-软件捆绑、产品-软件-服务捆绑、软件-服务捆绑三个阶段的实现。制造企业的数字服务化实现路径与外部环境、企业能力组合、企业主导逻辑相互影响。制造企业的数字服务化实现路径具有一定规律,即优先实现制造智能化,进而提供数字化服务。

五是数字服务化的保障机制要注重总体战略引领和数字技术设施建设。我国数字服务化的发展要紧密围绕数实融合战略引领,从体制机制、税收环境、数字技术设施建构等方面予以保障。具体提出五点建议:构建促进我国制造企业数字服务化发展的体制与机制环境;打造促进我国制造企业数字服务化发展的良好税收环境;研究编制我国制造企业数字服务化发展的战略性规划;设立我国制造企业数字服务化发展的专项引导基金;构建推动我国制造企业释放数据价值、赋能数字服务化发展的保障体系。

纵观全书,本书的创新主要体现在以下三个方面:

一是研究架构创新,从服务化到数字服务化,架构"问题驱动式"的总体研究框架。以"如何驱动、如何作用、如何交互、如何演化、如何保障"五个问题为主线架构全书研究内容。首先从驱动机制、作用机制、交互机制三方面深化数字服务化的实现机制,基于此,剖析数字服务化模式、路径与保障措施,系统、分层地深入剖析数字服务化的实现机制与路径。

二是研究视角创新,多维视域剖析制造企业数字服务化的实现机制。本书基于动态能力理论、服务生态系统理论剖析数字平台能力对数字服务化的驱动机制,基于范围经济理论、资源重构理论、网络理论剖析数字服务化对企业绩效的作用机制,整合知识基础观、权变视角、服务主导逻辑分析制造企业服务化过程中与知识、技术、数字化的交互机制,以此多领域、多视角地探讨数字服务化的实现机制。

三是研究情境创新,整合"静态分析"与"动态分析",挖掘数字经济背景在数字服务化研究中的重要情境。结合数字技术的不同赋能情境,剖析三种数字服务化模式的特征。采用纵向多案例研究法,探索制造企业数字服务化与政企数字化导向一致性、主导逻辑、能力组合的演化路径。据此深入挖掘数字经济对制造企业数字服务化的情境效应,为数字服务化的实现路径研究奠定理论基础。

本书的顺利完成得到诸多专家、领导和企业界朋友的帮助和大力支持。

首先,感谢浙江财经大学的魏江校长。我在浙江大学读博的时候,是魏老师带我进入了制造服务化的研究领域。没有他曾经的悉心指导,就没有如今本书的顺利出版。其次感谢美国得克萨斯理工大学的严婷婷教授和美国宾夕法尼亚州立大学的李世基(Seoki Lee)教授,本书中数字服务化对企业绩效的作用机制的研究得益于他们的指导和帮助,才能顺利高质量完成。同时感谢我的研究生们,本书的完成也凝聚了他们的心血,他们是:张海洋、程江杭、陈智敏、戴宇能、邓栩、张新悦、翟蕾、吴启红。

在此还要特别感谢国家社会科学基金一般项目(编号:24BGL021)对本研究的支持。感谢浙江省数字经济发展中心、运达能源科技集团股份有限公司、卧龙控股集团有限公司、天道金科股份有限公司、杭州海兴电力科技股份有限公司、涂鸦智能、每日互动等一大批接受我们调研和访谈的企业,正是由于它们的大力支持,我们才能拥有如此丰富的一手资料。

最后,感谢我的家人,他们是本书顺利完成的坚实后盾,也是我不断前行的动力!

由于时间、精力有限,书中不免存在不足和仍需改进之处,期待各位学者、专家和读者的批评指正。我们希望本书能为推进制造企业数字服务化转型等相关研究尽一份绵薄之力。

周　丹

2024 年秋于浙江财经大学

目　　录

第一章 绪 论

数字服务化是我国推进数实融合发展的重要抓手,也是现阶段我国制造企业打造新质生产力,实现高质量发展的重要途径。数字服务化是指制造企业通过数字技术的监测、控制、优化、自动化等功能,推动企业从以产品为中心的服务模式向以顾客为中心的服务模式转变,从而创造和获取价值(Kowalkowski et al.,2017;Tronvoll et al.,2020)。数字服务化并不是一个全新的话题,它是伴随着数字经济的发展由制造服务化蜕变而来的。制造服务化是指制造企业通过将服务和产品捆绑从而为客户创造新的价值的过程(Vandermerwe et al.,1988)。制造服务化大约从 2008 年开始逐渐被认知,在学术界已形成较深厚的研究基础。数字服务化是制造服务化被数字技术赋能或数据要素嵌入发展而成的,拥有其独特的属性(周丹 等,2024)。然而,数字服务化的研究仍在起步阶段,现有研究通常将数字服务化嵌入数字化转型研究,因而,数字服务化研究还未形成其独立的话语体系。学术界仍未深入剖析数字服务化的逻辑和规律,数字服务化的实现机制和路径等基础问题也还没有得到清晰完整的回答。在实践中,已有一部分制造企业开始推行数字服务化,它们的鲜活案例为本书系统研究数字服务化的实现机制和路径提供了极佳的思路启发。

第一节 两个引例

让我们来看两个案例——运达能源科技集团股份有限公司(简称"运达集团"或"运达")和卧龙控股集团有限公司(简称"卧龙集团"或"卧龙")的数字服

务化的实现过程。通过这两个案例,我们可以看到:两家不同行业、不同发展程度的制造企业已经走在推行数字服务化的路上,且它们的数字服务化的实现过程和路径具有一定的规律性和相似的底层逻辑。

一、运达集团的数字服务化案例

(一)运达集团成长史

1972 年,运达集团的前身浙江省机电研究院风电研究所以卓越的创新力,成功孕育出国内首台 18kW 中型风力发电机组,实现了我国在中型风力发电机组研制史上零的突破,此刻,绿色能源的愿景如同一粒微小的种子,在运达的心中默默扎根发芽。1999 年,研究所再攀高峰,自主研发出 250kW 风电机组,成为国内投入批量商业化运行的风电机组,标志着风电技术正式步入商业化快车道。2001 年,浙江运达风力发电工程有限公司应运而生,开启了企业化发展的新篇章。2008 年,运达勇立潮头,成功研制出全球首台采用生物降解竹桨叶的风电机组,并顺利实现批量生产。2010 年 5 月 28 日,公司完成华丽转身,通过股份制改造,正式更名为浙江运达风电股份有限公司,治理结构进一步优化,为其踏上国际化征程奠定了坚实基础。此后,运达的足迹遍布全球,在伊朗、越南、塞尔维亚等国均有其成功落地的风电项目,国际化战略稳步推进。2018 年 4 月,运达以前瞻性的眼光,正式启动"风电全生命周期智慧服务平台项目",斥资近亿元,致力于打造一套覆盖风电项目从规划到退役全生命周期的数字化管理体系,开始数字服务化转型之旅。随着"运风"风资源计算评估公共服务云平台和"驭能"风电场宏观选址规划软件、故障预警与健康管理系统、能效评估系统等核心数字化平台的相继上线,运达为客户提供了前所未有的风电机组全生命周期数字化服务体验,数字服务化进一步升级。2019 年 4 月 26 日,浙江运达风电股份有限公司在深圳证券交易所成功挂牌上市,这一里程碑事件标志着公司迈入了快速发展的全新阶段,开启了资本市场的新征程。2023 年 10 月 17 日,为了更好地反映公司业务范围的拓展与战略升级,公司正式更名为"运达能源科技集团股份有限公司",这一更名不仅彰显了公司从风电领域向更广阔的清洁能源领域进军的雄心壮志,也预示着其在新时代数字服务化转型中将继续发挥引领作用,开启更加辉煌的未来篇章。

(二)运达集团数字服务化的实现机制和路径

运达的数字服务化过程有许多值得探究的地方,数字服务化的实现机制

(包括驱动机制、作用机制、交互机制)和路径值得深入分析。

1. 数字服务化的驱动机制

在向数字服务化转型的征途中,运达首先聚焦于构建前沿的数字化平台,将之作为转型的强劲引擎。运达投入近亿元资金搭建的覆盖风电项目全生命周期的数字化运营管理平台不仅是技术的集大成者,融合了物联网(IoT)设备的广泛部署、大数据分析能力的深度挖掘、云计算资源的灵活调度,以及人工智能(AI)技术的智能决策,更是构建了智慧风电生态。通过这些技术的广泛应用,运达成功构建的包含"运风"风资源计算评估公共服务云平台和"驭能"风电场宏观选址规划软件、故障预警与健康管理系统、能效评估系统等在内的多元化数字系统,共同编织成一张智慧运营的网络。该平台不仅能够在风电设备运行过程中实现实时监测、精准分析、提前预警与高效优化,确保设备处于最佳运行状态,还能在风电场选址的初期阶段,依托大数据分析与机器学习技术的强大能力,对风资源进行详尽的评估与精准的预测,从而助力公司科学决策,选定最具潜力的风电场址。数字化平台的成功搭建,使运达得以提供从风电项目选址、建设到运营的全流程数字化、智能化管理的整体解决方案。

2. 数字服务化对企业绩效的作用机制

运达的数字服务化通过作用于公司的资源拼凑、资源重构和资源协奏最终对企业效益产生影响。在数字服务化初期,运达通过资源拼凑,有效地整合了公司内部的技术与市场资源。公司从技术部门与市场部门调来了相应的工作人员,尽管二者对于对方的领域并不熟悉,但在技术人员的引领下,市场人员仍然能够迅速拓宽业务范围,接到了为客户维修其他品牌风机的订单,这一举措在收益效率上远超传统的风机销售模式。这种灵活的资源调配,使得运达能够迅速响应市场需求,为客户提供更加全面和高效的服务,从而帮助公司获得了不小的收益。随着服务化收益的稳步增长,运达开始着手构建更为专业和系统的服务体系。2020年,公司正式建立了智慧服务中心,这不仅是公司数字服务化的重要里程碑,也是公司资源重构和数字化转型的显著成果。智慧服务中心利用先进的数字化平台实现了资源的高效管理和优化配置,同时,智慧服务中心还招募了具有深厚行业背景和丰富实践经验的专业人员,形成了协同高效的工作模式。在数字服务化广泛推进之后,运达又凭借其自身所特有的绿色基因,创新性地推出了储能业务,通过将电能储存在电池舱内,在电力需求高峰时释放能量,帮助平衡电网的供需。除此之外,运达还在推进智能场馆能源管理系统的设计,该系统能够精准识别各场景下的用电需求,智能调度电能分配,实现按需供给,可大幅降低场馆能耗,促进节能减排。这些举措都是运达资源高效协奏的体现。运达在数字化平台的基础上融合自身服务元素与绿色基因,实现了能源的高效利用与优化配置,为构建绿色低碳、和谐共生的美好未来奠定了坚实基础。

3. 数字服务化中的交互机制

运达在推进数字服务化的过程中,形成了服务化、技术创新、数字化的多元交互机制,而最先产生交互的则是技术创新与服务化。

在风电项目的初始阶段,运达通过自身的技术创新,开发出了多款适合复杂地形与多变气候条件的风机产品。

随后,公司进一步深化服务理念,派遣专业团队深入客户现场,在进行详尽的实地勘测与深入的沟通交流后,为客户量身定制出能够最大化发挥出风机能效的方案。这种以客户需求为导向的服务模式,不仅提升了客户满意度,也推动了产品与服务的持续创新。

数字化与服务化的深度融合为运达开启了运维服务的新篇章。公司精心构建的数字化平台,如同企业的智慧大脑,不仅实现了对风机设备的实时监测与远程控制,还集成了数据分析、故障预警、运营优化等先进功能。这些数字化服务的引入,极大地提升了运维效率与服务质量,为客户提供了前所未有的全面且便捷的体验。

最后,数字化平台又成了技术创新的强大支撑,其收集并分析的海量运行数据,为风机的持续优化与迭代升级提供了宝贵的数据支持。总的来说,运达通过服务化、技术创新和数字化的相互交互,形成了良性循环,在推动企业持续发展、提升企业竞争力与绩效的同时,也为企业的绿色服务化和可持续发展提供了有力支持。

4. 数字服务化的实现路径

历经数十年的稳步发展,运达逐步形成了"基础服务化—数字服务化—智能绿色服务化"的转型升级之路,从刚开始的聚焦于风机生产研究,一步步成为全球领先的风电解决方案提供商。在刚开始的基础服务化阶段,运达立足客户需求,凭借自身过硬的技术能力为客户生产定制化风机,并提供配套的风机维修服务。除此之外,运达还能够对市面上其他风机品牌进行维修升级,满足来自不同品牌客户的多元化需求。随着企业的不断探索与创新,运达在保留原有生产技术的同时,建设了涵盖风电全生命周期的数字化平台,通过数字技术为客户提供更加便捷、快速的数字化服务,实现了从基础服务化到数字服务化的跨越。最后,运达积极响应全球绿色发展趋势,专注于自己特有的绿色基因,创新性地提出储能业务、智能场馆能源管理系统等一系列绿色服务,不仅使客户进一步降本增效,还显著提升了整体能源利用效率,助力共同迈向更加绿色、低碳、智能的未来。

二、卧龙集团的数字服务化案例

(一)卧龙集团成长史

卧龙集团始建于1984年,前身为上虞县多速微型电机厂。历经40年的高速发展,卧龙从一家传统电机制造企业成功转变为提供电机及驱动解决方案的服务型制造商,以技术创新、数字化赋能为引领,面向全球电机及驱动系统产业提供数智化产品及整体解决方案。目前,卧龙的业务体系涵盖电机及驱动、工业自动化、能源管理、房地产、贸易、数字化解决方案等,拥有卧龙电驱、卧龙地产、布鲁克·克朗普顿(Brook Crompton)3家上市公司,控股57家子公司,拥有员工18000余名。卧龙连续六年位列中国企业500强,旗下拥有ATB、Brook Crompton、南阳防爆、Laurence Scott、Morley、Oli、Schorch、SIR、Wolong等众多知名品牌,形成了遍及全球100多个国家的研发、制造和业务网络,在中国、越南、英国、德国、奥地利等多个国家拥有39个制造工厂和4个技术中心。

回顾卧龙的发展历程,其数字服务化转型并不是一蹴而就的,而是经历了数字化、服务化、数字服务化三个阶段。在数字化阶段,卧龙积极发展"三个数字化";在服务化阶段,卧龙萌发服务意识,对外提供产品全生命周期服务,实现智慧运作;在数字服务化阶段,卧龙联合上虞国投、龙创电机、微光电子等产业生态圈内的企业成立了舜云互联,开始向数字化产品及业务运营整体解决方案提供商转型。秉持共享、共赢的生态合作理念,卧龙致力于为千行百业提供数字化转型服务,实现用户体验迭代、生态各方增值分享的双价值循环。

(二)卧龙集团数字服务化的实现机制和路径

卧龙的数字服务化的实现机制(包括驱动机制、作用机制、交互机制)和路径同样值得深入分析。

1. 数字服务化的驱动机制

卧龙的数字化服务提供起源于数字平台的搭建。2018年，卧龙成立 i-Wolong产品全生命周期管理平台，开始对外提供产品全生命周期服务。卧龙通过传感器将不同电机接入 i-Wolong，实时监测电机的温度、振动频谱等关键指标，实时采集、存储、分析产品运行状态，实现远程预测性维护，更好地为客户控制和修复电机，实现智慧运作。2021年9月，卧龙联合产业生态圈内的企业共同组建公司舜云互联。在各方通力合作下，卧龙通过舜云互联成功打造了舜智云（iMotorLinx）工业互联网平台，利用 ShunOS 产业数字化运营底座，支撑包括 iMotor Care 设备全生命周期服务、iMom 智能制造·未来工厂、iSCC 供应链数字化服务以及 iSCF 产业链金融科技服务在内的四大服务业务板块，面向全球电机及驱动系统全产业，提供数智化产品及业务运营整体解决方案。卧龙通过搭建舜智云平台布局数字生态系统，成功实现了数字服务化。

2. 数字服务化对企业绩效的作用机制

卧龙的数字服务化影响了公司的资源溢出和资源稀释，进而对企业绩效产生影响。在基于 i-Wolong 提供数字化服务时，卧龙刚刚从制造领域迈向服务领域，此时对服务领域还不具备足够的认识，加上还需要将原先用于发展制造业务的一部分资源用于发展新的服务业务，两者叠加，稀释了公司的竞争资源。因此，i-Wolong 的初期阶段，数字化服务并没有给卧龙带来如期的收益，卧龙的收益反而下降了。而之后联合生态圈内的企业共建舜云互联，并基于舜智云平台开始提供系列数字化服务时，卧龙已具备丰富的数字化服务发展经验，同时由于联合了外部力量，公司的资源也不再局促。而卧龙原本拥有的强大电机技术资源有力支撑了舜智云平台提供电机行业的数字化转型整体解决方案，形成了有效的资源溢出，卧龙和舜云互联均实现了绩效的逆势回升。

3. 数字服务化中的交互机制

卧龙在推进数字服务化转型的过程中形成了数字化、技术创新与服务化的有效交互机制。

其中，数字化与技术创新率先产生了交互。通过实施"三个数字化"战略，卧龙成功地将数字技术与制造、应用深度融合。在产品方面，卧龙通过数字技术实现了产品全生命周期的实时监控,通过定期处理产品运行的数据,能够更好地了解客户的使用需求;在生产方面,卧龙通过建设高效无刷直流家用电机智能制造黑灯工厂等项目,不仅显著提高了生产效率,降低了成本和次品率,还缩短了产品开发周期;在管理方面,卧龙不仅建立了财务共享中心,还部署了多个电子管理平台(包括 ERP、CRM 和 SRM 等),这些系统共同构成了卧龙内部高度数字化的管理网络。

随后,服务化与技术创新的交互助力卧龙成功开启了服务化转型。在此期间,卧龙通过创建 i-Wolong 平台,将窄带物联网(NB-IoT)技术与传感系统相结合,使得电机产品的实时数据能够通过无线技术上传至云端。该云端的中台系统能够监控电机的温度和振动频谱等关键指标,并具有预警功能,可以及时通知客户,通过实时采集、存储和分析产品的运行状态,实现远程预防性维护,为客户提供电机全生命周期管理。基于此,卧龙将产品数据管理(PDM)升级发展为产品生命周期管理(PLM)。

数字化与服务化的进一步交互促成了多元产品服务体系的形成。在这一阶段,卧龙通过建立产业数字化运营底座和电机产业大脑,成功构建了"1+1+N"产品服务体系。这一体系面向电驱全产业链,提供 N 个场景的数字化运营服务。在原有 iMotor Care 设备全生命周期服务和 iMom 智能制造·未来工厂的基础上,卧龙进一步拓展了 iSCC 供应链数字化服务、iSCF 产业链金融科技服务等多场景数字化服务。结合舜智云平台和大数据监控运营工具,卧龙打造了一个集成线上诊断、线下运维和现场服务的综合服务平台。

4. 数字服务化的实现路径

卧龙的数字服务化转型的实现路径是数字化—服务化—数字服务化。起初,卧龙仅是一家专注于生产电机的制造企业,但随后开始大力推进数字化。为实现此目标,卧龙提出了"三个数字化"战略,即产品数字化、工厂数字化和管理数字化。通过此举,卧龙得以用数据说话、用数据管理、用数据决策、用数据创新,实现了智能制造。完成从传统制造企业到数智化制造企业的数字化转型后,卧龙意识到了服务的重要性,并开始着力推进服务化战略。在这一阶段,卧龙致力于为客户提供增值服务,如对外提供产品全生命周期服务。之后,在浙江省政府的引导下,卧龙由服务化向数字服务化演化。在原有服务的基础上,卧龙联合其他企业进一步成立了子公司舜云互联,并搭建了工业互联网平台舜智云。依托于 ShunOS 产业数字化运营底座,舜云互联为各行业提供了集线上诊断、线下运维和现场服务于一体的综合数字服务解决方案。

三、两个案例的对比

通过分析运达和卧龙这两家企业的数字服务化过程(见表 1.1.1),我们可以总结出一些共通的规律:

第一,数字平台和大数据分析是制造企业提供数字化服务的重要驱动力。这两家企业均是在构建数字平台之后才开始逐步推行数字服务化的。

第二,数字服务化对企业绩效的影响效果并不一致。运达的数字服务化直接提升了企业绩效,而卧龙的数字服务化对企业绩效的影响则经历了先负后正的过程。从两个案例中我们可以看到,同样的数字服务化会引发企业不同类型的资源活动,继而对企业绩效产生不同的影响。

第三,服务化与技术创新、数字化之间的交互是企业数字服务化过程中的重要环节,数字服务化的发展一直伴随着这些重要的交互不断推进。

第四,数字服务化的实现路径大致可以归纳为“数字化—服务化—数字服务化”,运达的数字服务化路径是先服务化,继而数字服务化,而卧龙的数字服务化路径是先数字化,再服务化,最后数字服务化。二者的实现路径虽然有些许差异,但总体遵循了相似的路线。

表 1.1.1　运达和卧龙的数字服务化案例对比

机制路径	运达集团	卧龙集团
驱动机制	正式启动“风电全生命周期智慧服务平台项目”,成功构建了包含“运风”风资源计算评估公共服务云平台和“驭能”风电场宏观选址规划软件、故障预警与健康管理系统、能效评估系统等在内的多元化数字系统,帮助运达得以提供从风电项目选址、建设到运营的全流程数字化、智能化管理的整体解决方案。	成立 i-Wolong 产品全生命周期管理平台,实时采集、存储和分析产品运行状态,实现远程预测性维护,更好地为客户控制和修复电机;通过舜云互联成功打造了舜智云(iMotorLinx)工业互联网平台,面向全球电机及驱动系统全产业,提供数智化产品及业务运营整体解决方案。

机制路径	运达集团	卧龙集团
作用机制	初期通过资源拼凑，有效整合了内部的技术与市场资源；中期通过资源重构正式建立综合能源服务中心；在数字服务化广泛推进之后，通过资源协奏，创新性地推出储能业务、智能场馆能源管理系统等，通过融合自身服务元素与绿色基因，实现能源的高效利用与优化配置。	初期对服务领域还不具备足够的认识，同时要将原先用于发展制造业务的一部分资源用于发展新的服务业务，稀释了公司的竞争资源；之后联合生态圈内的企业共建舜云互联，联合外部力量，公司的资源不再局促，形成了有效的资源溢出，实现了绩效逆势回升。
交互机制	初期通过技术创新，开发出多款适合复杂地形与多变气候条件的风机产品；在此基础上，派遣专业团队深入客户现场，为客户量身定制出一份能够最大化发挥出风机能效的方案；构建的数字化平台不仅实现了对风机设备的实时监测与远程控制，还集成了数据分析、故障预警、运营优化等先进功能，极大地提升了运维效率与服务质量，为客户提供了前所未有的全面且便捷的体验。	初期通过技术创新，实现了产品、生产、管理数字化，有效提升了生产效率和产品质量；之后，通过服务元素的引入，建立 i-Wolong 平台，实现远程预测性维护，提供产品全生命周期管理；最后，通过数字化运营底座和电机产业大脑的构建，拓展出一系列多场景数字化服务。
实现路径	在基础服务化阶段，立足客户需求，提供配套的风机维修服务；随着企业的不断探索与创新，通过数字技术为客户提供更加便捷、快速的数字化服务，实现了从基础服务化到数字服务化的跨越；最后，扎根于特有的绿色基因，创新性地提出储能业务、智能场馆能源管理系统等一系列绿色服务。	通过实施"三个数字化"战略，实现智能制造；通过 i-Wolong 产品全生命周期管理平台，成功实现对外提供产品全生命周期服务；成立舜云互联，搭建了工业互联网平台——舜智云，依托 ShunOS 数字化运营底座，为各行业企业提供线上诊断、线下运维、现场服务一体化的服务解决方案。

第二节　研究背景与研究问题

一、研究背景

（一）数字服务化是我国实现数实深度融合的重要抓手

党的二十大报告指出："加快发展数字经济，促进数字经济和实体经济深度融合，打造具有国际竞争力的数字产业集群。"（本书编写组，2022）[27] 2024 年7 月，《中共中央关于进一步全面深化改革、推进中国式现代化的决定》进一步提出，"健全促进实体经济和数字经济深度融合制度"，"完善促进数字产业化和产业数字化政策体系"（中共中央，2024）。因此，如何才能够使得数字经济与实体经济双向驱动，实现数字经济和实体经济的高质量发展，成为重要研究课题。推进数字产业化和产业数字化发展是重要切入点。

数字经济的概念起源于 20 世纪 90 年代（Tapscott，1996）。国际货币基金组织（IMF）认为，狭义的数字经济仅指在线平台及依存于平台的活动，广义的数字经济则包括所有使用了数字化数据的活动（钱艺文 等，2021）。G20 杭州峰会发布的《二十国集团数字经济发展与合作倡议》将数字经济定义为"以使用数字化的知识和信息作为关键生产要素、以现代信息网络作为重要载体、以信息通信技术的有效使用作为效率提升和经济结构优化的重要推动力的一系列经济活动"（二十国集团，2016）。

从数字产业化方面看，数字经济已成为我国经济的中流砥柱，其规模不断扩张。《数字中国发展报告（2023 年）》指出，2023 年我国数字经济核心产业增加值估计超过 12 万亿元，占国内生产总值（GDP）比重 10％ 左右（国家数据局，2024）。从产业数字化方面看，数字技术在我国经济各领域广泛渗透、跨界融合、创新迭代，不仅深刻改变了我国的制造生产模式，也驱动了技术、商业模式、管理和体制的加速变革。

数字经济加快了生产要素从以资本、劳动为主向技术、服务为主转变，加强了制造企业内研发设计、市场调研、物流运输、售后服务等环节的衔接，推动制造企业向以顾客需求为导向的服务化方向发展，逐步将重心从产品转向服务。同时，制造企业通过将新兴科技嵌入企业流程，建立产品售后服务跟踪流程,提升了企业服务效率,以服务创新驱动企业产品创新,以此形成差异化竞争优势(李秋香 等,2021)。因此,制造企业实施数字服务化是从产业数字化的视角推动了数实经济的融合发展。

我国制造企业服务化亟须把握数字经济发展机遇,提升核心竞争力。相比发达国家,我国制造企业的服务化水平仍然较低,尤其是在研发设计、系统集成、个性化定制服务和整体解决方案等方面仍与之有较大差距(赵宸宇,2021)。数字化发展为制造企业的服务化转型提供了一条快速通道。应用大数据、人工智能、云计算、物联网、区块链等新一代信息技术,有助于制造企业服务化转型升级(Paiola et al. ,2020)。例如,在研发、生产、营销、库存等方面构建信息化系统,促进制造企业拓展新的服务业务。运达集团是我国较早从事大型风力发电机组制造的企业,通过搜集和分析机组运营数据,为客户预测风力,拓展了风电场设计服务。数字技术有助于提高服务质量,机器学习、数据挖掘、传感器等新技术有助于制造企业获取消费者习惯和机器设备数据,推动制造企业深入了解客户的实际需求,促使企业得以提供有针对性的服务,通过服务创新提高服务质量。

运用数字技术重构制造与服务资源集聚、开放共享、高效协同的产业互联体系,成为制造企业参与国际博弈竞争的重要筹码。越来越多的制造企业正在将其业务延伸到数字服务领域,以不断打造新的竞争优势。如通用电气公司围绕构建航空发动机、大型医疗设备等高端装备产品的全生命周期管理服务体系,基于工业互联网平台 Predix 培育产业生态,实现对 35000 台航空发动机的监测管理,打通了数据采集、工业 App 开发、服务应用的生态链。西门子围绕高端智能装备和智能工厂运营,基于 MindSphere(西门子推出的基于云的开放式物联网操作系统)构建以开放平台、工业操作系统和工业 App 为核心的产业生态体系,围绕"智能机器+云平台+应用 App"功能架构,整合"平台提供商+应用开发者+用户"等主体资源,形成基于工业云的制造业生态体系。在新一轮工业革命到来之时,制造企业服务化只有不断提升对数字经济的理解和知识积累的速度,才能逐步弥补服务化弱势领域造成的短板。只有推动制造企业服务化与数字化的协同发展,即数字服务化发展,才能快速构建我国制造业竞争新优势,抢占未来发展主动权。

(二)数字服务化是现代制造业与先进服务业融合发展的关键路径

传统的三次产业划分体系已愈来愈不能解释当前制造业与服务业的发展

态势,单纯依靠制造业或服务业的"单兵突进"早已举步维艰。尤其是人工智能、物联网、大数据、云计算等新一代信息技术密集涌现,促使企业边界进一步模糊,资源跨界流动与融合成为常态(钱艺文 等,2021)。先进制造业与现代服务业的融合发展态势更加显著,供应链上的制造企业与服务企业之间,以及企业内部的制造业务部门和服务业务部门之间呈现出更大程度的融合。国家发展改革委联合 15 个部门印发的《关于推动先进制造业和现代服务业深度融合发展的实施意见》(发改产业〔2019〕1762 号)强调,"先进制造业和现代服务业融合是顺应新一轮科技革命和产业变革,增强制造业核心竞争力、培育现代产业体系、实现高质量发展的重要途径"(国家发展改革委 等,2019)。

　　制造企业服务化是先进制造业与现代服务业融合发展的一个重要分支和关键路径。全球经济结构正由以制造为中心向以服务为中心转变。中国制造的转型也正从以产品制造为主迈向以服务价值创造为主。制造业不再孤身奋战而是面向服务而制造,全球经济也从产品经济向服务经济转变。国家发展改革委在《服务业创新发展大纲(2017—2025)》中指出,"充分发挥制造业对服务业发展的基础作用,有序推动双向融合,促进有条件的制造企业由生产型向生产服务型转变、服务企业向制造环节延伸"(国家发展改革委,2017)。自 20 世纪下半叶以来,诸多发达国家的经济重心从制造业向服务业转变(汪涛 等,2018-01-17)。我国也有越来越多的优秀制造企业通过服务化在促进两大产业的深度融合发展方面发挥关键作用。如杭氧集团股份有限公司(简称"杭氧集团"或"杭氧")是国内最大的空气分离与液化成套设备开发、设计、制造企业。近年来,杭氧始终引领国内空分技术的发展,不断开拓创新,开始了从生产型制造向服务型制造转型升级之路:在制造环节上,空分设备的核心技术能力显著提高;在服务环节上,气体产业的管理体系和运行机制日趋完善,制造环节与服务环节无缝衔接所形成的工程成套能力得到了迅速提升(吴晓波等,2020)。海尔集团开发出全球规模定制解决方案平台 COSMOPlat,集成定制设计、采购、生产、物流和服务,成功地为客户提供全面的解决方案(许晖等,2023)。因此,制造企业服务化是先进制造业与现代服务业融合发展的高级模式,也是我国现阶段推进产业融合的关键路径之一。我国作为制造强国,通过制造企业服务化促进两大产业的融合也是最符合我国国情发展的道路选择。

　　(三)数字服务化是推动制造业高质量发展的必由之路

　　制造业高质量发展是经济社会高质量发展的重要基础(郭克莎,2019-07-16)。

党的十九届六中全会审议通过了《中共中央关于党的百年奋斗重大成就和历史经验的决议》，强调"我国经济发展进入新常态，已由高速增长阶段转向高质量发展阶段"（中共中央，2021）[34]。党的十八届五中全会、党的十九大、党的十九届五中全会和历次中央经济工作会议均提出要坚持以高质量发展为主题。近年来，习近平总书记在不同场合发表了"制造业高质量发展是我国经济高质量发展重中之重"的讲话。时任国务院副总理刘鹤在 2021 年世界制造业大会书面致辞中指出，制造业是大国经济的"压舱石"，高质量发展的基础是更高水平、更有竞争力的制造业（新华社，2021）。在世界各国积极布局和加快发展本国制造业以及"一超多强"的复杂国际竞争形势下，我国制造业只有通过更快速度、更高水平的高质量发展才能实现制造强国目标。制造业高质量发展起源于经济高质量发展（张爱琴 等，2021），是经济高质量发展的重要依托（田晖等，2021）。制造业通过经济发展系统的三个子系统，即质量系统、效率系统、动力系统来协调发展，生产出所需要的产品（唐红祥 等，2019）。党的二十大报告提出，"高质量发展是全面建设社会主义现代化国家的首要任务"（本书编写组，2022）[25]。从供给侧进行探索，通过与工业互联网、区块链等新一代信息技术的深度融合，提升制造业数字化、网络化、智能化发展水平，推动制造业的质量变革、效率变革、动力变革，满足消费者对高质量产品的需求，推动制造业高质量发展（张爱琴 等，2021）。

制造企业服务化是当前制造业转型升级的重要方向之一，有效改善制造服务业的供给质量对制造业高质量发展具有重要意义（国家发展改革委 等，2021）。近年来，国内外发展环境日趋复杂严峻，我国制造业传统的粗放型增长方式已不能支撑经济高质量发展。在目前的中国市场环境下，技术专利和知识产权缺少有效的保护，容易导致制造企业大量的研发投资不能产生预期的回报，致使制造企业难以保持竞争优势（张志元，2020）。与此同时，消费者对产品的要求也日益提高，人们不再满足产品本身的价值，转而寻求个性化产品、增值服务及整体解决方案等（Zhou et al.，2020）。制造企业依靠技术创新、质量改进和成本节约等传统竞争策略难以保持其可持续竞争优势，故而需要重新定位其价值主张，从销售产品向提供服务转型，保持和巩固企业的竞争地位（Fang et al.，2008；Paiola et al.，2013）。因此，开发新服务或提供整体解决方案是制造企业保持和扩大市场占有率以及满足消费者个性化需求的有效途径。此外，通过服务化向全球制造业高端攀升是我国制造企业改善国际贸易分工的择优路径。制造企业服务化不仅是制造企业追逐新的利润空间和增长点的重要途径,而且拓展了制造企业竞争的广度与深度。服务产品具有个性化、不易模仿性以及服务种类和方式的自由性等特征,降低了制造企业恶性竞争的可能性。国家发展和改革委员会在《关于加快推动制造服务业高质量发展的意见》(发改产业〔2021〕372 号)中提出,"制造服务业是面向制造业的生产性服务业,是提升制造业产品竞争力和综合实力、促进制造业转型升级和高质量发展的重要支撑"(国家发展改革委 等,2021)。进入 21 世纪以来,我国开始推进制造业的信息化和服务化转型,并逐渐形成了以创新驱动、多模式业态与数字化赋能等为特点的制造业服务化发展新局面。

二、研究问题

数字服务化在推动实体经济与数字经济深度融合中发挥着重要作用,然而,制造企业数字服务化过程中所面临的挑战不容忽视,虽然数字化与服务化能为制造企业带来不菲的收益,但制造企业在数字服务化过程中面临着来自数字化和服务化的双重转型挑战,所产生的成本和所获得的收益决定了制造企业数字服务化的成败。很多制造企业为此犹豫不决,不肯放开一搏,数字服务化往往停留在口号阶段。企业对于如何有效地实现数字服务化、应该遵循怎样的实现路径,仍不甚清晰。虽有一部分研究开始关注数字服务化,但仍未对上述问题做出清晰解答。如何驱动制造企业实施数字服务化? 数字服务化是如何作用于企业绩效的? 数字服务化是否与关键主体发生交互? 数字服务化的实现路径是什么? 如何保障数字服务化发展? 这些问题是当前理论界和实业界亟待研究的问题。

为此,本书采用"问题驱动式"的研究框架——如何驱动、如何作用、如何交互、如何演化、如何保障,基于服务生态系统理论、知识基础观、范围经济理论、资源管理理论等多种理论视角,通过案例探索与实证研究,剖析数字服务化的驱动机制、数字服务化对企业绩效的作用机制、数字服务化的交互机制,以及数字服务化的实现路径等问题,以寻求数字服务化发展的新洞见,同时为我国促进数实融合发展的政策制定和明确数字服务化发展方向等提供参考建议。

第三节 研究内容与章节安排

本书分为八章。第一、二章是基础篇,是对数字服务化相关研究的文献综述。第三章至第六章是理论篇。其中,第三、四、五章分析数字服务化的实现机制,第六章分析数字服务化的实现路径。第七章是政策篇,研究数字服务化发展的优化对策和保障措施。第八章是研究结论与未来展望。本书的总体研究框架如图 1.3.1 所示。

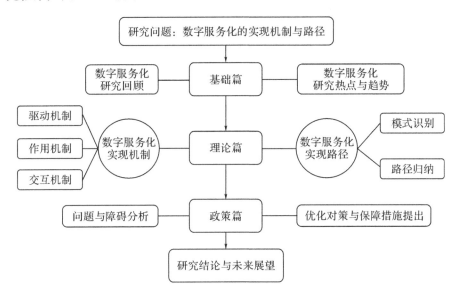

图 1.3.1 本书的研究内容与框架逻辑

围绕以上研究框架,本书各章的内容安排如下。

第一章为"绪论"。本章以运达集团和卧龙集团的数字服务化为引例,介绍本书的研究背景,明确数字服务化对我国数实融合发展的深远意义,并介绍本书的研究问题、内容框架、章节安排、学术创新和研究方法等。

第二章为"数字服务化的研究回顾与相关文献综述"。本章通过文献系统分析与文献计量分析,首先系统阐述服务化的内涵,对比服务化与服务创新、数字服务化之间的关系,在此基础上综述服务化的前因与后果、服务化的路径演化和服务化的相关研究理论视角。然后,聚焦到数字服务化,归纳整理

2009—2023 年 Web of Science 核心数据库收录的数字服务化的文献，追溯数字服务化的基本内涵，梳理和提炼数字服务化相关主题的研究内容，进而提出数字服务化的未来研究方向，明晰了数字服务化研究的"前世今生"，为本书的研究奠定文献基础。

第三章为"如何驱动？——数字平台对数字服务化的驱动机制"。本章围绕"数字平台能力如何驱动数字服务化"这一核心问题，基于动态能力理论与服务生态系统理论，通过理论构建与实证检验，分析企业的数字平台能力对数字服务化的驱动机制，以及平台参与者互补性、服务复杂性的调节作用。

第四章为"如何作用？——数字服务化对企业绩效的作用机制"。本章围绕"数字服务化如何作用于制造企业绩效"这一核心问题，首先基于资源重构理论，采用多案例方法探索服务化对制造企业绩效的作用机制；其次采用大样本调查法，实证检验服务化与制造企业绩效的主效应模型；最后聚焦数字服务化，分析"数字服务化何时以及如何影响企业绩效"这一根本问题，基于服务生态系统视角，剖析服务网络配置（包括构建服务网络连带与扩大服务网络规模）在数字服务化与制造企业绩效之间的中介机制，并探索冗余资源在数字服务化与服务网络配置之间的调节效应，据此为制造企业通过配置服务网络与杠杆冗余资源提升企业绩效提供对策建议。

第五章为"如何交互？——数字服务化情境下的关键主体交互机制"。本章围绕"关键主体如何交互促进服务化发展"这一核心问题，首先聚焦数字服务化早期阶段的交互机制，基于知识基础观视角，剖析制造企业与不同类型的知识型服务机构交互作用于企业绩效的不同路径；其次聚焦数字服务化中期阶段的交互机制，基于权变视角，剖析效率型、新颖型服务化与利用式、探索式技术创新匹配对制造企业绩效的影响效应，并识别网络中心性的中介作用，以实现数字服务化的最大价值，有效避免数字服务化悖论；最后聚焦数字服务化高级阶段的交互机制，基于服务主导逻辑，检验两种类型的服务化（基础服务化和高级服务化）与两种类型的数字化（内部数字化和外部数字化）在影响制造企业绩效方面的交互作用机制，有助于制造企业通过实施最佳组合，同时从服务化和数字化推进过程中受益。

第六章为"如何演化？——数字服务化的实现路径研究"。本章围绕"数字服务化的实现路径是如何演化的"这一核心问题，从数字技术赋能逻辑和服务提供逻辑两个角度对制造企业数字服务化的模式进行解构，识别出数字辅助型基础服务化、数字辅助型高级服务化、数字主导型高级服务化三种模式。在此基础上,从时间视角出发,采用纵向案例研究,探究数字服务化模式随着政企数字化导向一致性、企业主导逻辑、企业能力组合演化的路径,构建数字服务化演化模型,为制造企业数字服务化的实现路径演化提供一张全景图。

第七章为"如何保障?——推进数字服务化发展的对策研究"。本章是全书的落脚点,主要从政府、企业两大层面,基于体制、税收、规划等保障措施研究对策建议,通过剖析我国数字服务化发展中的问题与障碍明确我国数字服务化发展的不同阶段的重点任务,探索我国制造企业数字服务化的优化对策和系列保障措施。

第八章为"研究结论与未来展望"。本章对研究成果进行归纳和总结,根据理论和实证研究结果进一步归纳数字服务化的实现机制和路径,给出研究结论,展望未来研究方向。

第四节 研究意义与主要创新

一、本书的研究意义

首先,深化了数字服务化与企业绩效的关系研究,为数字服务化与企业绩效的关系机制研究提供多重经验证据。通过探索性多案例研究从资源重构视角推进服务化的作用路径研究,进一步丰富了微观层面制造企业服务化的作用机制研究;通过大样本实证研究验证了服务化对企业绩效的 U 形效应,为现有服务化与企业绩效关系的研究增添了新的实证依据。基于服务生态系统视角分析数字服务化影响制造企业绩效的作用机制,为数字服务化的作用机制研究提供了新的分析视角与切入点。

其次,拓展了数字服务化的跨领域研究,采用多主体视角全方位揭示数字服务化情境下知识、技术、数字化的交互机制。识别制造企业与不同类型知识型服务机构互动影响企业绩效的不同路径,为未来制造企业与利益相关者的交互研究提供更丰富的观点和见解。对比分析不同类型服务化与技术创新交互对制造企业绩效的影响,丰富和深化制造企业服务化与技术创新研究。采用服务主导逻辑解释制造企业服务化和数字化的交互作用,为这两个战略的关联研究提供了一个更为全面和系统的补充。

最后,揭示了数字服务化的演化路径,从数字化与服务化融合视角推进数字服务化的发展模式与实现路径研究。从服务提供逻辑与数字技术赋能逻辑两个维度解构数字服务化,并基于这两个维度识别出三种数字服务化模式,有助于明晰数字服务化的相关基础概念,也为数字服务化研究提供了新的视角和切入点。从政企数字化导向一致性、企业主导逻辑、企业能力组合三个方面归纳数字服务化的演化路径,推动数字服务化研究由"静态"向"动态"发展。

二、本书的主要创新点

首先,研究架构创新。从服务化到数字服务化,架构"问题驱动式"的总体研究框架。以"如何驱动、如何作用、如何交互、如何演化、如何保障"五个问题为主线,架构全书研究内容,从驱动机制、作用机制、交互机制三方面深化数字服务化的实现机制。基于此,剖析数字服务化模式、路径与保障措施,以此系统、分层地深入剖析数字服务化的实现机制与路径。

其次,研究视角创新。多维视域剖析制造企业数字服务化的实现机制。本书基于动态能力理论、服务生态系统理论剖析数字平台能力对数字服务化的驱动机制,基于范围经济理论、资源重构理论、网络理论剖析数字服务化对企业绩效的作用机制,整合知识基础观、权变视角、服务主导逻辑分析制造企业服务化过程中与知识、技术、数字化的交互机制,以此多领域、多视角地探讨数字服务化的实现机制。

最后,研究情境创新。整合"静态分析"与"动态分析"挖掘数字经济背景在数字服务化研究中形成的重要情境,结合数字技术的不同赋能情境剖析三种数字服务化模式的特征,采用纵向多案例研究法探索制造企业数字服务化与政企数字化导向一致性、企业主导逻辑、企业能力组合的演化路径,据此深入挖掘数字经济对制造企业数字服务化的情境效应,为数字服务化的实现路径研究奠定理论基础。

第五节　研究方法与技术路线

一、研究方法

本书结合演绎与归纳这两种方法,在深入调查研究的基础上,以规范研究与实证研究、定性研究与定量研究相结合的方式来完成。本书的研究内容基于现有文献,与最新研究成果紧密联系。

文献研究法是贯穿整本书的研究方法。文献研究的主要目的是把握国内外研究动态,明确以往研究的不足,归纳和总结与本书研究内容紧密相关的理论基础与最新研究成果。一方面,本书运用 Citespace 对数字服务化的相关文献进行分析,形成可视化的文献研究主题,进而探索未来研究方向。另一方面,本书对 Web of Science、EBSCO、ABI/INFORM、Emerald、Elsevier、Wiley-Blackwell、INFORMS Online Journals、中国知网等数据库的文献进行分析,通过深入阅读以往研究论文、学位论文、学术著作、会议资料、政府报告和行业报告等资料,总结与归纳以往研究的理论脉络、理论基础和基本观点,进而对服务化、技术创新、服务供应网络、数字化、数字服务化、企业能力组合、企业主导逻辑等相关研究成果进行综合分析,初步探索它们之间的复杂关系。基于此,本书通过把握文献的总体和细节,形成理论框架及其理论贡献和突破方向。

案例分析法是本书明确关键概念和识别实现路径的主要方法。本书所关注的数字服务化是一个新兴的研究领域,其内涵、核心要素、模式等基础性议题尚未达成共识。探索性的多案例研究不但能够深入地剖析数字服务化的内涵与模式问题,而且可以提供情景化的解释、描述和分析。本书依据 Eisenhardt(1989)和 Yin(1994)提出的案例研究方法,采用归纳式的多案例研究,深入剖析制造企业数字服务化的核心要素和特征,据此明确数字服务化的内涵和构成维度,从而识别数字服务化的模式。此外,本书还采用 Gioia 等(2013)提出的归纳式主题分析法,通过纵向单案例研究,分别剖析制造企业的数字服务化的实现路径;在案例研究的调研阶段,本书围绕数字服务化发展历程、发展驱动力、发展重点、发展阻碍等主题进行重点调查,进而形成本书理论构建的典型案例。此外,本书还采用多案例分析剖析制造企业与知识型服务机构的交互过程及其特征,以及服务化对企业绩效的正、负两条作用路径,为本书系统剖析数字服务化的实现机制提供质性研究成果。

大样本数据分析法是本书主要采用的分析方法。本书采用问卷调查、网络调查以及与专业数据公司合作等方式来大规模收集研究所需数据。基本步骤为:首先,运用验证性因子分析(CFA)对本书所构建的理论模型的拟合度进行检验;其次,使用 Stata 或 SmartPLS 等软件进行传统的层次回归分析,检验中介机制、调节机制和交互价值。具体而言,本书第三章"如何驱动?——数字平台对数字服务化的驱动机制"采用大样本调查法完成,使用 SmartPLS 中的 Bootstrap 方法检验中介效应和有调节的中介效应。在第四章"如何作用?——数字服务化对企业绩效的作用机制"采用软件 Stata 对数字服务化与制造企业绩效的关系进行多元层次回归分析。在第五章"如何交互?——数字服务化情境下的关键主体交互机制"采用大样本调查法实证检验服务化与技术创新、服务化与数字化的交互机制。

内容分析方法是本书在分析政策时所采用的方法。本书在第七章"如何保障?——推进数字服务化发展的对策研究"中,通过梳理政策文本内容,发现我国发展数字服务化的不足与障碍,为本书设计系列对策建议以推进数字服务化的可持续发展提供支撑。

二、技术路线

本书的技术路线图对研究内容、研究方法和研究逻辑有所说明,详见图 1.5.1。本书按照"研究基础→驱动机制→作用机制→交互机制→实现路径"这一逻辑思路进行分析。各章研究内容之间层层递进、相互关联。

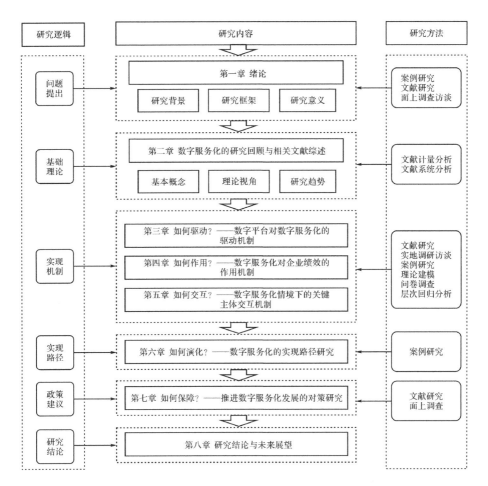

图 1.5.1　本书的技术路线图

第二章　数字服务化的研究回顾与相关文献综述

【本章导读】为了全面认识数字服务化,本章对数字服务化相关的基础理论进行全面、系统的回顾。本章主要内容包括:第一,回顾服务化的内涵,并对比服务化与数字服务化、服务创新之间的内涵关联性,以此明晰彼此的内涵边界;第二,剖析服务化的前因与后果的研究,指出当前服务化的后果研究中存在的空缺;第三,阐述服务化的路径演化,明确数字经济背景下服务化会萌发出新的发展模式和路径;第四,整合与归纳服务化研究领域中的理论视角,发现服务化研究正逐步从静态向动态、从企业向生态圈发展;第五,聚焦数字服务化,采用计量分析的方法对数字服务化的研究进行整理,识别出五大发展主题及其未来发展方向,为本书的研究奠定文献基础。

　　面对产业升级、消费升级带来的新需求,以及数字技术突破性发展带来的新机遇,数字服务化正成为制造企业在日益激烈的竞争中生存甚至繁盛的关键战略(Sklyar et al. ,2019)。服务化最早由 Vandermerwe 和 Rada(1988)提出。在数字经济背景下,数字服务化作为另一个极具吸引力的概念应运而生。数字服务化的出现标志着学术界越来越重视对服务化与数字化两个重要研究领域的融合(Coreynen et al. ,2020;Paschou et al. ,2020;Sjödin et al. ,2020)。然而,服务化和数字化的关联性研究发展势头虽然非常强劲,但总体仍比较有限(Paschou et al. ,2018),因而,数字服务化研究尚属于一个新兴的领域(Tronvoll et al. ,2020),是服务化研究一个亟待拓展的领域。

第一节 服务化的研究回顾

以下从五个方面对服务化的研究进行回顾。

一、相关概念内涵

(一)服务化的内涵

服务化这一术语最早是由 Vandermerwe 和 Rada(1988)提出的,也称为服务融入(Forkmann et al.,2017),或称为服务转型(Martinez et al.,2010)、服务转变(Fang et al.,2008)。产品-服务系统是与服务化紧密相关的另一个概念,它们分属两个不同的研究社群,主要的区别是研究的动机和起源不一样;产品-服务系统强调可持续性和减少对环境的影响(Baines et al.,2009)。两者虽然属于不同的研究社群,但传达了同一个意思,即制造企业应该关注提供整体性的解决方法(Baines et al.,2013)。目前,由于从不同理论视角理解的服务化内涵存在差异,研究者们还未对服务化的定义达成一致(Ruiz-Alba et al.,2018)。其中,商业模式视角的研究认为服务化是制造企业的服务商业模式创新(Visnjic et al.,2016)。Vandermerwe 和 Rada(1988)提出,服务化是制造企业为增加核心产品价值而提供的以顾客为中心的产品-服务包,即产品、服务、支持、自我服务与知识的捆绑供应。在此基础上,后续研究提出,服务化具体表现为制造企业在核心产品中增加越来越多的服务部件(刘继国等,2007),对产品和服务进行整合性捆绑销售(Robinson et al.,2002),以及通过产品-服务系统而非仅产品参与竞争(Baines et al.,2013);同时强调在产业链(设计、生产、分装、运输、采购、消费、回收和再利用)的各个环节充分进行服务增值(何哲 等,2012)。另有研究基于价值活动的视角认为,服务化是制造企业价值创造和获取的一种新方式(Kastalli et al.,2013;Witell et al.,2013)。服务化过程中企业的客户价值主张是将服务视为基本的价值增值活动(Gebauer et al.,2006;Quinn et al.,1990;Vandermerwe et al.,1988),企业将产品缩减为总供给中的一部分(Gebauer et al.,2006;Oliva et al.,2003),促使制造企业从销售产品转向销售整合性产品和服务,让产品在使用过程中传递价值(Baines et al.,2009;Bastl et al.,2012)。此外,基于服务主导逻辑的视角,有研究指出服务化强调企业与顾客的价值共创(Lusch et al.,2015;Sousa et al.,2017;Vargo et al.,2004,Vargo et al.,2008),企业从关注产品、技术和生产制造逐步转变为重视服务、无形资源、价值共创和关系(Liu et al.,2014)。基于投入产出视角的研究认为,可从投入和产出两方面理解服务化(刘继国,2008;刘继国 等,2008)。基于能力视角的研究认为,服务化过程中制造企业需要基于产品的技术、制造能力,来构建和发展新的服务能力(Lusch et al.,2015;Raddats et al.,2015;Sousa et al.,2017)。

(二)服务创新的内涵

1. 服务创新

服务创新是一个与服务化紧密相关的概念。从概念的发展历程上来看,服务化是在服务创新的基础上演化发展而来的,因而,理解服务创新的内涵与维度,有助于更为清晰地认识服务化。

近年来,服务创新的相关学术研究日趋增多,学术界对服务创新的关注程度在不断提升。然而,学术界对服务创新的概念界定仍较为宽泛和松散,还未形成共识(Carlborg et al.,2014),其主要原因是目前学术研究将服务创新作为一个分析的情境(或场景),并未针对服务创新的概念开展深入的理论挖掘与建构。服务创新的概念最早是由 Barras(1986)提出来的,Toivonen 和 Tuominen(2009)认为服务创新的本质是企业通过创造新服务或改善现有服务并将其应用于实践而获利。也有学者认为服务创新是企业通过开发新的服务活动,将核心服务产品传递给顾客,从而使顾客满意的过程(Oke,2007)。

目前对服务创新的内涵的理解有三种普遍获得认可的视角:同化(assimilation)视角、分化(demarcation)视角与综合(synthesis)视角(Coombs et al.,2000)。同化视角通过使用或调整传统的产品创新理论工具来研究和分析服务创新,该视角的一个重要假设是服务部门会变得越来越依赖技术和资本。分化视角挑战了产品创新研究的理论基础,从服务本身的特性出发来理解和分析服务创新,该视角认为传统的(产品)创新研究无法识别出服务的特殊属性,也忽略了服务对于产品的重要贡献。因此,分化视角强调服务产出和服务过程的特殊属性,包括无形性、顾客整合、组织知识以及非技术要素的贡献等。综合视角认为同化视角和分化视角都过于狭窄,服务创新应该在这两种视角整合的基础上来理解。Witell 等(2016)基于这三种视角对 84 篇服务创新的研究文献进行分析,认为这三种视角对服务创新过程和结果的关注点不一样:同化视角对服务创新的理解主要延续熊彼特(Joseph Alois Schumpeter)对创新的界定,关注服务创新的结果,即其能否为企业创造交换价值;分化视角的服务创新研究应用于特定的服务业,如健康医疗、零售和旅游业等,该视角对服务创新的理解不同于熊彼特的创新观,分化视角虽然也关注服务创新的结果,但不强调提供的服务须处于创新的前沿,而是认为所有的服务企业都能进行服务创新;综合视角对服务创新的理解包括新服务的开发过程和新服务的结果。对比而言,这三种视角对服务创新的概念的理解有一个共同的认知,即认为服务创新是一种新的服务提供(service offering)方式,但是并未明晰"新"的程度。

总体来看,服务创新的内涵虽然已由同化视角、分化视角、综合视角展现出来,但内涵边界仍不清晰,如很难与新服务开发、服务设计、服务化等概念加以区别(Bantau et al.,2016;简兆权 等,2020)。Gustafsson 等(2020)试图区分服务创新、新服务开发与服务设计的概念,如图 2.1.1 所示,新服务开发注重为市场开发一种新产品或新服务的过程,而服务设计则侧重于系统地运用设计原则和方法来开发服务,所以他们认为服务创新的内涵应该关注结果而非过程。

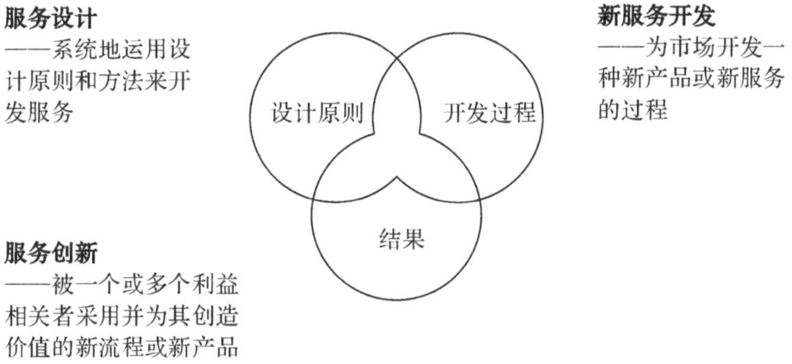

服务设计
——系统地运用设计原则和方法来开发服务

新服务开发
——为市场开发一种新产品或新服务的过程

设计原则 开发过程 结果

服务创新
——被一个或多个利益相关者采用并为其创造价值的新流程或新产品

图 2.1.1 服务创新、新服务开发、服务设计的概念联系

资料来源:Gustafsson et al.,2020。

服务创新的维度分析最早是基于 Den Hertog(2000)提出的四维度模型,如图 2.1.2 所示,包括新服务概念、新顾客界面、新服务传递系统和技术选择。服务创新涉及这四个维度的不同形式和不同程度的组合。通常情况下,一个维度的变化往往会激发其他维度的相应变化。新服务概念指对于一个特定的市场而言是新概念(也许在其他的市场当中并不是一种新概念)。这种新的概念可能仅仅是一个抽象的形象、一种感觉、解决某类问题的一种方法,或服务要素之间的一种新的组合(也许这些要素早已单独存在于市场中)。顾客界面是指为顾客提供服务以及与顾客沟通的方式,顾客界面涉及服务提供商与顾客之间的联结关系。服务传递系统更多地指组织内部的安排,用于指导员工恰当地推进工作从而开发与提供创新性的服务,这一维度更紧密地关联于如何便利或赋能员工以促使他们更加积极地推进工作和传递服务产品。技术维度经常被广泛讨论,技术并不总是成为服务创新的一个维度,但对于绝大多数服务创新而言,技术发挥了关键作用。在现实中,技术对于服务创新的作用表现为两种形式:一是技术作为服务创新的便利因素;二是技术作为服务创新的驱动因素。

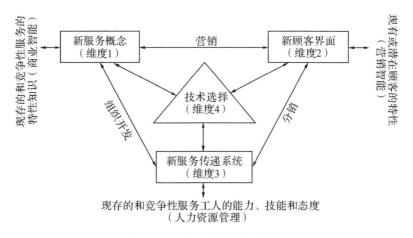

图 2.1.2　服务创新四维度模型

资料来源:Den Hertog(2000)。

Den Hertog 等(2010)在 Den Hertog(2000)的基础上增加了新价值系统与新收益模型两个维度,认为服务创新包含六个维度:一是新服务概念或新服务提供,描述了服务提供商与顾客合作创造的价值;二是新顾客界面,强调顾客在价值创造中的关键作用;三是新价值系统或一系列的新商业合作伙伴,指出服务创新是通过整合价值网络中的行动者来创造与独占价值的;四是新收益模型,认为成功的服务创新要求找到匹配的模型来合理地分配成本与收益;五是新传递系统中的人员、组织与文化,指服务创新需要合适的管理和组织来促使员工恰当地实践工作,从而开发与提供创新的服务;六是新服务传递系统中的技术,认为 ICT 技术(information and communications technology,信息与通信技术)是驱动服务创新的重要力量。他们认为服务创新可以在单一的维度创新,也可以整合多个维度来创新。Goduscheit 和 Faullant(2018)则是在 Den Hertog(2000)的基础上去掉了技术维度,认为服务创新只有三个关键维度:一是服务概念创新,指服务提供的新元素,用于阐述顾客的价值主张;二是顾客体验创新,指与顾客互动的新方式,以及顾客能够体验到新服务提供的界面;三是服务过程创新,指员工执行传递服务的新工作方式。

总体来看,现有的对于服务创新的维度分析,主要是由服务创新的四维度模型发展而来的,认为服务创新是新服务概念的产生,新顾客界面与新服务传递系统的构建,以及技术的全面赋能等。但这些维度之间存在一定的重叠,例如,顾客交互维度与服务传递维度,以及技术维度实际上内嵌在其他各个维度当中。因此,为了能够更为清晰地解构服务创新的概念,需要从结果的视角提出服务创新的维度划分方式,但目前鲜有研究基于结果视角解构服务创新维度。

2. 服务创新与服务化的联系与区别

服务化强调制造企业从关注有形产品到关注无形服务的逻辑模式的转变过程(Vandermerwe et al. ,1988;Visnjic et al. ,2016)。当服务创新的研究放在制造企业情境中时,服务化与服务创新两个术语经常被交替使用。一部分学者认为制造企业的服务创新是一种普遍的说法,而制造企业的服务化是一种特定情况,认为服务创新是实现制造企业服务化的一种途径(Rondi et al. ,2021);另有一部分研究者认为随着对制造企业的服务化研究的深入,创新的内涵才逐渐扩展至服务创新(罗建强 等,2020)。

研究者基于服务提供的内容对服务化进行分类,发现服务化与服务创新之间存在较多的重叠。Sousa 和 Da Silveira(2019)根据服务提供的不同形式,将服务划分为基础服务和高级服务:基础服务围绕维护和改善产品的基本功能,而高级服务则超越了基础产品服务,要求与客户紧密合作、共同创造价值。李靖华等(2019a)指出,制造企业在基础服务阶段主要是基于产品主导逻辑,而到了高级服务阶段则主要体现为服务主导逻辑。陈菊花等(2017)将服务化分为两类:以产品为中心和以客户为中心。前者将服务作为产品的补充,为增强产品功能与差异化而存在;后者基于各种服务要素,不再与自身产品捆绑,通过服务解决方案或组合服务来满足顾客需求。研究者对于服务化的界定存在两种不同看法:部分学者认为,只有当制造企业的服务业务达到企业总利润的一定比例,制造企业才实现服务化;也有部分学者认为,制造企业开始对外提供服务,即已开展服务化。相对而言,服务创新的概念界定更为宽泛,企业(或制造企业)在特定市场提供的新服务(包括新服务概念、新顾客界面、新服务传递系统、技术选择)均视为服务创新。

(三)数字服务化的内涵

1. 数字服务化

数字服务化的研究仍在起步阶段,目前尚不存在公认的定义(Kohtamäki et al.,2019)。大多数研究是从比较广泛的视角来理解数字服务化的内涵,认为数字服务化是指通过应用不同的信息技术,如物联网、大数据和云计算来创造服务化的价值(Ardolino et al.,2018;Opresnik et al.,2015;Wen et al.,2016;Zancul et al.,2016)。另外一部分研究侧重于理解服务化过程中与数字相关的业务活动的变化(Coreynen et al.,2017),如售后服务、生产服务、供应链相关服务的数字化。此外,还有一部分研究通过强调服务化是工业 4.0 的一个组成部分来理解数字服务化的内涵(Frank et al.,2019)。表 2.1.1 总结了近几年比较有代表性的研究对数字服务化内涵的界定。

表 2.1.1　数字服务化内涵的界定

作者	数字服务化的概念
Opresnik 和 Taisch(2015)	在技术(大数据)的支持下创建和交付服务产品,以提高公司的竞争优势。
Lenka,Parida 和 Wincent(2017)	通过 ICT 技术能力的支持将实物非物质化,以提高公司的绩效和竞争力。
Vendrell-Herrero 等(2017)	通过实施 ICT 技术或其他数字技术增强传统非数字产品和服务的商业模式。
Kowalkowski 等(2017)	利用数字工具进行转型,使公司从以产品为中心向以服务为中心的业务模式和逻辑转变。
Bustinza 等(2018)	数字化的集成解决方案、组织变革和业务模式的重新配置。

续表

作者	数字服务化的概念
Kohtamäki 等(2019)	向智能生产服务软件系统转型,通过监视、控制、优化和自治功能实现价值创造和获取。
Paschou 等(2020)	使用数字技术开发新服务或/和改进现有服务,建立新的(数字)业务模式,找到价值创造的新方式。
Sjödin 等(2020)	企业和相关生态系统中的流程、能力和产品的转型,以逐步创建、交付和获取由广泛的数字化技术(如物联网、大数据、人工智能和云计算)产生的服务价值的增加。
Tronvoll 等(2020)	企业及其生态参与者部署数字技术以支持从以产品为中心向以服务为中心的商业模式转型。

注:在 Paschou 等(2020)的基础上整理而成。

由之可以发现,数字服务化是一个新兴的概念,其内涵的解构仍在起步阶段,理论界还未对其进行统一的界定。但我们发现数字服务化的内涵中包含如下几个核心内容:①服务提供的本质变得更为数字化和智能化;②企业的商业模式从以产品为中心向以顾客为中心转变;③数据和信息的开发有利于企业获取战略资产和创造可持续竞争优势;④企业从内部视角向外部生态系统视角转变。现有研究只侧重于其中一个或几个主题来阐述数字服务化的内涵,鲜有研究能综合地对数字服务化这一概念的构成维度进行剖析。虽然,Kohtamäki 等(2019)从商业模式的分析框架入手,认为解决方案的定制化程度、解决方案的定价和解决方案的数字化程度是数字服务化的三个重要维度,但有关数字服务化的构成维度的研究目前仍非常有限。因而,如何采用一种整体的和相互关联的方法解构数字服务化的构成维度,对今后分析数字服务化的各个特征之间的相关互联和发展具有积极的促进作用(Paschou et al.,2020)。

2. 数字化、服务化与数字服务化的联系

数字化(digitalization),早期时常交替使用 digitalization 和 digitization 两种英文表述(Pagoropoulos et al.,2017),但越来越多学者认为 digitalization 和 digitization 并不相同。digitization 是指将模拟信息转换为数

字信息,而 digitalization 则是指企业通过采用或增加使用数字或计算机技术从而以新的方式创造和收获价值(Gobble,2018)。数字化(digitalization)通常跟组织变革相关联,内涵更接近于数字化转型(digital transformation)。如Hanelt 等(2021)将数字化转型界定为由数字技术的广泛传播所触发和塑造的组织变革。数字技术(如大数据分析、社交媒体、移动技术或云计算)不同于早期的 IT 技术,具有生成性、可延展性和组合性。而且,许多数字技术并不局限于在特定公司或行业,而是涉及更广泛的生态系统和需求方。因此,新兴的总体数字基础架构是开放的、灵活的,可以供任何人使用,而不仅仅局限于单个公司内部。Fitzgerald(2014)认为数字化是企业使用新的数字技术(社交媒体、移动、分析或嵌入式设备)来实现重大业务改进,如增强客户体验、简化运营或创建新的业务模型。同样地,Liu 等(2011)指出,数字化是企业在数字经济中整合数字技术和业务流程的组织变革。Rogers(2016)甚至提出,数字化从根本上来讲与技术无关,而与战略有关。Singh、Klarner Hess(2020)进一步补充认为,数字化不仅仅是变化,数字化转型远远超出了功能性思维范围,它是指企业为抓住机遇或避免数字技术带来的威胁而采取的"综合行动"。数字化与服务化之间的相互关系引起了研究人员越来越多的关注(Baines et al.，2017)。实际上,有关技术对服务创新、服务化的作用的研究由来已久,可以追溯到服务创新的四维度模型的研究,那时已提出技术对服务创新的重要作用。但是,先前研究中所提到的技术指的是一般意义上的与 ICT 相关的信息技术,其不同于数字技术,后者强调数据的传输性,因而数字化的实施过程渗透整个组织(Svahn et al.，2017),其对组织的影响更具破坏性甚至颠覆性。现有一部分研究将数字化和服务化视为两个独立的战略,并探索它们之间的联系。例如,Martin-Pena 等(2019)认为数字化是服务化与企业绩效之间关系的一种中介机制。而 Kohtamäki 等(2020)的研究指出服务化可以调节数字化与企业绩效之间的关系。另一部分研究强调数字化与服务化的一体两面,关注数字化和服务化的融合(convergence),称其为数字服务化(Digital Servitization)(Coreynen et al.，2020；Gebauer et al.，2020),认为数字服务化是对数字化与服务化两个研究领域的整合。因此,数字服务化既具有数字化、服务化的共性,又拥有其自身的独特性。

二、服务化的前因与后果

(一)服务化的前因

关于服务化的前因和驱动机制的研究非常有限。

一部分研究认为数字化是服务化发生的主要驱动力。如 Tronvoll 等(2020)提出使用新的数字技术能实现重大业务改进和构建超越技术流程的社会技术结构,因此,成功的数字服务化取决于数字化。Suppatvech 等(2019)认为数据的搜集与分析允许企业去想象大量的基于物联网的服务化价值主张,因此有利于驱动数字服务化。

另有一部分研究认为资源和能力在服务化的驱动中发挥了关键作用。资源和能力在企业实施集成解决方案的决策中起了关键的作用。数字服务化需要扩展资源和能力集,以帮助企业在特定的(给定的)面向产品的市场中塑造产业力量(Bustinza et al., 2018)。Svahn 等(2017)强调能力陷阱(competency trap)是数字服务化中首先要关注的问题,数字化与其他新技术的区别在于数据的传输性,数字化的实施过程必须渗透整个组织,因此,企业需要具备一定的数字化能力才有利于数字服务化。Sjödin 等(2016)提出由数字能力、大规模服务定制能力、网络管理能力和服务开发能力所构成的能力架构能够有效推进制造企业提供高级服务方案。

(二)服务化的后果

服务化的后果研究目前主要体现在对企业绩效与对企业间关系的影响上。服务化与企业绩效之间的关系的检验还未得到足够的实证检验(Kohtamäki et al., 2020)。

一部分研究认为服务化有利于提升企业绩效。如 Suppatvech 等(2019)指出基于物联网技术的高级服务导向商业模式有助于企业降低运营成本、创造额外收益、维持与顾客的长期商业关系、提升资源使用效率,以及降低现有产品或服务供应的风险。Opresnik 和 Taisch(2015)提出由于能够赋能的技术种类繁多,而且拥有大量的方式来提高产品及服务性能,数字化能够以复杂且因果模糊的方式影响价值共同创造过程的不同阶段(Hasselblatt et al., 2018),构筑起差异化优势。当公司将产品、服务、连接和数据分析同步到产品服务软件系统时,增加收入来源的机会将增加(Kohtamäki et al., 2019)。

然而,也有一部分研究认为服务化存在风险,可能对企业绩效产生消极影响。Porter 和 Heppelmann(2015)指出,更高级解决方案和功能的可用性不断增加,会导致服务成本上升,继而要求更高的针对数字服务化的进入性投资和维护成本。而且,数字服务化中所推进的价值共同创造也可能产生关系的复杂性和提高价值破坏的可能性,角色模棱两可所导致的数字服务化的发展目标不明确可能会使企业陷入数字化悖论(Sjödin et al.,2020)。

此外,还有一部分研究认为服务化对企业与顾客、合作伙伴之间的关系会产生影响。由于服务化(尤其是数字服务化)需要大量的资源,因而企业很少能够独自完成,而要求能够管理生态系统中的供应商、互补者和利益相关者的关系(Kohtamäki et al.,2019)。数字化要求企业拓展活动边界,从而引导形成新的合作伙伴关系(Selander et al.,2013),企业应该有能力与顾客和广泛的生态系统合作者共同进行数字服务创新(Sjödin et al.,2019)。为了能够从数字服务化中获益,企业需要从交易型的产品模式向关系型的服务导向模式转变(Kamalaldin et al.,2020),从而推进企业与顾客之间的价值共创,促使供应商和客户在创造价值方面发挥积极作用,以实现数字服务化的承诺(Grönroos et al.,2013)。

三、服务化的绩效

关于服务绩效的探讨已开展十多年。Neely(2007)通过实证性检验制造企业的产品和服务的收益来测量服务绩效。随后,其他学者在测量中纳入了服务活动规模和顾客临近性(Kastalli et al.,2013),以及服务提供时的外部环境和内部风险水平等(Benedettini et al.,2015;Josephson et al.,2016)。Eggert 等(2014)认为服务绩效可以从制造企业服务利润流的层次和成长性两方面进行评价。基于财务视角评价服务绩效是最为常见的一种方式,包括市场份额和服务销售(Fang et al.,2008)、收益成长(Prakash,2011)和利润(Song et al.,2015)、销售绩效(如销售水平、销售增长率)和利润相关绩效(如总利润、纯运营利润、收益/销售率、投资回报率)(Kohtamäki et al.,2015)。有部分学者认为服务绩效应该基于制造企业的内部商业视角以及其与顾客之间的关系视角来测量,如 Tuli、Kohli 和 Bharadwaj(2007)提出要从界定顾客需求的能力、定制化、产品或(和)服务的整合、部署解决方案的能力、顾客支持水平等方面来测量服务绩效;Bustinza、Arias-Aranda 和 Gutierrez-Gutierrez(2010)提出要通过聚焦特定顾客和顾客满意度来衡量服务绩效。另有一部分学者提出要基于创新和学习的视角来测量服务绩效（蒋楠 等，2016；刘飞 等，2014）。

数字服务化的直接结果是对企业服务绩效的影响。有研究者提出，相对于短期绩效，数字服务化的效应可能更体现在长期绩效上。如 Bustinza 等（2018）认为通过整体解决方案成功实现差异化是一场漫长的竞赛，因而只能长期衡量业务绩效。Gebauer 等（2020）指出公司应该把收入增长作为数字服务化的主要目标，因为通过部署用于制造流程、服务交付等的数字技术来降低成本虽然重要，但它们很快就会被竞争对手模仿，并且只会给产品公司带来短期的成本优势，而收入增长意味着产品公司提高了其在市场上的地位，并利用数字服务化来提升当前产品，这些整合型产品使公司能够更好地定位客户的"甜蜜点"，从而锁定客户并加强关系。

因而，目前对制造企业服务绩效的测量研究虽较多，但仍存在以下三方面的问题：①对服务绩效的界定还比较模糊，因此相关的测量内容还无法形成统一意见；②不同的研究群体基于各自单一的视角对服务绩效进行考量，如仅从财务视角或创新视角等，故无法揭示企业数字服务化的多层次本质和潜在的复杂性所带来的结果；③早期研究忽略了企业提供的服务类型存在差异，从而导致服务绩效的评价结果也存在较大差异。

四、服务化的路径演化

基于时间维度，服务化的类型或表现特征之间的转化规律形成了诸多服务化演化路径。Vandermerwe 和 Rada（1988）指出企业的服务化路径是从最初的产品定位，转变为提供与产品紧密相关的服务（如产品维护、支持、金融等相关服务），最终定位于提供包含产品、服务、支持、自我服务和知识的捆绑品。Visnjic 等（2016）对演化路径进行了补充，认为企业开始于与产品相关的服务，如维修、维护、检测，然后逐渐增加与顾客相关的服务，来支持和完善顾客使用产品的过程，如金融、租赁、保险、培训和咨询。因此，服务化轨迹开始于"仅产品"的商业模式，以提供必要的担保或零部件；继而纳入与产品相关的服务，如维护、维修；进而实施产品导向商业模式，如检修；最后转入顾客导向商业模式。此外，企业还逐渐增加使用导向和结果导向的服务。Sousa 和 Da Silveira（2018）聚焦基础服务与高级服务两种类型，提出制造企业服务化利用现有的制造能力开始提供基础服务，基础服务通过推动服务文化的发展，为高级服务的产生创造了条件。高级服务不仅凭借基础服务的经验进入了服务市场,还依赖基础服务作为学习和培训的重要基地,所以高级服务发端于基础服务,是基础服务的升华。Visnjic、Neely 和 Jovanovic(2018)认为制造企业服务化经历三个不同的阶段:首先,扩展服务的范围,即提供不同的新服务;其次,扩展服务的时间范畴,即从交易型的服务转变为关系型的服务;最后,提供与产品-服务组合相关的绩效保证,即保障服务的结果或提升服务的绩效。Calle 等(2020)提出,企业从提供必需的服务过渡到提供产品相关服务过程中,数字部件发挥了重要的影响作用。其演变的路径表现为:企业使用标准的 ICT 工具(如电子邮件、电子文件等)协助提供产品的维修、保养等必需性服务;随后演变为使用 ICT 技术来降低运营成本、缩短服务交付时间和提高服务质量;最后升级为提供基于软件仿真、虚拟现实增强版应用程序、数字技术分析的数字化服务,或创建整合数字产品服务系统元素的智能系统。Kamalaldin 等(2020)指出,在初级阶段,企业主要是投资建设数字化系统,从实物资产中搜集运营数据来监测发展绩效,并基于所获取的运营数据开展针对性的讨论以提供专门的见解服务;在中级阶段,企业开发了针对性的数字化平台,从多种来源中积累和连接数据来优化与透明化生产过程,通过建立与合作伙伴之间的常规性互动来提供过程性服务;在高级阶段,基于数字平台提供定制化与高效服务,企业提高了数据透明度和分析能力,组建多层次的合作团队,使用数据提供持续改进和创新服务。

上述服务化的路径研究虽然均已被广为接受,但其中部分细节问题仍值得探讨。比如,企业按照其中一条路径可以走多远?因为有些企业缺乏产品相关服务化阶段,会从仅产品模式"跳"到顾客导向服务化;有些顾客导向服务化是首先经历顾客相关服务,然后才提供产品相关服务。此外,上述关于服务化路径的研究,其本质体现为不同阶段服务化发展模式的转变,因而服务化模式的识别是剖析服务化实现路径的重要前提。

五、服务化的理论基础

服务化的相关理论工作正处于构建和完善的过程中,目前从多种理论视角展开了服务化研究。在服务运营、服务科学、服务营销等领域中应用最频繁的理论视角是资源基础观和动态能力视角(Kindström et al.,2014),其他还有服务主导逻辑(Vargo et al.,2004),以及新近发展起来的服务生态系统理论视角(Lusch et al. ,2015；Vargo et al. ,2012；Vargo et al. ,2011)。不同的研究群体采用不同的理论视角来剖析问题。第一类群体关注服务化研究中整体解决方案的分析,如顾客解决方案、项目整合方案、服务转变中的运营管理方案等,这主要基于资源基础观和相关的战略管理、组织理论来开展研究。第二类群体研究产品-服务系统,关注产品-服务系统的设计和开发,强调产品-服务系统在资源整合和传递中对环境的影响。但产品-服务系统的相关研究普遍属于实践应用型,倾向于关注概念的讨论而没有发展主导的理论。第三类群体集中在服务科学领域,其主导理论是服务主导逻辑,并整合了组织、技术、人类理解来研究服务系统的架构和演化机制,从而培育服务创新和提升质量,进而探索在上述动态系统中共同创造价值的机理(Rabetino et al. ,2018)。在服务主导逻辑的发展基础上,服务生态系统理论也逐步完善。这些理论视角对服务化的内涵衍生出了特定理解。

(一)服务主导逻辑

服务主导逻辑最早是由 Vargo 和 Lusch(2004)提出的。与产品主导逻辑形成对比,服务主导逻辑还处于发展初期(Brodie et al. ,2019),它提供了一个理论框架来阐明服务的概念,识别服务在商业交易和竞争(Lusch et al. ,2007)、服务创新以及价值共创方面的作用(Brodie et al. ,2019)。服务主导逻辑的一个核心主张是提倡企业通过服务产品参与市场竞争(Vargo et al. ,2016)。服务主导逻辑将服务视为市场交换的基础,而产品则仅仅是服务的补充品。此外,服务主导逻辑将顾客视为价值共创者,认为所有的社会和经济主体都是资源整合者(Brodie et al. ,2019),强调运营性资源(如数字技术、知识和技能)是企业竞争优势的基础来源(Vargo et al. ,2008)。在生态系统的背景下,服务主导逻辑侧重于服务交换的制度角色和安排(Vargo et al. ,2016)。基于服务主导逻辑视角,研究者提出资源液化和资源整合对于充分实现企业服务创新的价值至关重要(Goduscheit et al. ,2018；Lusch et al. ,2015)。基于该逻辑,已有部分学者开始采用服务主导逻辑来解释数字化如何提高服务创新(Goduscheit et al. ,2018)。

(二)服务生态系统视角

现有关于服务生态系统的研究,一部分是将服务生态系统作为研究对象,分析其构成要素及要素之间的互动、演化等问题;另一部分是采用服务生态系统视角的逻辑,分析不同研究对象的管理问题。服务生态系统是一个相对自我包含、自我调节的系统,由拥有共享制度逻辑和通过服务共同创造价值的最松散耦合的社会和经济行动者(资源整合者)所构成(Lusch et al. ,2015;Vargo et al. ,2012;Vargo et al. ,2011)。服务生态系统有以下特征:服务生态系统是相对自我包含的,因此其具有模糊的边界;行动者是相对自我调整的,因此其具有适应行为;行动者是资源整合者,他们分解和重构资源来促进创新(包括创造新的商业模式);行动者由共享的制度逻辑所关联,制度创造者可以改变制度以重塑服务生态系统;服务生态系统内的服务交换会促进行动者之间的价值创造(Barile et al. ,2016;简兆权 等,2016);服务生态系统具有三个层次,微观层是公司或业务单元,中观层是产业内或产业间,宏观层则是社会水平(Koskela-Huotari et al. ,2016);服务生态系统内的行动者是互惠和协同的,他们能互相服务或互相帮助(Lindhult et al. ,2018)。

在服务生态系统中,多样化的行动者之间必然存在认知差异,因此需要共享的制度逻辑来促进他们获取对环境的共同视角(共享的世界观),从而保证生态系统的存活(Lusch et al. ,2015)。已有学者意识到服务生态系统内存在的紧张感可能是因为行动者之间缺乏制度一致性(Banoun et al. ,2016),因此,需要制度(如正式规则、社会规范和文化含义)和制度安排在服务生态系统中指导、限制和协调行动者之间的价值共创(Kaartemo et al. ,2016;Vargo et al. ,2016;Vargo et al. ,2012)。制定、打破和维持制度规则会导致服务生态系统引入新行动者,重新界定行动者角色,以及影响行动者的资源整合和重构(Koskela-Huotari et al. ,2016),但行动者的资源整合和重构的累积亦能反作用于制度和制度安排(Siltaloppi et al. ,2016;Vargo et al. ,2016)。

服务生态系统与服务系统紧密相关,服务生态系统是服务系统的升华。服务系统可以视为个体、群体、组织、企业和政府之间的互动与资源交换,而服务生态系统则是基于微观、中观、宏观来多层次分析行动者之间的互动和价值创造,同时强调制度对多层次互动主体的指导与协调(Akaka et al. ,2014;Vargo et al. ,2011)。相对于服务系统而言,服务生态系统视角能够提供一个研究框架以研究制度的普遍作用(Vargo et al. ,2016)。此外,服务生态系统视角由服务主导逻辑演化而来(Kaartemo et al. ,2016),强调服务-服务交换系统的动态和演化本质,以及制度在价值共创和服务交换中的作用。服务生态系统强调在服务化过程中,须关注服务系统内部和系统之间的互动、价值共创的社会背景,以及在创新中资源的重新组合(Akaka et al. ,2014)。概括而言,服务生态系统视角具有五个理论主张:服务是交换的基本基础;价值由多个行动者共同创造,包含受益者(顾客);所有的社会和经济行动者是资源整合者;价值由受益者(顾客)来决定,具有独立性和现象性;价值共创通过行动者创造的制度和制度安排来协调(Vargo et al.,2016)。

可以发现,服务生态系统视角下的服务化研究大多聚焦理论阐述与命题的提出,这些命题需要未来研究的进一步实证检验。此外,服务生态系统视角强调制度和制度逻辑对服务型制造企业资源整合行为的影响作用,率先将制度理论引入服务化研究,拓展了服务化研究的范围与理论深度。

(三)能力视角

关于企业能力的研究由来已久,但聚焦制造企业服务化所需要部署的服务能力或能力组合的分析仍不多见。英国剑桥大学服务联盟研究团队正在积极推进这方面的研究,其在题为《服务化的能力基础观》("A Capability-Based View of Service Transitions")的工作论文中指出,制造企业服务化对企业能力的理解与剖析是当前服务化研究进一步推进的重要方向(Benedettini et al.,2015)。能力视角认为,在服务化过程中制造企业需要将原有仅基于产品的能力转变为构建新的服务能力(Lusch et al.,2015;Raddats et al.,2017;Sousa et al.,2017),该过程需要投入一定的成本且存在风险(姚树俊 等,2011)。

概括而言,目前主要有两类研究关注服务能力。一类研究关注制造企业应具备的具体服务能力:Davies(2004)提出四种整体解决方案能力,包括系统整合、运营服务、商业咨询和金融服务;Cova 和 Salle(2007)在此基础上指出,解决方案提供商还需要获取其他能力,包括风险分析、风险管理、信息管理等;Storbacka(2011)基于过程视角,从开发解决方案、创造需求、销售和传递解决方案这四个过程,界定其所需的关键商业化、产业化和平台能力。另一类研究关注更为综合性的能力,Kindström(2010)认为存在四种关键服务能力类型,包括促销和揭示高级服务密集型的价值主张能力、关系构建能力、顾客组合的意识,以及设计动态服务组合的能力。Ulaga 和 Reinartz(2011)提出了四种能力,包括服务相关数据处理能力、实施风险评估和环节设计服务能力、混合供应销售能力、混合提供发展能力,他们还提出服务能力需要与服务供应保持一致。Parida 等(2014)强调服务系统中商业伙伴的作用,归纳出的关键能力包括商业模式设计、网络关系、整合发展、服务运营网络关系四个方面的能力。Raddats、Burton 和 Ashman(2015)则同时结合资源观视角,通过整合企业的重要资源,形成五种不同的资源架构,包括产业身份、服务方法和工具、领导者和员工、合作方法、解决方案。Benedettini 等(2015)指出生态系统意识、价值主张、价值传递、责任延伸应成为服务化的关键能力。Sjödin、Parida 和Kohtamäki(2016)针对高级服务化制造企业,指出其需要具备服务开发能力、大规模服务定制化能力、数字化能力和网络管理能力。也有学者提出制造企业应该发展与服务化战略类型相匹配的企业特定情境的能力(胡查平 等,2018)。

由此可见,现有关于制造企业服务能力的研究呈散点状,还没有得到进一步的归纳和提炼。此外,一部分研究只聚焦于企业的内部能力,而没有充分考量企业外部视角。有些研究只孤立地看待每种能力,而没有进一步去剖析它们之间可能存在的相互关系。鲜有研究能进一步指出哪些能力用于发挥杠杆作用,哪些能力直接对服务提供发挥作用等。因此,未来研究需要综合考虑内外部视角,从各个能力要素相互关系的视角来系统地归纳和提炼服务能力或能力组合是推进制造企业服务化研究的重要方向。

（四）商业模式视角

已有研究采用商业模式视角对服务化进行剖析时,指出服务化是制造企业从以产品为中心转向提供产品附带服务,进而到提供高级服务或解决方案的一种商业模式创新(Baines et al.,2017),即制造企业从产品供应衍生为产品相关服务供应,表现为从"仅产品"商业模式向"服务导向"模式的转变(Visnjic et al.,2016)。新近研究融入数字化的要素,从商业模式视角对数字服务化进行进一步解构。Kohtamäki 等(2019)提出,数字服务化可以划分为三个维度,包括解决方案的定制化程度(标准化、模块化、定制化)、解决方案的定价(产品导向、协议导向、可得性导向、结果导向)和解决方案的数字化程度(检测、控制、优化、自动化)。Paiola 和 Gebauer(2020)则采用商业模式创新视角识别了物联网技术对 B2B 制造企业进行基于产品、过程和结果的服务业务模式创新时所提供的机会和产生的挑战。基于商业模式的服务化研究还会融入价值共创的概念。有部分学者提出,服务化是制造企业通过在产品中增加服务内容从而与顾客共同创造价值(Sousa et al.,2017)。同样地,数字服务化也强调价值共创,强调产品在使用中传递价值的过程(Bastl et al.,2012;冯长利 等,2016)。Sjödin 等(2020)整合价值共创理论、敏捷性理论(视角)和微观服务创新方法,剖析数字服务化如何通过敏捷型的价值共创过程来避免

"数字化悖论"。研究发现,通过敏捷的微服务创新方法可以管理数字服务中的价值共创,如提供可定制和可扩展的数字服务产品、增加微服务投资,以及冲刺式的微服务开发和微服务学习。

第二节 数字服务化的研究趋势与理论脉络

数字经济时代,人工智能、物联网、区块链、大数据等新一代信息技术彻底改变了制造企业的管理思想、客户关系、商业模式和决策过程(Ciampi et al.,2021;Kamalaldin et al.,2020),单纯依靠技术创新、质量改进和成本节约等传统策略难以维持其可持续竞争优势(Paiola et al.,2020;Urbinati et al.,2019)。与此同时,我国经济发展面临需求收缩、供给冲击、预期转弱三重压力,中央经济工作会议在部署 2022 年经济工作时强调"稳字当头、稳中求进"。2024 年,党的二十届三中全会通过的《中共中央关于进一步全面深化改革、推进中国式现代化的决定》提出"健全促进实体经济和数字经济深度融合制度"。在这个背景下,我国制造企业的数字服务化是顺应国家发展政策,实现高质量发展的重要战略,也是现阶段重塑竞争优势的重要选择。2016 年工信部等 3个部门发布《发展服务型制造专项行动指南》(工信部联产业〔2016〕231 号),提出要推动服务型制造向智能化方向发展;2020 年,工信部等 15 个部门联合发布《关于进一步促进服务型制造发展的指导意见》(工信部联政法〔2020〕101号),强调利用新一代新兴数字技术促进服务型制造企业提供定制化服务的重要意义。这表明通过大力发展数字服务化,促进服务型制造企业转型升级这一具体的现实问题已进入国家决策视野,并成为当今理论界广泛关注、实务界亟待解决的企业战略问题。

数字服务化的学术研究成果目前主要集中发布在国际期刊上,研究的主要学科领域集中在运营管理、营销管理、战略管理等。许多国际高质量期刊在 2017 年开始持续关注这个主题,并出版了多期专刊,从而引发越来越多学者的研究兴趣(Frank et al.,2019;Paschou et al.,2020)。近年来,数字服务化开始延伸到一些更为新兴的研究领域,如 AI、数据要素价值化等(Payne et al.,2021;Chaudhuri et al.,2023)。尽管数字服务化研究正在逐步兴起,其研究成果却分散在不同的研究支流中。国内鲜有文献将数字服务化作为独立概念进行研究,倾向于将其嵌入数字化转型研究,这阻碍了其进一步深入发展。据此,本研究从已发表的国际文献中收集资料,以计量分析工具为辅助手段,通过文献研究来解析数字服务化的内涵,梳理数字服务化的知识体系,探索其未来发展方向,推动其向纵深化方向发展。

一、文献选择

本研究的文献资源均来自 Web of Science 核心数据库,使用了关键词字符 " digital/digitization/digitalization/smart " 和 " servitization/service innovation/product-service system"进行检索,检索时间截止到 2023 年 12 月 31 日,共检索出 2054 篇文献。其中,期刊文章 1557 篇(不包括会议记录、著作等非期刊出版物)。在此基础上,本研究进一步排除发表在法律、林业、食品工程、艺术、应用物理、化学等商业与管理领域之外的文献,得到 737 篇文献。最后,本研究根据文章的标题、摘要和关键词再次进行筛选,仅保留主题与制造企业服务化和数字化相关的文献,最终获得 302 篇文献,文献发表时间范围为 2009 年 1 月至 2023 年 12 月。

二、数据分析

知识图谱可视化是计量研究中被广泛使用的一种方法,其中 Citespace 是应用较为广泛的工具。Citespace 通过关键词、作者以及机构的共引分析图谱展示特定研究领域的信息全景(Chen,2016)。本研究使用 Citespace 对上述 302 篇文献进行计量分析,旨在厘清制造企业数字服务化的内涵、研究热点及演进历程,进而识别出未来的研究方向。

(一)发文时间分布

为了从整体上探究制造企业数字服务化的相关文献数量的变化及其时序演变规律,本研究对检索收集到的 302 篇文献进行年度分布统计分析。如图 2.2.1 所示,整体上看,该领域的发文数量呈增长趋势,2018—2022 年增长趋势较为明显,2020—2021 年增长速度尤甚,其余年限增长相对平缓,2012—2013 年和 2015—2016 年有所下降。尽管有关制造企业数字服务化的文献总量仍然较少,但其发展速度较快,文献量基本呈上升趋势,尤其是近几年增长趋势更明显,预计未来会继续增长。因而,该研究领域有潜力成为未来研究的前沿和热点。

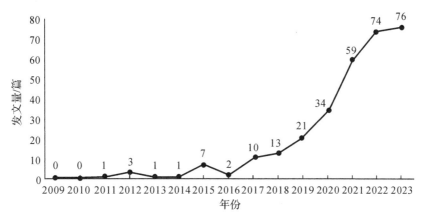

图 2.2.1　制造企业数字服务化的发文时间分布

资料来源:作者根据统计结果绘制。

(二)国家/研究机构合作分析

学者在某一特定领域开展研究时,往往需要通过广泛的科研合作才能有效解决日趋复杂的科学问题。本研究借助 Citespace 工具分析主要国家与研究机构之间的合作情况。表 2.2.1 列出了截至 2023 年 12 月发文量最高的前 11 个国家及研究机构。

表 2.2.1　国家/研究机构发文量(前 11 位)

国家	发文量/篇	中心性	研究机构(国家)	发文量/篇	中心性
瑞典	39	0.19	吕勒奥理工大学(瑞典)	21	0.04
芬兰	38	0.13	瓦萨大学(芬兰)	20	0.02
英国	32	0.48	挪威东南大学(挪威)	13	0.01
意大利	25	0.24	汉肯经济学院(芬兰)	9	0.04
中国	22	0.38	林雪平大学(瑞典)	8	0.05
德国	20	0.19	圣加仑大学(瑞士)	8	0.01
美国	18	0.52	阿斯顿大学(英国)	6	0.10
挪威	17	0.14	阿尔托大学(芬兰)	5	0.08
瑞士	15	0.17	米兰理工大学(意大利)	5	0.08
法国	14	0.24	帕多瓦大学(意大利)	4	0.04
丹麦	11	0.22	哥本哈根商学院(丹麦)	4	0.03

由表 2.2.1 可知,发文量最多的国家是瑞典(39 篇),其次是芬兰(38 篇),第三是英国(32 篇),发文量最多的前 11 个国家中有 9 个属于欧洲,剩余 2 个国家是中国(22 篇)和美国(18 篇)。欧洲的数字化研究成果领先于其他国家,原因可能在于,在 20 世纪 80 年代,智能制造这一模式就已经在欧洲部分制造业发达国家中提出。进入 21 世纪后,信息技术的发展为智能制造提供了更为成熟的条件(Koldewey et al. ,2022)。2016 年,"欧洲工业数字化"战略提出后,物联网、大数据和人工智能三大技术大大增强了欧洲工业的智能化程度(Zhong et al. ,2017)。此外,欧盟还出台了数字化转型的战略报告,鼓励促进企业数字化转型(Małkowska et al. ,2021)。表 2.2.1 中这些发文量较多的国家大部分是以大学作为研究主体,这说明不仅是企业主体在积极响应政策,学术界也在对制造企业数字服务化进行研究探索,致力于为企业的数字服务化实践做出贡献。

Citespace 中的中心性是分析节点重要程度的一个关键指标,表征研究成果的影响力。根据中心性这一指标,结合发文影响力,不难发现,国家中心性最高的是美国(0.52),其次是英国(0.48),第三是中国(0.38)。研究机构中心性最高的是阿斯顿大学(英国,0.10),其次是阿尔托大学(芬兰,0.08)和米兰理工大学(意大利,0.08),这表明上述国家和研究机构所发表的文献在数字服务化研究领域具有重要地位。虽然我国的发文量不多,仅有瑞典发文量的56.4%,但是中心性很高,这说明我国的相关研究成果具有重要影响力。如图2.2.2 所示,我国在图谱中处于边缘位置,与其他主体的联系较少。通过进一步分析文献合作机构,可以发现,我国在数字服务化研究方向的主要研究机构有华中科技大学、北京航空航天大学、南京理工大学等,目前我国主要是通过中欧国际工商学院与英美国家建立合作关系。然而,我国的主要研究机构之间以及我国研究机构与国外研究机构之间的合作关系并不紧密。未来,我国应加强国际的研究合作关系,以现有的国内本土化研究为基础,进一步提升国际影响力。

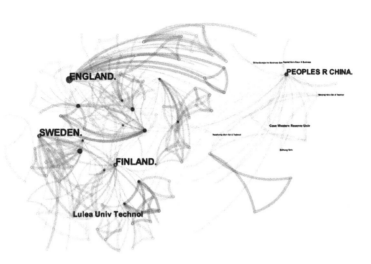

图 2.2.2　国家/研究机构混合网络图谱

（三）作者合作分析

作者间的合作会显著影响研究领域的主题,有助于更好地理解研究主题的文献结构(Khanra et al.,2020)。本研究将"author"作为条件进行可视化分析,结果如图 2.2.3 所示,形成两组合作网络组合,这些学者的合作文献被

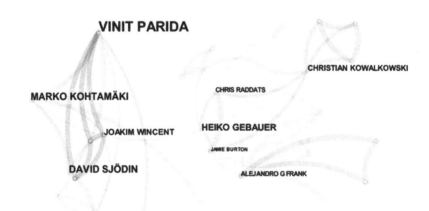

图 2.2.3　作者合作网络图谱

引用数均过百,对推动制造企业数字服务化研究具有重要作用。

具体而言,第一组中合作最突出的是 Vinit Parida(7 条连线),其次是 Joakim Wincent(6 条),然后是 Marko Kohtamäki(5 条)和 David Sjödin(5 条)。通过阅读上述学者的研究,可以发现,他们之间的合作发生在 2015 年至 2022 年 5 月间,2021 年数量最多。研究内容主要关注以下几个方面:一是服务生态系统中的主体间合作研究。企业合作在数字化创新中发挥着重要作用,在数字经济背景下合作伙伴围绕创新共同发展能力,而数字服务化倾向于创造更紧密的供应商-客户关系(Kamalaldin et al.,2020;Kamalaldin et al.,2021;Sjödin et al.,2020;Sjödin et al.,2022)。二是数字服务化促进中小制造企业的国际化进程研究。学者们认为当前服务网络的参与者面临服务能力不足、市场条件不友善、客户准备度低等问题和挑战(Reim et al.,2019),研究提出要促进数字服务产品的国际合作和交付,实现双赢等(Kolagar et al.,2022;Parida et al.,2022)。三是研究企业的数字化能力。数字化能力主要指分析和共享客户的大数据的能力。在服务创新的早期阶段,企业需要对收集的客户数据进行深入分析,有助于加深对客户需求的理解,从而支持战略投资决策和增加服务提供组合(Lenka et al.,2017;Parida et al.,2015)。

第二组中合作最突出的是 Alejandro G. Frank(7 条)和 Chris Raddats(7 条),其次是 Christian Kowalkowski(6 条)和 Javie Burton(6 条),最后是 Heiko Gebauer(4 条)。通过阅读上述学者的研究文献,可以发现,他们之间的合作发生在 2019 年至 2022 年 5 月间,2020 年数量最多。研究主要围绕多参与视角下的数字服务化实践。服务成熟度的评判需要从多参与者的角度出发,而服务化能力需要考虑所有参与者的可用能力,并且每个参与者所需的能力因所提供的服务类型而异(Marcon et al.,2022;Raddats et al.,2019)。如相较于基础服务,高级服务涉及更多复杂的功能,这就要求企业与外部参与者和技术合作伙伴进行更高程度的交互(Marcon et al.,2022)。

此外,上述两组合作网络之间也形成了合作关系,主要通过 Heiko Gebauer 和 Marko Kohtamäki 的合作联系在一起。两位学者都认为数字服务化的重点在于数字化与服务化的融合,仅数字化可能不足以对制造企业产生积极的绩效影响。因此,企业需要配备先进的服务组合,积极协调商业模式才能确保从数字化中获取价值(Kohtamäki et al.,2020;Kohtamäki et al.,2019;Chirumalla et al.,2023)。

（四）研究热点分析

研究热点是指在某一时期内,数量较多且具有内在关联的一组文献所关注的视角或主题。文献的关键词可以高度概括且集中描述文献的核心内容,因此,运用关键词共现分析方法(即同一关键词在不同文献中出现的频率),可以确定数字服务化的研究热点。在 Citespace 上将节点类型选择为"keyword",时间范围选择为"2009—2023 年",时间切片为 1 年,生成关键词共现网络图谱,如图 2.2.4 所示。在关键词共现网络图谱中,节点的大小代表关键词的共现频次,频次越高,图谱中节点就越大,具有深色外圈年轮的是具有高中心性的节点,中心性超过 0.1 的节点被认为是关键节点(Chen,2016)。

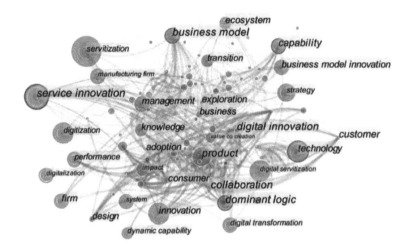

图 2.2.4　数字化背景下制造业服务化文献的关键词共现网络图谱

本研究将频次超过 10 的关键词按照时间进行汇总,若当年频次超过 10 的关键词较多,则每年度仅列出频次最高的三个关键词,得到表 2.2.2。可以发现,在 2009—2023 年间,除去搜索所用的关键词,剩余出现频次较高的关键词有 innovation(创新)、technology(技术)、business model(商业模式)、strategy(策略)、performance(绩效)、capability(能力)等,说明这些关键词与数字服务化研究联系密切,在一定程度上呈现出了数字服务化研究的主题分布。

表 2.2.2 数字化背景下制造业服务化的高频关键词(频次＞10)

年份	关键词	频次	中心性
2009	innovation	53	0.07
	performance	31	0.03
	internet	16	0.03
2012	product	30	0.10
	knowledge	19	0.10
2013	business model	33	0.19
	management	30	0.10
2014	technology	41	0.11
	system	26	0.03
	dominant logic	20	0.11
2015	strategy	33	0.04
	capability	30	0.12
	ecosystem	19	0.08
2016	product service system	13	0.04
	opportunity	11	0.03
2017	business model innovation	27	0.08
	digital transformation	25	0.01
	firm	24	0.06
2018	dynamic capability	27	0.02
	perspective	12	0.03
	platform	11	0.02
2019	manufacturing firm	26	0.01
	impact	19	0.01
	smart	13	0.04
2020	transformation	11	0.01
2021	industry 4	12	0.02
	supply chain	11	0.01

资料来源:作者根据 Citespace 结果绘制。

注:部分年份数据缺失是因为当年没有频次大于 10 的高频词。

（五）研究理论演进分析

通过对制造企业数字服务化文献关键词的突变词统计，可以识别出该研究领域的前沿趋势。突变词突现度高，则表明关键词的关注度激增，成为本阶段的研究前沿。如表 2.2.3 所示，2012 年主要的关键词是客户（customer）与市场（market），并且热点一直持续到 2018 年和 2019 年，2014 年开始关注主导逻辑（dominant logic）、设计（design），2015 年研究关注协同（collaboration），2016 年转而关注开放式创新（open innovation），2017 年研究聚焦于转变（transition）、共创（co-creation）、企业（firm），2020 年则以价值共创（value co-creation）为重点。

表 2.2.3　数字化背景下制造业服务化文献关键词的突变词统计

突变词	突现度	开始年份	结束年份	2009—2022 年突变词被关注时段 （黑色线段）图示
customer	2.68	2012	2018	
market	2.17	2012	2019	
dominant logic	4.20	2014	2019	
design	2.86	2014	2016	
collaboration	1.98	2015	2018	
open innovation	2.03	2016	2019	
transition	2.84	2017	2020	
co-creation	2.23	2017	2018	
firm	2.04	2017	2018	
value co-creation	1.22	2020	2021	

资料来源：作者根据 Citespace 结果绘制。

本研究根据 Citespace 生成关键词网络时区图谱，识别其演变趋势和相互影响关系，按研究热点和时间动态将数字服务化研究演进的过程划分为三个阶段，以此呈现数字服务化的研究演进方向，详见图 2.2.5。

第一阶段（2009—2013 年）：关注 ICT 与服务创新之间的关系，主要采用商业模式理论和价值共创理论。新技术采用能够影响企业的服务提供和顾客的价值共创。物联网作为一项典型的数字技术，通过拓展通信网络和互联网，利用传感技术和嵌入式智能技术，感知和识别物理世界，能够有效创造新的应用以及提升 ICT 服务（Sjödin et al.，2020）。例如，随着智能手机等移动设备

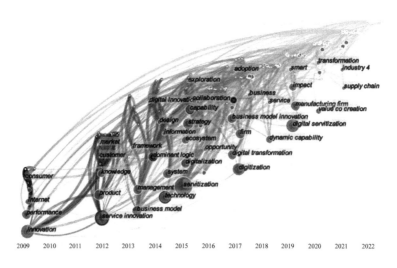

图 2.2.5　数字经济背景下制造企业数字服务化文献关键词的共现网络时区分布

的发展,客户可以更加便捷地提出反馈和新想法,企业可以通过 ICT 技术分析客户反馈,有效了解和预测客户的潜在需求,切实提高开发新服务市场的效率,实现价值共创(Lenka et al.,2017;Struwe et al.,2023)。因此,信息和通信技术与服务创新的关联研究是这个阶段的研究焦点。

第二阶段(2014—2016 年):探究数字化对服务化的作用,主要采用服务主导逻辑理论。服务主导逻辑认为服务是一切经济活动的基础,企业通过整合自身知识或资源为其他组织或客户创造价值(Lusch et al.,2015)。服务主导逻辑强调企业创新或服务化活动的四个重要因素,即行动者价值网络、资源液化、资源密度和资源整合(Goduscheit et al.,2018)。(数字)技术是一种操作性资源,能够作用于其他资源,在制造企业服务化过程中发挥着核心作用(Barrett et al.,2015)。数字化通过不同数字技术的组合或重组,帮助企业通过产品-服务系统增强服务导向,改变内部业务流程并重新定义价值主张(Svahn et al.,2017)。此外,数字化通过信息和技术的解耦,可以重塑服务活动属性(Lusch et al.,2015)。有研究认为数字化和服务化之间存在较强的相互作用,企业通过战略规划和能力整合,会增强数字化对服务化的作用效应(Rymaszewska et al.,2017)。Paiola 和 Gebauer(2020)提出企业需要加快数字化发展,使之与实施服务化战略齐头并进。因此,数字化对服务化的作用机制是这个阶段的研究焦点。

第三阶段(2017—2023年):正式采用数字服务化这一术语展开研究。此部分重点剖析企业在实施数字服务化过程中,如何在服务生态系统内实现价值共创,主要采用服务生态系统视角。该视角强调企业利用服务生态系统中行动者之间的价值和资源差异,有效实现服务创新或服务化(Vargo et al.,2015;Lindhult et al.,2018)。在数字服务化过程中,制造企业需要将原有的制造逻辑转变为服务逻辑,这可能导致关键知识被稀释(Lusch et al.,2015)。因而,企业需借助数字技术与外部参与者(如供应商、客户等)合作弥补上述困境(Sklyar et al.,2019;Kamalaldin et al.,2021)。该阶段的文献重点探讨数字技术如何通过改变传统的服务概念、交付和评估方式,为制造企业提供发展机会(Chandler et al.,2019)。如数字技术通过实现新的产品互联功能和集成各种操作流程,改变制造企业与客户、服务供应商的互动方式,增加与顾客共同创造价值的机会,以及与服务供应商的合作机会(Kohtamäki et al.,2020;Chiu et al.,2023)。因此,服务生态系统内制造企业实现与客户、服务供应商的价值共创成为这个阶段的研究焦点。

三、数字服务化主题领域的内容分析

本研究结合 Citespace 的聚类分析,按照情境、能力、模式、连结、结果五个方面对数字服务化的研究主题进行阐述,在此基础上识别出每个主题的未来研究方向,如图 2.2.6 所示。

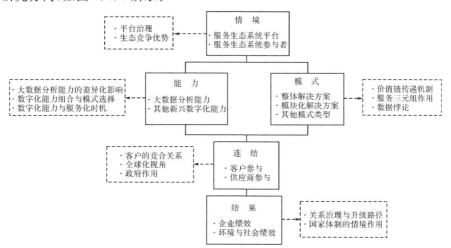

图 2.2.6 数字服务化的主题内容与未来研究方向

（一）数字服务化的情境

数字服务化的情境研究与服务生态系统紧密相关。服务生态系统是企业生态系统与服务主导逻辑的整合体，强调行动者通过共享的制度逻辑和基于服务交换的价值共创而构建彼此之间的连结关系（Kamalaldin et al.，2021）。服务生态系统从整体的、多参与者的视角审视数字服务化，强调系统内行动者之间互动的系统性和动态性。该视角将数字服务化的研究范围扩展到企业以外，旨在探索企业嵌入服务生态系统后的相互间合作机制（Sklyar et al.，2019）。服务生态系统情境下的数字服务化研究主要集中在两个方面。

一是服务生态系统平台。数字服务化强调企业需要具备相关的技术和关系管理能力，通过与不同合作者之间的协同互动，推动服务创新和价值交付（Cenamor et al.，2017），由此提出了服务生态系统的概念。以服务生态系统作为情境，现有研究主要聚焦在服务生态系统平台，剖析其对数字服务化的影响：第一，服务生态系统内的平台通过促进资源流动而提高系统内的资源密度，从而促进服务生态系统中行动者的资源整合与集成（Alaimo et al.，2020）。第二，位于价值链上游的制造企业在数字服务化的过程中深化平台战略，以扩大其直接的网络效应（Parida et al.，2016），而平台通过跨界活动将信息标准化以实现生态系统内的信息兼容，从而促进服务创新（Akter et al.，2016）。第三，成功的服务生态系统要求行动者拥有基于平台发展的能力，通过行动者之间的合作和竞争促进持续的服务创新（Sjödin et al.，2022）。

二是服务生态系统参与者。服务生态系统由系统内外不同参与者构成，其参与者对数字服务化会产生关键影响（Dalenogare et al.，2023）。企业在追求数字服务化时其内部能力和外部环境是动态变化的，通过中心化、嵌入性、集成化等方式，企业可以加强与参与者之间的关系，实现价值创造（Sklyar et al.，2019）。此外，评估潜在合作伙伴，确定与服务生态系统中其他参与者的互补性知识，形成知识协同，也能实现高水平的数字服务化（Reim et al.，2019）。Alaimo 等（2020）还发现特定类型的数据和服务、技术操作和参与者角色存在相互关系，有助于重构服务生态系统。

服务生态系统是制造企业数字服务化的重要载体，其内部关系和结构亟须大量的研究进一步探索与发掘。目前研究大多将服务生态系统作为一个研究情境，或只探索了生态系统内局部的主体之间的关系，较少系统关注其治理问题。未来可围绕治理机制展开研究，平台在制造企业数字服务化过程中扮演着重要角色,也是服务生态系统的重要构成部分,如何对其治理是未来关注的重点。此外,数字技术的发展必然推动服务生态系统的数字化,数据将由此成为服务生态系统内的重要流动要素。服务型制造的领军企业如何通过数据要素化与数据价值化等方式构建服务生态系统平台,形成生态竞争优势,也是未来一个重要的研究方向。

（二）数字服务化的能力

数字服务化的关键能力是数字化能力。数字技术改变了服务的提供、获取和交付方式,同时也对企业能力提出了新的要求。数字化能力的概念是伴随着数字化转型研究的兴起而提出的,由动态能力理论和资源基础观发展而来,是企业能力研究的深化（Annarelli et al.，2021）。数字服务化是数字技术和数字化能力的一个应用方向,数字应用和分析能力的发展显著提高了制造企业的服务化水平,有助于制造企业为客户提供更完善的服务流程和服务体验,促进价值共创（Barrett et al.，2015）。数字服务化中的数字化能力研究主要集中在两个方面。

一是大数据分析能力。大数据分析能力指借助分析工具和流程,从大数据中获得新见解或洞察力,从而为企业决策提供支持的能力（Akter et al.，2016）。通过对现有文献的梳理,大数据分析能力对制造企业的作用可以概括为两个方面:洞察和预测。大数据分析能力包括算法的开发规则和业务逻辑,可通过数据处理形成对企业有价值的洞察力（Lenka et al.，2017；Lehrer et al.，2018）。企业通过深入分析收集数据,有助于精准掌握客户需求变化,加深对客户需求的理解,从而避免陷入僵化刻板的产品开发（Sjödin et al.，2020）。同时,企业收集和挖掘的信息可以形成一个知识库,而对这些知识的快速检索有助于增强问题解决能力（Ferraris et al.，2019）。此外,数据的深入挖掘也有助于企业提高预测准确度和效率,快速识别市场的机遇与威胁,从而降低对外部环境的不确定性感知,最终为达成企业目标而做出准确决策（Akter et al.，2016）。

二是其他新兴数字化能力。基于物联网、云计算、人工智能和预测分析等颠覆性数字技术形成的其他数字化能力也越来越对制造企业数字服务化发展产生影响。这部分研究虽然目前研究成果数量不多,但已呈现兴起态势。研究发现物联网是智能服务的基础,预测分析可以帮助企业完成"绩效提供者"角色的转变（Ardolino et al.，2018）。数字平台能力是制造企业开发新服务的重要能力,通过知识共享可促进服务创新(Wang et al.,2022)。数字技术的变革使以 AI 能力驱动的服务快速发展,如 OpenAI 的 ChatGPT、IBM 的 Watsonx 和微软的 Genie 等。AI 能力以各种数据与技术、组织变革能力、业务技能等资源为基础,生成可以学习、适应和连接的人工智能,帮助企业提供广泛服务(Mikalef et al.,2019)。企业通过将 AI 能力融入服务生态系统,能够根本性改变服务质量和服务交互的感知价值(Kowalkowski et al.,2017)。

数字化能力是制造企业成功实施数字服务化的关键能力,未来研究可在以下方面推进:一是关注大数据分析能力的不同维度对数字服务化的差异化影响,以及企业生命周期等边界条件对两者关系的权变影响。二是探索数字化能力组合(如大数据分析能力、AI 能力、数字平台能力等)与数字服务化模式选择的关联机制,探索不同组态效应与数字服务化模式发展的匹配机制。三是分析数字化能力与企业进入服务化领域时机的关联机制。制造企业选择进入服务市场的时间点会成为其最终能否获取竞争优势的一个关键点,数字化能力在其中发挥着重要的预判作用,未来研究可探寻进入后的作用机制相关问题。

(三)数字服务化的模式

随着数字服务化研究的推进,一部分研究开始尝试识别数字服务化的模式。现有文献主要围绕讨论整体解决方案和模块化解决方案两种模式,也有一部分研究关注不同数字服务化模式的具体类型。以下分别阐述。

其一,整体解决方案。整体解决方案将服务、产品和信息捆绑组合,通过简化流程、提高效率致力于全面地解决客户的一整套需求,而不仅仅是简单地提供相关支持设备或服务(Rajala et al.,2019)。现有研究主要关注提供整体解决方案的企业所需要具备的能力。Gebauer(2013)认为运营能力是提供整体解决方案的关键能力,尤其是在以新兴技术、客户需求异质性和竞争加速为特征的行业市场中,该能力尤为重要。此外,有效地管理客户关系和供应商网络的能力也是提供整体解决方案所不可或缺的能力(Lightfoot et al.,2013)。

其二,模块化解决方案。在客户需求变得更为个性化、多样化、复杂化的情况下,模块化解决方案成为整体解决方案的一种升级模式(Rajala et al.,2019)。模块化解决方案能够将复杂的大问题分解为较小的模块化组件或单元,每个模块具有特定的功能,企业可以修改模块来满足不同客户的差异化需求,以更灵活的方式解决问题(Kohtamäki et al.,2019)。与一次性交付的服务相比,模块化解决方案的提供需要构建更为复杂和长期导向的客户关系(Smith et al., 2014)。因此,制造企业往往需要跨越组织边界,通过与第三方服务供应商合作,才能高效完成。同时企业也要借助数字技术将有形产品、无形服务和软件系统整合,以此提供全新的数字化产品-服务系统和高度定制的模块化解决方案(Rajala et al., 2019)。

其三,其他模式类型。另有一部分研究对数字服务化的模式进一步细化和具体化。Kohtamäki 等(2019)指出数字服务化提供商有产品导向服务提供商、工业化者、定制化的整体方案提供商、平台提供商和结果提供商等类型。在聚焦工业 4.0 与服务化两方面,Frank 等(2019)基于服务提供类型和数字化水平,对数字服务化的(商业)模式进行划分,即工业 4.0 相关服务、数字服务与手工服务。Calle 等(2020)基于服务化的转变过程,识别出每个阶段企业提供数字服务化的类型,如使用 ICT 工具协同提供产品维修、保养等必需性服务,降低运营成本和/或缩短交付时间及提高质量的服务,基于软件仿真、虚拟应用程序、数字技术分析的数字化服务,整合数字产品服务系统元素的智能服务。

制造企业数字服务化的模式研究是深化数字服务化研究的一个重要方面,未来研究可在以下方面推进:一是研究数字服务化模式的价值传递机制。制造企业提供数字化服务时需要不断地实现价值交付,未来研究可以关注其中的传递机制,寻求价值高效传递、捕获、识别和利用的最佳模式。二是研究服务三元组特征对数字服务化模式的影响。此处指企业作为服务组织,需要通过与服务提供商、客户之间的互动合作来提供数字化服务(Max et al., 2013)。未来研究可深入分析信息传递、信任建构、价值观一致性等特征对模块化解决方案的影响机制。三是开发数字化服务需要涉及大量企业外部数据,然而大多数企业尤其是中小企业会因害怕信息泄露而不愿提供数据,从而无法得到满意的解决方案,未来研究可关注数据悖论对数字服务化模式产生的影响,以及探讨消除悖论的相关措施。

(四)数字服务化的连结

服务三元组视角强调制造企业提供数字化服务需要处理好与客户、服务供应商之间的关系(Max et al., 2013)。现有研究主要从客户和供应商两个方面来剖析数字服务化情境下制造企业的外部连结。

客户方面,客户的参与度可以影响客户-品牌联系、客户权益、客户购买意向、客户知识共享等(Ho et al., 2020),从而影响企业绩效。通过分析客户在服务平台上发表的言论,企业可以具有针对性地改善产品或服务,满足客户需求。企业越来越多地利用数字技术来创新服务内容,确保服务提供的所有阶段均能与客户保持接触,鼓励客户积极参与(Hu et al.,2012)。客户参与过程中会产生大量结构化或非结构化的行为和交易数据,企业急需应用数字化技术来捕获和处理这些数据,从而提高服务质量,维系忠实客户(Wuyts et al.,2015)。制造企业应该为思维活跃、思想开放的客户提供有价值的服务产品,并积极维持联系,以获得其全部绩效潜力(Hu et al.,2012)。

供应商方面,对于原先专注于产品的制造企业而言,由于缺乏服务流程的专业知识和能力,数字服务化困难重重,寻找外部合作伙伴便成为制造企业提供数字化服务的有效途径。作为重要的合作伙伴,服务供应商可以提供不同类型的服务,包括物流、维护、咨询、数据分析、整体解决方案等,有助于制造企业实现价值主张(Karatzas et al.,2017)。对服务供应商参与数字服务化的方式,学者们持有不同观点。Wuyts 等(2015)基于二元决策论,主张将所有服务完全外包给服务供应商,提出与产品相关的服务会比其他服务更能满足客户需求。但 Ayala 等(2021)认为企业应该与服务供应商共同开发服务,并提出三种行之有效的方式:服务供应商兼顾服务设计和服务执行;制造商与服务供应商共同参与服务设计;服务设计由制造商驱动,服务供应商负责服务执行。

客户和供应商是制造企业实施数字服务化的重要外部连结,未来研究可以在以下方面推进:一是研究数字服务化中客户和供应商关系的价值共创机制。在此基础上,进一步探究客户之间的竞合关系对企业数字服务化价值共创的影响及其作用机制。二是关注国际化情境,研究国际化客户和供应商与数字服务化的关联机制。当前大多数企业是面向全球运营的,因此,企业的数字服务化也应该转向全球视角进行剖析。三是关注新兴经济体国家企业的数字服务化实现,探索政府在企业数字服务化中的作用,关注政府参与对制造企业数字服务化的影响效应。

(五)数字服务化的结果

数字服务化与企业绩效之间的关系是数字服务化后果的主要关注点。近年来,由于环境问题的逐步显现,数字服务化所产生的环境与社会绩效也成为现有文献的一个关注点。

首先是企业绩效方面。制造企业的数字服务化表现为利用数字技术的可塑性和灵活性加速企业由以产品为主转向以客户为主的服务模式(Lehrer et al.，2018)。从企业层面来看,越来越多的制造企业选择将数字技术嵌入产品-服务系统,使其更为智能化,从而满足客户需求,提高企业绩效(Kohtamäki et al.，2020)。此外,数字化与服务化的融合为更高质量和更定制化的价值主张提供机会(Rust et al.，2014)。如在提供服务的过程中增加自动化技术,能够将传统、被动的产品修复服务,升级为主动的监控、优化服务,实现新的价值创造(Sklyar et al.，2019)。因此,数字服务化推动制造企业向更高端的价值链环节攀升,通过增加服务的附加值,实现服务型制造的转型升级(Sjödin et al.，2019)。

其次是环境和社会绩效方面。数字服务化通过数据的分析和使用,能够快速获取客户需求,提供便捷、个性化的服务,增强服务体验。同时,基于数字技术的服务能够降低成本,增加灵活性。Wünderlich 等(2013)开发了智能交互式服务的基本框架,强调节省时间、增加灵活性和提升服务效率的好处。此外,数字服务化能够减少能源消耗以及有利于环境保护(Wang et al.，2023),大数据、物联网等数字技术具备提供预防性和预测性维护、加强翻新和报废活动等功能,能够提高资源利用效率、延长产品寿命,从而实现循环经济(Bressanelli et al.，2018)。Lindström 等(2018)探讨了基于物联网范式的云服务平台通过增加客户流程知识,有效地监控和优化玻璃、金属和塑料的回收。

数字服务化的结果方面的研究,可在以下几个方面推进:一是数字服务化与企业升级的关系。聚焦数字服务化情境,剖析服务型制造企业的转型升级机制与路径,如通过剖析制造企业在数字服务化过程中与其他参与者的关系治理质量,关注在不同的关系成熟度下制造企业应选择何种关系治理策略来促使其更高效地实现服务型制造发展。二是新兴经济体国家中制造企业通过数字服务化实现企业升级的过程机制。目前数字服务化的研究成果主要来自成熟经济体,尤其是欧洲和北美国家。实际上,新兴经济体国家的制造业也愈来愈追求数字服务化,尤其是新兴经济体国家的政府正在逐渐大力支持企业数字服务化转型,剖析新兴经济体国家体制机制在制造企业数字服务化转型中促进企业升级的边界条件值得未来研究关注。

第三节　本章小结

数字服务化的实践正如火如荼地开展,但其相关研究仍处于新兴领域,大部分研究将单案例或多案例作为理论证据,缺少一套连贯的解释性理论和规范性模型。本章通过文献系统分析与文献计量分析,整理、归纳数字服务化的实证研究和理论研究文献,得出数字服务化研究现状的三大结论:

第一,从数字服务化的知识贡献来看,国外学者对该领域表现出浓厚的兴趣。自 2016 年起,有关该领域的文献发表数量递增,而大多数的研究来自发达国家的研究机构和研究者,主要以欧洲的瑞典、芬兰、英国等国家为主导。虽然中国的发文量比较少,但是仍具有发文影响力(中心性 0.38,仅次于美国和英国)。

第二,从数字服务化的发展脉络来看,随着学者的不断探究,数字服务化的知识基础逐步坚实,研究热点持续深入。数字服务化领域的演进发展可划分为三个阶段:第一阶段(2009—2013 年)关注信息和通信技术与服务创新之间的关系。第二阶段(2014—2016 年)主要采用服务主导逻辑,探索数字化对服务化的作用。第三阶段(2017—2023 年)主要应用服务生态系统视角,重点剖析企业在实施数字服务化过程中,如何在服务生态系统内实现价值共创。通过对发展脉络的梳理,数字服务化的研究主线更加清晰。数字服务化的研究是数字化与服务化两个研究流派从独立到相互融合的演进过程。

第三,从数字服务化的热点聚焦来看,基于现有数字服务化的广泛研究可识别出五大研究主题,包括数字服务化的情境、能力、模式、连结和结果,在此基础上探索未来发展方向。

由此,本章提出现有研究可从以下几个方面进一步拓展与深化。

第一,数字服务化的内涵与模式有待进一步解析。虽然现有研究提供了许多对制造服务化内涵的见解,但缺乏一个公认的定义。大多数研究对服务化、服务创新的概念混淆,当出现数字服务化之后,概念之间的界限则更为模糊。此外,至今仍缺乏划分数字服务化构成维度的较好思路,对数字服务化的发展模式的讨论则更为有限。数字服务化内涵与模式的剖析是研究数字服务化的重要前提,因此,非常有必要基于现有研究基础,通过理论整合与案例探索来剖析数字服务化的内涵与构成维度,进而识别其发展模式,数字服务化模式的相关研究深入探索的空间还很大。

第二,数字服务化的前因机制有待挖掘。尽管数字服务化研究越来越引起学术界的兴趣,但有关是什么因素驱动企业推行数字服务化的研究仍非常不足。此外,在战略管理领域不乏对能力与战略关联机制的探讨,但对数字服务化这一新兴战略的能力驱动机制的研究仍在起步阶段,至今仍缺乏较好的思路找到切入点剖析数字服务化的前因机制。

第三,数字服务化与企业绩效关系的边界条件有待探索。服务化与企业绩效之间的关系是学术界比较感兴趣的研究问题,然而,研究者们从不同视角探讨服务化对企业绩效的作用,现有研究仍较少得到一致性的结果。究其原因,在于现有研究没有去识别数字服务化的类型,也缺乏对其作用边界条件的探索。因此,对如何系统、科学地剖析数字服务化不同类型(模式)对企业绩效的作用机制,以及识别其边界条件的调节效应,仍需进一步探索。

第三章　如何驱动?
——数字平台对数字服务化的驱动机制

【本章导读】本章整合动态能力理论和服务生态系统理论,通过理论构建与实证检验,探究数字平台对数字服务化的驱动机制。本章具体研究内容包括:第一,分析数字平台能力通过影响企业边界拓展(包括知识边界拓展、权力边界拓展)进而影响服务化的作用路径,结合平台生态系统特征,揭示平台参与者互补性与服务复杂性的调节作用。第二,构建数字平台能力、企业边界拓展、平台参与者互补性、服务复杂性和服务化之间的实证模型,实证检验数字平台能力对数字服务化的驱动效应,同时剖析平台参与者互补性、服务复杂性的情境影响。本章聚焦数字平台对数字服务化的驱动作用,对推进我国数实深度融合发展具有一定的借鉴和启发意义。

什么可以驱动制造企业的数字服务化发展? 这一问题还没有得到很好的解答。现有一部分研究从外部视角关注环境动荡性、竞争强度的影响(Coreynen et al. ,2020),也有一部分研究从内部视角关注企业能力、资源的影响(Ciminia et al. ,2021),但还未有研究聚焦到特定的数字化技术的驱动作用。从数字服务化的内涵来看,数字服务化是数字化与服务化的融合体(Kohtamäki,2019),从服务化的视角出发,目前已经有较多与服务化驱动因素相关的研究,但从数字化的视角出发来发掘其驱动因素的研究仍有不足。为此,本章从当前很多企业所关注的数字平台入手,剖析数字平台能力对数字服务化的驱动机制。这不仅能对现有研究进行补充,推进研究的深层次发展,也能为解决我国当前推进实体经济与数字经济融合发展的现实问题提供一些观点和参考建议。

第一节　数字平台能力驱动数字服务化的理论模型

人工智能、大数据、物联网、云计算等新一代信息技术的突破式发展，推动数字平台进入快速发展期。越来越多的制造企业基于数字平台创新服务模式（Rai et al.，2019）。卧龙集团基于"舜智云"平台向电机行业的中小企业提供数字化转型服务；正泰集团通过"正泰云"向企业的终端用户提供一揽子能源解决方案；华为打造 AppTouch 数字服务平台，帮助开发者快速触达全球用户进而提供全方位本地化的运营服务。由此可见，制造企业以数字平台为载体，整合有形产品与无形服务来实现服务化，成为现阶段制造企业重构竞争优势的重要方式（Oliva et al.，2003；Sklyar et al.，2019）。相应地，培育与发展基于数字平台的资源整合和重构能力，即数字平台能力（Cenamor et al.，2019），成为越来越多制造企业的重点发展方向（Annarelli et al.，2021；Helfat et al.，2018）。

然而，现阶段鲜有研究对数字平台能力与制造企业的服务化之间的关系进行充分探讨（Xiao et al.，2020）。现有研究更多关注数字平台能力与制造企业技术创新、商业模式创新之间的关系（Liu et al.，2022）。虽然一部分研究开始提出培育信息技术能力、大数据分析能力有利于提升企业服务创新效果（Ciampi et al.，2021；Mikalef et al.，2019；Xiao et al.，2020），但数字平台能力对服务化的作用机制和情境影响尚未被充分探讨（De Reuver et al.，2018）。

为弥补以上研究之不足，本研究致力于解答"数字平台能力如何以及何时影响制造企业服务化"这一研究问题，并进一步回答三个子研究问题：①数字平台能力是否影响制造企业服务化？②数字平台能力如何影响制造企业服务化？③数字平台能力在什么情境下影响制造企业服务化？

本研究采用动态能力理论和服务生态系统理论来回答上述问题。动态能力理论认为，在动荡的市场环境下，数字平台能力是满足制造企业构建、整合、重构内外部资源的关键能力，而资源的整合和重构过程伴随着企业资源基础的变动而影响企业边界(Teece et al.,1997)。据此,本研究基于动态能力理论剖析数字平台能力对制造企业服务化的影响效应,识别出企业边界拓展(权力边界拓展、知识边界拓展)的中介效应(Santos et al.,2005;Ernst et al.,2011)。服务生态系统理论提出,服务是一切经济主体价值交换的基础,服务生态系统中的参与者都是价值共创者,是企业价值创造过程中不可忽视的主体。因此,本研究基于服务生态系统视角识别出参与者互补性和服务复杂性的边界条件,并分析两者对企业边界拓展在数字平台能力与服务化之间的中介效应的调节机制。

一、理论基础

本章理论基础主要是动态能力理论和服务生态系统理论。

(一)动态能力理论

动态能力理论起源于资源基础观。资源基础观认为企业是资源的集成体,企业的竞争优势来源于其有价值的、稀缺的、不可替代的,以及难以模仿的异质性资源(Barney,1991)。资源基础观从静态视角关注资源对企业发展的重要性,但无法解释在动态环境下企业如何保持持续竞争优势(Fainshmidt et al.,2016)。据此,Teece 等(1997)在资源基础观的基础上提出动态能力理论,解释企业如何在动态变化的环境下通过资源的整合和重构来打造竞争优势。动态能力理论已提出近 30 年,但其研究热度未曾降低,这是在快速变化的环境下动态能力对企业的重要性持续彰显(Abeysekara et al.,2019;Liu et al.,2020)。关于动态能力理论的相关研究可以分成三种:一些学者基于不同情境,运用动态能力理论来解构新兴的企业能力,例如,基于动态能力来解构数字化能力(Chen et al.,2023)、数字平台能力(Wang et al.,2023)、大数据分析能力(Wamba et al.,2020;Xiao et al.,2020)、数字化转型能力(Ghosh et al.,2022;Warner et al.,2019)等;另一部分学者关注动态能力对企业创新的影响,包括可持续性创新(Wang et al.,2023)、绿色创新(Ning et al.,2023)、商业模式创新(Liu et al.,2021)、服务创新(Hoang et al.,2024;Liu et al.,2022)等;还有一部分学者基于动态能力分析企业数字化转型的关联机制,如分析与人工智能等数字技术相关的能力对企业数字化转型的影响等(Sjödin et al.,2023)。

(二)服务生态系统理论

服务生态系统被定义为"相对独立的、自我调节的系统,是资源整合的参与者通过共享的制度逻辑、服务交换和价值共创联系在一起的系统(Vargo et al.,2016)。服务生态系统拥有一般生态系统的基本特征(Letaifa et al.,2015),具体表现为参与者的广泛性和松散耦合性、系统的高层次结构、制度的约束和协调,以及受到社会情境的影响等。服务生态系统理论强调服务的重要性,认为服务是一切交换的基础,所有的经济活动都属于服务经济(Lusch et al.,2015;Vargo et al.,2014)。在服务生态系统中,所有参与者都是价值共创的主体,因此,服务生态系统的本质是行动者与行动者之间的互动关联系统(Vargo et al.,2010)。

运用服务生态系统理论研究多主体网络关系逐步引起学术界的关注。基于此逻辑,一部分学者从宏观的复杂网络系统层面对价值共创问题进行了研究,认为服务生态系统可以实现价值共创的组织逻辑,参与者通过服务交换和资源整合实现价值共创(Vargo et al.,2016),并探讨了服务生态系统中影响价值共创的各种因素,如数字技术(Payne et al.,2021)、参与者及其相互作用(Finsterwalder et al.,2022;Schulz et al.,2021)等。另有一部分学者从服务生态系统角度观察多主体参与的服务创新,并基于服务生态系统视角重新界定了服务创新的内涵(Gustafsson et al.,2020),认为服务创新不只是企业的单独活动,而是服务生态系统中各参与者之间的协同合作和价值共创的过程,通过新的方式整合现有资源或创造新的资源来改变已有的或开发新的价值主张,创造新的解决方案(Helkkula et al.,2018;Skålén et al.,2015)。服务创新是由资源共享的多个参与者协同驱动的动态发展过程(Poeppelbuss et al.,2022),其类型和过程会受到制度、价值主张、参与者、数字技术等因素及其组态的影响(Kowalkowski et al.,2024;Van Riel et al.,2021)。

二、理论模型与研究假设

1. 数字平台能力与制造企业服务化的关系

基于动态能力理论,企业需要有效整合和重新配置组织资源来适应快速变化的环境(Helfat et al.,2018;Teece et al.,1997)。制造企业受到其固有的制造工程逻辑思维的影响,往往需要借助外力才能有效实现服务化。如制造企业通过与外部服务供应商、客户形成服务三元组才能更好地为客户提供定制化的解决方案。数字平台能力是基于数字平台来整合和重构企业内外部资源的一种特定的动态能力(Cenamor et al.,2019)。数字平台有利于制造企业推行服务化,主要有两个方面的原因。一方面,制造企业可以以数字平台为载体,以更智能和增值的方式推进跨边界连接与合作(Shipilov et al.,2020)。因而企业能够快速部署并整合内部资源和外部服务供应商及客户资源,通过捕获服务供应商和客户的创新想法,以及观测和获悉顾客的特定服务需求,创新服务的概念和顾客交互方式(Basaure et al.,2020)。另一方面,拥有强大数字平台能力的制造企业,善于高效利用数字平台架构所具备的标准化与模块化优势,通过将不同的标准化功能模块进行创新性组合,就能创造出多种差异化的服务模式(Li et al.,2019;Gawer,2014)。例如,特斯拉通过数字平台的特定模块,既可以远程监控车辆性能,提供车辆升级和维护保养提醒等增值服务,也可以重构功能模块,为特斯拉的自动驾驶功能提供技术支持。故而,数字平台能力所发挥出来的对资源的整合和重构功能是实现制造企业服务化的重要前因。据此,本研究提出以下假设:

H1:数字平台能力能够积极影响制造企业服务化。

2. 企业边界拓展的中介机制

企业边界的概念最早由 Coase(1937)提出,认为企业边界是由企业选择自制或外购所形成的一种物理边界。早期研究通常将企业边界视为企业的实体边界(或规模),主要由交易成本最小化原则来决定边界的大小(Coase,1937;Williamson,2007)。后续的学者对企业边界的内涵进行了拓展,如Araujo 等(2003)从企业战略的视角提出企业边界可以指代任何能够将企业与外部环境区分开的方式,应由多种形式来呈现,而不应只局限于企业规模。相应地,越来越多的学者开始使用权力边界、能力边界等来研究企业边界(Huikkola et al.,2020;Schotter et al.,2017)。

数字平台能力能够积极影响企业边界拓展。一是数字平台能力有利于权力边界的拓展。权力边界强调企业边界可以用企业的控制和影响范围来表征(Santos et al.,2005)。制造企业构建数字平台,成为数字平台的所有者,能够基于平台对整个平台生产系统进行协同和控制(Van Alstyne et al.,2016)。制造企业的数字平台能力越强,就越有能力通过资源的整合和重构吸引更多的参与者加入平台生态系统。相应地,制造企业作为平台主所能控制的范围随之扩大,即权力边界拓展得越大。二是数字平台能力有利于知识边界的拓展。知识边界的拓展可以从深度和宽度两方面拓展来理解，知识边界深度是知识的利用效率、知识萃取和知识商业化，即知识复杂性和专业化程度，而知识边界宽度表现为所形成的知识联盟规模和隐性知识范围所延伸到的相关领域的程度（Ernst et al.，2011）。制造企业通过发挥数字平台能力，可以与平台生态系统内其他参与者建立联系，实现与参与者不同程度的交互（Gawer et al.，2014），这一过程必然伴随知识的交换与传递。因此，数字平台能力有助于制造企业不断集成和整合信息，既有助于提高知识的利用率，也能够实现企业知识边界的拓展（Hoiford，2016）。

企业边界拓展有助于制造企业服务化。一是权力边界拓展有助于制造企业服务化。制造企业权力边界的拓展意味着企业可以有更多的合作对象选择权以及拥有更大的话语权，一方面可以让企业更有能力有效控制自己的核心战略资源，以保护其免受外部环境的影响（Huikkola et al.，2020），另一方面也有助于企业协调上下游参与者，降低不确定性风险和机会主义行为，以更低的成本和更高的效率提供创新服务。二是知识边界拓展有助于制造企业服务化。知识作为一种难以模仿的隐性资源，对制造企业创新发挥着重要作用。随着企业知识边界的拓展，制造企业更能够突破原来的知识路径和惯例，促进创新性想法的产生，同时更易捕捉到市场变化和客户需求，持续不断地改进新技术和促进服务化（Ployhart et al.，2011）。

基于上述分析，本研究基于动态能力理论提出企业边界拓展（权力边界拓展、知识边界拓展）在数字平台能力与制造企业服务化之间的中介机制。基于动态能力理论，企业为维持竞争优势需要不断整合和重构内外部资源来应对外部环境的动态变化（Teece et al.，1997）。制造企业的数字平台能力是一种特定的动态能力，驱动企业基于数字平台来整合内外部资源，这必然要求企业打开边界（Teece，2018），通过扩大权力控制范围和增强知识异质性，实现新服务模式的创新（Li et al.，2019）。具体而言，一方面，制造企业通过数字平台能够吸引更多参与者加入生态系统，而参与者数量的增多会提高企业的信息治理难度，因此，制造企业需要通过制定平台运行规则和标准，增强对参与企业的控制与协调，以此扩大权力范围、拓展权力边界。权力边界的拓展有助于制造企业获得更多与参与者接触的机会，有利于降低参与者不确定性和可能的机会主义风险，进而提高服务化的效果（Kapoor et al.，2022）。另一方面，制造企业能够借助数字平台建立多个信息源传递渠道，从而推进制造企业与平台生态系统参与者之间的互动,进而获取更多的异质性知识,丰富企业的知识基础(Wang et al.,2022),并能有效捕获和管理多元数据与创新性想法(Tian et al.,2021),促进企业知识边界的拓展。知识边界拓展能够促进知识产生、传递与交互,实现制造企业服务化。据此,本研究提出以下假设:

H2:企业边界拓展在数字平台能力与制造企业服务化关系中发挥中介作用。

H2a:企业权力边界拓展在数字平台能力与制造企业服务化的关系中发挥中介作用。

H2b:企业知识边界拓展在数字平台能力与制造企业服务化的关系中发挥中介作用。

3. 参与者互补性的调节作用

基于服务生态系统视角,企业作为资源整合者,需要通过与生态系统内的其他参与主体合作实现价值共创(Vargo et al.,2017)。因此,平台企业需要开放接口允许其他参与者进入生态系统,通过创造最终用户所需的各种互补产品,来对平台进行补充和完善(Eisenmann et al.,2006)。互补性是指两个主体共同创造的价值要大于其各自分开所创造价值的总和(Jacobides et al.,2018)。因此,参与者互补性是对平台企业与参与企业的这种互补特征的刻画。作为平台企业,参与者的互补性是重要的情境因素。

制造企业的数字平台能力的发挥有利于企业吸引越来越多的参与者加入平台生态系统,丰富平台的互补资源和完善平台的功能模块(Galunic et al.,2001)。然而,这些参与者拥有越多平台企业所不具备的资源时,平台企业在不熟悉的领域就越可能丧失控制权(Jovanovic et al.,2022),从而阻碍平台企业权力边界的拓展,也会减弱平台企业在实施服务化时对不确定性或机会主义风险的把控程度。此外,平台参与者的互补性越强,平台生态系统内的知识或资源的异质性就会越大。拥有较强数字平台能力的制造企业能够实现对信息的访问、获取和共享。但企业在面对不熟悉的领域时若摄入过多的知识,反而会影响制造企业对冗余知识的识别和消化吸收,增加了知识边界拓展的难度(Afuah,2013)。而且当企业选择以外包或股权参与等形式与其他参与者进行合作时,由于主要利用的是外部参与者的知识资源,企业自身的知识基础并没有得到显著的拓展。据此,本研究提出以下假设:

H3a:权力边界拓展在数字平台能力与制造企业服务化关系中的中介效应随参与者互补性的变化而变化,即参与者互补性越强,权力边界拓展的中介效应越弱。

H3b:知识边界拓展在数字平台能力与制造企业服务化关系中的中介效应随参与者互补性的变化而变化,即参与者互补性越强,知识边界拓展的中介效应越弱。

4. 服务复杂性的调节作用

服务生态系统理论认为服务是价值创造的重要来源和基础,一切经济活动都属于服务经济(Lusch et al.,2015;Vargo et al.,2014)。因此,服务的特征属性是制造企业服务化中的重要情境因素。服务复杂性是指企业提供的服务所涉及知识和资源的含量及其复杂程度(Ignatius et al.,2012)。不同类型的服务呈现出不同程度的复杂性,如:监测服务是企业利用数字平台就可以实现的基本服务,企业与客户建立接口,便可对产品进行实时监控,并返回产品相关数据(Jovanovic et al.,2022);优化服务是比监测服务复杂性更高的一种服务模式,企业可以围绕产品性能提供相应的产品性能优化服务;解决方案通常是复杂性很高的一种服务模式,企业需要根据客户的独特需求,设计定制化的整体解决方案(Jovanovic et al.,2022;Zhang et al.,2016)。因此,企业提供的服务模式的复杂性越强,企业就越需要与外部服务供应商、客户进行更为深入的互动。一般而言,当企业提供高复杂性服务时,企业与客户价值共创的机会就会增多,有助于企业降低不确定性风险和减少客户机会主义行为的发生(Vendrell-Herrero et al.,2021)。因此,企业需要更快地通过权力边界拓展来规避不确定性和风险,从而确保服务化的顺利推行。然而,当企业所提供的服务较复杂时,企业就面临整合不同领域知识和技术来解决服务开发问题的挑战(Raddats et al.,2015)。此时,知识边界的拓展会导致企业能够获取的知识和信息的数量和类型过多,在一定程度上可能会妨碍企业对多样化知识的吸收,降低整合效果(Afuah,2013)。尤其是企业往往难以轻松获取和消化不熟悉的知识,这可能会导致企业判断失误,阻碍其服务化的顺利推行(Arora et al.,1994;Ge et al.,2008)。据此,本研究提出以下假设:

　　H4a:权力边界拓展在数字平台能力与制造企业服务化关系中的中介作用随企业提供的服务复杂性的变化而变化,服务越复杂,权力边界拓展的中介作用越强。

　　H4b:知识边界拓展在数字平台能力与制造企业服务化关系中的中介作用随企业提供的服务复杂性的变化而变化,服务越复杂,知识边界拓展的中介作用越弱。

　　本研究理论模型如图3.1.1所示。

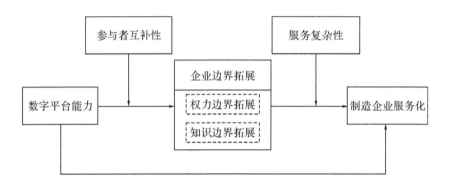

图 3.1.1　理论模型

第二节　数字平台能力驱动数字服务化的实证分析

一、研究取样、变量测量与测量评估

(一)问卷设计与数据收集

　　本研究通过大样本调查来验证上述假设。问卷的核心变量的测量量表均来自英文文献,我们请两位同时精通中英文的合作者先将其翻译成中文,再译回英文,以此不断完善题项的表述方式,直到原始英文题项和反向翻译题项之间没有显著差异为止。同时,我们请 10 名攻读 MBA 的学生来阅读这些题项,对其中可能会引起歧义、理解偏差的题项的表述进行修改,最终确定预调研的问卷。从 2022 年 12 月到 2023 年 1 月,我们对国内已构建数字平台的制造企业的中高级管理者发放预调研问卷,共发放问卷 150 份,最终获得有效问卷 97 份,问卷有效率为 64.7%。我们利用预调研阶段回收的样本对企业边界拓展这一构念的测量题项进行探索式因子分析,企业边界拓展的测量题项并不是直接采用成熟量表,而是由多个量表整合而成的,需要先经过探索式因子分析进行检验。

正式的问卷调查时间是从 2023 年 5 月到 8 月,主要通过 Credamo 平台的数据集市向国内已构建数字平台的制造企业的中高级管理者发放问卷 300 份,同时,我们也利用自己的社会网络补充发放了 76 份问卷。376 份发放的问卷填答对象不包含前面已经参与预调研的对象。根据题项答案是否存在缺失或符合填写要求,是否所有题项存在规律性和矛盾性(如选择同一数字),以及每一份问卷填写时长与问题总体填答平均时长的偏离程度,剔除无效样本数据之后,得到有效企业样本 287 份,有效回复率约为 76.3%。整体样本的分布特征如表 3.1.1 所示。

表 3.1.1　样本特征($N=287$)

类别	描述	频数/个	占比/%
企业年龄	1~5 年	11	3.8
	6~10 年	76	26.5
	11~15 年	101	35.2
	16~20 年	63	22.0
	20 年(不含)以上	36	12.5
企业规模	500 人及以下	99	34.5
	501~1000 人	114	39.7
	1001~2000 人	33	11.5
	大于 2000 人	41	14.3
企业性质	国有	84	29.3
	非国有	203	70.7

续表

类别	描述	频数/个	占比/%
企业所在行业	通信设备、计算机及其他电子设备制造业	96	33.4
	交通运输设备制造业	41	14.3
	通用、专用设备制造业	65	22.6
	医药制造业	13	4.5
	其他制造业	72	25.1
服务化经验	无经验	9	3.1
	经验较少	87	30.3
	经验较丰富	169	58.9
	经验丰富	22	7.7

注:企业年龄与企业规模数据两头均含在内。

(二)变量测量

1. 数字平台能力

数字平台能力指企业基于数字平台整合和重构内外部资源的能力,能够反映企业数字平台的配置和集成的程度(Cenamor et al.,2019;Rai et al.,2010)。这里的数字平台包括企业自身的小平台(如交易平台或服务平台等)和/或面向产业的大平台(如工业互联网等)。参考 Cenamor 等(2019)的成熟量表,我们使用了 8 个题项,包括"我们的平台可以便利地访问合作伙伴信息系统内的数据""我们的平台可以轻松地整合合作伙伴数据库的相关信息"等。我们使用利克特七点量表,分数范围从 1("完全不同意")到 7("完全同意")。

2. 企业边界拓展

本研究在 Huikkola 等(2020)和 Bigdeli 等(2021)的基础上,从权力边界拓展、知识边界拓展两个维度来测量企业边界拓展。由于此量表在成熟量表的基础上进行了一定的调整,我们采用探索性因子分析对量表进行了修正。我们利用 SPSS 26.0 对预调研回收的样本进行企业边界拓展的探索性因子分析,得到最终测量量表。最终量表中权力边界拓展包括 7 个测量题项,知识边界拓展同样包括 7 个测量题项。我们使用利克特七点量表,分数范围从 1("完全不同意")到 7("完全同意")。

3. 服务化

本研究借鉴 Carmona-Lavado 等(2013)的量表,从考察服务对于客户的创新性来测量服务化。受访者被要求评估所在企业提供服务的创新程度,采用利克特七点量表进行测量,分数范围从 1("完全不同意")到 7("完全同意")。

4. 参与者互补性

互补性指两个主体共同所创造的价值要大于各自分开所创造价值的总和(Jacobides et al.,2018)。因此,具有互补性的参与者对平台企业具有不可替代的作用,能够填补平台企业所缺少的资源或能力。在 Jacobides 等(2018)的基础上,我们使用 4 个题项测量互补程度,前 2 个题项反映了参与者对平台企业的直接互补,后 2 个题项反映了参与者对平台企业的间接互补。我们使用利克特七点量表要求受访者评估过去 3 年中平台企业与各类参与者互补程度,分数范围从 1("完全不同意")到 7("完全同意")。

5. 服务复杂性

企业的服务提供涉及的知识含量与内容是衡量其复杂性的关键指标。低复杂性的服务不需要企业投入过多的稀缺性资源,它旨在以简易高效的方式为客户维护产品功能,如产品的安装与维护;高复杂性的服务则要求企业投入更多的稀缺性资源,如专业人才,它旨在满足客户独特需求,如产品的升级和定制化解决方案(Sousa et al.,2017)。本研究将企业的主要服务提供类型划分为监测服务、优化服务和解决方案 3 种,请企业选择其主要的服务提供类型,并按照服务复杂性程度分别对其赋值(1＝监测服务,2＝优化服务,3＝解决方案),以此衡量受访者所在制造企业提供服务的复杂性程度。

6. 控制变量

为排除企业、平台层面的其他相关因素对关键变量产生的影响,本研究从企业、平台两个层面来识别控制变量。

企业层面的控制变量包括企业规模、企业年龄、行业类型、研发投入、企业所有权、先前服务经验。首先,我们控制了一些典型的企业人口统计学变量——企业规模、企业年龄和行业类型,它们可能会对制造企业服务化造成影响(Xiao et al.,2020)。我们使用企业员工人数来衡量企业规模(1＝500 人及以下,2＝501~1000 人,3＝1001~2000 人,4＝大于 2000 人),使用企业成立年限来衡量企业年龄(以 2023 年为基准年),并创建类别变量来衡量行业类型

(如通信设备、计算机及其他电子设备制造业,交通运输设备制造业,通用、专用设备制造业,医药制造业,其他制造业)(Chen et al.,2016)。其次,我们控制了企业的研发投入,制造企业在构建数字平台以及推进服务化的过程中需要企业的资源配置,企业的服务化会随着研发投入的不同而存在差异(Ehie et al.,2010),我们使用研发资金投入占企业年销售额的比重来衡量。此外,由于企业在对数字化和服务化建设进行投资和管理时会受到组织和制度的限制,我们控制了企业所有权,并使用两个虚拟变量来衡量(1=国有企业,0=非国有企业)(Zhu et al.,2015)。我们也将平台企业之前的服务化经验纳入控制变量(1=无经验,2=经验较少,3=经验较丰富,4=经验丰富)(Zhou et al.,2020),经验更为丰富的企业可以更快速地整合知识资源,获取有效信息。

平台层面的控制变量包括平台规模、平台的发展阶段以及平台参与者类型。当平台拥有大量参与者时,在交互过程中会产生丰富的需求,促使企业的服务/产品提供呈现多元化态势,影响企业的服务化结果,因此,我们将平台规模作为控制变量并根据平台的参与者数量来衡量(Burnham et al.,2003)。此外,我们也对平台发展阶段进行控制,通过创建类别变量将平台发展阶段划分为初创期、成长期及成熟期。企业在不同的平台时期会根据自己的资源储备采取不同的运营策略,而这会影响企业的服务化。最后,为了解释不同参与者类型对企业会产生不同的创新贡献,我们对平台参与者类型进行了控制并创建8个不同的类别变量来衡量。表3.1.2展示了测量题项的具体信息。

表 3.1.2　量表题项及信效度检验结果(N=287)

变量	题项	因子载荷	CR	AVE	Cronbach's α
数字平台能力	我们的平台可以便利地访问合作伙伴信息系统内的数据	0.752	0.899	0.527	0.899
	我们的平台能够无缝连接合作伙伴和我们的信息系统	0.673			
	我们的平台能够与合作伙伴实时交换信息	0.696			
	我们的平台可以轻松地整合合作伙伴数据库的相关信息	0.764			

续表

变量		题项	因子载荷	CR	AVE	Cronbach's α
数字平台能力		我们的平台很容易适应新的合作伙伴	0.734	0.899	0.527	0.899
		我们的平台可以轻松扩展以适应新的 IT 应用程序或功能	0.744			
		我们的平台采用了现有的和潜在的合作伙伴都接受的标准	0.707			
		我们的平台由可以重复使用的模块化的软件组件构成	0.732			
企业边界拓展	权力边界拓展	我们能够最大限度地控制产品与服务的相容性	0.807	0.822	0.606	0.821
		我们能够有效地控制客户关系	0.723			
		我们拥有所交付的服务的所有权	0.803			
	知识边界拓展	我们能够获取新的服务相关知识	0.791	0.811	0.590	0.811
		我们增加了理解顾客需求的知识	0.727			
		我们增加了系统地规划服务的知识	0.784			

续表

变量	题项	因子载荷	CR	AVE	Cronbach's α
服务化	我们提供的服务为客户创造更多增加客户价值的可能	0.777	0.866	0.519	0.865
	我们提供的服务对客户来说是独特的或具有创新性的	0.689			
	我们提供的服务满足了客户更多的需求	0.666			
	我们提供的服务更具有用性	0.730			
	我们提供的服务在质量上更优	0.731			
	我们提供的服务在技术上更优	0.723			
参与者互补性	平台参与者可以提供平台内其他参与者缺失的资源	0.718	0.806	0.509	0.802
	平台参与者可以弥补平台内其他参与者现有的资源不足	0.694			
	平台参与者可以为我们提供功能组件以补充平台架构	0.691			
	平台参与者可以为我们修改功能组件以完善平台架构	0.750			

（三）测量评估：信度、效度、方差

本研究验证了所涉及的关键变量测量项目的信度和效度。如表 3.1.2 所示，所有变量的 Cronbach's α 系数（克龙巴赫 α 系数）均大于 0.8，表明问卷内部一致性较高，信度达到要求。在效度方面，各变量对应项因子载荷值均大于 0.5，AVE 值均大于 0.5，CR 均大于 0.8，且基准模型的拟合度较高（χ^2/df 为 1.944<3，CFI 为 0.927>0.8，IFI 为 0.928>0.8，GFI 为 0.886>0.8，TLI 为 0.917>0.8，RMSEA 为 0.057<0.08），均达到检验要求，说明问卷具有较高的收敛效度。为进一步验证问卷的区分效度，表 3.1.3 列出了变量 AVE 的平方根与其他变量之间的相关系数，可以发现，变量与其他变量之间的相关系数均小于 AVE 的平方根，说明变量具有良好的区分效度。综上，问卷整体效度较高。

为了检验共同方法偏差，本研究采用程序控制和统计检验方法降低共同方法偏差的影响。在程序控制方面，通过多渠道发放问卷收集数据，测量题项简单清晰、易于理解，采取匿名调研，承诺数据的保密性，打消参与者的潜在顾虑。在统计控制方面，采用 Harman 单因子检验方法，存在 5 个特征值大于 1 的因子，且旋转前抽取到的第一个因子方差解释百分比为 32.145%，低于 40% 的临界值（Podsakoff et al.，2003），说明共同方法偏差不足以影响统计结果。

表 3.1.3　变量 AVE 的平方根与其他变量之间的相关系数

变量	DP	PB	KB	SER	AC
DP	**0.726**				
PB	0.459**	**0.778**			
KB	0.361**	0.317**	**0.768**		
SER	0.380**	0.384**	0.375**	**0.720**	
AC	0.356***	0.343**	0.266**	0.171**	**0.713**

注：* 表示 $p<0.05$，** 表示 $p<0.01$，*** 表示 $p<0.001$。DP 表示数字平台能力，PB 表示权力边界拓展，KB 表示知识边界拓展，SER 表示服务化，AC 表示参与者互补性。

二、数字平台能力与数字服务化的数据分析

（一）描述性统计和假设检验结果

表 3.1.4 报告了本研究中所测量变量之间的平均值、标准差和相关性，初

表 3.1.4　描述性统计分析与相关分析系数矩阵（N=287）

变量	均值	标准差	1	2	3	4	5	6	7	8	9	10	11	12	13	14
1. 企业年龄	13.76	5.268	1													
2. 企业规模	2.06	1.014	0.133*	1												
3. 企业所有权	1.71	0.456	−0.053	−0.227***	1											
4. 研发投入	2.84	0.843	0.145*	0.273**	−0.043	1										
5. 平台规模	1.80	0.749	0.107	0.458**	−0.112	0.280**	1									
6. 平台阶段	2.06	0.542	0.214**	0.350**	−0.142*	0.297**	0.357**	1								
7. 参与者类型	4.41	1.852	0.061	0.265**	0.026	0.287**	0.375**	0.275**	1							
8. 服务化经验	2.71	0.650	0.080	0.286**	−0.098	0.270**	0.274**	0.406**	0.371**	1						
9. 数字平台能力	5.53	0.571	−0.041	0.106	0.013	0.080	0.081	0.110	0.191**	0.146*	1					
10. 权力边界拓展	5.68	0.748	−0.017	0.201**	0.029	0.139*	0.131*	0.154**	0.127*	0.185**	0.459**	1				
11. 知识边界拓展	5.96	0.694	−0.127*	0.238**	−0.101	0.237**	0.293**	0.173**	0.318**	0.232**	0.361**	0.317**	1			
12. 服务化	6.18	0.582	−0.004	0.212**	−0.087	0.215**	0.206**	0.215**	0.180**	0.169**	0.380**	0.384**	0.375**	1		
13. 参与者互补性	5.50	0.619	−0.019	0.110	0.045	0.068	0.092	0.259**	0.137*	0.078	0.356**	0.343**	0.266**	0.171**	1	
14. 服务复杂性	2.18	0.754	0.043	0.009	−0.059	0.052	0.028	0.059	−0.016	0.057	0.121*	0.361**	−0.040	0.142*	0.054	1

注：* 表示 $p<0.05$，** 表示 $p<0.01$，*** 表示 $p<0.001$。

步论证了数字平台能力、企业权力边界拓展、企业知识边界拓展与服务化之间呈现两两对应的显著正相关，表明自变量、中介变量与因变量之间存在正相关关系，为后续分析奠定了基础。

我们使用 Smart PLS 4.0 构建结构方程模型来检验主效应。将上文提到的控制变量以及参与者互补性和服务复杂性两个变量也作为控制变量加入结构方程模型进行检验，检验结果如表 3.1.5 所示。其中，数字平台能力与服务化的关系路径系数为 0.227（$p<0.001$），表明 H1 已通过验证，即数字平台能力对制造企业服务化有积极的影响。

我们进一步使用结构方程模型对中介效应进行检验，并选取解释变异量比例（VFA）来分析中介效应的强度，其计算方式为"间接效应/（直接效应＋间接效应）"。根据 Hair 等（2014）的意见，当 VAF>80％时表示完全中介，当 VAF<20％时表示完全不中介，介于 20％和 80％之间时表示部分中介。由表 3.1.5 可知，"数字平台能力→权力边界拓展→服务化"的路径系数为 0.083（$p<0.05$），VAF 为 26.77％（大于 20％）。因此，权力边界拓展在数字平台能力与服务化的正向关系上发挥中介作用，且这种中介效应为部分中介。"数字平台能力→知识边界拓展→服务化"的路径系数为 0.077（$p<0.01$），VAF 为 25.33％（大于 20％）。因此，知识边界拓展在数字平台能力与服务化的正向关系上发挥中介作用，且这种中介效应也为部分中介。综上所述，H2a 和 H2b 均得到验证。

表 3.1.5 "数字平台能力→企业边界拓展→服务化"的影响模型结果（$N=287$）

关系路径		b	t	p	总效应	VAF
主效应	数字平台能力→服务化 （DP→SER）	0.227	3.773	0.000		
特定间接效应	数字平台能力→权力边界拓展→服务化 （DP→PB→SER）	0.083	2.472	0.013	0.310	26.77％
	数字平台能力→知识边界拓展→服务化 （DP→KB→SER）	0.077	3.098	0.002	0.304	25.33％

注：DP 表示数字平台能力，PB 表示权力边界拓展，KB 表示知识边界拓展，SER 表示服务化。

我们使用 Smart PLS 4.0 的 bootstrapping 法对参与者互补性及服务复杂性的有调节的中介效应进行检验。在 H3 中，我们提出了"第一阶段调节"模型，即参与者互补性的调节作用。首先，在"数字平台能力→权力边界拓展

→服务化"这条路径中,我们抽取 5000 次 Bootstrap 样本估计了数字平台能力通过低参与者互补性(M−1SD)、中(M)和高参与者互补性(M+1SD)(见表 3.1.6)下的权力边界拓展的中介效应。当参与者互补性较低时,权力边界拓展的系数为 0.094,中介效应显著($b=0.094$,CI=$[0.031, 0.173]$);当参与者互补性较高时,权力边界拓展的系数变小,为 0.062,中介效应仍显著($b=0.062$,CI=$[0.021, 0.117]$);但有调节的中介效应指数不显著($b=-0.026$,CI=$[-0.071, 0.013]$)。因此,参与者互补性对权力边界拓展的有调节的中介效应不存在,H3a 没有得到支持。其次,在"数字平台能力→知识边界拓展→服务化"这条路径中,我们估计了数字平台能力通过低参与者互补性(M−1SD)、中(M)和高参与者互补性(M+1SD)下的知识边界拓展的中介效应(见表 3.1.6)。当参与者互补性较低时,知识边界拓展的系数为 0.090,中介效应显著($b=0.090$,CI=$[0.030, 0.158]$);当参与者互补性较高时,知识边界拓展的系数变小,为 0.033,中介效应不显著($b=0.033$,CI=$[-0.004, 0.076]$);有调节的中介效应指数显著($b=-0.047$,CI=$[-0.095, -0.006]$)。因此,参与者互补性对知识边界拓展的有调节的中介效应存在,H3b 得到支持。

表 3.1.6　参与者互补性的调节间接效应结果($N=287$)

中介变量	关系类型	b	t	p	LLCI	ULCI
PB	高水平(M+1SD)	0.062	2.486	0.013	0.021	0.117
	中水平(Mean)	0.078	2.737	0.006	0.028	0.139
	低水平(M−1SD)	0.094	2.556	0.011	0.031	0.173
调节间接效应:AC * DP→PB→SER		−0.026	1.227	0.220	−0.071	0.013
KB	高水平(M+1SD)	0.033	1.742	0.082	−0.004	0.076
	中水平(Mean)	0.061	2.725	0.006	0.020	0.109
	低水平(M−1SD)	0.090	2.795	0.005	0.030	0.158
调节间接效应:AC * DP→KB→SER		−0.047	2.102	0.036	−0.095	−0.006

注:PB 表示权力边界拓展,KB 表示知识边界拓展,DP 表示数字平台能力,AC 表示参与者互补性,SER 表示服务化。LLCI 表示低于 Bootstrap 95%置信区间,ULCI 表示高于 Bootstrap 95%置信区间。

在 H4 中,我们提出了"第二阶段调节"模型,检验服务复杂性的调节作用。首先,对"数字平台能力→权力边界拓展→服务化"路径进行分析。由表 3.1.7 可知,当服务复杂性为低水平时,权力边界拓展的系数为 0.041,中介效应不显著($b=0.041$,CI$=[-0.039,0.121]$);当服务复杂性为高水平时,权力边界拓展的系数为 0.117,中介效应显著($b=0.117$,CI$=[0.033, 0.215]$);但是有调节的中介效应指数不显著($b=0.084$,CI$=[-0.033, 0.196]$),因此,服务复杂性对权力边界拓展的有调节的中介效应不存在,H4a 没有得到支持。其次,对"数字平台能力→知识边界拓展→服务化"路径进行分析。由表 3.1.7 可知,当服务复杂性为低水平时,知识边界拓展的系数为 0.114,中介效应显著($b=0.114$,CI$=[0.057, 0.180]$);当服务复杂性为高水平时,知识边界拓展的系数为 0.027,中介效应不显著($b=0.027$,CI$=[-0.043, 0.095]$);有调节的中介效应指数是显著的($b=-0.132$,CI$=[-0.259, -0.013]$),因此,服务复杂性对知识边界拓展的有调节的中介效应存在,H4b 得到支持。

表 3.1.7 服务复杂性的调节间接效应结果($N=287$)

中介变量	关系类型	b	t	p	LLCI	ULCI
PB	高水平(M+1SD)	0.117	2.512	0.012	0.033	0.215
	中水平(Mean)	0.079	2.331	0.020	0.016	0.148
	低水平(M−1SD)	0.041	1.012	0.311	−0.039	0.121
调节间接效应:SC * PB→SER		0.084	1.441	0.150	−0.033	0.196
KB	高水平(M+1SD)	0.027	0.763	0.445	−0.043	0.095
	中水平(Mean)	0.070	2.833	0.005	0.026	0.122
	低水平(M−1SD)	0.114	3.626	0.000	0.057	0.180
调节间接效应:SC * KB→SER		−0.132	2.077	0.038	−0.259	−0.013

注:PB 表示权力边界拓展,KB 表示知识边界拓展,DP 表示数字平台能力,SC 表示服务复杂性,SER 表示服务化。LLCI 表示低于 Bootstrap 95%置信区间,ULCI 表示高于 Bootstrap 95%置信区间。

(二)稳健性检验

我们采用以下两种方法来检验结果的稳健性。

首先,考虑到数字平台能力主要在大中型企业中更为普遍,本研究将样本聚焦到大中型企业(员工人数>500)。据此获得 188 个研究样本,回归分析结果见表 3.1.8 至表 3.1.10。结果显示,数字平台能力与服务化的关系路径系数为0.234($p<0.05$),H1 得到证实。权力边界拓展($b=0.089,p<0.05$,VAF=27.55%)、知识边界拓展($b=0.063,p<0.05$,VAF=21.21%)在数字平台能力与服务化的关系上发挥中介作用,H2a、H2b 得到验证。此外,当参与者互补性处于低($b=0.092$,CI=[0.021, 0.198])、高($b=0.069$,CI=[0.020, 0.145])水平时,权力边界拓展都发挥显著的中介效应,但有调节的中介效应指数不显著($b=-0.019$,CI=[-0.085, 0.041]),H3a 没有得到支持。当参与者互补性处于低水平时,知识边界拓展的系数为0.080,中介效应显著($b=0.080$,CI=[0.018, 0.153]),当参与者互补性处于高水平时,中介效应不显著($b=0.031$,CI=[-0.003, 0.091]),但有调节的中介效应指数不显著($b=-0.040$,CI=[-0.091, 0.010]),H3b 没有得到支持。除此之外,当服务复杂性处于低($b=0.082$,CI=[0.005, 0.170])、高($b=0.114$,CI=[0.013,0.225])水平时,权力边界拓展都发挥显著的中介效应,但有调节的中介效应指数不显著($b=0.039$,CI=[-0.090, 0.170]),H4a 没有得到证实。当服务复杂性处于低水平时,知识边界拓展发挥显著的中介效应($b=0.125$,CI=[0.061, 0.200]),当其处于高水平时,中介效应不显著($b=-0.022$,CI=[-0.098, 0.045]),有调节的中介效应指数显著($b=-0.251$,CI=[-0.394,-0.127]),H4b 得到证实。因此,除 H3b 的结果不一致外,其他结果均与前述分析一致。

表 3.1.8　以大中型企业为样本时直接效应和中介效应分析($N=188$)

	关系路径	b	t	p	总效应	VAF
主效应	数字平台能力→服务化 (DP→SER)	0.234	3.320	0.001		
特定间接效应	数字平台能力→权力边界拓展→服务化 (DP→PB→SER)	0.089	2.248	0.025	0.323	27.55%
	数字平台能力→知识边界拓展→服务化 (DP→KB→SER)	0.063	2.114	0.035	0.297	21.21%

注:DP 表示数字平台能力,PB 表示权力边界拓展,KB 表示知识边界拓展,SER 表示服务化。

表 3.1.9　以大中型企业为样本时参与者互补性的有调节的中介效应检验结果($N=188$)

中介变量	关系类型	b	t	p	LLCI	ULCI
PB	高水平(M+1SD)	0.069	2.102	0.036	0.020	0.145
	中水平(Mean)	0.080	2.331	0.020	0.025	0.159
	低水平(M−1SD)	0.092	2.020	0.043	0.021	0.198
调节间接效应： AC * DP→PB→SER		−0.019	0.602	0.547	−0.085	0.041
KB	高水平(M+1SD)	0.031	1.239	0.215	−0.003	0.091
	中水平(Mean)	0.055	2.165	0.030	0.012	0.112
	低水平(M−1SD)	0.080	2.296	0.022	0.018	0.153
调节间接效应： AC * DP→KB→SER		−0.040	1.552	0.121	−0.091	0.010

注：PB 表示权力边界拓展，KB 表示知识边界拓展，DP 表示数字平台能力，AC 表示参与者互补性，SER 表示服务化。LLCI 表示低于 Bootstrap 95% 置信区间，ULCI 表示高于 Bootstrap 95% 置信区间。

表 3.1.10　以大中型企业为样本时服务复杂性的有调节的中介效应检验结果($N=188$)

中介变量	关系类型	b	t	p	LLCI	ULCI
PB	高水平(M+1SD)	0.114	2.086	0.037	0.013	0.225
	中水平(Mean)	0.098	2.451	0.014	0.027	0.181
	低水平(M−1SD)	0.082	1.981	0.048	0.005	0.170
调节间接效应：SC * PB→SER		0.039	0.583	0.560	−0.090	0.170
KB	高水平(M+1SD)	−0.022	0.623	0.534	−0.098	0.045
	中水平(Mean)	0.051	1.933	0.053	0.002	0.107
	低水平(M−1SD)	0.125	3.483	0.001	0.061	0.200
调节间接效应：SC * KB→SER		−0.251	3.687	0.000	−0.394	−0.127

注：PB 表示权力边界拓展，KB 表示知识边界拓展，DP 表示数字平台能力，SC 表示服务复杂性，SER 表示服务化。LLCI 表示低于 Bootstrap 95% 置信区间，ULCI 表示高于 Bootstrap 95% 置信区间。

其次，我们对服务化的测量方式调整后进行稳健性检验。我们根据企业所提供服务的创新程度的 3 个关键指标——服务概念创新、服务流程创新、顾客交互界面创新，选取上述 3 个题项来重新测量服务化并进行回归。回归分析结果见表 3.1.11 至表 3.1.13。结果显示，主效应仍然显著($b=0.174$，

$p<0.05$),H1 得到验证。权力边界拓展($b=0.100$,$p<0.05$,VAF = 29.94%)、知识边界拓展($b=0.077$,$p<0.05$,VAF=25.58%)在数字平台能力与服务化的关系上仍发挥中介作用,H2a、H2b 得到证实。同时,当参与者互补性处于低($b=0.112$,CI=[0.042,0.200])和高($b=0.073$,CI=[0.027,0.139])水平时,权力边界拓展都发挥显著的中介效应,但有调节的中介效应指数不显著($b=-0.031$,CI=[-0.082,0.017]),H3a 同样没有得到支持。而当参与者互补性处于低($b=0.093$,CI=[0.029,0.167])、高($b=0.033$,CI=[0.004,0.081])水平时,知识边界拓展发挥显著的中介效应,且有调节的中介效应指数显著($b=-0.048$,CI=[-0.098,-0.007]),H3b 得到验证。此外,当服务复杂性处于低水平时,权力边界拓展在数字平台能力和服务化之间的中介效应不显著($b=0.051$,CI=[-0.035,0.140]),当服务复杂性处于高水平时,它是显著的($b=0.142$,CI=[0.051,0.252]),但有调节的中介效应指数不显著($b=0.099$,CI=[-0.026,0.225]),H4a 没有得到支持。而当服务复杂性处于低水平时,知识边界拓展在数字平台能力和服务化之间的中介效应显著($b=0.162$,CI=[0.062,0.206]),当服务复杂性处于高水平时,中介效应不显著($b=0.013$,CI=[-0.055,0.080]),有调节的中介效应指数显著($b=-0.172$,CI=[-0.301,-0.050]),H4b 再次得到验证。因此,所有结果均与前述分析保持一致。由于大部分结果均保持一致,我们可以认为本研究结果具有较好的稳健性。

表 3.1.11 调整服务化测量方式后直接效应和中介效应分析($N=287$)

关系路径		b	t	p	总效应	VAF
主效应	数字平台能力→服务化 (DP→SER)	0.174	2.858	0.004		
特定间接效应	数字平台能力→权力边界拓展→服务化 (DP→PB→SER)	0.100	2.822	0.005	0.334	29.94%
	数字平台能力→知识边界拓展→服务化 (DP→KB→SER)	0.077	2.967	0.003	0.301	25.58%

注:PB 表示权力边界拓展,KB 表示知识边界拓展,DP 表示数字平台能力,SER 表示服务化。

表 3.1.12　调整服务化测量方式后参与者互补性的有调节的中介效应检验结果($N=287$)

中介变量	关系类型	b	t	p	LLCI	ULCI
PB	高水(+1SD)	0.073	2.583	0.010	0.027	0.139
	中水平(Mean)	0.093	2.934	0.003	0.038	0.162
	低水平(−1SD)	0.112	2.753	0.006	0.042	0.200
调节间接效应：AC * DP→PB→SER		−0.031	1.266	0.206	−0.082	0.017
KB	高水平(+1SD)	0.033	1.639	0.101	0.004	0.081
	中水平(Mean)	0.063	2.533	0.011	0.019	0.118
	低水平(−1SD)	0.093	2.654	0.008	0.029	0.167
调节间接效应：AC * DP→KB→SER		−0.048	2.094	0.036	−0.098	−0.007

注：PB 表示权力边界拓展，KB 表示知识边界拓展，DP 表示数字平台能力，AC 表示参与者互补性，SER 表示服务化。LLCI 表示低于 Bootstrap 95％置信区间，ULCI 表示高于 Bootstrap 95％置信区间。

表 3.1.13　调整服务化测量方式后服务复杂性的有调节的中介效应检验结果($N=287$)

中介变量	关系类型	b	t	p	LLCI	ULCI
PB	高水平(M+1SD)	0.142	2.775	0.006	0.051	0.252
	中水平(Mean)	0.097	2.607	0.009	0.029	0.175
	低水平(M−1SD)	0.051	1.187	0.235	−0.035	0.140
调节间接效应：SC * PB→SER		0.099	1.581	0.114	−0.026	0.225
KB	高水平(M+1SD)	0.013	0.366	0.714	−0.055	0.080
	中水平(Mean)	0.069	2.612	0.009	0.024	0.127
	低水平(M−1SD)	0.162	3.470	0.001	0.062	0.206
调节间接效应：SC * KB→SER		−0.172	2.702	0.007	−0.301	−0.050

注：PB 表示权力边界拓展，KB 表示知识边界拓展，DP 表示数字平台能力，SC 表示服务复杂性，SER 表示服务化。LLCI 表示低于 Bootstrap 95％置信区间，ULCI 表示高于 Bootstrap 95％置信区间。

（三）内生性分析

本研究从企业和平台层面分别纳入了多个变量作为控制变量，但不可避免地仍可能存在内生性的问题。基于此，本研究采用工具变量法以 2SLS（两阶段最小二乘法）方式进行内生性检验。本研究选取制造企业成立数字平台的年份作为数字平台能力的工具变量。表 3.1.14 展示了制造企业成立数字平台的年份作为数字平台能力的工具变量的二阶段回归结果。第一阶段回归结果显示,制造企业构建数字平台的年份与其数字平台能力的回归系数为 $-0.090(p<0.001)$,这表明两者之间存在显著的负向相关性,即企业构建数字平台的年份越大,数字平台能力越弱。此外,对制造企业构建数字平台的年份这一工具变量进行弱工具变量检验,F 值为 67.366($F>10$),这表明制造企业构建数字平台的年份属于强工具变量,这也证明了构建数字平台的年份满足选取工具变量对相关性的要求。企业构建数字平台(工具变量)代替数字平台能力(内生变量)进行第二阶段的回归,结果显示,数字平台能力与服务化之间的回归系数是 $0.497(p<0.001)$,这表明数字平台能力仍与服务化显著正相关。上述结果表明,使用工具变量解决可能的内生性问题之后,本研究结论依然稳健。

表 3.1.14　工具变量的二阶段回归结果($N=287$)

变量	数字平台能力(第一阶段)	服务化(第二阶段)
数字平台能力		$0.497^{***}(0.123)$
构建数字平台的年份	$-0.090^{***}(0.011)$	
控制变量	是	是
R^2	0.234	0.212
弱工具变量检验 F 值	67.366	

注:* 表示 $p<0.05$,** 表示 $p<0.01$,*** 表示 $p<0.001$。弱工具变量检验 F 值大于 10 表示拒绝原假设,表明该工具变量属于强工具变量。

(四)研究结果讨论

我们的研究结果表明数字平台能力对制造企业服务化有积极的影响,这与以往的研究认为拥有较强数字平台能力的企业更容易激发创新是一致的(Sedera et al.,2016)。先前的研究证实数字平台能力可以促进创新绩效的提升(Jun et al.,2022),但很少有研究分析数字平台能力与服务化的关系(Xiao et al.,2020)。本研究发现数字平台能力有利于制造企业服务化($b=0.227$,$p<0.001$),企业基于其数字平台能力,通过数字平台对内外部资源进行整合与重构,从而推动制造企业服务化(Cenamor et al.,2019)。

关于数字平台能力与制造企业服务化之间的中介机制,以往研究暂未充分探讨。虽然 Wang 等(2023)发现数字平台能力能够通过知识共享促进服务化,但目前关于两者之间的影响机制的研究还存在不足。本研究提出企业边界拓展这一中介变量,补充与完善了数字平台能力促进制造企业服务化的中介机制研究。具体来说,我们将企业边界拓展划分为权力边界拓展和知识边界拓展,拥有强大的数字平台能力的企业可以通过扩大自身的权力范围和丰富自身的知识基础来推进服务化(Kapoor et al.,2022;Tian et al.,2021)。因此,制造企业应当注重对知识的整合利用并合理控制权力范围以从中受益。

此外,先前研究在探讨数字平台能力对制造企业服务化的情境影响因素时,通常是以环境动态性或数字化强度等作为调节变量(Wang et al.,2023;Xiao et al.,2020),鲜有研究从服务生态系统的角度进行分析。本研究识别出参与者互补性与服务复杂性两个边界条件,研究发现参与者互补性和服务复杂性均能调节知识边界拓展在数字平台能力与制造企业服务化之间的中介效应,但不能调节权力边界拓展在数字平台能力与制造企业服务化之间的中介效应,这与本研究开始的预期不同。可能的原因在于:一方面,对于参与者互补性而言,虽然参与者加入平台能够带来异质性资源,但由于本研究所面对的研究对象大多是通信设备、计算机及其他电子设备制造业(占总样本的33.4%),这类型的企业本身就拥有一定的数字化资源,因此,它们在构建数字平台的过程中可以充分利用自身的技术和人才优势,对参与者的互补性资源需求较小,不太需要依靠权力范围的扩大来降低自己对风险的把控。另一方面,对于服务复杂性而言,由于本研究针对的调查对象是中国的制造企业,虽然中国政府大力鼓励制造企业进行服务化,但其服务化水平仍弱于德国等制造强国。提供高复杂性的服务(如数字化解决方案)意味着企业需要丰富的知识和资源,然而这些知识和资源对于大多数制造企业来说是陌生的。因此,制造企业很难通过权力边界的拓展来控制和协调这些复杂的服务,相对于将大量精力和资源投入陌生的领域,大多数制造企业会选择使用数字技术去精进自己的生产技术或在初期只提供复杂性较低的服务-产品包,以降低不确定性风险,在动荡的市场环境中稳步前进。所以,对中国企业来说,服务复杂性的提升可能并不会对其权力边界的作用产生影响。

三、研究结论

本研究通过理论研究和实证检验探析了数字平台能力如何及何时对制造企业的服务化发挥作用。从动态能力理论出发,本研究识别出企业边界拓展这一中介变量。同时基于服务生态系统理论,识别出参与者互补性、服务复杂性对企业边界拓展的中介效应的调节机制,发现参与者互补性与服务复杂性对知识边界拓展的中介效应具有调节作用,但没有对权力边界拓展的中介效应发挥调节作用。

本研究有三大理论贡献:

第一,本研究基于动态能力理论构建了数字平台能力、企业边界拓展与制造企业服务化之间的主效应模型,识别出企业边界拓展这一中介变量,补充与完善了数字平台能力促进制造企业服务化的中介机制研究。虽然已有研究开始关注数字化能力(如信息技术能力、大数据分析能力等)对服务化的影响(Ciampi et al.,2021;Xiao et al.,2020),也有部分研究尝试分析数字平台能力与服务创新的关系,如识别出知识共享的中介机制等(Wang et al.,2023),但这部分研究仍处于起步阶段,仍需后续研究进一步深化与发展。本研究基于动态能力理论,识别出企业边界拓展的中介机制,将企业边界拓展解构为知识边界拓展与权力边界拓展两方面,提出数字平台能力能够帮助企业快速整合和重构内外部资源,引发企业知识边界和权力边界的变化,进而影响企业服务化的作用路径(Cenamor et al.,2019;Cusumano et al.,2020)。

第二,本研究基于服务生态系统理论识别出参与者互补性、服务复杂性对数字平台能力与制造企业服务化之间的权变作用,为数字平台能力与制造企业服务化的关系研究提供了新的情境因素。虽然有学者已开始对平台参与者关系进行相关研究,但大多是探讨如何协调参与者关系创造价值并获得竞争优势(Finsterwalder et al.,2022;Zeng et al.,2021),还未有研究能剖析参与者互补性与企业数字平台能力的交互作用及其对服务化的影响。此外,已有研究探索了服务复杂性的积极影响,认为服务复杂性越高,顾客参与对知识整合的影响越积极,从而有利于绩效提升(Yu,2017),但本研究提出服务复杂性的消极一面,认为服务复杂性会减弱知识边界拓展在数字平台能力与服务化的中介机制,即并不总是知识获取得越多就越有利于企业发展,企业进入充满不确定风险的陌生领域时,大量知识的涌入反而会带来过犹不及的效果。因此,本研究补充与拓展了这一流派的研究。

第三,本研究基于动态能力理论与服务生态系统理论构建起涵盖数字平台能力、企业边界拓展、参与者互补性、服务复杂性、服务化的关联机制的整合性研究框架,为动态能力理论与服务生态系统理论之间构建了连接的桥梁。

此外,通过构建"数字平台能力—企业边界拓展—服务化"的因果模型,有利于深化动态能力理论在数字服务化情境下的研究,通过构建参与者互补性、服务复杂性的有调节的中介效应机制模型,有助于将服务生态系统理论的应用拓展到数字平台情境下。

本研究提出三点实践启示:

第一,制造企业应该积极发展数字平台能力,整合企业内外部资源,打破自身原本的以产品为主导的商业模式禁锢,不断深化服务化。各行各业的企业应当构建数字平台,或加入发展成熟的数字平台来构建数字平台能力,以应对企业在转型过程中面临的各种不确定性风险。

第二,制造企业应当意识到企业边界拓展在服务化过程中的重要作用,发展的重点应该从有形资源转为无形资源,丰富知识基础以及合理控制自己的权力范围。一方面,制造企业需要重视数字平台上产生的各类知识,并对其进行整合;另一方面,企业需要积极开发自己的核心资源,保证自己在数字平台中的地位,确保自己对其他参与者的不可替代性。

第三,制造企业应利用服务生态系统中的各种资源,寻找有共同价值主张的参与者,与其开展广泛的合作以获得成功。企业应当秉持着开放的态度,构建或加入服务生态系统,明晰自己的价值诉求,寻找价值主张一致的参与者,并通过与客户、供应商等参与者建立合作或战略同盟的方式,来获得知识、人力和资金等资源,共同进行价值创造和服务化。

本研究也存在三个方面的局限性:

首先,在变量测量方面,由于企业边界拓展缺乏明确定义和成熟量表,本研究将其仅划分为权力边界拓展和知识边界拓展两个维度。未来研究可以针对这一变量进行更深入的研究,基于不同情境对企业边界拓展进行维度上的划分,开发更为适用的量表。

其次,在研究方法方面,本研究采用问卷调查的方式进行样本数据的收集,数据可能会存在主观性从而影响结果准确性,未来研究可以进行多案例研究进行验证或使用其他方式获取数据,从纵向视角深入解构变量之间的逻辑关系,进一步丰富和拓宽研究领域。

最后,在研究内容方面,本研究针对的是数字平台能力这一数字化要素,未关注其他数字化能力或数字化要素的作用。未来研究可以关注其他数字化要素的作用,甚至可以聚焦于个体的数字化要素,如高管团队的数字化教育背景等。另外,本研究关注企业边界拓展在数字平台能力促进制造企业服务化的机制作用,未来研究可以从其他视角出发,探索这段路径中的其他机制。

第三节   本章小结

本章研究了数字服务化的驱动机制,最大特色是:围绕我国数实融合发展重大需求,探索数字平台对制造企业数字服务化的驱动,聚焦剖析数字平台能力通过影响企业边界拓展所产生的驱动效应,是对现有数字服务化前因研究的一个重要补充。

本章研究得出以下结论:

第一,本章基于动态能力理论识别出企业边界拓展在数字平台能力与服务化之间的中介机制,有助于打开数字平台能力对服务化的作用黑箱。

第二,基于服务生态系统理论探索参与者互补性、服务复杂性对企业边界拓展中介效应的调节机制,有助于拓展数字平台能力影响服务化的情境研究。

第三,基于动态能力理论与服务生态系统理论将数字平台能力、企业边界拓展、服务化、参与者互补性与服务复杂性整合到一个研究框架中探索其关联机制,为数字平台文献与数字服务化文献构建了对话基础。

第四章　如何作用？
——数字服务化对企业绩效的作用机制

【本章导读】本章整合范围经济理论、资源重构理论、社会网络理论、服务生态系统理论等多个理论视角,系统、层次递进地剖析企业从服务化到数字服务化后对其绩效产生什么影响、如何产生影响的问题。本章具体研究内容包括:其一,采用多案例研究法探索服务化对制造企业绩效的作用机制,识别出资源溢出和资源稀释的两条作用路径;其二,从资源溢出和资源稀释两条路径实证检验服务化对制造企业绩效的主效应,基于这一逻辑检验服务供应网络的调节效应;其三,关注点从服务化进阶为数字服务化,聚焦数字服务化的特征,分析数字服务化对制造企业绩效的作用机制和边界条件,识别出服务网络配置的中介机制与企业冗余资源的调节机制。本章通过剖析数字服务化对企业绩效的作用机制,贡献于数字服务化的实现机制研究,致力于明确制造企业数字服务化如何以及何时能够得到积极的绩效回报,这对于现阶段制造企业是否会遭遇"数字服务化悖论",以及是否值得步入数字服务化领域具有重要意义。

数字服务化能否为制造企业带来切实的绩效回报?这是制造企业数字服务化研究中的核心问题之一,但学术界仍未达成一致结论(Fang et al.,2008;Kohtamäki et al.,2013;Suarez et al.,2013)。数字经济背景下,制造企业的服务化进阶为数字服务化后,数字服务化对制造企业的影响是否有所变化?先前服务化对制造企业绩效的作用机制是否仍然适用?这成为当前研究亟须关注的新话题。

第一节 服务化对企业绩效的作用机制探索:案例分析

在经济全球化和信息化浪潮的推动下,全球产业结构由"工业经济"向"服务经济"转变。服务化不仅成为制造企业追逐新的利润空间和增长点的重要途径,而且拓展了制造企业竞争的广度和深度。服务产品具有个性化、不易模仿以及服务种类和方式灵活多样等特征,这降低了制造企业恶性竞争的可能性。由于对技术专利和知识产权的有效保护尚有不足,中国制造企业大量的研发投资往往难以获得预期回报,从而使企业难以保持竞争优势。此外,顾客对产品的要求日益提高。人们不再满足于产品本身的价值,而是寻求个性化产品、增值服务及整体解决方案等更为高级的产品-服务提供。因此,企业非常有必要重新定位其价值主张,从单纯提供有形产品向提供整体解决方案的服务型制造企业转型,以保持和巩固企业的竞争地位(Fang et al.,2008;Paiola et al.,2013)。然而,制造企业的服务化道路并非总是一帆风顺,许多企业在尝试服务化的过程中遭遇了"服务化悖论"(service paradox),最终服务化转型以失败告终。例如,英特尔放弃数据服务而回归微处理器领域,江森自控有限公司(Johnson Controls)停止继续发展设备管理服务(全球车间解决方案),ABB(ASEA Brown Boveri)甚至剥离了整个维修外包服务部门。"服务化悖论"引发了诸多制造企业的质疑:一些制造企业对服务化产生排斥,选择回归制造业务以维持生计;还有一些制造企业对服务化望而生畏,认为企业"火候不够",从而徘徊在低价值制造领域,不敢大胆尝试。

一、研究的理论背景及研究问题的提出

目前研究人员主要从运营实践的角度识别制造企业服务化的模式(Kastalli et al.,2013;Paiola et al.,2013)、路径(简兆权 等,2011;曲婉 等,2012)、驱动因素(Mennens et al.,2018)、面临的挑战(Brax,2005;Gebauer et al.,2005),以及对企业间网络的影响(Bastl et al.,2012;Karatzas et al.,2017;张文红 等,2010)等,这在一定程度上有助于指导制造企业的服务化实践。但是,制造企业服务化过程中包含的许多基础概念和机制问题尚未完善。

例如，现有研究在解剖制造企业服务化的过程时，主要分析了企业产品、服务之间的关系，以及企业的相关服务投入与服务对绩效产出等的表现形式。鲜有研究能够深入解剖企业的内部资源活动过程，进而挖掘服务化的内部作用路径。

此外，现有的大量研究关注服务化与企业绩效的关系，但对其内部机制缺乏剖析。新近对两者间关系的研究较少能得到一致的结果，此外，实证研究和案例研究的经验研究结论之间也常常存在较大分歧。一些研究认为，制造企业的服务化有利于提升绩效（Kastalli et al.，2013）。另一些研究提出，服务化对企业绩效存在负向影响。还有学者认为，制造企业服务化与绩效之间存在 U 形关系（Suarez et al.，2013）。由此可知，服务化既可能积极影响企业绩效，也可能消极影响企业绩效。现有研究据此大致提出了两类作用机制——正机制和负机制。与正机制相关的研究表明，服务化有利于企业形成知识（资源）杠杆（Fang et al.，2008），服务的无形性和劳动的独立性使其成为一种获取战略机会和竞争优势的可持续来源，促使企业资源具有独特性和不易模仿性（Sousa et al.，2017）。此外，服务化有助于企业加强与顾客的互动，提升顾客忠诚度，进而提高绩效。与负机制相关的研究表明，服务化可能导致制造企业丧失战略焦点，甚至因企业内服务部门与制造部门的生产逻辑不同而引发组织冲突（Fang et al.，2008）。尽管目前有关这些机制的解释视角较为丰富，涉及企业战略、营销和组织行为等方面，但是每种解释机制只能解释服务化与制造企业某一段特定类型绩效的关系。从现有研究来看，服务化与制造企业绩效的关系是连续的而非间断的。因此，基于一种理论视角来整体性解释服务化与制造企业绩效间曲线关系的中介机制变得尤为重要。

由此形成本章的研究问题：制造企业服务化的过程是怎样的？服务化对制造企业绩效的作用路径是什么？解决这些问题对于尚处在服务化探索阶段的中国制造企业而言具有非常重要的指导意义。本章从现有理论研究的逻辑关联性入手，基于更为微观的层面，深入解构服务化的过程和作用路径。资源重构作为一种微观层面的理论视角，能够阐述企业如何通过编排资源来重新架构其业务组合，进而实现创新并最终改变企业所面临的外部市场机会等的过程机理问题（Asgari et al.，2017；Karim et al.，2016）。因此，本章基于资源重构的视角,解释制造企业服务化的过程及其对企业绩效的作用路径,为"服务化悖论"存在的可能原因提供理论依据,同时弥补现有服务化研究在微观层面的不足,并为未来研究提供新的思路。

二、案例研究设计

由于关于制造企业服务化对制造企业绩效的作用路径的现有研究非常有限,因此本研究基于多案例分析方法剖析制造企业服务化的内部过程,进而识别制造企业服务化的作用路径(Eisenhardt,1989;Yin,1994)。

在理论抽样过程中,本研究发现浙江省内企业以中小型制造企业为主,且大多数企业具有风险导向和创新意识。同时,浙江省大力推进制造业与服务业的融合发展,使得很多制造企业都涉足服务业务,因此,本研究选择浙江省内的制造企业作为案例样本探索研究命题。为了减少服务化类型带来的变异,本研究只聚焦于与制造产品相关的服务化。本研究选取浙江省内4家正在实施服务化战略的制造企业作为案例。考虑到企业对信息披露的顾虑,我们将4家制造企业分别标记为A、B、C和D。其中:A企业是一家针织设备生产制造商,该企业将互联网、人工智能、机器人等新经济技术与传统制造业融合,目前正致力打造互联网云制造平台;B企业原先是一家传统的袜子生产制造企业,目前已转型升级为一家能对外提供整体解决方案(包括袜子设计、生产和营销等一条龙服务)的制造服务型企业;C企业是一家食品生产和保鲜制造商,已开始涉足与食品相关的休闲服务业务;D企业是一家咖啡机生产制造商,目前正通过投资开设咖啡厅等方式来解决主营业务成本上升问题。4家案例企业的基本情况(2016年)如表4.1.1所示。

表 4.1.1　案例企业的基本情况(2016 年)

企业代码	成立年份/年	营业收入/元	企业规模/人	主营业务
A	2001	10 亿	1500	针织装备
B	2010	300 万	100	袜子等针织品
C	2003	22 亿	2000	食品制造
D	2004	600 万	500	咖啡机

资料来源:访谈和二手数据整理。

首先,本研究依次对 4 个单案例进行分析,每个后续案例的分析均基于前一个案例的分析结果。然后通过对比 4 家案例企业在服务化过程中所发生的资源活动的异同,识别出关键构念,并归纳和总结出服务化的过程及其作用路径。为了保证研究发现的有效性,本研究采用访谈与二手数据相结合的方式来搜集案例研究的资料,其中,二手数据包括公司内部文档和网站信息等。2017 年 3 月至 2018 年 1 月,调研小组主要访谈了案例公司的总经理、副总经理和相关部门经理,每次访谈时间为 1.5~2.5 小时,访谈情况具体如表 4.1.2 所示。在访谈过程中,调研小组首先请访谈对象介绍其所在公司的整个服务化过程,然后再抓取访谈对象在阐述过程中提及的关键要素,如人员安排、部门调整和资金投入等,进一步深入挖掘不同要素对企业绩效的作用效果。

表 4.1.2 访谈情况汇总

企业代码	访谈日期	访谈时长/小时	访谈人员
A	2017 年 10 月 6 日	1.5	副总经理
		2	总经理办公室主任
B	2017 年 5 月 10 日	2	总经理
		1.5	市场部主任
C	2018 年 1 月 3 日	2	产品研发部经理
		2.5	副总经理
D	2017 年 11 月 5 日	2	总经理
		1.5	市场部经理

资料来源:访谈数据。

三、制造企业服务化对企业绩效的作用机制分析

(一)制造企业服务化的过程分析

本节通过案例证据支持了制造企业服务化过程中的三个关键环节,详见表 4.1.3。

表 4.1.3 样本企业的服务化过程

企业代码	服务化过程中的资源活动		
	资源调动	资源协调	资源部署
A	在现有智能制造的基础上,通过并购专业公司打造互联网云制造平台	互联网云制造平台与设备制造企业之间没有发生大量人员交替轮班的情况,在人员配置方面,两块业务相对独立发展	以互联网制造平台为战略重心,设备制造业务支撑稳固发展
	引例:"我们是上市公司,因此资金上相对比较充足,我们并购了几个公司,来打造互联网云制造平台。"	引例:"我们一般不会将原来岗位的员工调配到新的公司,老员工基本还是在原来的岗位上,新成立的公司,则重新招人来发展。"	引例:"我们目前的精力主要放在这个互联网制造平台上,因此资金以及人员招聘等会向这块领域倾斜,但我们不放弃原先的针织设备业务。"
B	在现有强大的生产制造基础上,通过联盟方式成立丝袜设计公司	设计公司与制造工厂之间共同协作完成客户订单	设计和制造互相支撑,共同发展
	引例:"我们新建立了一个袜子设计公司,这个公司和国外的一个机构建立了合作联盟,因为我们想把产品外销到国外,同时也为了提升袜子的设计与研发能力。"	引例:"我们的设计公司和袜子生产制造工厂之间有良好的沟通渠道,两家子公司共同协作完成客户订单,我们主张为客户提供从袜子的设计到生产制造的一整套解决方案。"	引例:"我们同时发展设计研发和生产制造两块业务,它们之间紧密关联,如果没有坚实的制造工厂,客户就不会放心将袜子的设计交给我们,而且袜子的设计价格也提不上去,但如果没有设计这块业务,我们的生产制造也就没有什么竞争力可言了。"
C	为完善公司生态链,通过部分外包、整体控股的方式建立休闲乐园	休闲乐园与食品生产部门之间有一些业务上的联系,目前仍相对独立	食品生产和保鲜是战略重心,休闲乐园是辅助与支撑
	引例:"我们的主要业务是食品的生产和保鲜。为了能完善我们的产业链,我们建立了一个与食品有关的集教育和休闲于一体的乐园。我们将乐园的餐饮外包给专业的餐饮公司,但是在消费者饮食理念的引导和教育方面,我们采取控股方式,成立了新的股份有限公司。"	引例:"我们的子公司之间基本上是各自做各自的业务,但是对于某些要合作的项目,我们也能很好地进行沟通共同来完成。因为是相对独立的子公司,所以公司之间基本不存在因经营理念不同而产生矛盾等问题。"	引例:"我们的战略重心一直是在食品生产和保鲜上,所成立的与旅游、教育和休闲相关的服务业务是为了辅助和提升食品生产业务。"

续表

企业代码	服务化过程中的资源活动		
	资源调动	资源协调	资源部署
D	为了解决主营业务成本上升的困境,投资开设咖啡厅经营业务	咖啡厅会使用公司生产的咖啡机,也做一定的营销推广,但人员基本都是重新招聘的,没有部门之间人员的流动	公司战略重心还是咖啡的生产制造,咖啡厅是首试服务业务,目前还只是辅助
	引例:"近几年咖啡机的生产成本一直上升,产品利润逐年下降,我们就想着涉足一些轻资产的项目,且与我们的原有业务相关的,于是确立了搞咖啡厅。"	引例:"除了某些特殊咖啡的制作以外,我们的咖啡厅采用自己研发的咖啡机,咖啡厅里也摆设着我们的几台最新产品。我们重新从外面招聘员工开发这块业务,我同时兼顾管理这家咖啡店,其他员工基本没有流动。"	引例:"我们的重心还是在研发和生产咖啡机上,咖啡厅业务的推出是为了增加我们的利润点,也为了提升咖啡机的销量。"

资料来源:根据调研数据整理。

以典型企业 A 和 C 为例,在互联网和科技飞速发展的大环境下,A 企业充分利用互联网、人工智能和机器人等新经济技术,加快布局智能制造,致力打造互联网云制造平台。凭借上市优势,A 企业并购了专业机构,并成立了科技子公司。在成立科技子公司后,母公司与子公司之间在信息共享方面保持一定联系,但在业务上基本独立发展。在发展过程中,每个业务展现出不同的发展势头和前景,公司也据此逐步确定了以互联网云制造平台作为未来五年的战略重心。C 企业为了能持续做大做强,积极推进和完善企业生态圈,并开始涉猎与食品相关的休闲服务业务。为了构建相对稳固和长期的共赢关系,C 企业采取控股方式成立子公司,并直接将某些业务(如餐饮等)外包给第三方机构,且控股子公司与母公司之间在业务上没有太多往来。C 企业一直秉持最初的战略构想,将食品的生产和保鲜作为公司的战略重心,服务业务只是为了辅助和支撑其发展而存在。

通过对 4 个案例进行比较分析,我们可以初步识别出制造企业的服务转型过程包含三个关键环节:

①资源调动(resource mobilizing)。企业基于现有资源识别并确定可能发展的服务业务,进而通过内部发展或外部获取调用相关资源。如 A 公司所言:"我们是上市公司,因此资金上相对比较充足,我们并购了几个公司,来打

造互联网云制造平台。"C公司也提到："我们的主要业务是食品的生产和保鲜。为了能完善我们的产业链,我们建立了一个与食品有关的集教育和休闲于一体的乐园。我们将乐园的餐饮外包给专业的餐饮公司,但是在消费者饮食理念的引导和教育方面,我们采取控股方式,成立了新的股份有限公司。"

②资源协调(resource coordinating)。企业将调用过来的资源与原有资源进行重组和协调,以推动服务业务的发展。如B企业指出："我们的设计公司和袜子生产制造工厂之间有良好的沟通渠道,两家子公司共同协作完成客户订单,我们主张为客户提供从袜子的设计到生产制造的一整套解决方案。"D公司的市场部经理强调："除了某些特殊咖啡的制作以外,我们的咖啡厅采用自己研发的咖啡机,在咖啡厅里也摆设着我们的几台最新产品。我们重新从外面招聘员工开发这块业务,我同时兼顾管理这家咖啡店,其他员工基本没有流动。"

③资源部署(resource deploying)。企业明确制造业务与服务业务之间的主次关系,确定不同类型资源在发展服务业务中的地位、作用和功能。例如,A企业的服务化具有明确的重点。如A企业提到："我们目前的精力主要放在这个互联网制造平台上,因此资金以及人员招聘等会向这块领域倾斜,但我们不放弃原先的针织设备业务。"同样,D企业的资源部署也是目的明确的:"我们的重心还是在研发和生产咖啡机上,咖啡厅业务的推出是为了增加我们的利润点,也为了提升咖啡机的销量。"

由此发现,制造企业可以通过上述三种资源活动来转变制造活动和服务活动在企业内部的结构与定位。这三种资源活动存在明显的先后相继的顺序,同时彼此之间存在互动反馈关系。据此,本研究提出命题1:

命题1:制造企业的服务化过程是企业资源重构的过程,包括资源调动、协调和部署三种前后相继、互动反馈的活动。

(二)制造企业服务化对企业绩效的作用机制分析

通过对4个案例进行反复比较和分析,本研究发现,制造企业的服务化会改变企业原有制造业务与新开发服务业务的关系,进而对企业绩效产生一定影响。制造业务与服务业务在发展逻辑上存在差异,会形成"互补"或"冲突"两种机制。本研究将前者称为资源互惠溢出(resource reciprocal spillover),即服务业务与制造业务之间产生协同效应;将后者称为竞争资源稀释(competitive resource dilution),即在新服务业务前期开发阶段,投入大于产出往往会减弱总体竞争力。制造企业的服务化通过这两类机制对企业绩效产生影响的因果链可以在本研究案例中得到支持,详见表4.1.4。

表4.1.4　样本企业的服务化与企业绩效的因果链

企业代码	服务化	竞争资源稀释	资源互惠溢出	服务化→竞争资源稀释/资源互惠溢出→企业绩效
A	基于针织设备制造,涉足互联网云制造平台	互联网云制造平台还在建设投入阶段,但公司资金雄厚,基本上没有削弱对设备生产制造业务的影响	互联网云制造平台能够吸引更多顾客来购买针织设备,也能为设备的研发提供创新思路,针织设备的生产制造基础也为互联网云制造平台的搭建提供了强大支撑	引例:"我们基于互联网、大数据和智能制造等技术的发展而提出打造互联网云制造平台,由我们控股的科技公司来运行,它对我们原先业务是有推进作用的,而我们所有开展的业务都围绕原先主业。现在虽然还在回本阶段,但总体趋势呈现出来是有利的,今后一段时间会有大幅度提升。"
B	袜子生产制造商转为集袜子设计、生产和营销为一体的整体解决方案提供商	通过品牌授权等贴牌设计方式抵消了设计公司的很大部分的投入建设成本,几乎不会阻碍原制造业务的发展	设计带动了制造,公司设计的产品只有在自己的设备上才能生产;制造也带动了设计,提高了设计的附加值	引例:"现在顾客的需求是能为他们解决所有的事情,我们由原先单纯的袜子生产制造商,拓展衍生为袜子研发设计商,虽然目前设计不赚钱,但是设计带动了制造生产,制造也为设计增强了合法性。我们通过与客户建立战略合作、为他们提供一套整体解决方案的方式来增加企业利润。"
C	由食品生产保鲜商打造为集休闲、娱乐、教育为一体的全产业链食品提供商	××乐园的建设投入了大量资金,且还在回本阶段,而食品的研发生产是重资产业务,需要资金投入才能提升绩效,在资金分配上,主营业务暂时有所搁置	企业对食品的研发生产这一块做得比较深入与复杂,××乐园还不能在研发或生产上对原有业务起到推动作用,目前两块业务之间的互相带动作用并不明显	引例:"我们公司为了能完善产业链,投入建设了与食品相关的集休闲、娱乐和教育为一体的××乐园,但我们的战略重心仍然是食品的研发与生产。××乐园只是为了能提升食品销量等,但是目前处于投入建设期,还没有回本,至少这个阶段,企业是没有盈利的。"
D	由咖啡机制造业务转向涉足基于咖啡文化的咖啡休闲餐饮服务业务	新开发的咖啡相关休闲服务还没有产生利润,但原有主营业务咖啡机的生产成本却在逐年提升,利润空间越来越小	以咖啡为主题的休闲文化服务业对咖啡机研发制造的影响不大,两块业务基本相对独立发展	引例:"我们由原先的咖啡机生产制造领域自然扩展到跟咖啡文化相关的休闲服务领域,但我们的重心仍然在胶囊咖啡的研发以及咖啡机的生产制造方面。目前服务业务还没有利润产生,咖啡机的制造业务也在逐年提升成本、削减利润。"

资料来源:根据调研数据整理。

基于表 4.1.4 所示的对制造企业服务转型与其绩效间因果关系的分析，本研究认为，服务化对制造企业的绩效存在正、负两条作用路径。

一是资源互惠溢出。在制造企业的服务化过程中，当用于满足特定顾客需求的制造业务转向服务业务时，由于制造活动与服务活动的资源（知识）位势不同，形成了互惠的资源（知识）溢出，从而产生制造活动与服务活动之间的协同。例如，随着外部环境的变化，B 企业开始涉足设计领域，成立控股子公司，形成了一整条设计链条，包括整个产品系列的设计、产品的包装设计和产品的定价设计等，具体业务涵盖平台设计、结构设计以及原材料和 3D 技术开发。然而，B 企业并不单纯依赖设计获利，而是通过与客户建立战略合作，为客户提供包括设计、生产和营销在内的一套整体解决方案来增加企业利润。设计与制造两大业务之间相互促进，设计带动了制造生产，同时制造也提升了设计的合法性。若企业只单纯销售设计，往往无法提升设计价格，只有提供设计与制造一体化的整体解决方案，才能为企业带来更高的利润。目前，B 企业正不断完善生产工艺，确保其设计只能在其自有机器上才能有效生产。同样，A 企业打造的互联网云制造平台不仅能提升针织设备的顾客需求，还能为设备研发提供创新思路，针织设备制造也为互联网云制造平台的搭建提供了强大的支撑。

由此可见，制造业务与服务业务形成的资源互惠溢出不仅能够降低企业成本，而且能促使企业的资源禀赋更具复杂性和因果模糊性，有助于提升制造企业的绩效。正如 B 企业所言："我们的设计带动了制造生产，制造也为设计增强了合法性。我们通过与客户建立战略合作，为他们提供一套整体解决方案来增加企业利润。"A 企业副总经理也说："我们基于互联网、大数据和智能制造等技术的发展，提出打造互联网云制造平台，由我们控股的科技公司来运行，它对我们原先业务是有推进作用的，而我们所有开展的业务也都是围绕原先主业的。现在虽然还在回本阶段，但总体趋势呈现出来是有利的，今后一段时间会有大幅度提升。"据此，本研究提出命题 2：

命题 2：制造企业的服务化可以通过影响资源互惠溢出进而影响企业绩效。

二是竞争资源稀释。在服务化过程中，制造企业会将部分资源转移用于发展服务业务，这可能会减少企业在原先核心产品和生产制造能力等方面的资源投入。例如，C 企业是一家从事食品研发、保鲜与生产的制造企业。近年来,企业围绕品牌建设,积极拓展产业链,发展了以人才培训、商学院、品牌展示、体验中心、美食、儿童娱乐为主的服务业务,且这些业务目前已经正式推出并开始运行。另外,C企业还控股成立了一家冷链物流公司,除服务自己公司的食品物流外,还对外提供第三方物流服务。由于C企业原本主要从事制造业,对新开发的服务业务运作并不了解,这使得企业在开创服务业务初期走了不少弯路,如服务业务布局过大,导致投资过多。在企业尚未上市、后备资金有限的情况下,C企业只能暂时缩减原有业务投入来发展新服务业务。由于新服务业务仍在回本阶段,因此过去三年C企业的利润未能显著提升。D企业也面临类似问题。该企业新开发的与咖啡相关的休闲服务尚未产生利润,而原有主营业务——咖啡机生产的成本却在逐年提升,导致利润空间越来越小。

由此可见,服务新业务的发展可能导致企业竞争资源被稀释。原因在于:制造企业刚开始发展的服务业务因未达到规模经济或范围经济而不具有竞争力,而企业原有的生产制造业务由于减少相应投入而无法如期提升,从而导致企业总体竞争资源的稀释,不利于企业提升绩效。据此,本研究提出命题3:

命题3:制造企业的服务化可以通过影响竞争资源稀释进而影响企业绩效。

四、案例结果的讨论

围绕上一小节提出的三个命题,本研究进一步深入探讨资源重构视角下制造企业服务化的作用路径。

从先前相关研究视角(如商业模式视角、服务主导逻辑视角等)来看,制造企业的服务化是企业价值主张、价值传递方式改变的过程。制造企业的价值主张转变为具有更强的顾客导向、更重视服务,企业在价值传递过程中更重视客户互动,这必然会改变企业中制造业务与服务业务的价值创造,进而触发企业重构其竞争优势。新发展的服务业务与原有的制造业务是相互促进还是此消彼长?不同情形下制造企业绩效与服务化之间呈现出多段差异化关系。先前研究为探究制造企业的服务化与企业竞争优势的逻辑关系提供了有力的理论支撑,但是对服务化机制细节缺乏深入解构。关于制造企业中的制造业务与服务业务的价值创造差异,仍是一个黑箱。此外,在现实企业中,服务与制造越来越呈现出"你中有我、我中有你"的融合互动发展趋势,很难区分企业内服务和制造各自创造了多少价值。然而,本研究发现,为了适应新的价值主张和价值传递方式,企业必然会重新架构内部资源。因此,基于更为微观的资源重构视角进一步剖析服务化过程和作用路径非常必要。

制造企业服务化过程的相关研究主要有两类:一类是直接刻画产品和服务的关系特征,并进一步解释其原因是价值创造差异导致的;另一类的剖析顺序正好相反,即直接刻画制造企业的价值活动,再提出制造企业的这种做法意味着它们正从产品导向模式向服务导向模式转变。然而,进一步比较发现,第一类研究关注产品和服务的特征,但对其背后价值活动的具体变化过程的分析实际较为薄弱,未能深入解构转型过程。第二类研究虽然进一步对企业的价值主张和价值传递进行了分析,但是对企业需要做哪些具体工作、进行怎样的资源配置才能引导其转变价值主张和价值传递方式缺乏较为深入的研究。同时,目前第二类研究对每种价值活动的剖析本质上仍是阐述产品和服务的变化,如提出企业在服务化过程中企业的价值主张越来越倾向于为顾客提供更多具有服务功能的产品,企业的价值传递也更多表现为与顾客互动等。因此,先前研究对制造企业服务化过程的剖析停留在描述产品、服务及其关系变化过程上。然而,制造企业的有形产品和无形服务的最终表现形式实质是服务化转型的"结果",而不是"起因"。而恰恰这个"起因"才是解构并能深化制造企业服务化过程研究的关键所在。本研究发现,资源重构视角认为服务化是指制造企业通过发展和部署自身资源进行相机决断,能够利用资源或对有价值的资源进行恰当的管理(Sirmon et al. ,2007),实现从销售有形产品向提供无形服务转型,以保持和巩固企业的竞争优势(Fang et al. ,2008;Paiola et al. ,2013)。制造企业服务化过程的本质是企业采用组织结构调整、服务流程优化、组织文化重塑等方式"调动"、"协调"和"部署"资源,促使企业资源从制造(产品)向服务流动。具体表现为:企业识别并确定可能发展的服务业务,进而调用相关资源;将调用过来的资源与企业原有资源进行重组和协调,明确制造业务与服务业务在一定时间内的地位、作用和功能,从而稳步推动发展服务业务。因此,基于资源重构视角提出的服务化的 3 个前后相继的过程环节,深入揭示了服务与制造之间关系存在的"起因",进而深化了服务化过程研究。

关于制造企业服务化的作用路径,先前研究认为制造企业的服务化将影响企业内制造业务、服务业务的价值创造,这将使得制造企业的内部优势不可避免地发生重构。然而最终是制造业务创造更多价值占据优势还是服务业务后来居上而占主导地位,先前研究很难严格区分制造业务与服务业务各自创造了多少价值。已有研究尝试基于多种视角剖析服务转型对企业绩效的作用机制,如知识杠杆、顾客忠诚(Fang et al.,2008)、企业资源独特与不易模仿(Sousa et al.,2017)、战略焦点丧失和组织冲突(Fang et al.,2008)等,但是从整体性视角剖析服务转型对制造企业绩效的作用路径的研究缺乏,且相关研究基于不同的研究目的识别其作用机制,不能充分解释服务转型与企业绩效呈曲线关系的深层次原因。本研究基于资源重构视角,从剖析转型过程着手,从转型过程中的资源活动特征分析出其作用路径(命题2和命题3)。通过上述案例分析可知,资源重构视角可以清晰地区分企业内制造业务与服务业务之间相互依存的资源关系,而巧妙地规避了判断服务业务、制造业务价值创造的差异性,从而发现其作用路径:一是制造企业为了发展服务业务而削弱了制造优势,导致暂时的竞争资源稀释;二是制造企业发展起来的服务业务助长了制造业务优势,达到两者的互惠溢出。因此,将资源互惠溢出与竞争资源稀释作为服务化的内部作用的解释机制,能清晰地解构服务化的内部作用逻辑,解决服务业务与制造业务融合发展带来的价值不可区分问题,同时弥补了现有研究不能基于整体性视角解剖服务化作用路径的不足。本研究的逻辑框架详见图4.1.1。

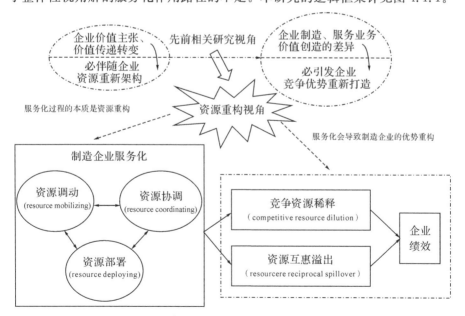

图 4.1.1　制造企业服务化作用路径的研究逻辑框架

五、研究结论

本研究构建了资源重构视角下制造企业服务化过程和该过程对企业绩效的作用路径的研究框架,研究结论如下:资源重构视角下服务化是制造企业内部对资源进行调动、协调、部署的过程。企业的这一战略行为促使企业内部制造型资源与服务型资源的定位和架构发生变化。这两种类型资源之间关系的改变或触发企业的资源互惠溢出,或引发其竞争性资源稀释。前一条路径有利于提升企业绩效,而后者却导致企业绩效下降。因此,制造企业在服务化过程中对资源调动、协调和部署的差异性将直接引发服务化对企业绩效的不同作用路径,最终对企业绩效产生差异化影响。

基于本研究的研究结论,未来研究可在以下方面进行拓展:其一,在本研究的基础上,进行纵向多案例分析,解构制造企业服务化过程中资源调动、资源协调和资源部署三个环节的共同演化规律,以及不同演化规律下制造企业最终选择不同类型服务化战略的内在逻辑;其二,进一步实证分析制造企业服务化进程中企业不同的资源重构环节(资源调动、资源协调和资源部署)对企业竞争资源稀释和资源互惠溢出的影响,进而探究对企业绩效的影响,由此进一步解答"服务化悖论"问题;其三,结合服务生态系统情境(Vargo et al.,2011),剖析中国新兴市场制度、企业价值共创等对制造企业服务化中资源重构行为的影响机制(Kaartemo et al.,2016),分析"互联网+"技术、新零售等环境因素对资源重构作用于企业服务化绩效的影响机制。

第二节　服务化对企业绩效的影响效应分析:实证分析

当前全球经济逐步向服务经济发展(Chen et al.,2016),越来越多的制造企业意识到,仅靠产品创新难以获得可持续竞争优势。尤其在发展中国家,由于知识产权保护体系相对薄弱,制造企业仅仅基于实体产品维持竞争优势愈发艰难(Fang et al.,2017)。同时,消费者对提升消费体验的需求日益增长,他们希望产品和服务能进行更深入的融合,以获得更好的使用感受(Bellos et al.,2024)。鉴于此,为了增加消费者价值,制造企业开始将其业务扩大至服务领域,为顾客提供整体解决方案(Vandermerwe et al.,1988)。这种战略转型,即所谓的"服务化",已成为制造企业适应市场变化、寻求新增长点的重要途径(Kastalli et al.,2013;Lay,2014;Witell et al.,2013)。

尽管服务化在制造业中日趋流行,但对于服务化如何影响企业绩效的问题,学术界尚未达成共识。一方面,有研究指出服务化对制造企业绩效有积极影响(Eggert et al.,2011;Kastalli et al.,2013)。另一方面,也有观点认为,在高度不确定的市场环境中,服务化与企业绩效之间的正相关性可能不成立(Neely,2008)。此外,部分研究甚至表明服务化会损害制造企业的绩效(Suarez et al.,2013)。面对这些不一致的研究结论,一些研究者开始探索服务化和制造企业绩效之间可能存在的曲线关系(Fang et al.,2008;Kohtamäki et al.,2013;Suarez et al.,2013)。然而,现有文献在严格检验服务化和企业绩效之间的 U 形关系方面存在不足。具体来说,现有研究只发现了服务化的平方项与制造企业绩效之间存在显著效应,然而,二次显著效应仅仅是证明 U 形或倒 U 形关系存在的一个必要而非充分条件,因而无法科学、严谨地证明 U 形(或倒 U 形)关系的存在(Haans et al.,2016)。因此,未来研究需要更严格地检验服务化和制造企业绩效之间是否存在曲线关系(Wang et al.,2018)。

服务化与制造企业绩效之间关系的不一致的结论也促使研究者去探究调节服务化对制造企业绩效影响的权变因素。现有研究已识别出一些权变因素,主要包括制造企业的服务供应特征(Eggert et al.,2011;Kastalli et al.,2013;Kohtamäki et al.,2013;Neely,2008;Suarez et al.,2013)、服务提供经历等(Bellos et al.,2024;Fang et al.,2008;Szász et al.,2017)。可以发现,目前研究大多聚焦企业内部资源和能力,用以解释服务化如何在不同条件下影响企业绩效。然而,关于外部环境因素如何调节服务化对制造企业绩效的影响,现有文献中的探讨仍然相对有限。

外部环境如何影响制造企业服务化绩效的相关研究仍相对有限(Wang et al.,2018)。尽管已有部分研究探讨了产业特性和地理区域如何调节服务化对制造企业绩效的影响(Fang et al.,2008;Szász et al.,2017),但作为决定制造企业外部环境的关键因素之一——服务供应网络,却没有得到学术界的广泛关注。服务供应网络对推进制造企业服务化进程至关重要,制造企业开发新服务所需的能力和资源不同于其原有的产品开发能力和资源,因此,制造企业不得不寻求外部服务供应商的帮助(Böhm et al.,2017)。事实上,一系列新兴研究表明,服务化正在促使企业之间构建紧密的服务供应网络(Bastl et al.,2012;Fang et al.,2008;Xing et al.,2017)。然而,外部服务供应商虽然能够给制造企业带来有价值的资源,但是制造企业同时也必须考虑如何有效地将外部资源整合用于内部创新(Lane et al.,1998)。因此,深入了解服务供应网络在制造企业服务化过程中的作用,对于提升服务化战略的成功率至关重要(Ayala et al.,2019)。

为了弥补以上研究不足,本研究旨在回答两个研究问题:

(1)服务化和制造企业绩效间的关系是怎样的?

(2)以联系强度和结构洞为特征的制造企业的服务供应网络如何调节服务化和制造企业绩效之间的关系?

本研究拟采用范围经济理论来回答上述两个问题,并从资源稀释和资源溢出两个视角,来进一步解析服务化与制造企业绩效间的 U 形关系。特别地,我们将采用一种系统性的三步统计检验法来检验 U 形关系的存在(Lind et al.,2010)。此外,本研究将集中探讨服务供应网络的两个特征:一是制造企业和主要服务供应商的连结强度,二是企业与服务供应商之间的结构洞。选择这两个变量的原因在于,它们能够从关系和结构嵌入两个层面,全面地剖析服务供应网络的作用效应(Moran,2005;Rowley et al.,2000)。本研究期望通过系统地分析这两个变量,能够为理解服务化与制造企业绩效之间的复杂关系提供新的见解。

一、服务化与企业绩效的关系分析

(一)服务化和企业绩效

制造企业服务化被视为一种商业模式创新(Ivanka Visnjic et al.,2016)或是一种多元化战略(Baines et al.,2009)。服务化最初被界定为制造企业通过提供产品-服务包来增强产品的核心价值,它包括产品、服务、相关服务支持、自助服务问题以及相关知识等方面(Vandermerwe et al.,1988)。通过在有形产品中融入无形的服务要素(Desmet et al.,2003),服务化使制造企业能够以一种全新的方式进入市场并获得成功。服务型制造企业通过提供高性能、集成化的产品-服务系统参与市场竞争,而不仅仅是依赖有形产品的性能来争夺顾客(Baines et al.,2013),因此,制造企业通过服务化能为顾客创造价值,提升顾客满意度,并最终实现快速发展(Kastalli et al.,2013;Witell et al.,2013)。

　　本研究认为,制造企业服务化创造价值的一个关键原因在于,企业内部的制造业务和服务业务之间形成的共享活动(shared activities)产生了协同效应,进而增加了服务型制造企业的业务收入(Zhou et al.,2018)。例如,当一家制造企业将产品和技术咨询服务捆绑时,产品和技术咨询服务之间的共享研发活动能够产生协同效应:制造企业通过对外提供技术咨询服务,可以获取来自服务提供商的产品相关知识,这种知识溢出有助于制造部门提高产品设计的效率和效果。同样,如果制造企业的制造部门拥有强大的技术能力,新成立的服务部门也可以通过与制造部门的交流互动,来获取制造部门的技术资源,从而更高效地对外提供技术服务。因此,产品与服务的捆绑为制造企业带来的总收益大于这两项业务独自运营时创造的收益之和(Hesterly et al.,2010),即由制造业务和服务业务之间的共享活动所产生的资源溢出效应,可以促使服务型制造企业获得更好的财务绩效。然而,服务化也存在"阴暗面",这往往导致制造企业在是否实施服务化策略上犹豫不决。制造企业在实施服务化时,不可避免地会将重心从制造业务转移到服务业务。由于服务业务所需的资源和能力与制造业务差异较大,因此制造企业需要获取新的、特定的服务资源和能力来推动服务业务的发展,而这些特定的服务资源和能力通常与制造企业所熟悉的领域相差甚远。因此,这些因素会导致服务化对制造企业的竞争资源产生稀释效应,进而对企业绩效产生多样化的影响。例如,Kastalli 和 Van Looy(2013)的研究表明,服务化与制造企业绩效之间存在积极的非线性关系。Eggert 等(2011)则指出仅对高度创新的制造企业而言,只有产品相关的服务才能产生积极影响。然而,也有研究持相反观点,认为服务化并不能提升制造企业的绩效。在高度不确定或竞争激烈的市场环境中,大型制造企业可能难以通过提供外部服务来实现显著的收入增长;同时,缺乏服务经验或生产效率低下的制造企业,其服务化亦不会对绩效产生明显正面效应(Suarez et al.,2013)。此外,Neely(2008)指出,制造企业捆绑产品和服务仅仅是为了促使潜在消费者尝试其新产品,而不是为了最终绩效的提升。另外,还有部分研究认为服务化对制造企业绩效的影响呈现 U 形关系(Fang et al.,2008;Kohtamäki et al.,2013;Suarez et al.,2013)。综上所述,服务化对制造企业绩效的影响是多维且复杂的,既有积极的资源溢出效应,也有消极的资源稀释效应。这些不同的效应共同作用,导致了服务化对制造企业绩效影响的不一致性(Fang et al.,2008;Haans et al.,2016)。

为了更好地理解服务化对制造企业绩效的影响,本研究采用范围经济理论来解释服务化影响制造企业财务绩效的机制。服务化可视为是制造企业在原有的制造业务基础上增加服务业务的一种多元化战略。范围经济理论有助于理解制造企业的多元化战略及其竞争优势之间的关系(Mintzberg et al.,2005)。因此,本研究采用此理论,来探讨服务化、多元化战略类型和制造企业绩效之间的内在联系。当制造企业实施服务化这一多元化战略时,制造业务和服务业务之间的共享活动成了影响企业绩效的关键因素。概括而言,高水平的共享活动与更好的财务绩效相关联(Hesterly et al.,2010)。

根据范围经济理论,本研究认为服务化会导致制造企业竞争资源的稀释。具体来说,服务化会促使制造企业将原先投资于改善制造业务的资源转向投资于获取新的、特定的服务资源和能力(Mathieu,2001)。且由于缺少对服务业务的理解,制造企业可能难以有效实现制造业务和服务业务之间的共享活动,这可能进一步加剧了对获取新的、特定的服务资源和能力的需求(Hesterly et al.,2010)。当制造企业配置过多的资源和能力来发展新的服务业务时,可能会稀释其有限的竞争性资源,反而导致企业整体绩效的下降。

考虑到制造企业服务化的影响存在积极和消极两方面影响,即资源溢出和资源稀释两种作用机制,本研究聚焦为一个研究问题:服务化对制造企业绩效的最终影响是什么?为了回答这个问题,需要明晰在不同的服务化水平中哪种作用机制占主导地位,这将会决定资源溢出/稀释的影响和服务化水平间的关系。

本研究认为,资源溢出效应会随着制造企业服务化水平的提升而增强。当制造企业的服务化处于低水平时,由于制造企业刚开始涉足服务领域,服务能力有限且缺乏相关经验,制造企业难以有效识别产品和服务之间的共享活动,从而限制资源溢出效应。然而,随着服务化水平的提高,制造企业的服务能力也会随之提升(Brunswicker et al.,2015),这使得企业能够更正确地识别并有效利用产品和服务之间的共享活动,从而增强资源溢出效应。此外,随着服务化水平的提高,制造企业也拥有了更多与顾客进行互动的机会(Kohtamäki et al.,2018),这有助于制造企业更好地理解顾客的偏好和消费行为,开发出更具客户价值的产品和服务,进一步提升服务绩效,产生较强的资源溢出效应。

此外，本研究认为，随着制造企业服务化水平的提高，资源稀释效应会逐渐减弱。在服务化水平的较低阶段，制造企业需要将有限的资源的一部分用于开发新的服务业务。由于缺乏服务相关经验，企业在这一阶段可能需要尝试多种不同的服务运营方式，这可能会造成资源浪费，稀释了原本用于发展核心制造业务的资源，从而影响企业效益。随着服务化水平的提高，制造企业开始积累有关提供新服务的经验，这使得企业能够更有效地管理和提供新服务，减少不必要的资源消耗，并提高新服务的投资回报率，从而降低资源稀释对制造企业财务绩效的负面影响。

通过梳理这两种观点，本研究提出：服务化可能在初期对制造企业的绩效产生消极影响，但最终将有助于提升企业绩效。服务化在初期对制造企业绩效产生消极影响的原因在于资源稀释效应在初期占据主导地位，成为主导机制。然而，随着服务化水平的提高，资源溢出效应的作用逐渐增强，最终超过资源稀释效应，成为主导机制，从而有利于提高企业绩效。因此，本研究提出如下假设：

H1：服务化对制造企业财务绩效的影响呈 U 形关系，即，制造企业的服务化水平过了拐点之后，服务化对制造企业财务绩效的负向效应减小，正向效应增大。

（二）服务供应网络的调节作用分析

由于缺乏服务业务的经验，实施服务化战略的制造企业在捆绑产品和服务时，通常需要与外部服务供应商紧密合作（Liu et al.，2014）。与外部服务供应商紧密合作对制造企业有诸多好处。已有研究表明，与服务供应商合作不仅有助于制造企业获得更高的股票回报（Eggert et al.，2017），还有助于制造企业生产更多满足顾客需求的产品。当实施一项服务化战略时，制造企业通常需要与主要的服务供应商进行合作，共同为顾客设计或提供产品（Nenonen et al.，2014；Saccani et al.，2014）。因此，服务供应网络的结构很可能会影响服务型制造企业和服务供应商之间的合作，并最终影响制造企业是否从服务化中获益（Feng et al.，2011；Parida et al.，2014）。

换言之，服务供应网络的特征可能会调节服务化和制造企业绩效之间的关系。基于这一思路，本研究聚焦服务供应网络的两个显著特征——连结强度和结构洞。这两个特征分别反映了服务供应网络中制造企业的关系嵌入性和结构嵌入性（Moran，2005；Rowley et al.，2000）。连结强度表征制造企业和服务供应商之间的关系强弱,而结构洞则表征制造企业与服务供应商之间的关系结构(Burt,2009)。这两个网络特征变量相互补充,能够系统揭示服务供应网络的特征。

1. 连结强度的调节作用

连结强度定义为"时间、情感强度、亲密度(相互信任)和互惠服务的组合,它是连结的一种特征"(Granovetter,1973)。连结强度的结构与制造企业在网络中的关系嵌入性有关。本研究认为,制造企业的服务供给网络的连结强度越强,服务化与制造企业绩效之间的 U 形关系越陡峭,具体而言:

第一,当制造企业服务化处于低水平时,强连结可能会加剧资源稀释问题,此时资源稀释是该阶段的主导机制。尽管与服务供应商的紧密连结有助于制造企业获取有价值的服务资源和支持,但由于此时的服务化水平较低,企业可能尚未积累足够的专业知识来有效管理和利用这些资源,从而导致资源的非效率使用。而为了维持与服务供应商的"良好"关系,制造企业需对已建立的紧密连结不断加大投入,但这种投入无法产生等价的回报。因此,投资和投资回报之间的互惠性的缺乏强化了资源稀释效应(Cohen et al.,1990)。以制造企业与运输服务供应商的合作为例,若制造企业在物流管理方面经验不足,则即便建立了紧密的合作关系,也可能无法充分吸收对方的知识和技术,从而限制了企业自身能力的提升和发展,同时也难以确保运输服务质量的稳定性。这不仅会影响最终客户的满意度,还导致投入成本上升。因此,当制造企业的服务化水平较低时,过强的连结强度反而会加剧资源稀释效应,使得制造企业的财务绩效下降得更快。

第二,当制造企业服务化处于高水平时,强连结强化了资源溢出效应,此时资源溢出是该阶段的主导机制。随着服务化水平的提高,企业积累了更多的服务经验和专业知识,这使得企业能够高效且有效地汲取和吸收服务供应网络中的资源(Ahuja et al.,2004;Lane et al.,1998)。丰富的服务经验加上与服务供应商之间的紧密合作,使得制造企业能更好地从服务与制造活动之间的资源溢出中获益(Hesterly et al.,2010)。例如,为顾客提供创新性的服务往往需要制造企业与顾客进行频繁的互动(Kohtamäki et al.,2018),而制造企业与服务供应商之间的强连结,有助于制造企业更准确地识别顾客需求,并利用服务供应商的专业知识和技术优势,开发出更加符合顾客需求的产品和服务(Carnabuci et al.,2013)。简言之,当制造企业的服务化处于高水平时,企业与服务供应商的紧密连结会增强资源溢出机制,从而增加制造企业服务化的投资回报。

综上所述,通过在低服务化水平上加剧资源稀释效应,在高服务化水平上增强资源溢出效应两种途径,制造企业与服务供应商的连结增强了服务化对制造企业财务绩效的 U 形效应。因此,本研究提出以下假设:

H2:服务供应网络中,制造企业与主要服务供应商的连结强度越强,服务化对制造企业财务绩效的正向(和负向)影响越大。

2. 结构洞的调节作用

结构洞是指网络中互不连接的节点之间的空缺,它存在于焦点行动者的不同节点之间,体现了网络的非冗余程度(Burt,1992;McEvily et al.,1999)。在服务供应网络中,结构洞由互不连接的服务供应商构成(Tan et al.,2015)。例如,一家服务型制造企业拥有两家服务供应商,即供应商 A 和供应商 B;如果供应商 A 和供应商 B 没有直接的联系或正式的关系,这家服务型制造企业就可以在供应商 A 和供应商 B 之间构建起一个结构洞。制造企业在其服务供应网络中占据越多的结构洞位置,企业就越能获得"独立的、非冗余的信息源,而不是重叠的信息源"(Burt,1992)。

通过这种方式,结构洞为强化服务化-绩效 U 形关系提供了机会。具体而言,在服务化处于低水平阶段时,结构洞会导致资源稀释效应更强,在服务化处于高水平阶段时,结构洞会促使资源溢出效应更强。在服务化水平较低的情况下,结构洞会放大资源稀释效应,其原因主要包括两方面:一方面,结构洞为制造企业在服务供应网络中获取大量多样化和非冗余资源创造了机会(Hansen,1999)。然而,对于服务化水平较低的企业而言,由于缺乏相应的服务相关知识和资源,有效利用这些多样化的服务资源不仅具有挑战性,还可能会产生高昂的成本。因此,制造企业在服务供应网络中拥有越多的结构洞位置,制造企业从服务供应网络中获取多样化服务资源时面临的挑战就越大,资源稀释效应就越强。另一方面,结构洞位置有助于制造企业更好地控制与服务供应商之间的信息流,这有利于维护和增强制造企业自身的利益(Hansen,1999),为制造商提供竞争优势(Burt,1992)。因此,拥有更多结构洞的制造企业通常会更有动力去投资并维持这种结构洞位置(Hahl et al.,2016)。然而,这往往会消耗企业资源,尤其是在服务化水平较低时,企业很难获得对等的服务收益(Lau et al.,2010),因此,企业的竞争资源可能会被稀释。总而言之,在服务化水平较低时,制造企业所占据的结构洞往往会转变为制造企业的劣势,加剧服务化绩效的下降。

拥有大量结构洞的制造企业,当其服务化水平经过拐点进入更高水平时,由于服务供应网络中存在大量的结构洞,其资源溢出效应会更强。这一现象可以从两方面进行解释:一方面,随着制造企业在服务领域中的经验越来越丰富,制造企业更有能力去吸收服务供应网络中的多样化资源(Cohen et al.,1990)。另一方面,大量的结构洞表明服务供应商所拥有的资源大多是非冗余的。这些嵌入服务供应网络的多样化资源为制造企业创造了更多的机会来识别服务业务和制造业务之间可能的共享活动,从而加强了资源溢出效应(Burt,2009)。简而言之,一旦制造企业的服务化水平通过了拐点,拥有服务供应网络中的结构洞较多的制造企业比拥有结构洞较少的制造企业,更能从服务化中获益(Tan et al.,2015)。

综上所述,服务供应网络中的结构洞在制造企业服务化处于低水平时增强了资源稀释效应,而在制造企业服务化处于高水平时强化了资源溢出效应。因此,当结构洞增加时,制造企业的财务绩效首先会下降得更多,之后转变为增加得更多。因此,本研究提出以下假设:

H3:制造企业的服务供应网络中结构洞越多,服务化对制造企业财务绩效的正向(和负向)影响越大。

二、研究取样、变量测量、测量评估与统计模型

(一) 样本和数据收集

为了验证上述假设,本研究选取了位于中国东南部地区的五个城市(杭州、嘉兴、宁波、常州和无锡)的服务型制造企业作为调研对象。这五个城市都是中国的经济发达城市,且是创新型中小制造企业的聚集地。其中,杭州、宁波和嘉兴均是浙江省排名前四的城市,而常州和无锡是江苏省的领先城市。且这五个城市的当地政府都在大力支持中小制造型企业的服务化发展,这有助于本研究观察到样本企业的服务化活动。此外,这五个城市的制造企业覆盖了多个不同的行业类型,包括信息和通信技术(ICT)制造业(杭州)、纺织制造业(嘉兴)、皮革制造业(宁波)、设备制造业(常州)和医药制造业(无锡),这使得本研究结果可以概化到不同行业背景下。

在地方政府的支持下,我们从每个城市中随机选取了50家企业,最终获

得 250 家服务型制造企业的初始名单。在这 250 家企业中,有 157 家企业提供了电子邮件地址,我们通过电子邮件向这些企业发送了问卷,获得 63 份回复。对于剩下的 93 家未提供电子邮件地址的企业,我们的研究人员进行了实地调研,并现场发放和搜集问卷,共获得 80 份问卷数据。最终,我们共收集到 143 份有效问卷,有效回复率为 57.2%。表 4.2.1 展示了样本的基本情况($N=143$)。

表 4.2.1　样本概况($N=143$)

类型	描述	频数/个	占比/%
行业类型	ICT 制造业	28	19.6
	医药制造业	14	9.8
	设备制造业	88	61.5
	纺织及皮革制造业	13	9.1
企业年龄	≤10 年	46	32.2
	10～20 年	55	38.5
	20～30 年	27	18.8
	>30 年	15	10.5
企业规模	≤100 人	40	28.0
	100～300 人	29	20.3
	300～1000 人	35	24.5
	1000～5000 人	26	18.2
	>5000 人	13	9.1

本研究问卷中的大部分题项最初以英文形式呈现,所以,我们采用了反向翻译流程对问卷进行处理:首先,我们将所有题项翻译成中文。然后,我们邀请了一名独立的翻译人员将这些题项反向翻译成英语。当发现原文和反向翻译的英文之间存在显著差异时,我们再次将原文翻译成中文,然后再反向翻译成英文,不断循环这个过程,直到原始的题项和反向翻译的题项之间没有显著差异。此外,我们还邀请了 20 位熟悉服务化研究的专家进行了问卷的预测试,请他们为问卷的设计和措辞提供反馈和建议,并根据他们的建议进行相应的修改。

为了减少共同方法偏差的影响,我们在网络问卷调查和现场问卷调查中采取了以下措施:针对网络问卷调查部分,我们通过电子邮箱向每家参与企业的两位管理者发送了两份调查问卷。其中一份为"负责相关服务业务的管理人员问卷",这份问卷内容包括服务化、服务供应网络连结强度、结构洞等问题;另一份问卷是"不负责服务业务的管理人员问卷",此问卷则集中于制造企业基本信息和企业绩效等问题。针对现场问卷调查部分,在实地访问时我们邀请了一位负责服务业务的管理者和一位服务化领域之外的管理者参与。通过采用不同来源的数据收集方法,即同一家企业收集两名不同受访者的数据,我们尽可能去规避共同方法偏差的问题,提高研究结果的可靠性和有效性。

(二)变量测量

本研究在问卷调查中采用了已构建的成熟量表来测量我们的关键构念,具体测量题项见表 4.2.2。

表 4.2.2 构念测量和验证性因子分析结果

变量	测量
服务化	物流服务的贡献($\lambda=0.572, t=N/A$)
	安装与调试服务的贡献($\lambda=0.820, t=7.691$)
	维修服务的贡献($\lambda=0.947, t=7.724$)
	更新与升级服务的贡献($\lambda=0.598, t=6.082$)
	技术咨询服务的贡献($\lambda=0.927, t=6.906$)
	AVE 0.623;整合信度 0.888;Cronbach's α 0.879
企业绩效	相比同行竞争对手的资产回报率(ROA)的增长性($\lambda=0.968, t=N/A$)
	相比同行竞争对手的投资回报率(ROI)的增长性($\lambda=0.951, t=25.899$)
	相比同行竞争对手的销售收入增长性($\lambda=0.827, t=16.064$)
	相比同行竞争对手的产品或服务利润增长性($\lambda=0.883, t=19.218$)
	AVE 0.826;整合信度 0.950;Cronbach's α 0.956
服务供应网络连结强度	产品相关的售前服务提供商的连结强度($\lambda=0.708, t=N/A$)
	产品相关的售后服务提供商的连结强度($\lambda=0.567, t=6.965$)
	产品相关的售中服务提供商的连结强度($\lambda=0.977, t=7.511$)
	AVE 0.592;整合信度 0.806;Cronbach's α 0.790

注:λ 为标准化因子载荷,t 为每个因子载荷的 t 值,t 指锚定为 1.0 的用 N/A 显示。

1. 服务化

基于先前研究，我们将服务对制造企业收益的贡献水平作为服务化的测量方式（Kohtamäki et al. ,2018）。制造企业的服务化通常从提供免费服务开始，然后逐渐转变为提供更多的收费服务。因此，通过关注付费服务并从财务贡献的角度衡量服务化水平，我们的研究能够更精准地聚焦于那些致力于服务化战略的制造企业（Lay,2014；Witell et al. ,2013）。在 Mathieu（2001）的研究基础上，我们进一步将制造企业所提供的服务分为五类：物流服务、安装与调试服务、维修服务、更新与升级服务、技术咨询服务。我们没有考虑专业化服务（如管理咨询服务、金融服务、营销服务）[①]，因为它们与制造企业所提供的产品没有直接关系。

在调查中，受访企业需要回答在过去三年中所提供的新服务对制造商收入的贡献。具体来说，我们将 0%～100% 的贡献度范围划分为 6 个等级。第一级用 1 表征，表示该服务的财务贡献为零，因为该服务是完全免费的。其他五个级别表示收取费用的服务的百分比，并采用以下方式进行划分：2＝低水平，意味着 0% 到 20%（包括 20%）的服务收取费用；3＝低至中等水平，即 20% 至 40%（不含 20%，但含 40%）的服务收取费用，4＝中等水平，即 40%～60%（不含 40%，但含 60%）的服务收取费用；5＝中至高水平，即 60%～80%（不含 60%，但含 80%）的服务收取费用；6＝高水平，即 80% 至 100%（不含 80%，但含 100%）的服务收取费用。[②]

2. 企业绩效

对于制造企业而言，"财务业绩通常是通过财务报表或会计报告中的指标来衡量的，如销售增长、利润率、资产收益率和投资收益率"（Wang et al. ,2018）。因此，本研究采用四个关键财务绩效指标来衡量制造企业的绩效增长，这四个指标包括：资产回报率（ROA）、投资回报率（ROI）、销售额和利润。

---

① 制造企业在提供专业化服务时，往往将服务部门剥离，成立一个独立的服务公司。故而，新成立的服务公司提供的专业服务并不会直接影响制造企业的财务绩效。因此，本研究将专业化服务排除在外，我们只关注新服务的提供如何影响制造企业的财务业绩。

② 服务化量表基于五项服务项目的平均得分，这是衡量服务化的一种典型方法（Sousa et al. ,2017）。然而，这种度量方法不能捕捉不同类型服务之间服务化水平的差异。因此，为了确保我们的结果对于考虑服务化分散是稳健的，我们创建了一个服务化分散变量（即项目平均得分的标准差）。在我们将服务化分散纳入模型后，所有的假设结果都成立。

我们使用利克特五点量表来衡量制造企业在采用服务化战略后的三年内,制造企业相对于同行竞争企业的每个维度的企业绩效的增长程度。

3. 连结强度

本研究使用接触频率来衡量服务型制造企业与其主要服务供应商之间的连结强度(Granovetter,1974)。根据 Gebauer 等(2013)的观点,我们特别关注提供售前服务、售后服务和售中服务的服务供应商,这些服务都与制造企业向客户提供的产品密切相关。为了量化这种连结强度,我们使用了利克特五点量表,要求受访企业评估其在过去三年内与每种服务供应商的联系频率(1表示制造企业几乎不联系供应商,5 表示制造企业几乎每天都联系供应商)。

4. 结构洞

由于结构洞捕获了制造企业的主要服务供应商之间互不连结的程度(Burt,1992),本研究采用了个体网络测量工具(McEvily et al.,1999)。鉴于服务供应网络由焦点制造企业的服务供应商通过定向的购买-供应连结构成,我们从焦点制造企业的角度来评估结构洞,而不是从整个网络的角度。这是因为整体网络通常表现为一个无方向性的联盟网络,而从焦点企业的视角出发,可以更准确地捕捉到其与各个服务供应商之间的特定关系和互动模式。

我们首先要求受访企业确定企业在过去三年中合作实施服务化战略的五个最重要的服务供应商。然后,我们开发了一个 5×5 的多维矩阵,这些服务供应商是由焦点制造企业确定的。为了记录这些发现,我们采用二分法来测量每两个服务供应商之间的连结。如果两个服务供应商彼此之间有正式的业务关系,我们给这些连结赋值为 1,否则赋值为 0。为了度量结构洞,我们采用了一种称为网络约束的指标,它可以描绘出网络的冗余程度(Yang et al.,2010)。网络约束表明企业缺乏结构洞的程度(Burt,1992);换言之,企业的网络约束值越高,企业的结构洞就越少。我们使用 UCINET 中的"网络—自我网络—结构洞"计算约束条件(Borgatti et al.,2002)。在下面公式中,P_{ij} 等同于从 i 到 j 的直接连结,$\sum_q P_{iq} P_{qj}$ 是通过 q 从 i 到 j 的间接连结的总和。我们将结构洞的值视为 1 减去约束得分 C_{ij}。

$$C_{ij} = \left(P_{ij} + \sum_q P_{iq} P_{qj} \right)^2, q \neq i, j$$

5. 控制变量

大多数企业的财务业绩是历史导向的,换句话说,当前的业绩会受到过去业绩的影响(Raassens et al. ,2014)。现有关于企业财务绩效和服务化的研究指出,服务化有可能从健康的财务状况中获得成功(Salonen,2011),而另一些研究提出,不断恶化的绩效是制造企业启动服务业务的最佳出发点(Penttinen et al. ,2007)。因此,我们将制造企业过去三年的财务绩效作为控制变量。此外,我们纳入了企业的一些典型的人口统计变量——企业年龄、企业规模和行业类型,因为它们可能影响企业的服务化战略、水平和成熟度。企业年龄是指企业经营的年限。企业规模通过企业当前的员工数量来衡量(1=少于100人,2=100~300人,3=300~1000人,4=1000~5000人,5=超过5000人)。我们将行业分为四种类型来测量行业类型(ICT制造业、设备制造业、制药制造业、纺织和皮革制造业),并使用三个虚拟变量来表述。

(三)测量评估:效度、信度、样本和共同方法偏差分析

为了检验构念测量模型的整体拟合度,本研究通过结构方程模型对所有潜在构念进行了验证性因子分析(表4.2.2给出了详细的结果)(Garver et al. ,1999)。本研究总体模型的卡方统计量为60.665,自由度为42。拟合优度指数(GFI)为0.934,验证性拟合指数(CFI)为0.986,增量拟合指数(IFI)为0.986,近似的均方根误差(RMSEA)为0.056,这表明测量模型与所提出的构念拟合良好(Anderson et al. ,1988)。

此外,我们用卡方差异检验来评估潜在构念的区分效度。在配对检验中,我们比较了一个限制模型(相关系数固定为1)和一个自由估计模型(相关系数自由估计)。服务化与服务供给网络的连结强度的卡方差异是显著的:$\chi^2(1)=17.559,p<0.000$。服务化与企业绩效的卡方差异也是显著的:$\chi^2(1)=28.966,p<0.000$。服务供给网络的连结强度与企业绩效的卡方差异同样是显著的:$\chi^2(1)=52.168,p<0.000$。这些发现证明本研究的关键构念之间存在区别效度(Anderson et al. ,1988)。

为测试多维度构念的信度,我们采用了传统的信度检测措施,包括Cronbach's α,平均方差提取(AVE)与整合信度(Garver et al. ,1999)(见表4.2.2)。所有多维构念的Cronbach's α值均大于0.7,表明所使用的量表具有良好的信度(Garver et al. ,1999)。所有构念的整合信度得分均大于0.8,AVE均大于0.5,表明本研究的信度是可接受的(Garver et al. ,1999)。综上所述,本研究所使用的测量方法在信度和效度方面均达到了可接受的标准。

　　我们采用两种方式来检验无反应偏差。首先,我们使用多元方差分析(MANOVA)比较了回应和未回应的制造企业在企业年龄、企业规模和行业类型之间的差异。结果显示回应与未回应的企业在上述三个方面均不存在显著差异(Wilks'λ=0.972,F=1.415,p=0.219)。其次,我们进一步采用 t 检验来比较统计模型中使用的每个变量在早期和后期回应中的差异。我们收集了从 2016 年 10 月 1 日至 2017 年 8 月 30 日期间的 143 家公司的数据。在这143 个有效样本数据中,63 个是通过电子邮件获得,其余是通过现场访问获得。通过外推技术(extrapolation techniques)(Wagner et al. ,2010),我们将2017 年 4 月 30 日之前收到的 42 封邮件回复视为早期回应,将 2017 年 5 月 1日之后收到的 21 封邮件回复视为后期回应。我们比较了两组问卷的所有题项(除结构洞的问题,因为是由 UNCINET 计算的),结果显示,除了"售中服务供应商连结强度"外,20 个变量在早期回应和后期回应中均表现出无显著差异(p>0.05)。考虑到"售中服务供应商连结强度"这一变量只是衡量连结强度的三个维度之一,而另外两个维度在早期和后期样本之间的均值没有显著差异,因此,我们认为无反应偏差不是本研究的主要顾虑。

　　为了缓解常见的共同方法偏差问题,我们采取了以下措施:首先,我们要求同一个企业内的两个不同的管理者分别评估主要的自变量和因变量。具体来说,我们请第一个被访者评估主要的自变量,如服务化、服务供应网络的连结强度和结构洞,第二个被访者评估因变量(企业绩效)和制造企业的基本特征(企业年龄、企业规模和行业类型)。其次,我们进行了 Harman 单因素检验(Podsakoff et al. ,1986)。结果显示,所有测量题项的解释程度占总方差的80.193%,其中第一个因子占 35.298%。因此,第一个因子的解释程度小于总方差的一半(35.298/80.193=0.44),这表明共同方法偏差不足以影响统计结果。此外,共同方法偏差往往会导致二次效应和交互效应不显著,因此,若二次效应或交互效应显著,则说明该研究通常不会发生共同方法偏差(Siemsen et al. ,2010)。总的来说,共同方法偏差也不会是本研究的主要顾虑。

　　(四)统计模型

　　本研究在 Stata 中采用多元回归分析来检验假设。这种方法使用普通最小二乘法(OLS)来估计回归参数,并使我们能够在一个相对较小的样本中严格检测变量之间的非线性关系(Aiken et al. ,1991)。具体而言,本研究构建的企业绩效模型综合考虑了以下因素的影响：服务化、服务化平方项、服务供应网络（以连结强度或结构洞为特征）、服务供应网络与服务化的交互，以及所有控制变量（企业年龄、企业规模、行业类型、企业过去三年的收入、企业先前相关经验）。回归模型如下：

$$Y_{t+3} = \beta_0 + \beta_1 X_t + \beta_2 X_t^2 + \beta_3 X_t Z_t + \beta_4 X_t^2 Z_t + \beta_5 Z_t + \beta_6 G_t + v_t$$

Y_{t+3} 是 $t+3$ 年的企业财务绩效，X_t 是 t 年的服务化水平，Z_t 是 t 年的服务供应网络（服务供应网络连结强度或结构洞），G_t 是 t 年的控制变量（企业年龄、企业规模、行业类型、过去三年企业的收入、企业先前相关经验），v_t 是误差项。回归参数 β_2 的显著性是一个前提条件，可以用来判断服务化与企业绩效之间的关系是否呈 U 形。β_4 可用于解释服务供应网络的连结强度或结构洞是否发挥调节作用。

三、制造企业服务化、服务供应网络与企业绩效的数据分析

（一）统计分析结果

表 4.2.3 展示了本研究所要研究的变量的均值、标准差和相关性系数。如表 4.2.3 所示，服务化的均值为 2.806，标准差为 1.527（其取值范围为 1 到 6）。服务供应网络的连结强度的均值为 3.650，标准差为 0.839（其取值范围为 1 到 5）。结构洞的均值为 0.579，标准差为 0.187（其取值范围为 0 到 1）。企业绩效均值为 3.498，标准差为 0.953（其取值范围为 1 到 5）。由上述描述性统计结果可知，本研究的三个关键变量的样本涵盖了所有可能的取值范围。

本研究将变量进行去中心化后再计算二次项和交互项[①]。表 4.2.4 呈现的结果表明，各回归参数的方差膨胀因子（VIF）得分均未超过 4.21，远低于 10 这一"经验法则"（Ryan，1997）。此外，我们还使用 Stata 13 中的"coldiag"命令进行多重共线性检验，结果表明，包含所有自变量的全模型的条件系数为 11.74，远低于 30 的临界值（Belsley et al.，1980）。因此，本研究不存在多重共线性问题。

---

① 为了能更直观地解释结果，我们在下面的部分中报告的是变量的原始值，即我们是将平均值添加到相应去中心化后的变量值中。

表 4.2.3　描述性统计和皮尔森相关矩阵

变量	均值	标准差	1	2	3	4	5	6	7	8	9	10
1. 企业绩效	3.498	0.953										
2. 服务化	2.806	1.527	0.137									
3. 连结强度	3.650	0.839	0.093	0.210*								
4. 结构洞	0.579	0.187	-0.247**	-0.074	-0.039							
5. 企业年龄	16.720	11.970	-0.052	0.132	0.110	0.026						
6. 企业规模	2.601	1.312	0.046	-0.006	0.105	0.051	0.381**					
7. 行业类型 I	0.196	0.398	0.006	-0.088	0.080	0.141	-0.008	-0.038				
8. 行业类型 II	0.098	0.298	-0.229**	-0.097	-0.069	0.076	-0.156	-0.080	-0.163			
9. 行业类型 III	0.091	0.288	0.269**	0.034	-0.246**	-0.081	0.195*	0.245**	-0.156	-0.104		
10. 过去三年企业的收入	2.930	1.098	0.197*	-0.072	0.088	-0.018	0.352**	0.759**	-0.017	-0.194*	0.354**	
11. 企业先前相关经验	1.287	0.454	0.005	0.004	-0.185*	-0.184*	-0.213*	-0.055	-0.118	-0.053	0.122	-0.002

注：* 表示 $p<0.05$，** 表示 $p<0.01$。双尾检验。表中是中心化之前的数据结果。

表 4.2.4　制造商财务绩效的回归结果($N=143$)

变量	VIF	模型 1	模型 2	模型 3	模型 4	模型 5	模型 6
服务化	1.67		0.077 (0.050)	−0.035 (0.057)	−0.067 (0.057)	−0.028 (0.056)	−0.064 (0.056)
服务化平方	2.20			0.135*** (0.037)	0.095* (0.039)	0.138*** (0.037)	0.088* (0.040)
服务化 * 连结强度	1.53				−0.041 (0.064)		−0.036 (0.063)
服务化平方 * 连结强度	4.21				0.142** (0.047)		0.144** (0.049)
服务化 * 结构洞	1.73					0.680* (0.301)	0.692* (0.294)
服务化平方 * 结构洞	3.77					−0.371 (0.188)	−0.239 (0.190)
连结强度	3.44	0.156 (0.093)	0.122 (0.095)	0.138 (0.091)	0.193 (0.148)	0.117 (0.091)	−0.211 (0.147)
结构洞	2.97	−1.077** (0.403)	−1.052* (0.402)	−1.221** (0.387)	−1.017** (0.383)	−0.222 (0.621)	−0.349 (0.612)
企业年龄	1.50	−0.015* (0.007)	−0.016* (0.007)	−0.022** (0.007)	−0.017* (0.007)	−0.019** (0.007)	−0.015* (0.007)
企业规模	2.67	−0.103 (0.088)	−0.110 (0.087)	−0.088 (0.084)	−0.072 (0.082)	−0.125 (0.084)	−0.098 (0.083)
行业类型Ⅰ	1.25	0.060 (0.191)	0.089 (0.191)	−0.049 (0.186)	−0.181 (0.187)	0.008 (0.186)	−0.120 (0.186)
行业类型Ⅱ	1.20	−0.551* (0.258)	−0.511 (0.258)	−0.390 (0.249)	−0.517* (0.246)	−0.363 (0.246)	−0.506* (0.244)
行业类型Ⅲ	1.53	0.912** (0.290)	0.870** (0.290)	1.017*** (0.280)	0.952** (0.280)	1.189*** (0.285)	1.114*** (0.285)
过去三年企业的收入	2.96	0.194 (0.108)	0.222* (0.109)	0.211* (0.104)	0.142 (0.104)	0.197 (0.103)	0.120 (0.104)

续表

变量	VIF	模型 1	模型 2	模型 3	模型 4	模型 5	模型 6
企业先前相关经验	1.25	−0.201 (0.172)	−0.213 (0.171)	−0.143 (0.165)	−0.091 (0.165)	−0.135 (0.163)	−0.076 (0.163)
常数项		3.665*** (0.336)	3.634*** (0.335)	3.296*** (0.333)	3.411*** (0.330)	3.384*** (0.331)	3.505*** (0.329)
R^2		0.226	0.239	0.311	0.356	0.340	0.383
调整后 R^2		0.173	0.181	0.253	0.291	0.273	0.310
F 值		4.30	4.14	5.37	5.49	5.11	5.26

注:(a) * 表示 $p<0.05$,** 表示 $p<0.01$,*** 表示 $p<0.001$。(b)服务化程度、服务供应网络连结强度、结构洞均进行了去中心化处理。

表 4.2.4 展示了本研究的回归分析结果。该表包含了六个模型,用以检验本研究假设。前三个模型旨在验证研究假设 H1。其中,模型 1 包含控制变量(即企业年龄、企业规模、行业类型、过去三年企业的收入和企业先前相关经验)、服务供应网络的连结强度和结构洞。模型 2 在模型 1 的基础上加入了服务化这一变量。研究结果表明,服务化对企业绩效的影响并不显著。模型 3 进一步在模型 1 的基础上加入了服务化和服务化平方项。结果显示,服务化平方(系数为 0.135,标准差为 0.037)对企业绩效有显著的影响。

这三个模型与我们在假设 H1 中探讨的观点直接相关,即服务化与企业绩效之间存在 U 形关系。本研究依据 Lind 和 Mehlum(2010)提出的三步法来检验这一 U 形关系。首先,我们检验了平方项的显著性。结果显示,服务化的平方项显著且系数为正($b=0.135$, $p<0.001$),符合预期。其次,我们检验了服务化的取值范围的两端的斜率是否如预期一样显著减小和增大。通过使用 Stata 13 中的"margin"命令,我们发现,当服务化水平较低(服务化=1)时,斜率为负且显著($dy/dx=-0.524$, $p=0.002$);当服务化水平较高(服务化=6)时,斜率为正且显著($dy/dx=0.830$, $p<0.001$)。这进一步验证了上述结果。最后,我们检查了转折点是否位于服务化的取值范围内。我们发现,服务化的转折点为 2.936,且其 95% 置信区间为[2.557, 3.316],完全落在服务化取值范围[1, 6]内。因此,本研究表明假设 H1 得到支持。

本研究使用变量的原始值绘制了服务化与制造企业绩效之间的关系。如图 4.2.1 所示,服务化的取值范围为 1~6(1=没有;6=高水平),服务化与制造企业绩效之间的整体关系呈 U 形。转折点(超过这个转折点,服务化有利于提高企业绩效)对应的值为 2.936。在(1,2.936)区域,服务化对企业绩效的边际影响减小,斜率为负;而在(2.936,6)区域,服务化对企业绩效的边际影响增大,斜率为正。这些结果表明,当服务化处于低到中等水平时,即范围为(1,2.936),服务化会损害企业绩效;而当服务化处于中到高等水平时,即范围为(2.936,6),服务化有助于提高企业绩效。

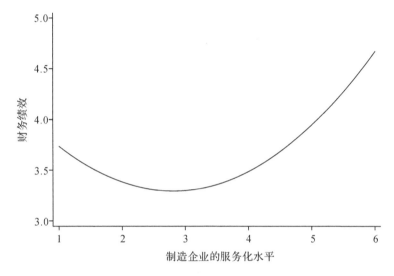

图 4.2.1 服务化对制造企业财务绩效的影响

模型 4 用于检验假设 H2,因为该模型检验了服务供应网络的连结强度与服务化之间的交互作用,以及服务供应网络连结强度与服务化平方之间的交互作用。假设 H2 认为,随着服务供应网络连结强度的增强,服务化对企业绩效的影响会更加积极(和消极)。具体来说,增加服务供应网络的连结强度会加大服务化曲线的负斜率和正斜率的陡度。当服务供应网络连结强度与服务化平方之间的交互项显著为正时,连结强度对 U 形曲线的调节效应才能成立(Haans et al.,2016)。从模型 4 的结果中可以看出,假设 H2 得到了支持($b=0.142, p=0.003$)。图 4.2.2 进一步证实了这一调节效应,从图中可以看出,服务供应网络的连结强度越大,U 形曲线越陡峭。

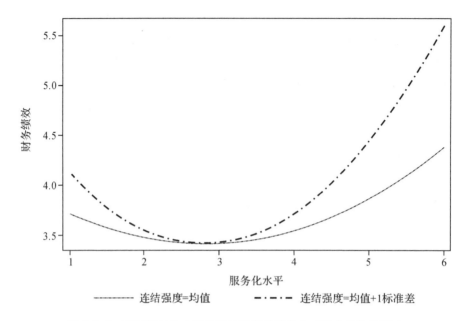

图 4.2.2 不同服务供应网络联结强度的服务化对财务绩效的影响

本研究使用模型 5 来验证假设 H3。该模型考察了结构洞与服务化之间的交互作用,以及结构洞与服务化平方之间的交互作用。研究结果表明,结构洞与服务化平方之间的交互作用对企业绩效没有显著的影响,因此,假设 H3 没有得到支持。模型 6 为全模型,用于综合检验假设 H1、H2 和 H3。该模型包含了所有控制变量、独立变量和交互变量,同时整合了模型 1 至模型 5 的所有结果。可以发现,结果具有稳健性。

(二)研究结果讨论

本研究试图阐明服务化与制造企业绩效之间的关系,这一关系目前尚未达成共识(Kohtamäki et al.,2013)。与以往研究仅依赖于二次项的显著系数来检验非线性效应不同(Fang et al.,2008),本研究响应了 Fang 等(2008)和 Kohtamäki 等(2013)的呼吁,使用三步统计方法严格检验了服务化对企业绩效的非线性影响,从而推进了服务化研究的发展。此外,有别于以往主要关注发达国家并以服务比率为服务化指标的研究(Fang et al.,2008),本研究聚焦新兴市场,使用服务组合来测量服务化水平,以反映不同类型服务的平均水平,从而使我们能够涵盖更广泛的服务范围。

学术界对研究方法的严谨性日益重视，也促使我们采用更系统严谨的方法来检验服务化与制造企业绩效之间的关系，因此，我们的研究能够获得比以往研究更丰富的结果。例如，我们发现导致制造企业财务绩效最低的服务化水平的转折点为2.936，这一数值低于3，意味着服务化对企业财务绩效的贡献处于20%到40%之间时（即服务化处于中低水平时），制造企业应该要能预见到服务化即将带来收益。这一结果对服务型制造企业而言是鼓舞人心的。此外我们发现，低服务化水平导致制造企业绩效下降的速度要小于高服务化水平导致制造企业绩效提升的速度（低服务化水平时，负斜率＝－0.524，$p＝0.002$，高服务化水平时，正斜率＝0.830，$p＝0.000$）。这些结果表明，一旦制造企业的服务化水平超过转折点，制造企业的绩效将以更快的速度提高。因此，制造企业在服务化的初始阶段就感到气馁是不明智的。相反，制造企业应目光长远，期待服务化水平超过转折点后绩效的迅速提升。

除了回应关于服务化与制造企业绩效关系的研究号召外，本研究还检验了服务供应网络的两种结构特征的调节作用：连结强度和结构洞。通过引入这两个网络层面的变量，本研究的模型弥补了先前研究对服务供应网络关注的不足。虽然最近的一项研究也考察了买方-供应商关系对服务化的影响（Ayala et al.，2019），但该研究并未综合考虑服务供应网络所有维度的调节效应。本研究探讨了结构洞的调节作用，这是一个在服务化文献被忽略的变量。通过纳入供应商-供应商关系的结构洞，本研究补充了买方-供应商关系的连结强度的研究。通过考虑这两种调节效应，本研究获得了服务供应网络中组织间关系的完整图谱（Tan et al.，2015）。研究发现，制造企业的强关系在服务化水平较低时，会加速绩效下降；而在服务化水平较高时，会促进绩效改善。这一发现表明，与服务供应商的紧密连结既带来了风险（在低水平的服务化中会出现更显著的绩效下降），也带来了机会（在高水平的服务化中会出现更快的绩效提高）。这些发现回答了一个关键问题：在制造企业的服务化过程中，企业与供应商的紧密连结何时会有所帮助？这为服务供应网络和服务化研究做出了重要贡献。

本研究还发现一些额外的有趣结果。尽管结构洞在服务化与企业绩效关系中没有起到显著的调节作用，但它对制造企业财务绩效有直接的负面影响。这表明，制造企业与服务供应商之间的紧密连结，即双方的直接互动，对服务化带来的资源稀释和溢出效应的影响比供应商与供应商之间的结构洞效应更为直接。我们的研究结果进一步提示,制造企业应关注服务供应网络中跨越多个结构洞所带来的风险。尽管结构洞并未显著调节服务化与企业绩效之间的关系,但其对制造企业财务状况的负面影响是明确的。这种负面影响可能是与非紧密连结的服务供应商合作导致的。一方面,管理这类服务供应商可能需要制造企业承担更高的成本。另一方面,非紧密连结的服务供应商可能使得制造企业在构建市场进入壁垒方面遇到更多挑战(Bigdeli et al.,2018)。因此,为了提高服务化过程中的财务回报,制造企业应考虑加强与主要服务供应商之间的联系。

四、研究结论

本研究通过验证和完善服务化对制造企业绩效的 U 形效应,丰富了服务化研究的内容。研究表明,制造企业在实施服务化时,会先经历绩效下滑,随后才逐步从中获益。这一发现丰富了现有服务化-绩效关系的文献(Eggert et al.,2011;Fang et al.,2008;Kastalli et al.,2013;Kohtamäki et al.,2013;Neely,2008;Suarez et al.,2013)。此外,不同于以往研究仅依赖显著的二次项来判断 U 形关系,本研究采用了 Lind 和 Mehlum(2010)提出的三步过程法,系统地检验了服务化对绩效的影响,并获得了关于服务化对绩效影响的新见解,特别是有关 U 形曲线的拐点及两侧斜率的信息。这些新发现不仅有助于理解制造企业在服务化过程中绩效变化的机制,也为后续研究提供了重要的理论基础。此外,本研究将服务供应网络文献和服务化文献相连接,并拓展了这两个领域的研究。尽管现有研究已探索服务供应网络对企业绩效的直接影响,但鲜有研究剖析服务供应网络在服务化与制造企业绩效关系中的调节作用。同时,现有服务化文献中也缺乏对网络结构变量(如结构洞)的研究。响应服务化文献对制造企业和服务供应商之间的关系研究的号召(Ayala et al.,2019),本研究检验了两个互补的网络结构变量——连结强度和结构洞——对服务化与企业绩效之间 U 形关系的调节作用。研究发现,制造企业与服务供应商之间的连结强度能够增强服务化和企业绩效之间的 U 形关系,而结构洞则直接损害了服务型制造企业的绩效。这些研究结果为未来从网络视角研究服务化对企业绩效的影响提供了坚实的理论基础。

本研究结果对计划采用服务化战略的制造企业具有重要的管理启示。

首先,本研究结果表明,制造企业服务化在低水平阶段所导致的初始绩效下降,不应成为制造企业对服务化的进一步投资的阻碍,服务化在达到一定水平之后,制造企业便能实现绩效的快速提高。因此,本研究鼓励有足够冗余资源的制造企业实施服务化战略,从而实现长期的财务绩效的快速增长。同时,对于冗余资源有限的企业,研究结果也提醒它们需注意服务化初期可能引发的资源稀释成本。制造企业不应该在不能确保服务化与其内部资源配置之间是否一致的情况下而盲目地走上服务化之路。

其次,本研究结果能够帮助管理者认识到,当制造企业与主要服务供应商有紧密联系时,业绩下降幅度更大或业绩增长速度更快是正常的。这些发现表明,服务型制造企业在服务化过程中需要谨慎管理与服务供应商之间的紧密联系。一方面,当服务化水平较低时,制造企业的采购经理不应将注意力集中在维持或进一步加强与服务供应商的紧密关系上,而应更多地集中在直接从其服务化实践中学习,尽量减少资源稀释导致的初始绩效下降的负面影响。一旦制造企业的服务化水平通过了拐点,或者制造企业开始从服务化中获得正向回报,采购经理就可以依靠与服务供应商的紧密联系来放大服务型制造企业的资源溢出效应,从而加速绩效的提升。

最后,本研究有助于管理者理解结构洞对制造企业绩效的消极影响,并强调供应商-供应商关系在服务化过程中的重要性。本研究结果显示,服务供应网络中大量存在的结构洞会损害制造企业的财务绩效。尽管结构洞可能会使制造企业基于其在服务网络中的守门人地位而对服务供应商具有影响力,但主要服务供应商之间的隔断可能会导致制造企业无法充分获得服务化的好处。例如,当制造企业与供应商 A 合作为顾客提供产品维护服务时,制造企业可能还需要提供技术咨询服务的供应商 B 的帮助。如果 A、B 两家供应商在之前就已经有过合作,那么制造企业就会更容易协调双方的沟通,反之则会产生负面影响。因此,这一发现鼓励服务型制造企业的采购经理不应该去扮演守门人的角色(这意味着隔断了供应商之间的联系),而应该去扮演桥梁的作用,推动服务供应商之间产生直接的联系。

本研究也不可避免地存在着不足与局限。当研究服务化对制造企业绩效的影响时,本研究主要关注了服务供应商的角色,而未充分考虑顾客的作用。实际上,顾客在接受服务供应商提供的服务过程中,非常有可能在服务化对绩效的影响中扮演关键角色(Karatzas,2017),即制造企业和顾客之间的互动也可能调节制造企业服务化对绩效的影响。因此,为了更为深入和系统地刻画服务化的绩效效应,未来的研究应综合考虑制造企业、供应商和客户之间的关系(Ayala et al.,2017)。更进一步,服务供应网络是服务生态系统的一部分,服务生态系统对服务型制造企业的生存变得越来越重要(Kaartemo et al.,2016;Lindhult et al.,2018)。因此,未来的研究不仅应关注服务型制造企业的直接客户和供应商,还应关注制造企业所扩展的组织间网络中的其他利益相关者所发挥的作用。

本研究还存在一些方法上的局限。本研究将五种付费服务聚合成一种服务作为服务化的代理测量,这种方法可能会有一定的局限性,因为不同的服务类型可能会以不同的方式影响制造企业和服务供应商之间的关系(Saccani et al.,2014)。例如,技术咨询服务和产品运输服务可能会要求制造企业有不同的互动形式(He et al.,2012)。未来研究可进一步探讨服务类型对服务化-企业绩效关系的调节作用。

而且,本研究的样本只关注了服务型制造企业,这可能会导致自我选择偏差。未来研究可以对服务供应网络在服务型制造企业和传统制造企业的效果进行比较,以获得更全面的视角。此外,虽然本研究要求每个调查的制造企业的两名受访者分别评估主要的自变量和因变量以最小化共同方法偏差的影响,但企业的特征(控制变量)和绩效(因变量)仍由同一受访者评估,这可能会引入偏差。因此,未来研究应采用更严格的方法来控制共同方法偏差的问题。

最后,本研究根据五个主要服务供应商两两之间的"声明(declared)"的联系(即由焦点制造企业感知)来测量结构洞。这是一种非常典型的测量焦点企业的自我网络(ego-network)的方法,但由于制造企业对五个主要的服务供应商之间的联系的感知是有限的,这种方法仍有改进空间。在未来的研究中,可以考虑直接调查制造企业的所有主要的服务供应商,以更准确地评估实际存在的供应商-供应商关系。

第三节　数字服务化与企业绩效:作用机制与边界条件

数字技术的突破性发展彻底改变了制造企业的竞争范式(Ardolino et al.,2018)。数字化已逐渐成为制造企业在日益激烈的市场竞争中生存或发展的关键战略之一(Sklyar et al.,2019)。与此同时,客户需求也在发生变化,消费者越来越倾向于在实体产品中融入更多的服务元素。因此，服务化也成为制造企业在面临产业升级时的另一项重要战略。事实上，数字化和服务化目前都被制造企业广泛采用，并且在企业中紧密联系、相互交织（Kohtamäki et al.，2019；Martin-Pena et al.，2019）。一些制造企业已开始对这两种战略进行整合，实现从以产品为导向到以数字化服务为导向的商业模式的转型（Tronvoll et al.，2020；Coreynen et al.，2020；Kohtamäki et al.，2020）。例如，劳斯莱斯（Rolls-Royce）公司利用物联网技术，通过监测发动机的实时数据提供有效的维护服务，从而成功建立了一个名为"按小时计算功率"的服务化项目（Baines et al.，2014）。

数字化被认为是从物理设备和技术中解耦信息的关键，它能够重塑服务化的本质（Sklyar et al.，2019b）。数字化有助于企业发掘产品中的智能和连接组件，从根本上改变了企业与生态系统中其他参与者的关系（Porter et al.，2014）。因此，实施数字服务化的企业必须将关注点从单一主体的视角转向整个生态系统的视角（Barile et al.，2020）。制造企业不再是孤立地推进数字服务化，而是与其他组织互联，通过服务交换实现价值共创（Lusch et al.，2015；Vargo et al.，2012）。因此，探索数字服务化如何影响企业网络，进而影响企业绩效，成为制造企业数字服务化的重要研究方向。然而，服务型制造企业有时会忽视服务网络在促进其数字服务化战略中的作用（Kamalaldin et al.，2020）。

在学术界，学者们日益意识到数字服务化的重要性（Coreynen et al.，2020；Paschou et al.，2020；Sjödin et al.，2020；Martin-Pena et al.，2019；Ciasullo et al.，2021）。例如，Raddats 等（2019）发现，数字服务化促使企业的商业模式向数字平台转变，从而进一步促进价值创造。Sklyar 等（2019b）指出，制造企业应重视服务化转型，结合自身的数字化资源，实现数字化赋能的价值创造。然而，尽管数字服务化在理论和实践上都显示出巨大的潜力，但相关的研究仍然相对有限（Tronvoll et al.，2020；Paschou et al.，2018）。尤其是数字服务化与制造企业绩效之间的关系研究虽然正在兴起，但这一领域仍未得到充分探讨（Kohtamäki et al.，2019），目前关于这一关系背后的机制和边界条件的研究也较为匮乏。因此，数字服务化如何影响企业绩效仍然是一个值得深入研究的课题。

为了填补上述研究空白，本研究基于服务生态系统视角，揭示数字服务化与制造企业绩效之间的关联机制。服务生态系统视角将社会视为一个由多个行动者通过资源整合与服务交换来共同创造价值的系统(Koskela-Huotari et al.,2016)。这意味着企业需要超越传统的以自我为中心的模式,转向探索与不同参与者在数字服务化过程中的合作模式(Sklyar et al.,2019b)。此外,这一视角还指出,企业应同时在服务系统内外寻求互动、价值共创和资源重组(Kaartemo et al.,2016)。数字技术的不断发展促进了生态系统中的各个参与者之间的紧密连接(Thomson et al.,2022),因此,采用服务生态系统视角有助于更准确地捕捉数字服务化的本质。而且,越来越多的研究不再将单一企业作为分析单位,而是扩展到理解服务网络或服务生态系统在数字服务化实践中的作用(Barile et al.,2016),并从服务生态系统的视角出发,来对数字服务化进行深入的探讨(Jovanovic et al.,2019;Sklyar et al.,2019)。本研究亦遵循这一学术路径,采用服务生态系统视角来研究数字服务化对企业绩效的影响,并从理论上识别出服务网络这一中介变量。

一、文献综述和假设提出

(一)数字服务化

关于数字服务化的研究仍处于起步阶段,目前尚未形成统一的定义(Kohtamäki et al.,2019)。该领域的研究主要建立在相对成熟的服务化文献的基础上(Ciasullo et al.,2021)。一部分学者指出,数字服务化是通过应用各种数字技术(如物联网、大数据和云计算)来创造服务化价值(Opresnik et al.,2015;Wen et al.,2016;Zancul et al.,2016)。同时,也有学者认为数字服务化是在服务化进程中,伴随数字技术的应用而引发的商业活动的变革(Coreynen et al.,2017),如售后服务的数字化应用。还有一些研究强调,在工业4.0背景下,服务化被认为是数字化的一个组成部分(Frank et al.,2019)。鉴于服务化与数字服务化之间存在紧密关联,Hsuan 等(2021)提出服务化与数字服务化之间是一种相互依存的关系,即服务化是一个由产品和服务组成的系统,而数字服务化则由服务化和软件系统组成。Kohtamäki 等(2019)将数字服务化定义为"向智能产品-服务-软件系统的过渡,通过监测、控制、优化和自动化功能来创造和获取价值"。Paschou 等(2020)则更为全面地提出了数字服务化的四个特征:第一,服务提供的本质更加数字化和智能化;第二,企业的商业模式从以产品为中心向以客户为中心转变;第三,数据和信息的发展有助于企业获取战略资产,创造可持续的竞争优势;第四,企业视角从内部视角向外部生态系统视角转变。综合上述研究,可以发现,数字服务化是服务化与数字化的融合。同时,正如 Mosch 等(2021)提出的,数字服务化是指从纯粹的产品、附加服务和产品-服务系统(PSS)向数字化产品-服务系统(DPSS)的转变,通过数字技术的监测、控制、优化和自动化功能来创造、交付和获取价值。因此,本研究不考虑传统的服务化形式,如现场维护、离线维修和客户回访服务等,它们没有涉及数字技术,不属于数字服务化的范畴。

鲜有研究专注于服务化的分类,现有的研究大多基于所提供的服务类型进行划分。部分学者基于企业的服务对象,将服务分为支持产品的服务(SSP)和支持客户行为的服务(SSC)(Mathieu,2001;Eggert et al.,2014)。部分学者依据服务的价值主张,将服务分为产品生命周期服务、资产效率服务、流程支持服务和流程委托服务(Ulaga et al.,2011)。还有部分学者基于服务等级,将服务划分为基础服务和高级服务(Sousa et al., 2017),这一分类在后续的研究中得到了广泛的使用(Chen et al.,2022)。其中,基础服务又称产品导向型服务(Gebauer et al.,2005),旨在以高效和有效的方式为客户提供与产品基本功能相关的服务,如产品安装、维护和维修服务等,这种服务通常只需与客户进行有限的互动。高级服务也被称为客户导向型服务(Gebauer et al.,2005),其主要目的是使产品完全满足客户的独特需求(Sousa et al.,2017;Sousa et al.,2019),如提供以使用和结果为导向的服务。高级服务与制造商的原始产品无关,通常涉及更高程度的客户互动。近年来,随着数字化趋势的兴起,研究者开始将数字化因素纳入服务化的分类。例如,Kohtamäki 等(2019)提出了一个基于解决方案定制化(从产品标准化到产品定制化)、解决方案定价(从产品导向到结果导向)和解决方案数字化(从监控到自主解决方案)三个维度的数字服务化分类框架,涵盖了产品导向服务供应商、工业化供应商、平台供应商、定制化集成解决方案供应商和结果供应商等多个类别。本研究采用了基础服务和高级服务的分类方法,因为这种分类方法不仅能够凸显服务提供内容的差异,还区分了服务提供的成熟度(Zhou et al., 2021)。在此基础上,本研究将数字化元素整合进分类体系,并定义了两种数字服务化类型:基础数字化服务和高级数字化服务。基础数字化服务涉及制造企业从提供有形产品到以增强产品功能的智能服务的转变,如远程故障诊断服务、故障预测服务和产品性能在线监测服务等。而高级数字化服务则是指制造企业从提供有形产品向提供智能服务转型,以满足客户的个性化需求,如基于工业互联网平台的金融服务和产品功能之外的整体解决方案的数字化转型等。

(二)基础/高级数字化服务与制造企业绩效

目前,制造企业正逐渐从传统的以产品为中心的模式向产品-服务-软件一体化的模式转变。一方面,数字技术的应用加速了服务化的进程,增加了企业提供更为复杂的服务的可能性(Toth et al.,2022)。另一方面,数字化技术打破了数据壁垒,使产品-服务系统之间的联系更加紧密(Jovanovic et al.,2022)。这两方面共同推动了服务化制造企业与服务生态系统内其他参与者之间的协作(Golgeci et al.,2021)。基于此,本研究从服务生态系统理论出发,探讨数字服务化与制造企业绩效之间的关系。服务生态系统理论强调,服务是价值创造的基础,能够促进企业与客户之间的价值共创(Vargo et al.,2004;Vargo et al.,2008;Lusch et al.,2015)。这一理论视角能够拓宽对数字服务化的理解,使研究不再局限于企业自身,而是关注企业与各类参与者之间的互动合作(Sklyar et al.,2019b)。因此,数字服务化作为一种利用数字技术促进企业与客户之间价值共创的战略,有利于改善企业与服务供应商、合作伙伴之间的关系,而服务供应商和合作伙伴的目标都是提高客户满意度,因此,这类关系的改善会对企业绩效产生积极影响。根据前述分析,本研究将数字化服务区分为基础数字化服务和高级数字化服务两种类型。由于这两种类型反映了数字服务化过程中的不同特征,因此本研究比较并阐述了它们对企业绩效的不同影响机制。

基础数字化服务主要通过交易协议,利用数字技术来优化产品功能。例如,企业可以通过数据分析提供产品故障预测和维护服务,这种捆绑式的产品-服务的提供不仅有助于推动企业与客户之间的密切互动,还提升了有形产品的感知价值。同时,基础数字化服务与产品紧密结合,这意味着制造企业无须大幅度调整原有的产品生产逻辑,这使得基础数字化服务的提供成本也相对较低,因而有助于提高企业的运营效率和财务绩效。相比之下,高级数字化服务则更加侧重于满足客户的个性化需求,强调与客户实现价值的共同创造(Sousa et al.,2017)。例如,制造企业根据客户的特定需求,提供基于工业互联网平台的金融服务。从本质上讲,高级数字化服务的核心在于响应客户的独特需求和想法,因此,此类服务往往更具差异性和不易模仿性,能够帮助企业区别于竞争对手,创造竞争优势,增强客户忠诚度,进而对企业的长期绩效产生积极影响。尽管基础数字化服务和高级数字化服务都能通过延长产品寿命和深化客户关系来为企业带来益处,但后者因其高度的个性化和价值共创特性,能够更大程度地提升客户体验,增强客户黏性和市场竞争力,从而为制造企业创造更大的价值,对企业绩效产生更为深远的正面影响。

据此,我们提出以下假设:

H1a:数字服务化对制造业企业的绩效有积极影响。

H1b:相较于基础数字化服务,高级数字化服务对制造业企业绩效的积极影响更大。

(三)服务网络的中介效应

服务生态系统视角强调了服务型制造企业与外部参与者(如客户、服务供应商和合作伙伴)之间共同创造价值的合作过程(Vargo et al.,2016),即形成服务网络。服务网络的内涵可从企业网络这一概念延伸而来,具体可从两方面来理解:服务网络连接和服务网络规模(Granovetter,1985)。其中,服务网络连接是指企业在提供服务时与服务供应商、客户及合作伙伴之间建立的直接或间接关系的总和。服务网络规模则反映了制造企业在提供服务的过程中期望合作的服务供应商、客户、合作伙伴和其他组织的数量。

从服务生态系统视角来看,服务生态系统中的参与者扮演着资源整合者的角色(Vargo et al.,2016)。这意味着制造企业通过与系统内其他参与者交流互动,能够更有效地推进服务创新(Vargo et al.,2012)。一方面,工业4.0技术,尤其是工业物联网技术的应用,能使服务型制造企业从传统价值链中的相对独立的角色转变为服务生态系统中的价值创造者(Tian et al.,2022)。数字服务化进程往往伴随着数字平台的发展,这些平台不仅鼓励制造企业与供应商、技术提供商乃至竞争对手开展合作,还共同推动了价值的创造、交付和获取(Jovanovic et al.,2022)。另一方面,由于制造企业固有的产品思维和能力与服务创新所需的能力和资源存在较大差异,且数字技术的引入进一步加剧了企业对相关资源的需求(Toth et al.,2022),制造企业需要优化或重新配置服务网络,以弥补在数字服务化过程中的资源缺口。实际上,为了提供更加个性化和定制化的服务,制造企业可能更倾向于将自身的业务流程嵌入客户的业务流程,这要求与客户建立紧密的联系。在此基础上,制造企业能够与合作者建立良好的互信关系,有效避免数字服务化过程中制造逻辑、服务逻辑和数字逻辑之间的冲突(Kamalaldin et al.,2020)。同时,制造企业倾向于拓展合作服务网络的规模,因为企业的网络规模越大,意味着企业获取多样化有效资源的途径越多,从而提升了资源整合和重构的可能性和灵活性,为数字服务化的成功实施提供了强有力的支持(Smith et al.,2014)。

如前所述,基础数字化服务是指制造企业利用数字技术,如物联网、人工智能和云计算等,来提供与产品相关的增值服务,如自动升级和预测性维护(Tian et al.,2022)。这类服务通常依托数字平台实现,这种平台能将企业与外部供应商、合作伙伴及客户之间的单一互动关系转变为持续性的互动(Jovanovic et al.,2022)。因此,提供基础数字化服务的制造企业需要与供应商、合作伙伴和客户建立服务网络,以提高服务提供的效率,进而促进企业绩效的提升。此外,通过建立这种网络关系,可以有效减少制造企业与相关合作群体之间的信息不对称,降低交易成本,从而对企业绩效产生积极影响。

相比之下,高级数字化服务通常以客户为中心,致力于围绕客户需求提供定制化服务。自主解决方案被认为是数字服务化的最高级形式(Thomson et al.,2022)。由于数字技术的限制和以客户为中心的服务思维,制造企业往往难以独自完成高级数字化服务的提供,通常需要与组织外的其他主体进行合作(Sklyar et al.,2019)。一方面,通过与多样化的服务提供商建立强有力的服务网络连接,制造企业能够创新高级数字化服务,并增强服务的独特性和不可模仿性,从而促进企业的价值创造与利润提升。另一方面,制造企业通过合作可以构建客户、供应商和制造企业之间的服务三元组,这能够增加高级数字化服务提供的复杂性和因果模糊性,使竞争对手难以模仿,从而为制造企业创造可持续价值提供更多机会(Wynstra et al.,2015)。此外,提供高级数字化服务往往依赖大数据分析、云计算等新一代信息技术的支持,同时也需要与服务提供商、客户及其他相关组织建立透明的长期合作关系。这种合作模式不仅能增强企业间的相互信任,减少不必要的复杂程序,还有助于企业降低交易成本,提高企业绩效。因此,提供基础和高级数字化服务会通过影响服务网络而对企业绩效产生积极影响。据此,本研究提出以下假设:

H2:服务网络是数字服务化与制造企业绩效之间关系的中介机制。

（四）冗余资源的调节作用

以往学者从服务生态系统视角出发，认为当企业缺乏自身资源时，服务网络的作用就变得尤为关键（Kaartemo et al.，2016；Banoun et al.，2016；Koskela-Huotari et al.，2016）。在企业内部资源有限的情况下，制造企业更倾向于依赖外部力量来获取必要的资源和支持，此时，服务网络所发挥的作用尤为重要。基于这一思路，本研究认为，企业的冗余资源是服务网络中介效应的重要边界条件。冗余资源是指企业中存在但目前尚未被利用的资源（Nohria et al.，1996）。这些资源能使企业快速应对竞争环境的变化，体现了企业追求动态竞争的意识和动机（Chen，1996）。当企业面临外部压力或计划进行战略转型时，可能会面临不可预见的资源短缺问题。此时，冗余资源在资源缓冲方面发挥了重要作用，这促使制造企业开始重视并重新配置这些资源以挖掘其潜在价值（Hiz et al.，2019）。

具体而言，当企业缺乏冗余资源时，服务网络在基础数字化服务与制造企业绩效之间的正向中介作用将被显著增强，主要有两方面的原因。一方面，当制造企业从外部服务网络获取资源时，需要将这些资源与内部现有资源进行整合和重新配置（Karim et al.，2016；Koskela-Huotari et al.，2016）。然而，当企业内部冗余资源较多时，由于外部获取的资源必须与更多的内部资源（如冗余资源）进行重新配置，资源整合的难度和成本大大增加。因此，冗余资源作为一种内部资源，可能会减弱制造企业通过配置外部服务网络以提高绩效的动力。另一方面，当制造企业与不同的服务提供商和客户合作构建外部服务网络时，机会主义风险是不可避免的。因此，制造企业可能会优先尝试利用内部资源来满足战略发展的需要，然后再考虑寻求外部资源的支持，以使潜在风险最低化（Hechavarría et al.，2016）。而冗余资源在这一过程中起着缓冲作用，它使企业能够基于内部资源开发出更丰富的资源形式，以应对外部压力（Fredrich et al.，2019）。因此，冗余资源可以调节企业对服务网络的依赖程度。尤其是基础数字化服务往往与制造企业的原有业务密切相关，所以企业更容易凭借自身努力来实现这些服务。因此，当企业拥有较多内部冗余资源时，可能会较少依赖服务网络来提供基础数字化服务。换言之，冗余资源减弱了制造企业在实施基础数字化服务时通过服务网络提高绩效的动力。与此相反，高级数字化服务与企业原有的制造思维和生产能力存在显著差异。即使制造企业拥有丰富的内部冗余资源，这些资源大多仍与制造相关。而且由于缺乏服务经验或最先进的数字技术,制造企业仍然面临着资源有限的困境(Sirmon et al.,2011)。此外,服务网络规模能够展现制造企业在合作网络中的核心地位。一些制造企业通过多方合作扩大服务网络规模,以获得合法性并提高其在服务生态系统中的认可度(Vargo et al.,2016)。通过这种方式,制造企业可以在不熟悉的领域大力发展高级数字化服务。即使制造企业拥有更多的冗余资源,也不会削弱它们在提供高级数字化服务时扩大服务网络规模以获得合法性的动机。因此,无论冗余资源是多还是少,制造企业都可能会与外部服务提供商合作,提供高级数字化服务。综上所述,提出以下假设:

H3:服务网络在基础数字服务化与制造企业绩效之间关系的中介作用强度会随着企业冗余资源的变化而变化,当冗余资源越少时,服务网络的中介效应越强。

图 4.3.1 为本研究的概念模型。

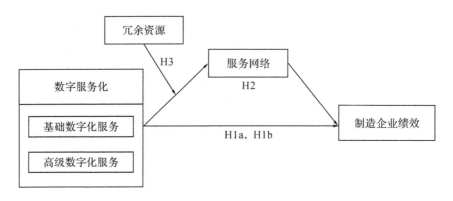

图 4.3.1　概念模型

二、研究取样、变量测量与测量评估

(一)样本和数据收集

为了验证假设,本研究以中国的制造企业为样本,进行了一次大规模的抽样调查。通过电子邮件和现场发放的方式,向已经实施或正在实施数字服务化的中国制造企业发放调查问卷。在大规模发放问卷之前,我们于 2019 年 9 月至 11 月对浙江省的 20 多家制造业企业进行了预调查。预调研的数据分析结果良好,说明问卷相对合理。2020年8月至11月,正式发放问卷,问卷发放对象为浙江省、江苏省、安徽省和河南省的制造企业。选择上述四省的主要原因是,浙江和江苏的服务经济较为发达,而安徽和河南的服务经济相对较不发达。这种方法可以平衡各地区不同特征之间的差异,从而减少样本分布中可能出现的偏差。本次调查共计发放问卷300份,回收问卷281份。根据受访者是否熟悉企业的服务业务对其进行筛选,删除了不完整和无效的问卷,最终获得有效问卷200份,有效回收率为71.17%。总体样本的分布特征详见表4.3.1。

表 4.3.1 样本概况($N=200$)

类别	说明	频数/个	占比/%
企业年龄	1991 年之前	17	8.5
	1991—1999 年	68	34.0
	2000—2010 年	72	36.0
	2010 年之后	43	21.5
企业所有权	非国有企业	82	41.0
	国有企业	118	59.0
企业规模	≤300 人	71	35.5
	300～1000 人	88	44.0
	1000～3000 人	27	13.5
	>3000 人	14	7.0
行业类型	信息和通信技术	97	48.5
	设备制造	38	19.0
	化学	22	11.0
	纺织品	10	5.0
	汽车	33	16.5
地区分布	浙江省	70	35.0
	江苏省	35	17.5
	安徽省	61	30.5
	河南省	34	17.0

(二)变量测量

1. 数字服务化

数字服务化是一种特殊的服务化。因此,基础和高级数字化服务的衡量是从基础服务和高级服务的测量上发展而来。结合 Sousa 与 Silveira(2017)和 Paschou 等(2020)的研究,本研究使用了七个题项。为了衡量数字服务化的程度,本文还采用了利克特七点量表,范围从 1("非常不同意")到 7("非常同意")。

2. 服务网络

参考 Granovetter(1985)和 Uzzi(1997)的研究,本研究用两个维度来衡量服务网络,即服务网络连接和服务网络规模。其中,服务网络连接使用了四个题项来测量企业与其服务提供商/客户/同行企业/研究机构之间的沟通频率,范围从 1("几乎没有")到 7("非常频繁")。此外,使用另外四个题项来衡量企业所联系的服务提供商/客户/同行企业/研究机构的数量,范围从 1("很少")到 7("很多"),以此测量服务网络规模。最后平均这八个题项,用于衡量服务网络。

3. 冗余资源

基于 Troilo 等(2014)的研究,冗余资源的测量共使用了两个题项,即"我们拥有未释放的资源,可在短时间内用于战略计划的实施"和"我们在短期内有大量资源可用于支持新的战略计划"。采用利克特七点量表来衡量,从 1("非常不同意")到 7("非常同意")。

4. 企业绩效

根据 Wang 等(2018)的研究,企业绩效从"销售总额增长""销售利润增长""市场份额增长"三个方面来衡量。具体如表 4.3.2 所示。

5. 控制变量

考虑到企业特征可能会对制造企业数字服务化和服务网络产生影响,本研究控制了企业年龄(即企业成立的年数)、企业所有权(即 1＝国有,0＝非国有)、企业规模(即 1＝少于 300 人,2＝300～1000 人,3＝1000～3000 人,4＝3000 人以上)和四种行业类型(信息和通信技术;设备制造;化学;纺织和汽车),行业类型使用三个虚拟变量来衡量。本文还控制了企业的服务提供经验(1＝是,0＝否)、以往的合作经验(1＝是,0＝否)(Zhou et al,2020)、感知的市场竞争(1＝弱,2＝中等,3＝强)、感知的技术变化(1＝几乎没有,2＝一般,3＝强烈)(Coreynen et al.,2020)、创业意识(1＝弱,2＝一般,3＝强)(Zhou et al.,2021)。

(三)测量评估:效度、信度和共同方法偏差检验

本研究对所涉及的关键构念的测量题项的信度、效度均进行了检验。如表 4.3.2 所示,所有关键变量的 Cronbach's α 系数均大于临界值 0.6,这表明问卷的信度良好,可以接受。各变量对应题项的因子载荷系数均大于 0.6,AVE 值均大于 0.5,表明问卷具有良好的聚合效度和区分效度。此外,本研究还进行了验证性因子分析(CFA),结果显示 RMSEA＝0.064<0.08,CFI＝0.976>0.9,GFI＝0.924>0.9,IFI＝0.977>0.9,均表明模型具有较好的拟合度。

本文采用了 Harman 的单因素测试法,将所有变量加入倒因子分析,来检验共同方法偏差。结果发现,最突出的因子占总方差的 29.20%,解释了不到一半的总方差(29.20/65.87≈44.33%),说明不存在显著的共同方法偏差,不会对后续分析产生很大影响。

考虑到可能存在的非响应偏差,本研究根据初始发布和最终收集问卷数据时间的中间日期,将问卷分为早期响应组和晚期响应组。使用 t 检验来比较这两组在企业年龄、企业所有权、企业规模和行业类型方面的差异。结果显示,这两组之间的受测变量无明显差异,说明本研究的样本数据不存在非响应偏差。

表 4.3.2　结构测量和验证性因子分析结果

变量	测量	标准因子载荷	Cronbach's α	AVE
基础数字化服务	利用数字技术提供维修和维护服务	0.881	0.872	0.694
	利用数字技术提供产品安装和使用服务	0.822		
	利用数字技术提供配件和耗材服务	0.794		

续表

变量	测量	标准因子载荷	Cronbach's α	AVE
高级数字化服务	利用数字技术提供产品升级服务	0.760	0.884	0.663
	利用数字技术提供客户支持服务,如服务台	0.870		
	利用数字技术提供培训服务	0.781		
	利用数字技术提供咨询服务	0.840		
冗余资源	我们拥有未释放的资源,可在短时间内用于战略计划的实施	0.800	0.655	0.508
	我们在短期内有大量资源可用于支持新的战略计划	0.613		
服务网络	与服务提供商沟通的频率	0.905	0.934	0.878
	与客户沟通的频率			
	与同行企业交流的频率			
	与科研机构交流的频率			
	企业连接的服务提供商数量	0.968		
	企业连接的客户数量			
	企业连接的同行企业数量			
	企业连接的研究机构数量			
企业绩效	销售总额增加	0.863	0.917	0.784
	销售利润增加	0.907		
	市场份额增加	0.898		

三、研究结果

(一)描述性统计和假设检验结果

表 4.3.3 列出了各变量之间的相关性,结果表明各变量之间的相关性与假设相符。本研究还进行了多重共线性检验,评估了每个回归模型的方差膨胀因子(VIF)得分,发现没有一个变量超过 2.84,远低于 10 的"经验法则"(Ryan,1997)。因此,本研究不存在显著的多重共线性问题。

表 4.3.3 皮尔森相关矩阵

变量	均值	标准差	1	2	3	4	5	6	7	8	9	10	11	12	13	14	15	16
1. 企业年龄	2.71	0.901	1.000															
2. 企业所有权	0.59	0.493	0.292**	1.000														
3. 企业规模	1.92	0.876	-0.412**	-0.193**	1.000													
4. 行业类型 I:ICT	0.49	0.501	0.074	0.178*	-0.152*	1.000												
5. 行业类型 II:设备	0.19	0.393	-0.167*	0.015	0.074	-0.470**	1.000											
6. 行业类型 III:化学	0.11	0.314	-0.169*	-0.162*	0.343**	-0.341**	-0.170*	1.000										
7. 行业类型 IV:纺织皮革	0.05	0.218	-0.154*	-0.182*	0.021	-0.223*	-0.111	-0.081	1.000									
8. 服务交付经验	0.92	0.272	0.088	0.016	-0.111	-0.009	-0.092	0.104	-0.017	1.000								
9. 过往合作经验	0.93	0.264	-0.093	0.071	-0.004	0.200*	0.090	-0.143*	-0.109	-0.014	1.000							
10. 市场竞争	2.36	0.673	0.226**	0.220**	-0.121	0.225*	-0.070	-0.212*	-0.089	0.103	0.153*	1.000						
11. 技术变革	2.41	0.659	0.162*	0.180*	-0.178*	0.354**	-0.089	-0.244**	-0.143*	0.016	0.149*	0.697**	1.000					
12. 基础数字服务化	5.20	1.219	0.069	0.116	-0.087	0.138	0.138	-0.127	-0.056	-0.013	0.223**	0.411**	0.466**	1.000				
13. 高级数字服务化	5.28	1.060	0.106	0.082	-0.123	0.187*	0.013	-0.169*	-0.072	-0.004	0.116	0.509**	0.501**	0.648**	1.000			
14. 冗余资源	4.98	0.946	0.027	0.070	-0.124	0.111	0.067	-0.042	0.055	0.002	0.254**	0.350**	0.319**	0.573**	0.662**	1.000		
15. 服务网络	5.27	0.937	0.032	0.043	-0.032	0.158*	0.021	-0.107	0.020	0.018	0.366**	0.513**	0.428**	0.630**	0.643**	0.678**	1.000	
16. 企业绩效	5.45	1.049	-0.006	0.063	-0.008	0.078	0.090	-0.053	0.078	-0.021	0.333**	0.491**	0.401**	0.637**	0.602**	0.676**	0.832**	1.000

注：$N = 200$。* 表示 $p < 0.05$，** 表示 $p < 0.01$，*** 表示 $p < 0.001$。

本研究采用 OLS 回归来检验 H1a 和 H1b。如表 4.3.4 所示,模型 2 的结果表明,基础数字化服务和高级数字化服务均对制造企业绩效有正向影响($b=0.286$,$p<0.001$;$b=0.282$,$p<0.001$)。因此,假设 H1a 得到支持。随后,为进一步确定这两个系数之间是否存在显著差异,本研究使用了沃尔德(Wald)检验。结果显示,基础数字化服务和高级数字化服务对制造企业绩效的影响无明显差异($chi-square=0.00$,$df=1$,$p=0.973$)。因此,假设 H1b 未得到支持。

本研究采用 bootstrapping 法来检验服务网络的中介作用,这种方法已越来越多地被战略研究用于中介作用的检验(Tang et al.,2021)。根据结果,置信区间(CI)不包含零,证实了中介效应的存在(Hayes,2013)。通过使用 5000个 bootstrap 样本和 95% 的置信区间,研究发现基础数字化服务通过服务网络对制造企业绩效产生了显著的正向间接效应。间接效应所对应的置信区间(CI)不包含零(见表 4.3.5)。因此,证实了服务网络在基础数字化服务与制造企业绩效关系间起中介作用。然而,高级数字化服务对制造企业绩效的间接效应不显著,服务网络没有在高级数字化服务与制造企业绩效之间发挥中介作用。因此,假设 H2 得到部分支持。

表 4.3.4　数字服务化与制造企业绩效的 OLS 回归分析结果

	制造企业绩效			服务网络					
	模型 1	模型 2	模型 3	模型 4	模型 5	模型 6	模型 7	模型 8	模型 9
企业年龄	0.005 (0.081)	−0.017 (0.067)	−0.019 (0.053)	0.022 (0.073)	0.003 (0.055)	−0.002 (0.055)	0.039 (0.071)	0.003 (0.057)	−0.004 (0.056)
企业所有权	−0.051 (0.133)	−0.015 (0.110)	0.055 (0.087)	−0.139 (0.119)	−0.109 (0.091)	−0.132 (0.090)	−0.182 (0.116)	−0.107 (0.093)	−0.129 (0.093)
企业规模	−0.021 (0.081)	0.013 (0.067)	−0.009 (0.053)	−0.001 (0.072)	0.071 (0.056)	0.088 (0.055)	0.008 (0.069)	0.070 (0.056)	0.088 (0.056)
行业类型 Ⅰ:ICT	−0.849 (0.299)	−0.810 (0.247)	−0.531 (0.197)	−0.422 (0.268)	−0.221 (0.207)	−0.195 (0.205)	−0.294 (0.259)	−0.227 (0.210)	−0.200 (0.208)
行业类型 Ⅱ:设备	−0.498 (0.311)	−0.635 (0.257)	−0.324 (0.205)	−0.319 (0.278)	−0.299 (0.214)	−0.320 (0.211)	−0.239 (0.268)	−0.305 (0.217)	−0.326 (0.214)
行业类型 Ⅲ:化学	−0.379 (0.334)	−0.368 (0.275)	−0.188 * (0.219)	−0.265 (0.299)	−0.212 (0.227)	−0.241 (0.225)	−0.200 (0.288)	−0.215 (0.230)	−0.245 (0.227)

续表

	制造企业绩效			服务网络					
	模型1	模型2	模型3	模型4	模型5	模型6	模型7	模型8	模型9
行业类型IV:纺织皮革	−1.067 (0.321)	−0.873** (0.266)	−0.564** (0.213)	−0.603* (0.287)	−0.190 (0.225)	−0.183 (0.222)	−0.384 (0.280)	−0.201 (0.229)	−0.189 (0.226)
服务交付经验	−0.240 (0.228)	−0.160 (0.188)	−0.163 (0.149)	−0.072 (0.204)	0.020 (0.155)	−0.018 (0.154)	−0.039 (0.196)	0.016 (0.157)	−0.017 (0.156)
过往合作经验	1.046*** (0.241)	0.865*** (0.201)	0.242 (0.170)	1.036*** (0.216)	0.701*** (0.170)	0.639*** (0.170)	1.037*** (0.207)	0.692 (0.173)	0.638*** (0.173)
市场竞争	0.656*** (0.130)	0.420*** (0.111)	0.179 (0.091)	0.576*** (0.116)	0.320** (0.092)	0.325*** (0.091)	0.480*** (0.116)	0.322 (0.094)	0.328*** (0.092)
技术变革	0.214 (0.135)	−0.080 (0.115)	−0.023 (0.091)	0.186 (0.120)	−0.044 (0.095)	−0.044 (0.094)	0.119 (0.117)	−0.044 (0.096)	−0.044 (0.095)
基础数字化服务		0.286*** (0.057)	0.128** (0.048)		0.177*** (0.048)	0.156** (0.048)		0.188** (0.057)	0.158** (0.058)
高级数字化服务		0.282*** (0.067)	0.066 (0.056)		0.152* (0.063)	0.133* (0.063)		0.150* (0.070)	0.136* (0.070)
服务网络			0.700** (0.066)						
冗余资源					0.323*** (0.064)	0.322*** (0.063)		0.326*** (0.065)	0.322*** (0.065)
基础数字化服务*冗余资源						−0.082* (0.034)			−0.082* (0.035)
常数	3.414*** (0.510)	1.748*** (0.461)	0.768* (0.376)	2.991*** (0.456)	0.762 (0.400)	4.215*** (0.365)			1.078* (0.443)
Copula项I							0.120 (0.063)	−0.023 (0.061)	−0.004 (0.061)
Copula项II							0.040 (0.067)	0.005 (0.059)	−0.006 (0.059)
R^2	0.382	0.584	0.741	0.380	0.647	0.658	0.435	0.647	0.659
调整R^2	0.345	0.555	0.722	0.344	0.620	0.630	0.396	0.617	0.626
F	10.54	20.10	37.84	10.49	24.23	23.57	11.03	21.00	20.58

注：$N=200$。* 表示 $p<0.01$，** 表示 $p<0.05$，*** 表示 $p<0.001$。

表 4.3.5 服务网络对数字服务化与制造企业绩效间中介效应的 Bootstrap 检验

自变量	中介变量	路径		β	标准误差	标准值 [95% 置信区间]	
基础数字化服务	服务网络	直接效应	基础数字化服务→企业绩效	0.119	0.047	0.025	0.211
		间接效应	基础数字化服务→服务网络→企业绩效	0.113	0.047	0.041	0.222
		总效应		0.232	0.055	0.123	0.340
高级数字化服务	服务网络	直接效应	高级数字化服务→企业绩效	0.006	0.061	−0.113	0.245
		间接效应	高级数字化服务→服务网络→企业绩效	0.098	0.058	−0.009	0.221
		总效应		0.104	0.072	−0.038	0.245

在假设 3 中,本研究提出了一个"第一阶段有调节的中介"模型(Hayes, 2013)。在该模型中,冗余资源在第一阶段(基础数字化服务→服务网络)对中介效应起调节作用。首先,使用 bootstrapping 法(5000)估计了在低冗余资源水平(M−1SD)、中冗余资源水平(M)和高冗余资源水平(M+1SD)下,基础数字化服务通过服务网络对制造企业绩效的间接影响(见表 4.3.6)。当冗余资源水平低时,间接效应显著为正($b=0.163$,CI=[0.078,0.278]);当冗余资源水平高时,间接效应不显著($b=0.054$,CI=[−0.022,0.186])。然而,有调节的中介效应指数不显著($b=−0.058$,CI=[−0.113,0.004])。本研究在图 4.3.2 中绘制了简单斜率,结果表明,当冗余资源较低时,基础数字化服务对服务网络的影响显著且为正($b=0.156$,$p<0.01$),但当冗余资源较高时,影响不显著($b=0.074$,n.s.)。因此,通过数据结果,本研究证实:虽然冗余资源并不能调节服务网络对基础数字化服务与制造企业绩效之间的中介效应,却能调节基础数字化服务对服务网络的影响。

表 4.3.6 在低、中、高冗余资源水平下，基础数字化服务

（通过服务网络）对制造企业绩效的间接影响

自变量	中介变量	调节变量水平	β	标准误差	间接中介[95% 置信区间]	
基础数字化服务	服务网络	低冗余资源	0.163	0.052	0.078	0.278
		中冗余资源	0.109	0.045	0.043	0.217
		高冗余资源	0.054	0.054	−0.022	0.186

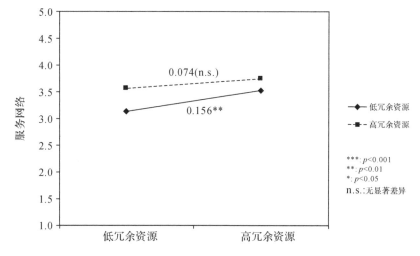

图 4.3.2 冗余资源在基础数字服务化-服务网络中的调节效应

（二）稳健性检验

本研究采用了两种可替换的方法来检验服务网络中介效应的稳健性，结果见表 4.3.7。首先，将服务网络连接作为替代中介变量进行回归分析。使用 5000 个 Bootstrap 样本和 95% 的置信区间，发现基础数字化服务通过服务网络连接对制造企业绩效产生了显著的正向间接效应。对间接效应的估计表明，置信区间（CI）不包括零（$b=0.083$，$CI=[0.011,0.192]$），证实了服务网络连接对基础数字化服务与制造企业绩效间的关系产生中介作用。然而，高级数字化服务通过服务网络连接对制造业企业绩效产生的间接影响并不显著，其置信区间（CI）包含零（$b=0.073$，$CI=[-0.019,0.174]$）。因此，服务网络连接可以中介基础数字化服务与制造企业绩效之间的关系，这与表 4.3.5 的结果一致。其次,将服务网络规模作为另一个替代中介变量进行回归分析。采用同样的检验方法,发现只有基础数字化服务通过服务网络规模对制造企业绩效的间接影响是显著的($b=0.113$,CI$=[0.046,0.207]$)。相比之下,高级数字化服务通过服务网络规模对制造企业绩效的间接影响不显著($b=0.095$,CI$=[-0.005,0.212]$)。因此,服务网络规模可以调节基础数字化服务与制造企业绩效之间的关系,与表4.3.5一致。综合来看,服务网络对基础数字化服务与制造企业绩效之间关系的中介效应,具有稳健性。

此外,为了加深对冗余资源调节作用的理解,本研究还额外增加了一项分析,即冗余资源对高级数字化服务与服务网络间的调节作用,这是未假设的。同样使用 bootstrapping 法(5000)测量当冗余资源为低、中、高时,高级数字化服务对服务网络的影响。根据结果可得,当冗余资源水平较低时($b=0.126$,CI$=[-0.006,0.275]$)、中等时($b=0.093$,CI$=[-0.019,0.222]$)和较高时($b=0.060$,CI$=[-0.058,0.195]$),高级数字化服务对服务网络的影响均不显著。因此,冗余资源只能负向调节基础数字化服务与制造企业绩效之间的关系。这一结论也证实,只关注基础数字化服务的假设3是可行的。

表 4.3.7　服务网络连接/规模对数字服务化与制造企业绩效间
中介效应的 Bootstrap 检验(稳健性检验)

自变量	中介变量	路径		β	标准误差	标准值 [95% 置信区间]	
基础数字化服务	服务网络连接	直接效应	基础数字化服务→企业绩效	0.149	0.050	0.051	0.246
		间接效应	基础数字化服务→服务网络连接→企业绩效	0.083	0.047	0.011	0.192
		总效应		0.232	0.055	0.123	0.340
基础数字化服务	服务网络连接	直接效应	高级数字化服务→企业绩效	0.031	0.064	-0.095	0.157
		间接效应	高级数字化服务→服务网络连接→企业绩效	0.073	0.049	-0.019	0.174
		总效应		0.104	0.072	-0.038	0.245

续表

自变量	中介变量	路径		β	标准误差	标准值 [95% 置信区间]	
基础数字化服务	服务网络连接	直接效应	基础数字化服务→企业绩效	0.119	0.047	0.025	0.212
		间接效应	基础数字化服务→服务网络规模→企业绩效	0.113	0.041	0.046	0.207
		总效应		0.232	0.055	0.123	0.340
基础数字化服务	服务网络连接	直接效应	高级数字化服务→企业绩效	0.009	0.061	-0.111	0.128
		间接效应	高级数字化服务→服务网络规模→企业绩效	0.095	0.056	-0.005	0.212
		总效应		0.104	0.072	-0.038	0.245

（三）内生性检验

根据以上的数据分析结果可得，数字服务化与企业绩效之间存在稳健的相关性。但内生性问题难以完全避免，本研究试图采用 Gaussian copulas 方法来解释这一问题，即对数字服务化与误差项之间可能存在的剩余相关性进行建模。Gaussian copulas 是一种无工具方法，它可以使用协方差直接模拟内生回归因子与误差项之间的相关性（Park et al.，2012）。这种方法有两个假定：假定内生变量的非正态性，以达到识别的目的；假定模型误差的正态性（Park et al.，2012）。目前，越来越多的学者采用这种方法来解决内生性问题（Jong et al.，2021）。

按照流程，本研究在原始回归方程中添加了两个回归因子，如下所示：

$$\widetilde{BA}_i = \Phi^{-1}[H_{BA}(BA_i)] \text{ 以及 } \widetilde{AD}_i = \Phi^{-1}[H_{AD}(AD_i)]$$

其中 Φ^{-1} 是累积分布函数的倒数，而 $H_{BA}(\cdot)$ 和 $H_{AD}(\cdot)$ 分别代表基础和高级数字化服务的经验累积分布函数。对于基础数字化服务（$W=0.932$，$p<0.001$）和高级数字化服务（$W=0.975$，$p<0.001$），显著的 Shapiro-Wilk 检验拒绝了正态分布零假设，表明数据中存在非正态性。表 4.3.4 中的模型 7~9 显示了包含 copula 项的回归结果。将这些经过内生性校正的结果（模型 7~9）与模型 4-6 进行比较，可以看出，所有假设检验都得到了相同的结论。

此外,三个模型中所有 copula 项都不显著,这表明本研究最初的结果不太可能因内生性而产生偏差。

四、研究结果的讨论

基础和高级数字化服务都有利于提高制造企业的绩效,这支持了之前关于服务化能够提高企业绩效的研究(Sousa et al.,2017)。然而,本研究发现高级数字化服务对制造企业绩效的影响,与基础数字化服务的影响并无显著差异,这一结论与 Sousa 和 Da Silveira(2017)的研究并不相同。他们认为,高级服务对绩效的影响大于基础服务,高级服务更有利于提升客户感知价值,为企业创造差异化服务。本研究认为,结论不一致的原因可能如下:第一,本研究关注的是数字服务化这一特定的服务化战略。考虑到数字技术的新颖性和突破性,基础数字化服务也可以通过使用新兴的数字技术创造差异化优势。例如,通过使用数字技术,产品自动升级和预测性维护可以成为企业的独特优势。因此,在数字技术赋能的前提下,基础服务与高级服务在打造企业差异化优势方面的差距可能会缩小,从而导致绩效没有显著差异。第二,本研究样本来自中国。中国制造企业的服务化水平虽然在不断提高,但与发达国家相比仍然较弱。对于大多数中国制造企业来说,在生产水平较高的情况下,提供相对陌生的高级服务不如提供基础服务更为便捷。因此,中国制造企业利用数字技术大大提高了基础服务的效率。虽然基础数字化服务对顾客感知价值的提升效果没有高级数字化服务强,但在中国,制造企业服务效率的提升基本可以弥补其不足。据此,这两类数字化服务对企业绩效的影响不存在明显差异。第三,本研究的样本行业以信息和通信技术制造企业为主(占样本总数的48.5%),这可能会影响研究结果。

虽然基础数字化服务、高级数字化服务对绩效的影响没有差异,但服务网络在基础数字化服务与制造企业绩效之间的中介作用不同于高级数字化服务与制造企业绩效之间的中介作用。研究发现,服务网络可以调节基础数字化服务与制造企业绩效之间的联系,但不能调节高级数字化服务与制造企业绩效之间的关系。出现这种情况的原因可能是:首先,高级数字化服务往往更加复杂、定制化,并针对特定客户的需求量身定制。因此,创造客户忠诚度和提供差异化服务可能在提高高级数字化服务的制造企业绩效方面发挥更突出的作用。其次,高级数字化服务可能需要高度的专业技能和知识,而这可能很难通过服务网络进行转移。因此，虽然服务网络建设是基础数字化服务影响制造企业绩效的关键路径，但高级数字化服务可能并非如此。

此外，冗余资源并不能调节服务网络对基础数字化服务与制造企业绩效之间的中介效应，这否定了本研究的假设。可能的原因是，冗余资源虽然重要，但由于没有被企业充分利用，企业产生了机会成本。特别是当制造企业的冗余资源大多与制造业相关而与服务业无关时，这些资源可能不会发挥实质性作用。因此，服务网络在制造企业的服务化过程中始终发挥着至关重要的作用。本研究还发现，冗余资源负向调节基础数字化服务对服务网络的影响（见表 4.3.4 和图 4.3.2）。原因在于，基础数字化服务主要是利用数字技术为客户提供与产品相关的服务，如产品维修和升级，这种合作大多是交易性的。因此，在制造企业自身拥有较多冗余资源的情况下，与外部合作伙伴建立深层次、紧密的互动联系的需求相对较低。此外，冗余资源本身对服务网络也有积极影响（$b=0.323, p<0.001$）。这意味着，尽管冗余资源并不能显著调节数字服务化与制造企业绩效之间通过服务网络产生的中介效应，但它们在促进制造企业服务网络的发展发挥了积极作用，并最终有利于企业绩效的提高。

五、研究结论

本研究旨在揭示数字服务化与制造企业绩效之间的关联机制，以及服务网络、冗余资源的作用。通过对已实施或正在实施数字服务化的中国制造企业进行调查，本研究探讨了服务网络的中介效应与冗余资源的有调节的中介效应，以探索服务网络和冗余资源在数字服务化与制造企业绩效关系中的作用。以下总述具体结论。

首先，本研究回答了服务化文献中的一个基本研究问题：数字服务化如何影响制造企业的绩效？尽管大量文献表明服务化会对企业绩效产生影响。但实证研究却有不一致的结论，服务化与绩效的内在联系机制仍然模糊不清（Eggert et al.，2011；Kastalli et al.，2013；Paschou et al.，2020）。为了解决这些问题，本研究以服务生态系统视角为理论基础，纳入了中介变量，从而扩展了数字服务化的绩效模型。具体来说，本研究将数字服务化分为基础数字化服务和高级数字化服务两种类型，并识别出服务网络在基础/高级数字化服务与制造企业绩效之间关系的中介效应，而这一点在以往的研究中很少被涉及。研究结果显示,服务网络在基础数字化服务与制造企业绩效之间的关系中发挥了中介作用,但在高级数字化服务与制造企业绩效之间的联系中并没有发挥中介作用。这一发现对基础/高级服务与制造企业绩效之间的关系研究做出了重要贡献(Eggert et al.,2014;Sousa et al.,2017)。因此,从服务生态系统的角度出发,本研究强调了服务网络可能是基础数字化服务影响制造企业绩效的重要路径,从而丰富了这一研究方向。基于此,本研究有助于明确服务网络在数字服务化与企业绩效关系中的理论意义和实证意义。

其次,通过将冗余资源作为边界条件,本研究扩展了数字服务化与服务网络之间的关系研究(Kamalaldin et al.,2020)。管理者如何使用冗余资源以及冗余资源对绩效的影响在战略和创新研究领域一直存在争议(Hiz et al.,2019)。且目前学界对于服务化文献中冗余资源的作用关注有限。尽管有少数学者开始研究冗余资源如何缓和服务转型战略对企业风险(Josephson et al.,2016)、企业破产可能性(Benedettini et al.,2017)、企业价值(托宾 Q)的影响(Fang et al.,2008),但在服务化背景下,尚未有研究探讨冗余资源如何调节数字服务化与服务网络间的关系。本研究详细阐述了冗余资源和数字服务化对服务网络的交互影响,并发现:冗余资源会对基础数字化服务与服务网络的关系产生负向调节作用。这一发现能够拓展数字服务化与服务网络的关系研究,并为如何平衡服务网络和冗余资源以提高数字服务化对制造企业绩效的影响提供了更为全面的理解。

第三,本研究响应了对服务化类型研究的呼吁(Sousa et al.,2017;Sousa et al.,2019)。研究发现,基础数字化服务通过服务网络影响制造企业的绩效,而高级数字化服务则不会通过服务网络影响制造企业的绩效。这一发现与之前的研究结果一致,如 Eggert 等(2014)和 Sousa 和 Da Silveira(2017)指出,基础服务间接影响制造企业绩效,而高级服务直接影响企业绩效。当然,本研究也有不同之处,我们将服务网络视为中介变量,而之前的研究则将高级服务视为中介变量。此外,通过区分不同类型的数字服务化对制造企业绩效的影响,本研究明确了制造企业提供基础数字化服务与高级数字化服务对绩效的影响没有显著差异。以往的研究表明,高级服务有助于提高企业绩效,而基础服务不会提高企业绩效(Sousa et al.,2017),而本研究认为,在新兴市场中,制造企业在实施数字服务化时会产生不同的结果。因此,本研究通过分析基础和高级数字化服务对绩效的影响,形成了对现有研究的有益补充。

第四,本研究采用了数字化与服务化的综合视角,并创建了一个概念框架,以描绘数字服务化、服务网络、冗余资源和企业绩效之间的独特联系。本研究深入探讨了数字技术在制造企业服务化中的作用,这推动了关于更全面地了解数字技术如何推动企业服务化的研究(Kohtamäki et al.,2020;Frank et al.,2019;Zhou et al.,2021)。将数字化、服务网络、冗余资源三者连结,本研究丰富了数字化研究领域的话题与内容。

本研究还为制造企业实施数字服务化提供了重要的实践意义。

第一,制造企业应建立服务网络,以有效提高数字服务化对绩效的影响。制造企业从制造业向服务业和数字化领域转移时,需要配置服务网络,以获得服务提供商、客户和服务生态系统中相关机构的认可和支持。服务网络有利于制造企业获取关键资源,发展服务能力和数字化能力,最终使企业绩效受益。

第二,制造企业应激活其冗余资源,促进数字化服务的提供。在数字服务化过程中,制造企业不仅要获取和整合新资源,还需激活冗余资源。正如实证数据所示,当制造企业提供基础数字化服务时,冗余资源可能是一种非常重要的资源;但在提供高级数字化服务时,这并不是决定性的关键因素。因此,研究建议制造企业可以根据其提供的数字化服务类型,确定激活和利用冗余资源的适当时机,以提高绩效。

第三,制造企业应关注基础数字化服务的价值生成机制及数字化在服务化过程中的作用。随着新一代信息技术在服务化中的融入,数字服务化变得更加复杂化、差异化。基础数字化服务也可以成为差异化竞争优势的来源,从而防止同行竞争者模仿。研究表明,数字化可能会改变传统服务化的性质,基础数字化服务与高级数字化服务对企业绩效的贡献不相上下。以前,基础服务通常被视为产品的附加服务;现在,基础服务却可能成为数字化时代竞争优势的主要力量之一。

本研究也存在一些不足之处:第一,在变量的维度和测量方面,本研究使用的是发达国家的成熟量表,尽管量表具有较高的信度和效度,但可能缺乏对新兴市场背景的考虑。第二,本研究使用现有的服务化测量题项对数字服务化进行了测量(Sousa et al.,2017),并通过添加"数字工具"对这些测量题项进行了修改,以适应数字服务化的语境。尽管如此,测量方法仍存在可改进的空间。因此,我们鼓励未来研究进一步改进数字服务化的测量方法,使其能够更显著地展示其数字化部分。第三,本研究采用了调查问卷的方式来检验理论框架,这难免会受到主观回答的影响。未来研究应进一步采用案例研究或访谈等方式进行补充验证。第四,本研究没有将冗余资源分类,因而未能探讨不同类型的冗余资源对不同类型的数字服务化战略与服务网络间的调节作用。未来研究可以进一步对冗余资源做不同类型的划分,并探讨其在数字服务化中的具体作用。第五,本研究选取了中国四个省份的制造企业作为样本。虽然这四个省份的服务发展水平各不相同,但仍有可能存在地区偏差,从而限制了研究结果的普遍性。第六,本研究只获得了 200 份有效问卷,这可能导致研究存在一定的局限性。因此,未来研究可以扩大地区范围和样本量,以强化实证结果并增强研究的普适性。

第四节　本章小结

本章研究了数字服务化对制造企业绩效的作用机制,其最大特色在于采用了混合研究方法开展研究。首先,使用探索性案例研究识别作用机制和路径;其次,基于大样本调研进一步实证检验这些作用机制;最后,研究从服务化聚焦到数字服务化,并再次使用新一轮的大样本调查深入剖析了数字服务化对企业绩效的作用机制及其边界条件。

本章研究得出以下结论:

第一,本章推进了服务化的作用机制研究,为如何进行服务化,以及服务化会如何影响企业绩效提供了一种新的理论解释。通过识别资源互惠溢出和竞争资源稀释这两种正、负作用机制,本章不仅在逻辑上解释了"服务化悖论"存在的可能原因,而且进一步丰富了服务化机制在微观层面上的研究。此外,通过对比分析先前研究视角(如商业模式视角、服务主导逻辑视角等)在服务化议题上的分析逻辑,本章基于资源重构理论视角,提出了服务化过程中的三个前后相继的关键环节。这不仅深化了对资源重构内涵的理解,还通过识别资源互惠溢出和竞争资源稀释两条作用路径丰富了服务化与绩效的关联机制研究。

第二,本章从理论上清晰地解释了为什么制造企业的服务化在一开始会导致企业绩效下降,随后绩效逐渐回升这一现象。本文采用了一种严谨的 U

形关系检验方法,不仅证实了服务化与企业绩效之间的 U 形关系,还识别出
U 形关系的拐点位置以及 U 形两侧端点的斜率。通过这样的理论分析与实
证研究,本章捋清了服务化对企业绩效的影响关系,并响应了先前研究的呼吁
(Fang et al. ,2008;Kohtamäki et al. ,2013)。进一步地,本章探索了服务供
应网络中的两个结构变量是如何调节服务化与企业绩效之间的 U 形关系的。
研究结果显示:当服务化处于较低水平时,由于资源稀释机制发挥主导作用,
服务化会对企业绩效产生负面影响;而当企业与其主要服务供应商之间存在
强连结时,这种负面影响将会被增强。相反,当服务化处于较高水平时,由于
资源溢出机制发挥主导作用,企业开始从服务化中获益;此时企业与其主要服
务供应商之间的紧密联系将进一步放大这种积极影响。这些发现表明,在服
务化背景下,制造企业与服务供应商之间建立的关系既有可能带来积极的影
响,也存在潜在的风险。因此,本章的研究成果丰富并深化了在不同关系背景
下服务化与企业绩效之间的 U 形关系的相关研究。

　　第三,本章探讨了基础/高级数字化服务、服务网络、冗余资源与制造企业
绩效之间的关联。从服务生态系统的视角出发,本章从理论上分析了服务网
络在数字服务化与制造企业绩效之间的中介机制。进一步地,本章将数字服
务化分为基础数字化服务和高级数字化服务两个维度,并针对二者的差异,证
明了服务网络仅在基础数字化服务和制造企业绩效之间起中介作用,但没有
在高级数字化服务和制造企业绩效之间发挥中介作用。此外,本章还发现制
造企业提供基础数字化服务与提供高级数字化服务对绩效的影响并无显著差
异,这回应了对不同类型的数字服务化进行研究的呼吁。本章还指出,企业的
冗余资源是基础数字化服务影响服务网络的关键边界条件,且对服务网络产
生正向影响。通过在服务生态系统的研究框架下的探讨,本章丰富了网络、组
织冗余资源、服务化和数字化相关文献,并为未来研究指明了一个充满潜力且
具有重要性的研究方向。

第五章 如何交互？
——数字服务化情境下的关键主体交互机制

【本章导读】本章整合知识基础观、权变理论和服务主导逻辑等多种理论视角，重点分析制造企业数字服务化过程中，其交互主体从知识、技术进阶到数字化的不同机制。本章具体研究内容包括：关注数字服务化的初级阶段，识别出制造企业与作为重要知识源的知识型服务机构交互的意义，进而分析制造企业-知识型服务机构交互过程机制；关注数字服务化的中级阶段，识别出制造企业服务化与企业技术创新的匹配机制；关注数字服务化的高级阶段，识别出数字化对制造企业服务化的重要性，从而分析服务化与数字化的交互机制。本章继续聚焦于制造数字服务化的实现机制研究，致力于剖析制造企业从服务化不断进阶为数字服务化的过程中，企业如何从与知识主体的交互、技术创新战略的交互，进阶到与数字化战略的交互，从而形成积极的交互效应。这对于制造企业探索如何更好地与不同主体或战略要素交互，从而实现数字服务化的过程机制具有重要意义。

随着共享、共生、共创的互联网时代的到来，全球范围内原材料、能源、信息、资金和人员相互关联，制造企业的服务化实践从局部的结构化视角向系统的动态视角转变（Barile et al.，2016）。制造企业并非孤立地推进服务化战略，而是与其他组织机构相互关联，通过服务交换实现了价值共创（Lusch et al.，2015；Vargo et al.，2012）。那么，在从服务化进阶为数字服务化的过程中，制造企业会与哪些主体，或者说制造企业服务化会与哪些战略要素产生交互,从而对企业绩效产生影响呢? 这是数字经济背景下制造企业数字服务化研究中又一个值得推进的课题。

第一节　企业与知识型服务机构的交互机制分析

在制造企业尚未意识到以服务作为提升企业技术和竞争力的重要手段之前,其通过与知识型服务机构(KIBS)的互动来获取知识是其产生服务化意识的萌芽阶段。这个阶段制造企业仍然以提供有形产品作为其主要利润来源,但企业通过与知识型服务机构的互动,开始接触服务并了解服务的价值所在。因此,本研究认为制造企业与知识型服务机构的互动是数字服务化的最初级阶段,并将其作为制造企业从服务化进阶到数字服务化的交互机制的一个重要组成部分。

知识型服务机构是典型的服务提供者,能有效地促进制造业的发展(Doloreux et al.,2012)。知识型服务机构通过与制造企业的交互可以为制造企业提供知识,并刺激其发展(Landry et al.,2012;Fernandes et al.,2013)。现有研究主要关注大型制造企业与知识型服务机构的交互,中小型制造企业(SMMEs)[①]虽然在经济中也发挥着重要作用,但通常被排除在主流学术讨论之外(Brunswicker et al.,2015)。和大型制造企业相比,中小型制造企业的资源相对有限,缺乏足够的资源来提高其能力(Franco et al.,2015;Rajala et al.,2008)。在现实中,中小型制造企业一方面需要外部的辅助性资源,辅助性资源与企业现有的资源相类似,能对企业的现有资源形成增强效应;另一方面也需要互补性资源,互补性资源与企业所拥有的资源具有差异性,可以有效填补企业的现有资源空缺,从而帮助企业实现探索性创新。因此,若知识型服务机构能提供这两类知识,则极有可能对中小型制造企业产生巨大的影响(Das et al.,2000)。

相比之发达国家的制造企业,发展中国家的制造企业与外部知识型服务机构之间的互动合作相对较少(Park et al.,1989;Pilat et al.,2005;Preissl,

---

① 根据中华人民共和国工业和信息技术部等部门对中小型制造企业的定义[见《关于印发中小企业划型标准规定的通知》(工信部联企业〔2011〕300号)],中小型制造企业的雇员人数少于1000人或营业收入少于4亿元人民币。

2007;Zhou et al.,2009)。主要原因在于,发展中国家往往以劳动密集型制造业为主导,而技术密集型制造业则是知识型服务机构的主要互动方(Guerrieri et al.,2005)。中国作为一个制造业大国,总体制造业企业的产品仍以传统制造为主,知识或(和)技术密集型的制造业相对较少。中国传统的制造企业,尤其是传统的中小型制造企业,对知识型服务机构的需求并不高。此外,中国作为一个新兴经济体,面临着经济增长速度不稳定和制度保障体系相对薄弱的问题(Luo,2003),这些内、外部因素均抑制了中国中小型制造企业的快速发展。随着全球竞争的加剧和产品生命周期的缩短,中国的中小型制造企业迫切需要获得关键的知识或资源,以实现新的快速增长。知识型服务机构对于中国的中小型制造企业具有更为深远的意义。据此,本研究选择了国内中小型制造企业作为研究样本。

尽管制造企业与知识型服务机构交互有利于提高企业绩效,但对企业与知识型服务机构互动影响企业绩效的机制的剖析仍不足。因此,本研究拟通过深入的案例研究来填补这一研究缺口,以了解企业与知识型服务机构的交互机制。本研究扩展了现有知识型服务机构研究领域的服务共创文献和工业营销中的互动过程文献,并基于知识基础观视角,为企业与知识型服务机构互动对绩效的影响机制提供新的见解。此外,本研究还提供了进一步的实证证据,表明制造企业与知识型服务机构互动对企业绩效的影响会因知识型服务机构的作用差异而产生不同的影响效应。

一、相关理论背景:知识整合与交互模型

关于知识整合、中小型制造企业与知识型服务机构交互的研究基础构成本研究的重要理论背景。关于知识型服务机构的合作生产的研究致力于解构知识型服务机构与顾客之间互动的特点和过程。知识型服务机构通常是私营企业,主要依靠专业知识在 B2B 环境中运营(Den Hertog et al.,2011;Miles,2005),旨在为其他各类组织开发、整合和转移知识(Castaldi et al.,2013;Fernandes et al.,2013)。例如,具有高知识密集度和专业化员工的服务企业(Toivonen et al.,2008;Von Nordenflycht,2010)通过让客户接触新的知识而帮助客户更新其现有知识(Corrocher et al.,2014)。知识型服务机构在促进客户企业的知识搜索和提高绩效方面发挥了积极作用(Wagner et al.,2014),它们有助于解构客户企业内部的隐性知识,从而提升客户的创新绩效(Drejer et al.，2005）。关于知识型服务机构的分类，最为公认的是 Miles 等（1995）所提出的，将知识型服务机构分为 P-KIBS（专业服务机构）与 T-KIBS（技术服务机构）两种类型。P-KIBS，提供如管理和营销服务，是新技术的主要用户。T-KIBS，提供如信息技术相关的服务和研发服务，往往与技术的发展有关。尽管知识型服务机构的这种分类方法总受到一些研究者的质疑[例如 Horgos和 Koch（2008）]，但 20 多年来，它仍然被多数研究所采用。T-KIBS 和P-KIBS之间的区别并不在于哪些行业使用它们，而在于它们（大多数，但不是全部）所提供的服务属于哪些领域。P-KIBS通常致力于为客户定制解决方案，而 T-KIBS 是提供预先安排的服务包（Consoli et al.，2010）。基于此，本研究也将采用这种分类方法，聚焦于分析知识型服务机构的四种类型：信息、通信和技术服务（ICT）、研发服务、管理咨询服务和营销服务。其中，前两种属于 T-KIBS，后两种属于 P-KIBS。

服务通常是在企业与服务提供者交互的过程中产生的（Tsiotsou et al.，2015）。企业与知识型服务机构的交易通常是合作型的（Valminen et al.，2012）。知识型服务机构有利于推动生产者—用户的紧密互动（Scarso et al.，2012）。基于互动，知识型服务机构为客户提供技术或应用性的知识资源，而客户则为知识型服务机构提供其所需要的解决方案的相关知识背景（Scarso et al.，2012）。一些研究已经分析了企业与服务提供方交互的多阶段过程。例如，三阶段的分析视角认为购买前、接触和接触后三个阶段构成服务提供的全过程（Lovelock et al.，2011；Tsiotsou et al.，2012）。另一个比较公认的观点是，知识型服务机构的交互阶段包括服务概念阶段（service specification stage）和服务交付阶段（service delivery state）。在服务概念阶段，客户企业先明确需求，进而识别合适的服务提供方。在服务交付阶段，服务的生产和消费同时发生（Miles et al.，1995）。

工业营销采购（industrial marketing purchase，IMP）提出了交互过程的构成要素。最早和最典型的研究来自 Hakansson（1982），他提出了一个交互模型，认为交互是由买方和卖方之间发生的诸多连续事件所构成的，这些事件包括产品或服务、信息、资金和社会关系的交换。产品或服务的交换受到产品或服务本身的特点，以及涉及技术、经济或组织事项的信息交换的影响。例如，资金交换指的是货币交换的数量。社会关系的交换构建了买方和卖方的关系，能够避免双方交易过程中的短期困难。一些工业营销方向的研究支持

Hakansson(1982)所提出的交互模型的观点,提出交互模型应该有结构和过程两个维度。结构维度指的是买卖双方的界面,而过程维度则涉及过程是如何组织的(Valk,2008;Valk,2009a;Valk et al.,2009b)。

知识基础观为本研究剖析知识型服务机构—中小型制造企业交互机制提供了关键的理论基础。基于知识基础观,服务创新领域的研究者认为,企业与知识型服务机构的交互会激发一些知识活动,如知识转化(Hertog,2000)、知识重组(Müller et al.,2001)、知识积累(Caloghirou et al.,2004)等,并最终影响中小型制造企业的绩效。然而,研究者的观点并未达成一致。一部分研究将知识整合概念化为一种机制来探索这个作用机制的黑箱,本研究也试图对这一个流派的研究做进一步深化。

知识整合是基于组织学习、知识基础观和架构创新的研究成果发展而来的(Grant,1996;Henderson et al.,1990;Levitt et al.,1988)。基于知识基础观,知识整合(而不是知识本身)可以提高企业的能力(Grant,1996)。知识整合在创造竞争优势方面发挥着重要作用,持续的知识整合可以将各种知识资源结合起来,创造出新的资源(Grant,1996;Hung et al.,2008;Subramaniam,2006)。知识整合对中小型制造企业而言非常重要,尤其是对于缺乏内部资源的中小型制造企业,整合外部的知识资源是其发展的重要路径(Kraaijenbrink et al.,2007)。Henderson 和 Clark(1990)提出,知识整合通常是由一些部件知识的特征的变化而引发的,如规模、数量或其他设计参数等。此外,部件知识之间创建新的链接也可以引发知识整合。知识型服务机构作为知识的提供者,一直关注知识的传播(Fernandes et al.,2013)。通过与知识型服务机构的互动,企业可以汲取到新的知识基础(knowledge base)或者获取新的专业化知识,从而加强知识的整合(Carnabuci et al.,2013),并最终影响其绩效。

外部知识整合对于很多企业而言至关重要(Kraaijenbrink et al.,2007)。从过程视角看,一些研究者认为知识整合的过程分为知识捕获、分析和解释三个阶段(De Luca et al.,2007)。具体而言,Kraaijenbrink 等(2007)认为外部知识整合包括知识的识别、获取和利用。然而,在这个定义中,区分知识获取和知识利用的内涵是很困难的。知识获取被定义为获取知识以改变企业专业知识范围的过程(Buckley et al.,2009),而知识利用涉及知识的存储、传播、利用和组合(Grant,1996;Kraaijenbrink et al.,2007)。基于战略联盟的研究观点,用知识汲取(knowledge accession)代替知识获取(knowledge acquisition)会更加合适。Grant 和 Baden-Fuller(2004)认为,与其他各方合作的优势在于汲取知识而不是获得知识。知识汲取可以提高知识的专业化程度,但它不能引发学习(Grant et al.,2004)。对比而言,知识汲取与知识获取的活动类似,但知识汲取与知识利用有很大的不同。

本研究认为,知识的识别、汲取和利用是知识整合过程中的三个关键组成部分。知识识别是指识别要使用的知识(YUAN et al.,2006),以便于企业识别特定知识,包括定位相关的外部知识和偶然的发现(Kraaijenbrink et al.,2007)。知识汲取可以提高企业的知识专业化程度,而不是扩大其知识基础。在汲取外部知识之后,企业的内部知识和外部知识不一定会融合(Grant et al.,2004)。因此,知识汲取并不要求企业具备强大的吸收能力,而企业则越来越能够汲取多元化的知识(Cantwell et al.,2012;Zhang et al.,2013)。知识利用需要吸收外部知识并将其转化为新知识(Orsi et al.,2015)。例如,引用合作伙伴的专利表明焦点企业利用了这些知识(Vasudeva et al.,2011)。如果企业想利用外部知识,则其应该具备强大的吸收能力。

总体而言,大多数研究表明,服务合作生产的过程有两个阶段:服务概念和服务交付。在交互过程中,双方交换服务、资金问题、信息和社会关系。因而可以推断,企业与知识型服务机构的交互可以影响企业的知识整合并产生绩效效果。但目前仍有一些关键问题亟待解决。一是先前鲜有研究将交互项目视为分析单元,中小型制造企业和知识型服务机构之间的交互过程也几乎没有解构过,而交互过程对客户的绩效有着至关重要的影响,只有剖析了交互过程,才能更深入地揭示企业-知识型服务机构活动对客户企业绩效的影响机制。二是知识整合通常被概念化为一个整体结构。尽管已有一些研究已试图去分解知识整合的维度,但仍未形成一致意见,相关的统计研究也依然薄弱。尽管互动与协作、合作、连带或买方-卖方关系等构念与此相关,但中小型制造企业与知识型服务机构之间的互动如何影响知识整合的各个维度,并最终产生不同的绩效的问题仍未得到清晰的解答。本研究拟解决上述这些问题。

二、案例研究设计

(一)研究设计

关于中小型制造企业与知识型服务机构之间的交互过程,以及这些交互如何影响企业知识整合,现有研究仍然不足。因此,本研究采用多案例研究进行理论构建(Eisenhardt,1989)。相比而言,多案例研究比单案例研究更有利于建立准确且可推广的理论(Eisenhardt,1991;Yin,1994)。

本研究选取家电产业集群作为研究背景,主要原因为:第一,家电产业集群是一类传统的产业集群,相对而言很少产生突破性的技术创新。因此,传统家电产业集群内的中小制造企业之间比较容易产生激烈的竞争,如价格战等。由于知识产权保护制度相对比较薄弱,同行企业之间缺乏信任而无法有效合作(Fang et al.,2013;Liu et al.,2013)。因此,它们与知识型服务机构的合作互动显得尤为重要和频繁。知识型服务机构作为第三方组织,相比同行的制造企业来说更值得信任。第二,家电产业集群的企业通常以中小型制造企业为主,因此我们更容易在这个背景下观察到所需的样本企业。第三,同一产业集群中的中小型制造企业处于相似的经济环境中,它们的管理风格也受到相似文化的影响。因此,本研究可以以此控制行业、环境和文化等外在因素对样本企业的影响。

本研究选取了浙江省家电产业集群中的四家中小型制造企业作为研究对象,每个中小型制造企业都有与 P-KIBS 和 T-KIBS 互动的经历。为了保密和自由讨论我们的研究结果,我们将这些中小型制造企业标记为 A、B、C 和 D。四家企业的基本情况见表 5.1.1。

表 5.1.1　样本企业概览

公司	创立时间	销售收入/百万元	企业规模/人	产品
A	2005 年	90	110	卷发棒
B	2007 年	55	188	净水器
C	2003 年	78	230	电插座
D	2009 年	80	120	咖啡机

注:为了保护公司的信息,用 A、B、C、D 来代替各公司名称。

(二)数据收集

本研究使用的数据来源包括访谈和档案数据(如企业内部文件和网站)。

我们分别于 2013 年 11 月和 2014 年 8 月采访了企业的总经理、部门经理和工程师。访谈开始时，我们询问了被访者所在企业与知识型服务机构互动的背景。随后，研究人员试探性地询问了企业与知识型服务机构互动过程的细节，包括企业获得外部知识型服务的目的、活动的过程以及企业在互动前后的财务绩效。研究人员还与被访者交流了一些开放性问题，如企业的人员、技术和管理流程等在与知识型服务机构互动前后的变化。

（三）数据分析

本研究使用三角验证法来搜集数据并建立各个企业的数据库（Eisenhardt，1989；Yin，1994）。三位研究人员分别对数据进行编码，这些数据由访谈、公司文件、网站新闻等组成。然后，本研究使用逻辑复制进行了跨案例分析。一旦有雏形的构念出现，本研究就进入一般的跨案例分析，以探索各种可能的理论关系（Eisenhardt，1989）。这些新兴潜在的理论关系是基于先前研究、案例证据和独立逻辑所发展出来的（Eisenhardt et al.，2007）。研究人员在其他案例中测试了新出现的理论关系，以进一步验证和完善这些理论关系。直到案例和新出现的理论高度匹配，本研究才停止这个循环过程。

下面将介绍中小型制造企业和知识型服务机构的交互过程，以及其对中小型制造企业绩效影响的有关机制。

三、制造企业与知识型服务机构交互过程的案例分析

（一）企业-知识型服务机构交互绩效

本研究旨在剖析中小型制造企业如何通过与知识型服务交互产生高绩效与低绩效。因此，首先，本研究将阐述如何衡量交互绩效，即企业与知识型服务机构交互后的企业绩效。通过衡量企业的直接产出是降低成本还是增加收入这一指标来评估交互绩效。依据被访谈者的定性的阐述来判断，被访谈者积极的阐述表征高交互绩效，如（话语中提及的"他们"均指外部知识型服务机构）：

"我们之所以成功，是因为在他们的帮助下，我们从新产品的创新功能中获得了巨额资金。"

"对我们的产品来说，新材料是非常重要的。在他们帮助我们之前，我们缺乏合适的材料来生产我们的产品。我们与他们合作后，成功地设计出了我们的新产品。"

被访谈者消极的阐述则表征低交互绩效,如:

"我们并没有实现计划的目标。他们对我们的帮助并不明显。"

"我们虽然按照他们的建议实施了这个项目,然而,我们无法评估其效果。"

根据企业的经理和项目总监的定性评估,三位研究人员分别独立地评估了每次互动的绩效(使用利克特七点量表打分)。然后,研究团队对这些评分取平均数。这两种方法(定性评估与定量刻画)互相补充,展示出了互动绩效(Martin et al.,2010)。

表 5.1.2 总结了本研究对交互绩效的测量结果,并提供了具有代表性的受访者评论。可以发现,与 T-KIBS 的互动显示出交互绩效结果的明确证据,而且对交互绩效的评价大多是积极的。然而,与 P-KIBS 的交互,通常导致对交互绩效的评价较为模糊,而且在本研究的案例中,对交互绩效的负面评价占了大多数。因此,本研究进一步探讨其内在原因。在下一部分的内容中,我们提供了关于交互过程的案例材料和一些理论逻辑来解释这些显著的差异。

表 5.1.2　交互绩效的评价与证据

企业	交互绩效	KIBS 类型	评分 (1~7)	负责 KIBS 项目的管理人员的代表性评论
A	相当高	T-KIBS (研发服务)	6	"我们之所以成功,是因为在他们的帮助下,我们从新产品的创新功能中获得了巨额资金。"
	不确定,很难衡量	P-KIBS (管理咨询服务)	3	"我们虽然按照他们的建议实施了这个项目,然而,我们无法评估其效果。"
B	相当高	T-KIBS (研发服务)	7	"对我们的产品来说,新材料是非常重要的。……我们缺乏合适的材料来生产我们的产品。我们与他们合作后,成功地设计出了我们的产品。"
	可能较低	P-KIBS (营销服务)	2	"我们并没有实现计划的目标。他们对我们的帮助并不明显。"

续表

企业	交互绩效	KIBS 类型	评分 （1～7）	负责 KIBS 项目的管理人员的代表性评论
C	相当高	T-KIBS （IT 服务）	6	"相信我们产品的效率将会持续提高。"
	可能较高	P-KIBS （管理咨询服务）	5	"这个项目使我们对发展更有信心。但这种效果无法在短时间内衡量。"
D	较高	T-KIBS （IT 服务）	5	"我们在生产、销售和储存产品方面取得了理想的效果。"
	较高	P-KIBS （营销服务）	5	"我们发现有更多的客户购买我们的咖啡机。"

注：KIBS 指知识型服务机构；T-KIBS 指技术服务机构；P-KIBS 指专业服务机构。

（二）企业-知识型服务机构交互的过程

本研究进一步剖析了四家中小型制造企业与知识型服务机构交互的过程机制。

A 企业的主营业务是卷发棒，其目标市场主要是女性消费群体。在某一段时期，客户经常反映卷发过程太过烦琐，用手柄的无休止旋转来卷发非常枯燥，而且快速加热的金属烫板常常会烫到头皮。于是，A 企业希望解决这个问题，并向浙江省一所大学的附属研究所寻求帮助。在互动过程中，双方确定了一个明确的目标，即围绕顾客的这一问题设计一个解决方案。他们合作开发了一种手柄，只要按一下手柄的按钮，手柄就会自动旋转，以此减少顾客手动旋转手柄的烦琐。此外，他们采用了由不传热的塑料制成的烫板，替代了原来快速加热的金属板。A 企业还向台湾地区的一家管理咨询公司寻求建议，帮助其培育组织文化。但这类文化培训项目并没有设定明确的目标。在互动中企业虽然识别出大量在组织文化培育中存在的问题，互动的结果却很难评估。

B 企业主要生产和销售净水器。这是一家非常年轻的企业，试图寻求迅速发展。B 企业的业务核心是净化材料，因此企业与日本的一家研究机构合作，力求通过互动合作开发出高效且有效的材料，进而设计出高质量的净化产品。他们成功了。此外,为了提高产品的市场份额,B 企业还与国内一家营销策划公司合作了设计产品的营销推广方案。然而,对于营销方案的设计,B 企业业只有一个大致的想法,却没有明确的想要实现的目标,最后,在营销方面并没有取得任何显著的效果。

C 企业建立的时间最久,它的主营业务是电插座,试图从规模效应中产生利润。C 企业希望建立一个企业资源规划(ERP)系统,以改善生产、销售和库存管理。在与一家信息和通信技术公司的互动中,C 企业向对方交流了有关ERP 系统的需求,并建立了进一步合作和改善售后服务的业务联系。通过这种互动,他们提高了生产效率。此外,为了启动关于管理改革的发展计划。C企业聘请国内的一家管理咨询公司为其制订计划。管理咨询公司为 C 企业收集了有关管理模式的各类信息,并整理了国家的相关法律政策、主要竞争者资料以及主要供应商和客户的需求。最终,C 企业得到一份颇具前瞻性的战略规划文本。然而,立刻评估该项目对竞争优势的影响却很难。

D 企业主要生产咖啡机。由于业务处于起步阶段,企业基本的生产和库存战略比较薄弱。于是,D 企业委托一家外部的信息和通信技术公司为其建立一个基本的 ERP 系统。双方之间的互动相对简单,ERP 系统也有效地改善了 D 企业的生产、销售、存储管理。此外,D 企业在一家营销策划公司的协助下,通过分析客户行为,提高了在咖啡机供应方面的业绩,同时也识别出了更多吸引潜在顾客的机会。

为了更加详细地展示出四家中小型制造企业与知识型服务机构交互的主要细节,表 5.1.3 列出四家企业的八项交互项目的情况。可以发现,知识型服务机构交互的四个基本活动在服务概念和服务交付两个阶段的作用是不同的。在服务概念阶段,服务交换活动旨在定义问题,资金交换活动侧重于价格谈判,信息交换活动旨在传递相关信息,而社会交换活动则需要使合作伙伴彼此熟悉。在服务交付的阶段,这四种活动的作用也是不同的。服务交换活动的目的是共同生产特定的服务,资金交换活动主要是根据合同转移资金,信息交换活动的目的是相互分享信息,而社会交换活动则旨在建立合作伙伴之间的社会关系。

表 5.1.3 A、B、C、D 四家企业在服务共同生产的不同阶段与 KIBS 的交互过程

企业情况	服务概念阶段				服务交付阶段			
	服务交换:定义问题	资金交换:价格谈判	信息交换:信息传递	社会交换:合作伙伴彼此熟悉	服务交换:共同生产服务	资金交换:资金转移	信息交换:信息共享	社会交换:社会关系构建
A 企业 T-KIBS:研发服务 互动绩效:相当高	如何轻松卷起头发并避免头皮灼伤	比起价格我们更加关注开发	传递的额外信息很少	熟悉研发部门的人员	严格针对确定的问题制订技术解决方案	根据合同规定的程序处理	主要是关于卷发的信息	旨在不泄露核心知识
B 企业 T-KIBS:研发服务 互动绩效:相当高	如何获得有效净化水的新材料	净化水的服务更重要	几乎没有任何额外的信息需要传递	熟悉研发部门的人员	交付使用新材料进行水净化的方法	发生了一些小变化	仅仅是关于新材料的信息	旨在继续合作
C 企业 T-KIBS:IT 服务 互动绩效:相当高	如何建立 ERP 以提高运营效率	获得建立 ERP 系统的服务是紧迫的	没有时间传递其他信息	熟悉技术中心部门的人员	协作建立具体的 ERP	之前确定的付款额	主要是关于 ERP 的信息	旨在进一步完善 ERP 系统
D 企业 T-KIBS:IT 服务 互动绩效:比较高	如何建立 ERP 以推进生产、销售和仓储的效率	服务与价格同样重要	仅有少量的信息需要传递	熟悉信息和网络中心部门的人员	交付使用 ERP 的方法	没有发生变化	仅仅是关于 ERP 的信息	旨在获得更好的售后服务
A 企业 P-KIBS:管理咨询服务 互动绩效:不确定,很难衡量	改善组织文化	价格与服务同样重要	在开始时几乎没有任何信息可供传递	熟悉企业管理部门的人员	比既定目标提供了更多的解决方案	按照计划支付费用	大规模交流信息,不仅是关于组织文化的信息	旨在提高知名度
B 企业 P-KIBS:营销服务 互动绩效:可能较低	改进促销方案,吸引更多客户	服务并不是很紧迫的事情	将在协商完资金问题后传递信息	熟悉市场部的人员	难以提供与以前相同的促销方案	在提供服务前已支付费用	关于客户、竞争对手和供应商的全面信息	旨在增加其产品的销售
C 企业 P-KIBS:管理咨询服务 互动绩效:可能较高	构建一个更合适的战略计划	价格应该被提前考虑	几乎没有任何信息需要传递	熟悉战略部的人员	战略计划有可能迎合高层管理团队的利益	40% 在启动计划前支付,60% 在结束时支付	关于竞争对手、供应商和一些国家政策的信息	旨在加强其竞争优势
D 企业 P-KIBS:营销服务 互动绩效:较高	分析顾客需求	价格是一个需要考虑的重要问题	只有很少的信息可以传递	熟悉市场部的人员	提供更全面的客户信息	根据合同规定的程序推进	关于客户和国家政策的信息	旨在提高其品牌的知名度/认知度

注:KIBS 指知识型服务机构;T-KIBS 指技术服务机构;P-KIBS 指专业服务机构。

数据还表明,双方在服务概念阶段主要讨论了服务的概念(如问题定义)和资金问题(如价格谈判),评论举例如下:

"如何轻松卷起头发并避免头皮灼伤","比起价格我们更加关注开发"(A企业与T-KIBS的互动)

"如何获得有效净化水的新材料","净化水的服务更重要"(B企业与T-KIBS的互动)。

双方在服务交付阶段转移了重点,以获取更多信息并建立社会关系,评论举例如下:

分享的"主要是关于卷发的信息",自述目标"是通过建立合作关系的方式从而保护我们的核心知识"(A企业与T-KIBS的互动)。

分享的"仅仅是关于新材料的信息",目标是"继续合作"(B企业与T-KIBS的互动)。

此外,合作生产服务在这一阶段也至关重要,相关评论举例如下:

在定义了问题之后,"严格针对被定义的问题制订技术解决方案"(A企业与T-KIBS的互动)。

提供了"使用新材料进行水净化的方法"(B企业与T-KIBS的互动)。

因此,在服务概念阶段,定义问题和协商价格更为重要,而在服务交付阶段,合作生产服务、共享信息和建立社会关系更需要被关注。

此外,中小型制造企业与T-KIBS和P-KIBS的互动也存在一些差异。在服务概念阶段,中小型制造企业希望从T-KIBS获得其所缺乏的互补性的技术服务。因此,中小型制造企业在互动时就已经设立了一个明确的目标,但其议价能力相对较弱,如C企业说自己之所以选择合作,是因为想知道"如何通过建立ERP以提高运营效率",对C企业来说,"获得建立ERP系统的服务是紧迫的",所以可能不太关注价格。

相比之下,中小型制造企业希望从P-KIBS获得自己已经拥有的辅助性的知识来增强自己原有的知识。与T-KIBS提供的更具体的服务相比,其与P-KIBS的互动往往没有非常明确的目标,因此有着强大的议价能力,可以主导价格谈判。这可以从D企业与管理咨询服务的互动中观察到。D企业的人说:

"虽然我们公司发展得很好,但我们想变得更优秀,我们需要来自不同声音的更多建议。"

"因此,我们请外部专业公司帮助我们制订更合适的战略计划,以实现这些目标。"

"这项工作不是一项非常紧迫的任务,我们有更多的时间考虑潜在的合作伙伴,而相应的价格和收费将成为一个重要因素。"

在 T-KIBS 的服务交付阶段,中小型制造企业可以通过与 T-KIBS 建立社会关系,从而收集自己所需要的技术相关的信息,并获得更好的售后服务,如 D 企业的评论:

"我们的互动任务集中在建立 ERP,因此,我们仅在 ERP 上共享信息。"

"我们甚至彼此间建立了一些友好的关系,以获得更好的 ERP 售后服务。"

实际上,这与"关系"文化有关,"关系"在中国是一种特殊的资源(Leung,2014)。如果企业与服务提供商建立更好的合作关系,企业就更有可能获得最高质量的服务。

通过与 P-KIBS 的交互,中小型制造企业可以获得如全球领先企业在其行业中的经验以及企业主要竞争对手、供应商和潜在客户等相关信息。此外,P-KIBS 与许多企业有过交互合作经历(Zhang et al.,2010),因此,与 P-KIBS 建立稳定和长远的关系,在一定程度上有助于中小型制造企业提升声誉和品牌影响力。从 D 企业的评论中可以看出这一点:

"我们在一个相对广泛的范围内分享信息,比如,我们会分享各个国家的客户行为和一些经济政策。"

"我们不仅解决了一些具体问题,还通过这些方式提高了我们品牌的认知度。"

总体而言,中小型制造企业与 T-KIBS、P-KIBS 之间的交互存在显著差异,且因此产生了不同的交互绩效。在接下来的部分中,本研究将进一步探讨不同的交互绩效是如何产生的,即交互绩效的产生机制问题。

(三)企业-知识型服务机构交互对企业绩效的影响机制

基于知识整合理论的研究基础和对四家中小型制造企业的比较,可以发现,企业与知识型服务机构的交互可能会影响企业对知识的识别、汲取和利用,进而最终影响绩效。表 5.1.4 总结了上述构念之间的关系,并提供了典型的受访者评论。

表 5.1.4　企业与 KIBS 交互影响企业绩效的机制

企业	KIBS 类型	企业与 KIBS 交互→知识整合→企业绩效		
		知识识别	知识汲取	知识利用
A 企业	T-KIBS：研发服务	A 企业有一个明确的互动目标，并且没有发现其他知识资源。 典型引言： "我们有一个明确的合作目标。" "我们只想满足客户的需求。" "我们没有其他问题。"	A 企业获得了它所缺乏的技术服务。 典型引言： "他们帮助我们解决问题，了解那些复杂的技能。"	A 企业将新获得的知识与现有的知识相结合，从而改进了其产品。 典型引言： "通过与他们合作，我们调整了卷发棒的一些新功能。" "通过与他们合作，我们在工程方面改变了一些生产条件。"
	P-KIBS：管理咨询服务	A 企业发现，提高其知名度比只培育其组织文化更为关键。 典型引言： "我们要改变我们的竞争模式。" "我们发现，目前提高我们的知名度比培育组织文化更重要。"	A 企业拿到了手册，其员工的行为更加规范。 典型引言： "他们帮助我们的员工改善想法。" "他们为我们提供了一本手册。" "他们培训了我们的相关管理人员，让他们在公司内部传播技能。"	咨询结束后，A 企业逐渐恢复到原来的状况。 典型引言："咨询结束后，这种影响逐渐消失了。" "我们的员工最终又回到了原来的状态。"
B 企业	T-KIBS：研发服务	B 企业只想在与 KIBS 的互动中获取新材料。 典型引言： "对我们来说，生产的材料很重要。而这些材料在我们国家是相对落后的。"	B 公司终于找到了新材料。 典型引言： "他们提供了具有新功能的材料，并帮助我们使用它们。" "我们自己无法进行研发，他们给了我们很大的帮助。"	B 企业可以独立使用新材料来改进其产品。 典型引言： "我们逐渐能够自己独立设计一些产品。" "我们可以寻找更多适合我们产品的新材料。"
	P-KIBS：管理咨询服务	B 企业力求打破旧的思维模式。 典型引言： "我们只有很少的营销人员，这阻碍了我们产生足够的好点子进行营销推广。" "他们激励我们打破原有的、旧的思维模式。"	B 企业有许多合适的促销方案。 典型引言： "他们以书面形式给我们留下了一些相关材料。" "他们帮助我们设计合适的促销方案。"	B 企业没有完全执行促销方案。 典型引言： "我们没有完全实施促销方案，因为它太复杂了。"

续表

企业	KIBS类型	企业与 KIBS 交互→知识整合→企业绩效		
		知识识别	知识汲取	知识利用
C企业	T-KIBS：研发服务	C企业只想提高仓储、运营和销售的效率。	C企业得到了关于ERP的操作手册，并掌握了一些关键技能。	C企业可以处理仓储、经营、销售等方面的信息，创造新的产品管理模式。
		典型引言："我们在寻求他们的帮助之前就发现了问题。""我们紧急提升了仓储、运营和销售的效率。"	典型引言："他们为我们提供了关于ERP的完整操作手册。""他们帮助我们的相关管理人员掌握了关键技能。"	典型引言："ERP帮助我们实现了数字化管理。""ERP改变了员工的操作习惯。员工现在可以方便地获得需要的相关信息。""我们能够自己处理存储、运营和销售的相关信息。"
	P-KIBS：管理咨询服务	C企业识别了插座在电商领域的机会。	C企业设计完成一份战略计划。	C企业没有按照计划规定行事。
		典型引言："他们帮助我们确定了新的目标，有助于我们有计划地进入电子商务领域。""他们的专业意见可以帮助我们确定一些新的想法。"	典型引言："他们为我们提供了有关国家政策、竞争对手、供应商和客户的信息。""他们为我们制订了一个战略计划。"	典型引言："互动项目本身并没有明显的效果，但他们引导了我们投资进入其他新的领域。"
D企业	T-KIBS：研发服务	D企业的目标是掌握ERP的一些相关操作技能。	D企业得到了一本操作手册，掌握了一些操作技能。	D公司能够检查和查询信息。
		典型引言："我们在互动时有一个明确的目标。""我们要掌握相关的软件操作技能。"	典型引言："他们为我们设计了一个ERP系统，并帮助我们的相关人员进行操作。""他们为我们提供了一本操作手册。"	典型引言："ERP使我们能够方便地检查和查询其他子公司的情况。"
	P-KIBS：管理咨询服务	D企业转而做广告，而不仅仅是分析客户的需求。	D企业可以从KIBS获得新的信息。	D企业发现，该项目在不久的将来可能会对他们有所帮助。
		典型引言："他们给了我们一些建议，告诉我们客户想要什么。""我们想请阿里巴巴公司帮助我们设计广告。"	典型引言："他们为我们设定了几个初步的分析目标。""与他们合作后，我们可以依赖他们为我们提供新的信息。"	典型引言："我们并没有完全应用这些想法。""也许这个项目在未来对我们有用。"

由表 5.1.4 可知,第一,企业与知识型服务机构的交互可以增强中小型制造企业识别知识的能力,从而帮助其识别有用的外部知识资源。中小型制造企业与 T-KIBS 的交互通常有明确的目标(即企业已经识别出其所需要的知识),而与 P-KIBS 的交互的目标则往往不明确。因此,企业与 P-KIBS 的交互更倾向于影响企业的知识识别能力。例如,在与外部营销策划公司合作后,B企业意识到加大对营销传播的投入对其发展至关重要。如 B 企业所述:

"我们只有很少的营销人员,这阻碍了我们产生足够的好点子进行营销推广。"

"他们激励我们打破原有的、旧的思维模式。"

C 企业希望通过与管理咨询公司的交互获得新的知识。C 企业通过交互,识别出了进入电子商务领域的巨大经济潜力。如 C 企业所言:

"他们帮助我们确定了新的目标,有助于我们有计划地进入电子商务领域。"

"我们与他们合作,是因为他们的专业意见可以帮助我们确定一些新的想法。"

第二,企业与知识型服务机构的交互可以帮助中小型制造企业汲取外部知识资源。企业与 T-KIBS、P-KIBS 的交互对知识汲取能够产生相似的影响。例如,当 C 企业通过与外部软件公司合作采用 ERP 系统时,信息技术服务供应商提供培训,并帮助 C 企业的员工掌握了软件操作的相关技能。C 企业对这个交互项目是这么表述的:

"他们为我们提供了关于 ERP 的完整操作手册。"

"他们帮助我们的相关管理人员掌握了关键技能。"

同样,D 企业在邀请外部信息技术服务供应商建立 ERP 系统后,也得到了一本操作手册。服务供应商还为其维护和升级了系统。D 企业的人说:

"他们为我们设计了一个 ERP 系统,并帮助我们的相关人员进行操作。"

"他们为我们提供了一本操作手册。"

当企业与 P-KIBS 交互时,中小型制造企业也可以获得各种知识资源。还可以在 P-KIBS 的帮助下搜索到更广泛的知识。P-KIBS 不仅是连接客户企业与知识提供方的桥梁,其本身也是一种知识源。A 企业请一家管理咨询公司为其建立和培养组织文化,然而双方在交互过程中发现,对于 A 企业而言,现阶段增强在客户中的知名度比培养组织文化更加重要,因此调整策略改为去扩大知名度和品牌影响力。A 企业是这样阐述的：

"他们帮助我们的员工改善想法。"

"他们为我们提供了一本手册。"

"他们培训了我们的相关管理人员，让他们在公司内部传播技能。"

第三，企业与知识型服务机构的交互可以提高知识资源的利用率。中小型制造企业在与 P-KIBS 交互时，往往无法评估实施和应用新项目的效果。而与 T-KIBS 的交互通常对中小型制造企业的知识利用产生很大的影响。A 企业描述了其与 T-KIBS 的交互：

"通过与他们合作，我们调整了卷发棒的一些新功能。"

"通过与他们合作，我们在工程方面改变了一些生产条件。"

A 企业随后在企业内部传播了关于卷发棒新功能的想法。

C 企业在与信息技术服务供应商交互后，找到了如何存储、运营和销售产品的方法。C 企业是这样描述的：

"ERP 帮助我们实现了数字化管理。"

"ERP 改变了员工的操作习惯。员工现在可以方便地获得需要的信息。"

"我们能够自己处理存储、运营和销售的相关信息。"

B 企业也发现了交互所带来的这些效果。B 企业在与外部研发服务公司的交互中，逐渐能够独立地模仿和设计一些产品。B 企业介绍说：

"我们逐渐能够自己独立设计一些产品。"

"我们现在可以寻找更多适合我们产品的新材料。"

与 T-KIBS 相比，中小型制造企业与 P-KIBS 的交互存在一些差异。如 A 企业与一家管理咨询公司交互以培养其组织文化，结果发现大多数员工虽然刚开始会按照文化规范行事，但不久之后就不能坚持和遵守规则。这使得对咨询的评估变得困难，正如 A 企业所言：

"咨询结束后，这种影响逐渐消失了。"

"我们的员工最终又回到了原来的状态。"

概括而言，案例结果表明，中小型制造企业与 T-KIBS 交互后，企业的知识汲取和利用发生了明显变化，并最终影响了交互绩效。但是，中小型制造企业与 P-KIBS 交互后，企业的知识识别和绩效发生了显著变化，并最终影响交互绩效。因此，企业与不同类型的知识型服务机构交互会通过不同的路径而影响最终企业的交互绩效。

四、案例结果的讨论

本研究深化了中小型制造企业-知识型服务机构的交互研究。先前研究指出了交互对中小型制造企业的重要性,但关于交互机制的实证研究却存在不足。为弥补这一研究不足,本研究探讨了中小型制造企业是如何与知识型服务机构交互的及其内部作用机制。

首先,本研究为产业营销研究的交互模式提供了启示。先前研究指出,交互有四个组成部分,即服务/产品、资金问题、信息和社会关系(Hakansson,1982;Valk,2007;Wynstra et al.,2006)。本研究表明,服务合作生产(Miles et al.,1995)和交互模型(Hakansson,1982)可以结合起来探讨中小型制造企业和知识型服务机构之间的交互过程。在中小型制造企业-知识型服务机构的交互中,交互的四种场景(事件)会以不同的顺序发生。服务的合作生产通常有两个阶段,即服务概念阶段和服务交付阶段。在第一个阶段,中小型制造企业发生的主要事件是定义问题和谈判价格。在第二个阶段,它们旨在合作生产服务,分享信息,并为进一步合作建立社会关系。

其次,本研究提供了知识型服务机构分类的相关观点。将知识型服务机构划分为 T-KIBS 和 P-KIBS 是目前最为公认的分类方法(Miles et al.,1995),但 T-KIBS 和 P-KIBS 之间仍然需要进一步进行区别,尤其是从它们如何与中小型制造企业交互的角度来加以识别。本研究表明,在服务概念阶段,中小型制造企业与 T-KIBS 的服务/产品交换有明确的目标,但与 P-KIBS 交互时目标则变得模糊。因此,中小型制造企业在与 P-KIBS 进行价格谈判时具有相对较强的议价能力。对它们而言,T-KIBS 可以提供预先安排好的服务,而 P-KIBS 通常在交互之前无法明确特定的服务效果。因此,本研究认为,T-KIBS 提供的是更具体的服务,而 P-KIBS 在提供服务时更多需要客户的参与和投入,而且还常涉及客户企业的"深层次"特征和价值观,这使得 P-KIBS所提供的服务比 T-KIBS 所提供的技术或材料相关的服务更难实施。换言之,P-KIBS 处理的是更复杂和细微的问题,这些问题通常事先很难定义、衡量和评估。这一观点也得到了 Consoli 和 Elche-Hortelano(2010)的支持。

此外,当中小型制造企业与不同类型的知识型服务机构交互时,信息交流和社会关系构建也呈现出不同的特点。具体而言,当中小型制造企业与 T-KIBS交互时,信息交流重点是服务或产品相关的技术,而与 T-KIBS 建立社会关系的目的是改善售后服务质量，或为了预防知识型服务机构泄露客户企业知识而预先建立信任关系。当中小型制造企业与 P-KIBS 交互时，双方可交换的信息是更为全面的，甚至可能涉及竞争对手、供应商、客户和国家政策等。企业与 P-KIBS 建立社会关系的主要目的是扩大品牌影响力并提高企业的知名度。本研究认为，这些差异是由不同的互动模式所形成的。中小型制造企业与 T-KIBS 之间的交互是互补型的，其特点是企业从 T-KIBS 中获得自身缺乏的技术或知识；而中小型制造企业与 P-KIBS 之间的交互是辅助型的，其特点是企业从自身已经拥有的资源中去挖掘更大的价值（Buckley et al.，2009）。由于我国的相关制度规范还在不断完善的过程中（Luo，2003），客户企业可能会更加警惕知识型服务机构的可信度。因此，中小型制造企业通常不太关注 P-KIBS 所提供的服务，因为这些专业服务通常是无形的，其效果很难衡量，因而更具挑战性。与 T-KIBS 相比，企业与 P-KIBS 的交互过程存在更多的不确定性，这可能会让中小型制造企业产生更多的困惑。而一部分原因可能是，被访企业在与 P-KIBS 的交互过程中没有设立具体的目标。

最后，本研究提供了关于知识型服务的知识整合的作用的见解。在案例研究中，我们发现中小型制造企业与 T-KIBS、P-KIBS 的交互对企业整合外部知识有不同的影响。中小型制造企业与 T-KIBS 的互动主要影响的是企业的知识汲取和知识利用，而中小型制造企业与 P-KIBS 的互动主要影响的是企业的知识识别和知识汲取。相比制造企业，服务企业更重视与客户之间的价值共创（Rajala et al.，2008）。知识型服务机构是创新的来源、载体和促进者，也是制造企业信息的协调者和桥梁（Hauknes，1998；Müller et al.，2001）。因此，企业与知识型服务机构的互动会影响中小型制造企业的知识活动。当 T-KIBS 与中小型制造企业互动时，T-KIBS 作为一种知识来源，为中小型制造企业提供了互补性知识。企业与 T-KIBS 的交互本质上是一种知识转移的活动（Rajala et al.，2008），因而，这类互补型交互有助于企业获得知识资源。当 P-KIBS 与中小型制造企业交互时，P-KIBS 作为一座知识传递的桥梁，推动中小型制造企业接触和搜寻新的知识。企业并不一定直接从 P-KIBS 中获取知识，但会通过 P-KIBS 识别到更为广泛的信息和知识源。因此，企业与 P-KIBS的交互主要影响了企业的知识识别和知识汲取，但这两种知识活动并不能确保中小型制造企业会直接使用这些知识来提高绩效。于是，企业与 P-KIBS的互动通常不能显著地或立即影响中小型制造企业的绩效，也很难衡量交互效果。相比之下,企业与 T-KIBS 的交互由于直接会影响中小型制造企业的知识使用,对绩效有更直接的影响,也更容易评估互动效果。图 5.1.1 展示了本研究基于案例归纳所构建的理论模型。

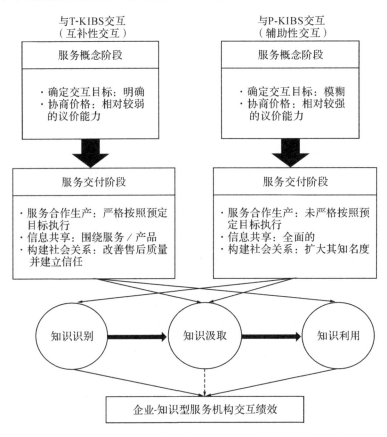

图 5.1.1 企业-知识型服务机构交互对企业绩效的影响机制

五、研究结论

本研究分析了企业-知识型服务机构的互动过程及其对企业知识识别、汲取和利用的影响,解释了为什么企业与不同类型的知识型服务机构的交互会导致不同的绩效结果。研究以我国电器产业集群的四家中小型制造企业为案例样本,提出在企业-知识型服务机构的交互过程中,中小型制造企业通常会在服务概念阶段定义需求并协商价格,在服务交付阶段实施服务的共同生产,分享信息并建立社会关系。概括而言,中小型制造企业与 T-KIBS 交互旨在获得互补性知识,而企业与 P-KIBS 交互旨在获得辅助性性知识,或基于已有知识获得创造更大的价值。因此,中小型制造企业与 T-KIBS 之间的交互通常是互补型,而中小型制造企业与 P-KIBS 之间的交互通常是辅助型。本研究还提出,两种类型的知识型服务机构均能促进企业的知识汲取,除此之外,T-KIBS 作为知识源,还能促进企业的知识使用,而 P-KIBS 则作为知识桥梁,能促进企业的知识识别。换言之,企业与 T-KIBS 的交互倾向于影响企业的知识汲取和知识利用,并最终影响中小型制造企业的交互绩效;企业与 P-KIBS 的交互则倾向于影响企业的知识识别和知识汲取,进而影响中小型制造企业的交互绩效,但该影响效应往往不能在短期内体现出来。

本研究扩展了 Hakansson(1982)的工业营销交互模型,进一步细化了先前的交互模型,认为原先交互模型中的四个主要事件中,有三个主要事件在服务供应期间是以不同的顺序出现的。第一个事件是资金交换,主要发生在服务概念阶段。另外两个交互事件,即信息交换和社会关系交换,主要发生在服务交付阶段。而剩余的一个事件——服务交换则在两个阶段都会发生。本研究将企业与知识型服务机构的交互划分为互补型和辅助型两种,这深化了对 T-KIBS 和 P-KIBS 之间差异的研究。此外,本研究明确了不同类型的知识型服务机构对制造企业的差异化作用。以往的研究普遍认为,知识型服务机构是创新的来源、载体和促进者,是制造企业创新的协调者和桥梁(Hauknes,1998;Müller et al.,2001)。然而,先前研究并没有进一步明确不同知识型服务机构的具体作用。本研究认为,T-KIBS 主要是作为知识源,而 P-KIBS 则主要是作为知识传递的桥梁。这一研究发现拓展了知识型服务机构特征的研究文献。此外,本研究将知识整合分为三个维度,即知识识别、知识汲取和知识利用。基于知识整合的这三个维度,我们识别了企业与不同类型的知识型服务机构交互影响企业绩效的不同路径,以此为未来的知识整合研究提供更丰富的观点和见解。

本研究提出了两点重要的管理建议:第一,建议中小型制造企业的管理者充分认识到与知识型服务机构交互的重要性。交互是提高企业外部知识整合能力和企业绩效的有效途径。中小型制造企业需要根据自己的特点选择合适的知识型服务机构来合作互动。如果企业计划与 T-KIBS 交互,中小型制造企业应该具备较强的能力来吸收 T-KIBS 的特定知识。如果企业计划与

P-KIBS交互,中小型制造企业应能较好地利用知识型服务机构的桥梁作用寻找更多的知识资源。更重要的是,中小型制造企业应将一些非核心的资源交给外部的专业服务公司来做,这有助于外部专业服务供应机构实现规模经济,从而提供更为专业化的服务,促进中小型制造企业的发展。第二,知识型服务机构应认识到自身作为知识源或知识桥梁的作用,并充分考虑到客户的个性化需求,通过帮助中小型制造企业客户识别、汲取和利用外部的知识资源,提高客户企业的竞争优势。

本研究也不可避免地存在局限性。本研究基于组织结构和制造企业对外部知识型服务的需求特征,选择了四家中小型制造企业作为案例样本。尽管样本选择符合案例研究的标准,但由于样本大多来自我国的浙江省,本研究的普适性可能存在一定局限。未来研究应该在其他国家的不同产业集群中进行复制性研究,进而构建更为概化的命题。此外,本研究对"交互绩效"的测量方法还需要进一步改进。本研究只采用了一个指标来衡量绩效。但考虑到服务特征的多样性,从多种维度来评估绩效则更为必要(Djellal et al.,2013)。未来研究可以增加更多的维度来衡量互动绩效,如技术绩效、公民绩效(即企业在社会责任和社区参与方面的表现)和关系绩效等。

第二节　服务化与技术创新的交互机制分析

我国一直在大力推动制造企业开展原始性的技术创新,尤其是面向国家战略需求的基础前沿技术研究。技术创新长期并始终是我国制造企业的发展之本。然而,随着市场环境和顾客需求的变化,制造企业仅靠以产品为中心的发展模式日渐艰难。服务化作为一种商业模式的创新,成为制造业应对市场变化的重要补充方式。因此,在国家制度推动和市场需求拉动的双重影响下,制造企业迫切需要思考如何协同技术创新与服务化,从而在竞争激烈的市场中占据一席之地。

有关服务化和技术创新的研究一直备受关注,关于两者协同互动关系的文献研究也在逐步推进中。一些学者认为技术创新是后发企业实现追赶的重要手段,能够不断提升企业竞争优势(Ngo et al.,2019;崔月慧 等,2018);一些学者提出制造企业通过服务化可以突破发展瓶颈,从而提高企业绩效

(Ayala et al.，2019；Hahn et al.，2018)。还有一些学者开始关注两者的关系，认为服务化与技术创新的有机结合才是提升制造企业竞争力的有效方式(Teece，2009；姚明明 等，2017)。然而，这些研究并未进一步去识别不同类型服务化与技术创新的交互匹配对企业绩效的差异化作用效应，也未剖析其中介机制，以深入解构这两种类型的创新对制造企业绩效的作用"黑箱"。

为弥补上述研究空缺，本研究将以服务型制造企业为研究对象，基于商业模式创新的视角，将服务型制造企业的服务化分为效率型、新颖型两种，进而分析两种类型服务化与利用式、探索式技术创新组合匹配对企业绩效的影响效应。考虑到处于网络中心地位的制造企业具有更多接触到关键知识和资源的机会，对企业绩效会产生重要作用(Martin et al.，2015；孙婧 等，2015)，本研究还将基于网络视角来剖析服务化、技术创新对制造企业绩效的中介作用机制。

本研究通过理论研究与大样本数据检验，识别出网络中心性是服务化、技术创新作用于企业绩效的中介变量，有助于深化制造企业服务化、技术创新中的网络结构研究。服务化与技术创新的交互匹配对制造企业绩效的差异化作用效应分析，能够丰富与拓展制造企业服务化研究的视角，同时深化商业模式创新理论视角在制造企业服务化研究中的应用。本研究还为制造企业如何协同服务化与技术创新提升企业绩效提供了相关实践启示。

一、服务化与技术创新交互的研究假设

(一)制造企业服务化与企业绩效的关系

服务化作为一种商业模式创新，是制造企业构筑差异化竞争优势的一种新模式，具体表现为从产品模式向产品-服务系统模式的转变(Kastalli et al.，2013)。Hahn 等(2018)认为，企业商业模式创新的先动性会建立一种隔离机制，促使技术领先型企业获得较高的生产效率和研发效率，推动企业战略转型并改善绩效。服务化同时也具有一定的开放性，制造企业需要通过与服务供应商及客户的三角互动不断改善技术、开发新产品来满足客户需求，进而实现企业绩效。

Zott 和 Amit(2010)基于配置理论提出了编排和连接商业模式构成要素的两种常见创新方式，即效率型商业模式创新和新颖型商业模式创新。因此，在服务化商业模式创新过程中，制造企业的构成要素同样也会发生"效率型"和"新颖型"的变化。相应地，可以将服务化分为效率型服务化与新颖型服务

化两种类型。

效率型服务化旨在提高现有服务模式活动、结构和治理机制的透明度和可靠性(Pati et al. ,2018),以此降低服务化过程中的交易成本。这种成本优势有利于企业用合理的价格吸引到较大的客户流,从而提高市场份额和盈利能力(Mason et al. ,2017)。Demil 和 Lecocq(2010)认为,效率型服务化会通过规模经济来降低企业的服务生产成本。同时,效率型服务化能够减少制造企业与服务供应商、顾客之间的信息不对称性,降低合作成员间的协调成本和沟通成本,同时增加合作伙伴的转化成本及对本企业的依赖性,从而有利于提升企业绩效(买忆媛 等,2015)。

相比之下,新颖型服务化旨在为企业引入新的活动、结构和治理机制。相应地,新颖型服务化会促使企业与具备新资源和核心能力的服务供应商及合作伙伴建立联系(Kulins et al. ,2016),通过异质性资源整合而创造新的解决方案,这样反过来又增加了企业与服务供应商、顾客之间再次合作的可能性。吴隽等(2016)认为新颖型服务化正是通过积累自身专用知识来吸引其他利益相关者参与服务合作,从而增大服务三元组(企业、服务供应商、顾客)之间的连结强度以创造价值。此外,新颖型服务化也有助于制造企业通过构建新网络搜寻到潜在客户群,帮助企业开发新的市场,提升服务化绩效(Velu et al. ,2014)。基于上述内容,本研究提出以下假设:

H1a:效率型服务化对制造企业绩效具有正向影响。

H1b:新颖型服务化对制造企业绩效具有正向影响。

(二)技术创新与制造企业绩效的关系

制造企业通过增加新技术的研发投入,开发出具有核心竞争力的产品,能够促使其占据更大的市场份额并提高企业绩效(Bagheri et al. ,2018;Rajapathirana et al. ,2018)。在先前的研究中,探索与利用是剖析技术创新的常用分类方法,本研究也将技术创新划分为利用式技术创新和探索式技术创新两种类型。

利用式创新旨在充分挖掘和发挥已有技术,对现有产品进行渐进性的改变,对企业的技术基础和研发能力要求相对较低(李瑞雪 等,2019)。虽然利用式创新并不涉及显著性地研发出新技术,但是逐步进行小规模创新也能实现累积性的成果。崔月慧等(2018)研究认为,利用式创新通过对技术进行较小程度的改变,能够满足企业对现有产品和市场的需求。制造企业通过利用式创新对现有知识进行充分理解和深度应用,能够提高组织运行效率从而实现创新绩效。Lin 和 Chang(2015)认为,利用式创新有利于企业对现有产品进行整合和改进,强调通过对已有知识和资源的充分利用来提高组织运行效率,从而实现创新绩效。

探索式创新旨在于原有技术基础上进行较大程度的突破创新,企业通过重组和利用组织内外部获取的关键知识和资源在新市场中占据技术领先地位。Limaj 和 Bernroider(2019)发现,制造企业基于对组织内外部资源的吸收和转化利用,能够建立起全新的竞争优势。从经济收益角度来看,探索式创新开发的产品相比于其他同质化产品而言,具有新产品上市的价格定价优势,企业可以充分利用这种先机获得溢价。此外,探索式创新可以帮助企业开发未被充分开发的新市场,从而获得更多经济利润(杨毅 等,2018)。Soetanto 和 Jack(2018)指出,探索式创新能够使企业迅速了解到潜在的市场需求和技术不确定性,从而在竞争中取得优势地位。因此,本研究提出以下假设:

H2a:利用式技术创新对制造企业绩效具有正向影响。

H2b:探索式技术创新对制造企业绩效具有正向影响。

(三)服务化与技术创新交互对制造企业绩效的影响

制造企业的服务化离不开技术创新的支持,那些推行产品导向型服务化的制造企业对技术创新的需求则更为显著,因此,绝大部分制造企业选择基于技术产品来构建互补性的服务商业模式(Teece,2009)。此外,制造企业基于技术创新所生产的有形产品也需要服务化的助力,服务化能够作为制造企业的一种互补性资产来实现其技术创新的经济价值(姚明明 等,2017)。

效率型服务化通过提高制造企业与服务供应商、客户之间的交易效率,能够快速响应客户和市场需求。该模式倾向于满足现有市场需求下的高效生产。利用式技术创新同样追求速度和效率,企业通过不断改进现有产品和技术来满足顾客的需求,从而快速提升创新绩效。因此,效率型服务化和利用式技术创新能够基于相似的发生逻辑,共同提升制造企业绩效(Khan et al.,2019)。Visnjic 和 Neely(2018)的研究也表明效率型服务化与市场导向创新之间的相互作用会对企业转型绩效产生积极影响。然而,探索式技术创新强调探索新的技术,因此,其研发出的开拓性新产品的周期较长,与效率型服务化追求速度和效率的逻辑不一致,甚至存在冲突,所以效率型服务化与探索式技术创新之间很难产生协同效应,往往对制造企业绩效产生负向影响。如姚明明等(2014)研究发现,效率型商业模式设计与新技术自主研发之间的互动匹配性较差,对后发企业的技术追赶反而不具有推动作用。因此,本研究提出以下假设:

H3a:效率型服务化与利用式技术创新的交互对制造企业绩效具有正向影响。

H3b:效率型服务化与探索式技术创新的交互对制造企业绩效具有负向影响。

新颖型服务化侧重于构建与服务供应商、客户之间的全新合作方式,通过搜寻和加强与异质性网络成员间的联系,有助于制造企业进军新的服务市场。在考虑资源有限性的前提下,当制造企业侧重于发展新颖型服务商业模式时,其对技术创新的投入会相对减少(Gronum et al.,2016)。而利用式技术创新关注于现有产品的改进,相对而言,对制造企业的资源投入要求较小。因此,制造企业发展新颖型服务化与利用式技术创新,能通过实现企业资源的有效平衡而提升企业绩效(Wei et al.,2014)。探索式创新侧重于利用新技术研发优势来开辟新市场,制造企业进行探索式技术创新时同样专注于获取异质性知识来实现对现有技术的突破。探索式技术创新虽然投入周期较长,耗费企业投入较大,但与新颖型服务化具有相吻合的发展逻辑,两者会利用相互之间的知识溢出来提升企业绩效。因此,本研究提出以下假设:

H3c:新颖型服务化与利用式技术创新的交互对制造企业绩效具有正向影响。

H3d:新颖型服务化与探索式技术创新的交互对制造企业绩效具有正向影响。

(四)网络中心性的中介作用

制造企业在合作网络中所处的位置代表其获取信息和知识的能力,因此与创新绩效是密切相关的。网络中企业间的关系将会显著影响到知识和资源在组织中的流动性(孙国强 等,2016)。处于网络中心位置的制造企业拥有更多的网络关系和更强的控制力,因此能够依靠网络位置来控制合作过程中的资源流向,从而凭借自身的网络中心性来获利。Martin 等(2015)指出,制造企业的网络中心性决定了其获取外部信息和知识的能力,而这种资源获取能力有助于企业进行高效的运营和组织学习,进而直接提升企业绩效。处于网络中心地位的企业同时也具备较强的建立和管理与合作伙伴关系的能力,这使他们能够在资源限制的条件下获得至关重要的竞争优势(Acosta et al.，2018)。因此，本研究提出以下假设：

H4：网络中心性对制造企业绩效具有正向影响。

此外，制造企业服务化作为一种商业模式的创新，也会对企业网络中心性产生影响。效率型服务化通过加强交易联系、降低交易复杂性等措施降低服务的传递成本(Øystein et al.，2018)。交易成本的降低意味着企业减少与其合作伙伴间的敌对行为，同时增强相互之间的竞合行为，这有利于促进多方合作者间的资源和知识共享。制造企业与服务提供商、顾客之间服务传递成本的降低也会增加企业利益相关者间的转换成本，使得利益相关者对制造企业的依赖性更强，从而能够稳固制造企业与其持续的合作，推动企业逐步向网络中心位置靠拢。这有利于增强企业的资源获取和资源有效配置的能力，从而能够进一步增强企业的网络中心性(Casadesus et al.，2013)。孙婧和沈志渔(2015)指出效率型服务化带来的交易成本降低将会直接或间接地为企业增加潜在合作者，增强利益相关者对中心企业的依赖性，从而提升企业的网络中心性。新颖型服务化会增加制造企业接触外部新知识的可能性，从而有利于增强制造企业对网络关键资源的控制力(Pedersen et al.，2016)。此外，新颖型服务化对外部资源具有一定程度的独占性，制造企业需要与外部组织结构关于资源创造进行高强度、高频率的接触，这也能够提高企业的议价能力，从而提升企业的网络中心位置。因此，本研究提出以下假设：

H5a：效率型服务化对制造企业网络中心性具有正向影响。

H5b：新颖型服务化对制造企业网络中心性具有正向影响。

技术创新对企业网络结构的影响已得到较多的研究支持。利用式创新则是基于组织现有知识基础，对现有产品进行改进与完善。利用式创新通过渐进化改进来满足客户的需求，帮助企业提高组织效率从而在竞争激烈的市场中占据较大份额。这可在一定程度上增强企业合作网络内的竞合关系力度，从而有助于提高其话语权(戴勇 等，2018)。探索式技术创新通过激进性地开发新产品，促使制造企业在新市场中占据技术领先地位，掌握前沿的技术有助于制造企业增加与其他企业合作的机会(Yan et al.，2018)，从而能够充分获取组织外部资源以提升企业的网络中心性。因此，本研究提出以下假设：

H6a：利用式技术创新对制造企业网络中心性具有正向影响。

H6b：探索式技术创新对制造企业网络中心性具有正向影响。

综合上述理论分析,本研究认为效率型服务化和新颖型服务化可以通过增强制造企业的网络中心性而提升企业绩效,利用式技术创新和探索式技术创新也会通过网络中心性对制造企业绩效产生积极影响。据此,本研究提出以下假设:

H7a:网络中心性在效率型服务化与制造企业绩效之间起中介作用。

H7b:网络中心性在新颖型服务化与制造企业绩效之间起中介作用。

H7c:网络中心性在利用式技术创新与制造企业绩效之间起中介作用。

H7d:网络中心性在探索式技术创新与制造企业绩效之间起中介作用。

据此,本研究形成的理论模型见图5.2.1。

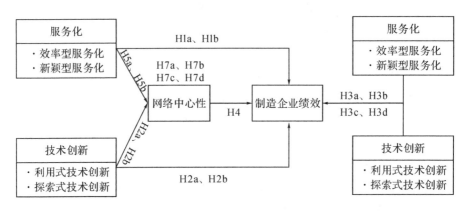

图 5.2.1　服务化与技术创新的交互机制的理论模型

二、研究数据、变量测量与测量评估

(一)数据收集

本研究采用大样本调查法进行研究,通过电子邮件和现场发放两种方式向浙江、安徽和江苏三省的服务型制造企业发放问卷。在正式大规模发放问卷之前,本研究团队于 2018 年 9 月至 10 月对浙江省杭州市内的 40 多家企业进行预调研,预测试结果表明所使用的量表具有较高的合理性。然后,本研究于 2018 年 10 月至 2019 年 3 月期间通过电子邮件和纸质问卷的方式进行了大规模的数据搜集。本研究共向浙江、安徽和江苏三省的服务型制造企业发放问卷 330 份,回收问卷 284 份,剔除无效问卷 54 份后,最终得到有效问卷 230 份,问卷有效回收率为 80.99%。其中,浙江省内发放问卷 151 份,回收问卷 129 份,有效问卷 97 份;安徽省内发放问卷 77 份,回收问卷 67 份,有效问卷 56 份;江苏省内发放问卷 102 份,回收问卷 88 份,有效问卷 77 份。本研究的总体样本分布特征如表 5.2.1 所示。

表 5.2.1　问卷样本企业的分布特征(N＝230)

项目		样本数	百分比
企业年龄	1990 年以前	9	3.91%
	1991—2000 年	66	28.70%
	2001—2010 年	117	50.87%
	2011 年以后	38	16.52%
企业性质	民营企业	146	63.47%
	国有企业	58	25.22%
	外资企业	4	1.74%
	中外合资企业	22	9.57%
企业规模	300 人以下	98	42.61%
	300~600 人	49	21.30%
	600~1200 人	46	20.00%
	1200 人以上	37	16.09%
行业分布	机械、建材制造业	39	16.96%
	纺织、食品制造业	30	13.04%
	有色金属制造业	18	7.83%
	航天航空制造业	11	4.78%
	化学医药制造业	25	10.87%
	信息、通信制造业	77	33.48%
	汽车制造业	21	9.13%
	其他	9	3.91%

(二)变量测量

本研究涉及的关键变量的测量均出自国内外已有的成熟量表,采用利克特量五点量表进行测度。具体而言,本研究对效率型服务化和新颖型服务化的测量借鉴易朝辉等(2018)和 Ayala 等(2019)的研究,从服务商业模式创新的视角进行测量,采用如"本公司的服务化能够降低交易成本""本公司的服务化提供了新的交易方式"等 12 个题项测度;利用式技术创新和探索式技术创新的测量采用 Martin 等(2017)和 Jin 等(2016)的研究,采用如"本公司定期对现有产品实施小规模改进""本公司可以接受超越现有产品的要求"等 10 个题项测度;制造企业绩效的测量借鉴 Lomberg 等(2016)开发的 6 个题项,从成长性和获利性两个维度对绩效进行衡量;网络中心性采用 Ruan 和 Chen(2017)、杨毅等(2018)的研究,采用如"本公司在合作网络中的中心地位显著"等 5 个题项测度。本研究将企业年龄、企业性质和企业规模作为控制变量,问卷题项详见表 5.2.2。

表 5.2.2　变量具体测量题项及信效度分析

变量	题项	因子载荷
效率型服务化 $\alpha=0.919$ AVE$=0.656$ CR$=0.919$	本公司的服务化能够降低交易成本	0.790
	本公司的服务化能够简化交易流程	0.782
	本公司的服务化能够降低交易过程中的信息不对称性	0.832
	本公司的服务化使合作伙伴间能够共享信息	0.836
	本公司的服务化能够提高交易效率	0.841
	本公司的服务化能够加快交易速度	0.777
新颖型服务化 $\alpha=0.901$ AVE$=0.607$ CR$=0.902$	本公司的服务化能够引入新的合作伙伴	0.767
	本公司的服务化能够搜寻新的产品信息组合	0.837
	本公司的服务化采用了新的方式来激励利益相关者	0.828
	本公司的服务化提供了新的交易方式	0.739
	本公司的服务化创造了一种新的盈利模式	0.799
	本公司的服务化引入了新的运作流程和规范	0.695
利用式技术创新 $\alpha=0.932$ AVE$=0.737$ CR$=0.933$	本公司经常在现有产品的提供方面进行改进	0.864
	本公司定期对现有产品实施小规模改进	0.845
	本公司经常为本地市场引入改进的,但已存在的产品	0.898
	本公司提高了产品的供应效率	0.824
	本公司增加现有市场的规模经济	0.860
探索式技术创新 $\alpha=0.929$ AVE$=0.727$ CR$=0.929$	本公司可以接受超越现有产品的要求	0.846
	本公司会将全新的产品进行商业化	0.790
	本公司经常在市场中开发和尝试新产品	0.878
	本公司经常在新市场中探索新的机会	0.840
	本公司经常使用新的分销渠道	0.903

续表

变量	题项	因子载荷
企业绩效 $\alpha=0.933$ AVE=0.713 CR=0.936	相比主要竞争对手而言,本公司的市场占有率较高	0.870
	相比主要竞争对手而言,本公司的雇员增长率较快	0.916
	相比主要竞争对手而言,本公司的顾客满意度较高	0.924
	相比主要竞争对手而言,本公司的新产品和服务发展速度较快	0.863
	相比主要竞争对手而言,本公司的投资收益率较高	0.825
	相比主要竞争对手而言,本公司的销售额增长速度较快	0.633
网络中心性 $\alpha=0.917$ AVE=0.692 CR=0.918	本公司在合作网络中的中心地位显著	0.814
	本公司更容易在网络联系中获取所需的关键资源	0.802
	本公司在网络中的中心位置吸引了网络成员与我们合作的意愿	0.860
	本公司的服务供应商往往需要通过本公司与其余服务供应商进行业务联系	0.825
	本公司较少依赖其他企业帮助而与其余合作伙伴进行业务联系	0.858

（三）测量评估

由表 5.2.2 可知,由本研究模型中所有变量的 Cronbach's α 值和 CR 值均大于 0.9,说明问卷具有较高的信度。各题项因子载荷和 AVE 值均大于 0.6,说明问卷具有较好的聚合效度和区别效度。

本研究采用 LISREL 软件对模型进行验证性因子分析,结果显示:χ^2/df =2.284<3,RMSEA=0.074<0.08,CFI=0.978>0.9,NNFI=0.976>0.9,表明模型的拟合度较好。本研究采用 Harman 单因子检验法,将全部题项放在一起进行因子分析,发现单因子最大解释率为 38.94%,说明不存在同源误差问题。针对可能存在的非回应偏差问题,本研究将回收的问卷数据,以最初发放和最终回收时间的中间日期为基准,分成早期回应和晚期回应,采用 t 检验对比这两组数据在企业年龄、企业性质、企业规模三方面的差异,结果表明两部分问卷数据在被检验变量上没有显著差异,可以认为本研究的样本数据不存在非回应偏差。

此外,为避免变量测量误差和反向因果关系可能引发的内生性问题,本研究采用了经过验证的成熟量表对变量进行测度,并且所有变量均通过了信度和效度检验。此外,本研究关注的是制造企业过去三年的服务化、技术创新实践对企业当前绩效的影响,因果关系清晰,且从时间顺序上看不存在反向影响的可能。因此,可以认为本研究也不存在内生性问题。

三、制造企业服务化与技术创新交互的数据分析

(一)描述性统计与相关性分析

由表5.2.3可知,变量之间的相关关系与假设相符。所有变量的 VIF 值均小于5,说明不存在多重共线性问题。

(二)假设检验

本研究使用 Stata13.0 软件,采用多元层次回归模型对上述研究假设进行检验,结果见表5.2.4。模型2至模型5的回归结果表明,效率型服务化和新颖型服务化、利用式技术创新和探索式技术创新对企业绩效均具有显著的正向影响,因此,假设 H1a、H1b、H2a 和 H2b 均得到支持。模型6和模型7的回归结果表明,效率型服务化与探索式技术创新交互对制造企业绩效具有负向影响($\beta=-0.180, p<0.1$),新颖型服务化与利用式技术创新交互对制造企业绩效具有正向影响($\beta=0.202, p<0.1$),因此,假设 H3b 和 H3c 得到支持。效率型服务化与利用式创新交互对制造企业绩效的正向影响未得到验证,新颖型服务化与探索式技术创新对制造企业绩效有负向影响($\beta=-0.330, p<0.01$),即假设 H3a 和 H3d 没有得到支持。模型8为全模型,所得结果与前面的子模型结果基本一致[①]。

此外,本研究还绘制了交互效应图对效率型服务化与探索式技术创新的交互效应进一步进行可视化分析。如图5.2.2所示,随着探索式技术创新(效率型服务化)程度的提升,效率型服务化(探索式技术创新)对企业绩效的积极影响逐渐变小(斜率减小)。由此可见,效率型服务化与探索式技术创新的交互对企业绩效具有显著的消极作用。

同样地,本研究也对新颖型服务化与利用式技术创新的交互效应进一步进行可视化分析。如图5.2.3所示,随着利用式技术创新(新颖型服务化)程

---

① 新颖型服务化、效率型服务化与探索式技术创新交互,这两个变量在逐步回归的子模型(模型3、模型6)中均能对制造企业绩效发挥显著的影响作用。全模型(模型8)要将所有变量回归,这两个变量的显著性由于相对其他变量较低而变得不显著。本研究基于理论逻辑的考虑,认为综合考虑子模型和全模型的结果更为科学,因此,依然认为相对应的假设得到支持。

表 5.2.3　描述性统计分析及相关系数矩阵 ($N=230$)

	1	2	3	4	5	6	7	8	9	VIF
1. 企业年龄	1									1.47
2. 企业类型	0.249***	1								1.13
3. 企业规模	0.546***	0.302***	1							1.52
4. 效率型服务化	0.039	0.091	0.020	1						4.41
5. 新颖型服务化	0.027	0.007	−0.052	0.761***	1					2.48
6. 利用式技术创新	−0.022	0.052	0.024	0.619***	0.410***	1				2.76
7. 探索式技术创新	0.036	0.062	−0.001	0.617***	0.441***	0.704***	1			2.24
8. 网络中心性	−0.017	0.041	−0.013	0.796***	0.619***	0.715***	0.606***	1		3.54
9. 企业绩效	0.045	−0.001	−0.046	0.585***	0.444***	0.637***	0.552***	0.652***	1	
均值	2.555	0.574	2.548	3.551	3.699	3.236	3.339	3.470	3.530	
标准差	0.512	0.926	1.571	0.730	0.735	0.746	0.730	0.756	0.851	

注：$N=230$。* 表示 $p<0.1$，** 表示 $p<0.05$，*** 表示 $p<0.01$。

表 5.2.4　服务化、技术创新及二者交互与制造企业绩效的主效应分析（N=230）

变量		制造企业绩效							
		模型 1	模型 2	模型 3	模型 4	模型 5	模型 6	模型 7	模型 8
控制变量	企业年龄	0.165	0.143	0.109	0.226**	0.124	0.180*	0.173*	0.168*
	企业性质	0.004	−0.048	−0.003	−0.028	−0.028	−0.046	−0.041	−0.033
	企业规模	−0.055	−0.049	−0.031	−0.068**	−0.042	−0.064**	−0.066**	−0.068**
自变量	效率型服务化		0.686***				0.278***	0.263***	0.268**
	新颖型服务化			0.508***			0.045	0.015	0.019
	利用式技术创新				0.735***		0.460***	0.459***	0.458***
	探索式技术创新					0.643***	0.158*	0.197***	0.184***
交互项	效率型服务化 * 利用式技术创新						0.064		−0.159
	效率型服务化 * 探索式技术创新						−0.180*		0.150
	新颖型服务化 * 利用式技术创新							0.202*	0.327**
	新颖型服务化 * 探索式技术创新							−0.330***	−0.446***
模型拟合	R^2	0.009	0.353	0.201	0.422	0.312	0.493	0.506	0.509
	Ad-R^2	−0.004	0.341	0.186	0.412	0.299	0.472	0.486	0.484
	F	0.692	30.62***	14.11***	41.11***	25.45***	23.77***	25.03***	20.51***

注：$N=230$。* 表示 $p<0.1$，** 表示 $p<0.05$，*** 表示 $p<0.01$。

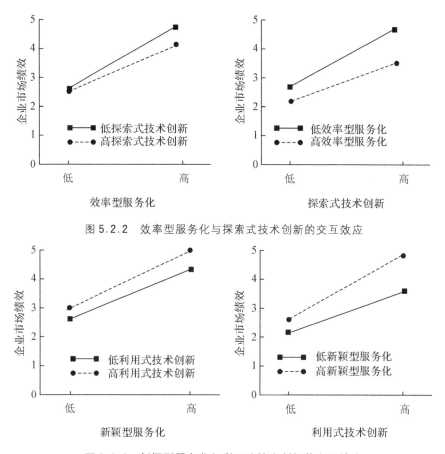

图 5.2.2　效率型服务化与探索式技术创新的交互效应

图 5.2.3　新颖型服务化与利用式技术创新的交互效应

度的提升,新颖型服务化(利用式技术创新)对企业绩效的积极影响逐渐变大(斜率增大),由此可以认为,新颖型服务化与利用式技术创新的交互对企业绩效具有显著的积极作用。

此外,本研究基于数据分析发现,新颖型服务化与探索式技术创新的交互对制造企业绩效具有负向影响,与假设 H3d 不符,但仍有必要通过交互效应图对这一发现进一步进行分析。如图 5.2.4 所示,随着探索式技术创新(新颖型服务化)程度的提升,新颖型服务化(探索式技术创新)对企业绩效的积极影响逐渐变小(斜率减小),因此,可以认为新颖型服务化与探索式技术创新的交互对企业绩效具有显著的消极作用。

此外,本研究也对其他主效应进行了检验,结果见表 5.2.5。模型 1 显示

表 5.2.5　网络中心性的中介效应分析（N=230）

变量		制造企业绩效						网络中心性		
		模型 1	模型 2	模型 3	模型 4	模型 5	模型 6	模型 7	模型 8	模型 9
控制变量	企业年龄	0.187*	0.176*	0.180*	0.212**	0.164*	−0.058	−0.100	0.029	−0.070
	企业性质	−0.026	−0.034	−0.025	−0.032	−0.034	−0.018	0.032	0.009	0.010
	企业规模	−0.049	−0.048	−0.047	−0.059*	−0.044	−0.001	0.022	−0.021	0.005
自变量	效率型服务化		0.210				0.827***			
	新颖型服务化			0.060				0.640***		
	利用式技术创新				0.411***				0.725***	
	探索式技术创新					0.285***				0.628***
中介变量	网络中心性	0.737***	0.576***	0.701***	0.447***	0.571***				
模型拟合	R^2	0.463	0.448	0.438	0.499	0.474	0.636	0.388	0.512	0.369
	Ad-R^2	0.426	0.435	0.425	0.488	0.462	0.629	0.377	0.504	0.357
	F	43.50***	36.33***	34.87***	44.65***	40.31***	98.09***	35.64***	59.09***	32.83***

注：N=230。* 表示 $p<0.1$，** 表示 $p<0.05$，*** 表示 $p<0.01$。

网络中心性能正向影响制造企业绩效,因此假设 H4 成立。模型 6、模型 7 显示效率型服务化和新颖型服务化能正向影响企业网络中心性,因此假设 H5a、H5b 成立;模型 8、模型 9 显示利用式技术创新和探索式技术创新能积极影响企业网络中心性,因此假设 H6a、H6b 成立。比较表 5.2.4 中的模型 2 与表 5.2.5 中的模型 2 可知,网络中心性在效率型服务化与企业绩效之间发挥了完全中介作用,因此假设 H7a 成立;比较表 5.2.4 中的模型 3 与表 5.2.5 中的模型 3 可知,网络中心性也在新颖型服务化与企业绩效之间发挥完全中介作用,因此假设 H7b 成立。比较表 5.2.4 中的模型 4 与表 5.2.5 中的模型 4 可知,网络中心性在利用式技术创新与企业绩效之间没有发挥中介作用,因此假设 H7c 未成立;比较表 5.2.4 中的模型 5 与表 5.2.5 中的模型 5 可知,网络中心性在探索式技术创新与企业绩效之间也没有发挥中介作用,因此假设 H7d 未成立。

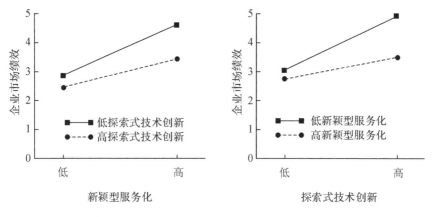

图 5.2.4　新颖型服务化与探索式技术创新的交互效应

（三）稳健性检验

为保证研究结果具有足够的稳健性,本研究采用以下两种方式对其进行检验。

首先,本研究采用研发创新绩效作为企业综合绩效的替代变量进行稳健性检验。本研究从表 5.2.2 的企业绩效指标中选取出市场占有率、新产品和服务发展速度、投资收益率这三个指标来衡量企业的研发创新绩效。检验结果表明:效率型服务化和新颖型服务化对企业绩效均具有显著的正向影响（$\beta=0.702, p<0.01; \beta=0.524, p<0.01$）,因此假设 H1a、H1b 成立。利用式技术创新和探索式技术创新对企业绩效均具有显著的正向影响（$\beta=0.743,$

$p<0.01; \beta=0.656, p<0.01$），因此假设 H2a、H2b 成立。效率型服务化与探索式技术创新交互对制造企业绩效具有负向影响（$\beta=-0.188, p<0.1$），新颖型服务化与利用式技术创新交互对制造企业绩效具有正向影响（$\beta=0.222, p<0.1$），因此假设 H3b 和 H3c 得到支持。效率型服务化与利用式创新交互对制造企业绩效的正向影响未成立，新颖型服务化与探索式技术创新对制造企业绩效有负向影响（$\beta=-0.338, p<0.01$），即假设 H3a 和 H3d 没有得到数据支持。网络中心性能正向影响制造企业绩效（$\beta=0.758, p<0.01$），假设 H4 成立。效率型服务化和新颖型服务化对企业网络中心性有正向影响（$\beta=0.827, p<0.01; \beta=0.640, p<0.01$），假设 H5a、H5b 成立。利用式技术创新和探索式技术创新能积极影响企业网络中心性（$\beta=0.725, p<0.01; \beta=0.628, p<0.01$），假设 H6a、H6b 成立。通过比较回归结果可知，网络中心性在效率型服务化与企业绩效、新颖型服务化与企业绩效之间发挥了完全中介作用，假设 H7a、H7b 成立；网络中心性在利用式技术创新与企业绩效、探索式技术创新与企业绩效之间没有发挥中介作用，假设 H7c、H7d 未成立。综上所述，所得结果保持一致。

其次，本研究也在问卷回收后阶段回访了 20 位原始受访者（浙江 9 位、安徽 5 位、江苏 6 位）以验证分析的准确性，结果表明回访结果与研究结论具有一致性。

由此可知，本研究结果具有稳健性。

（四）研究结果讨论

本研究识别并分析了不同类型的服务化与技术创新协同匹配对制造企业绩效的影响效应，并剖析了两者作用于制造企业绩效的中介机制。基于商业模式创新视角提出的效率型服务化、新颖型服务化与利用式技术创新、探索式技术创新之间的组合匹配对企业绩效的影响，能够为制造企业选择何种路径打造竞争优势提供参考意见，也促进了制造企业服务化研究与技术创新研究的交互发展。

本研究发现，新颖型服务化与利用式技术创新的组合匹配能够积极提升制造企业绩效，而效率型服务化与探索式技术创新的组合匹配却对制造企业的绩效提升具有抑制作用。该研究发现支持了姚明明等（2014）关于商业模式设计与技术创新互动推进后发企业技术追赶的研究。效率型服务商化与利用式技术创新交互对企业绩效的正向影响未得到数据支持，原因可能是为了能在竞争激烈的市场中获得一席之位，制造企业或选择大胆地开拓服务商业模式,或选择进行探索性的技术研发,鲜有企业只专注于"修补"原有的服务和技术业务来构筑存活之道。此外,本研究发现新颖型服务化与探索式技术创新交互对企业绩效具有负向影响。从资源有限性的角度来看,探索式技术创新需要企业进行持续性的技术投入,如搭建技术合作平台等,而制造企业推行新颖型服务化也并非易事,如企业需要构建异质性网络等。由于服务商业模式的构建逻辑不同于传统的制造逻辑,制造企业需要打破原有制造思维惯性去重构服务能力。因此,鲜有制造企业能够同时实施这两种创新模式。

此外,本研究发现网络中心性在服务化对企业绩效的影响中发挥了中介作用,强调了制造企业服务化发展中网络构建的重要性。在进行服务化时,由于自身资源、能力的限制,制造企业往往需要借助外部服务供应商来为顾客提供服务解决方案。制造企业需要与服务供应商、客户之间形成三角互动,才能加速三者之间的资源流动(Demil et al.,2010;买忆媛 等,2015),增强潜在合作的可能性(Hahn et al.,2018)。因此,制造企业的服务化可以通过增强其网络中心性积极影响企业绩效。然而,网络中心性在技术创新对企业绩效的影响中没有发挥中介作用,说明网络中心性并非技术创新作用于企业绩效的关键路径。这与服务化不同。后者由于缺乏服务供应资源,对企业网络中心性建构的需求更大。技术创新对企业绩效的作用机制需要从企业网络的多种维度去探索,而不仅仅局限于网络结构。

根据上述回归分析,总结出本研究的假设验证情况,如表5.2.6所示。

表 5.2.6　假设检验结果小结

编号	假设描述	是否证实
H1a	效率型服务化对企业绩效具有正向影响	证实
H1b	新颖型服务化对企业绩效具有正向影响	证实
H2a	利用式技术创新对企业绩效具有正向影响	证实
H2b	探索式技术创新对企业绩效具有正向影响	证实
H3a	效率型服务化与利用式技术创新的交互对制造企业绩效具有正向影响	未证实
H3b	效率型服务化与探索式技术创新的交互对制造企业绩效具有负向影响	证实
H3c	新颖型服务化与利用式技术创新的交互对制造企业绩效具有正向影响	证实
H3d	新颖型服务化与探索式技术创新的交互对制造企业绩效具有正向影响	未证实
H4	网络中心性对制造企业绩效具有正向影响	证实

续表

编号	假设描述	是否证实
H5a	效率型服务化对制造企业网络中心性具有正向影响	证实
H5b	新颖型服务化对制造企业网络中心性具有正向影响	证实
H6a	利用式技术创新对制造企业网络中心性具有正向影响	证实
H6b	探索式技术创新对制造企业网络中心性具有正向影响	证实
H7a	网络中心性在效率型服务化与制造企业绩效之间起中介作用	证实
H7b	网络中心性在新颖型服务化与制造企业绩效之间起中介作用	证实
H7c	网络中心性在利用式技术创新与制造企业绩效之间起中介作用	未证实
H7d	网络中心性在探索式技术创新与制造企业绩效之间起中介作用	未证实

四、研究结论

本研究通过探讨不同类型服务化与技术创新的交互匹配对制造企业绩效的影响，以及分析网络中心性在服务化、技术创新与企业绩效之间的中介作用，得到如下研究结论：

第一，基于权变视角对比分析不同类型服务化与技术创新交互对制造企业绩效的差异化影响，提出新颖型服务化与利用式技术创新的组合匹配能积极提升制造企业绩效，探索式技术创新与效率型服务化、新颖型服务化新的组合匹配均对制造企业绩效具有抑制作用，有助于丰富和深化现有制造企业服务化与技术创新研究。

第二，基于网络视角识别网络中心性在服务化与制造企业绩效之间的中介效应，提出效率型服务化、新颖型服务化、利用式技术创新、探索式技术创新均能显著提升制造企业网络中心性和制造企业绩效，网络中心性在服务化对制造企业绩效的影响中发挥完全中介作用，而在技术创新对企业绩效的影响中没有发挥中介作用，不仅揭示了制造企业服务化对企业绩效的作用机制，同时拓展了网络理论在服务化研究中的应用。

第三，基于商业模式创新视角来解构制造企业服务化，并进一步剖析服务化与制造企业技术创新之间的关系，是制造企业服务化研究领域中的重要理论问题之一，本研究对此提供了新的启示和见解。

本研究对服务型制造企业的发展提出以下对策建议：

第一，服务型制造企业在创新实践中应该重视服务化和技术创新的组合匹配,通过发挥其最大效应实现创新追赶。如在技术创新过程中,制造企业要不断完善和实施服务化,促进技术创新成果的转化,以实现其创新效用最大化。在推进服务化过程中,制造企业也要关注其自身技术创新能力的培育。

第二,服务型制造企业要意识到服务化和技术创新的选择是动态变化的,制造企业应基于自身现状,在保持组织动态稳定性的前提下,合理选择恰当的服务化和技术创新,并适度动态调整两种创新模式的匹配方式,以实现企业绩效的最大化提升。

第三,服务化和技术创新是企业持续发展的重要方式。不同的创新方式会对企业的网络位置提出不同要求。处于网络中心位置的企业对网络资源具有更强的控制力。服务型制造企业应该主动积极地占据服务网络的有利位置,获取更多服务供应商和顾客的相关知识和资源,以实现服务化的最大价值,有效避免服务化悖论。

自然,本研究也存在一些不足之处:

第一,跨地区问卷发放与收集的难度较大导致有效样本容量相对较小,这在一定程度上影响了研究结论的普适性。

第二,实证研究数据属于调研时点收集的横截面数据,可能无法准确地反映变量之间的因果关系。未来研究可以在纵向时间序列里考察变量之间的关系,如利用时间序列数据进行面板数据分析,或采用扎根理论或案例研究等质性方法进行纵向分析以提高研究结论的准确性。

第三,服务化与技术创新在制造企业内部存在着交互作用,但是在什么样的情况下这类交互作用更强或更弱,则是一个非常重要的研究问题。未来研究可基于此逻辑,进一步探索与识别企业的数字化水平等变量的调节效应。因为无论是当前国家政策层面还是企业实践层面,数字化转型对制造企业都越来越重要,数字技术逐渐成为技术的主导方式,这将是一个非常重要且有意义的研究话题。

第三节　服务化与数字化的交互机制分析

人工智能、物联网、大数据、云计算、区块链等新兴数字技术的涌现,彻底改变了供应链并重组了行业竞争(Marco Ardolino et al.,2018),越来越多的制造企业使用数字技术来实现价值创造,即推行数字化战略(Sklyar et al.,2019),数字化越来越成为企业在日益激烈的竞争中生存乃至繁荣发展的最重要战略之一(Ferreira et al.,2019)。与此同时,服务经济的发展促使诸多制造企业开始采用另一种重要战略——服务化战略,即通过将服务和产品捆绑来为客户创造新的价值、产生新的收益的过程。

虽然数字化和服务化是两种不同的战略,但从价值创造的角度来看,这两种战略在本质上是互补的,制造企业往往会同时采用这两种战略(Sklyar et al.,2019)。例如,一家制造企业可能会使用数字技术来提供创新和集成的解决方案,从而更好地实现服务产品的价值(Ardolino et al.,2018;Kohtamäki et al.,2020)。又如,世界上最大的大规模定制解决方案平台之一卡奥斯工业互联网平台,助力海尔集团在中国成功地为客户提供集定制设计、定制采购、定制生产、定制物流、定制服务于一体的综合解决方案。同样,制造企业也能使用新的服务更好地实现数字技术的价值创造潜力。如,企业所提供的客户咨询等高级服务可将客户和企业紧密联系起来,从而有助于企业解锁数据的价值,获取数字化的收益。

然而,服务型制造企业在享受数字化带来的益处的同时,往往会忽视数字化可能带来的风险和成本,如,顾客个人数据的泄露、复杂的操作流程等(Kohtamäki et al.,2020)。此外,数字化和服务化两种战略通常由制造企业的不同部门来推行,因此并非所有的数字化工具都是用于支持服务化发展的,也不是所有的服务化战略都需要采用数字化工具(Coreynen et al.,2017;R. Sousa et al.,2017)。例如,3D打印和机器人技术等制造型的数字技术,主要用于促进有形产品的生产。同样地,客户咨询和支持服务、用户技术培训服务等传统专业化服务,由于需要企业以面对面的方式向顾客提供服务,对数字化工具的需求较弱。事实上,一部分文献已经表明,某些类型的数字化可能会促进特定类型的服务发展,而另一些可能会稀释企业的有限资源,从而阻碍某些类型服务的发展(Lau et al.,2010;Zhou et al.,2020)。

虽然关于数字化与服务化的关联研究目前仍比较有限,但已有一部分学者开始探索数字化和服务化的关联性,即数字服务化。在数字服务化中,企业采用数字化工具的主要目的是支持服务化的发展(Coreynen et al.,2020;Paschou et al.,2020;Sjödin et al.,2020)。然而,这一流派的研究并未回答我们所关注的研究问题:服务化(数字型的或非数字型的)和数字化(用于服务化或非服务化)战略如何作为独立的战略相互作用,进而影响制造企业绩效? 最近有少数研究开始探索服务化和数字化之间的交互作用(Kohtamäki et al.,2020;Martin-Pena et al.,2019)。然而,这些研究大多关注的是服务化和数字化交互对企业绩效的积极作用,很少讨论两种战略不匹配时所产生的潜在风险问题(Kharlamov et al.,2021)。因此,现有研究缺乏一个全面阐述服务化和数字化之间复杂交互作用的概念框架(Lerch et al.,2015)。此外,尽管每一家制造企业提供给客户的服务存在显著的区别(Saccani et al.,2014),但很少有研究检验不同类型的服务化战略如何交互影响制造企业绩效(Ryu et al.,2018)。同样,制造企业也会基于不同的业务职能所需而运用不同类型的数字化战略。因此,服务化和数字化如何交互影响制造企业绩效取决于服务化和数字化战略的类型(Ardolino et al.,2018)。据此,本研究试图采用服务主导逻辑来厘清不同类型的服务化、数字化战略之间的复杂交互作用。具体而言,本研究剖析了哪种类型的服务化战略与哪种类型的数字化战略能够一致性地提高制造企业的市场绩效(Goduscheit et al.,2018)。同时,本研究也探索了不同类型的服务化(数字化)战略如何通过交互作用来影响制造企业的市场绩效。

服务主导逻辑提出了两种机制——资源液化和资源整合,有助于本研究从概念上解释服务化、数字化和企业绩效之间的关系(Goduscheit et al.,2018;Lusch et al.,2015)。为了研究服务化和数字化之间的交互作用,本研究关注两种类型的服务化战略,即基础服务化和高级服务化(Sousa et al.,2017),同时根据企业内部和外部发展的目的,将数字化战略分为内部数字化和外部数字化(Coreynen et al.,2017;Julia,et al.,2018)。本研究使用257家中国制造企业的问卷来检验研究假设,研究结果有力地支持了假设,即不同类型的服务化和数字化战略在影响制造企业的市场绩效时,正、负交互作用效用同时存在。

一、研究的理论基础:服务主导逻辑

服务主导逻辑最早是由 Vargo 和 Lusch(2004)提出的,与产品主导逻辑形成对比。服务主导逻辑仍在发展初期(Brodie et al.,2019),它提供了一个理论框架来阐明服务的概念,识别服务在商业交易和竞争(Lusch et al.,2007)以及价值共创中的作用(Brodie et al.,2019)。服务主导逻辑的一个核心主张是倡导企业通过服务参与市场竞争(Vargo et al.,2016)。服务主导逻辑将服务视为市场交换的基础,认为产品仅仅是服务的补充。此外,服务主导逻辑将顾客视为价值共创者,认为所有的社会和经济主体都是资源整合者(Brodie et al.,2019),强调运营性资源(如数字技术、知识和技能)是企业竞争优势的基础来源(Vargo et al.,2008)。在生态系统的背景下,服务主导逻辑侧重于服务交换的制度角色和安排(Vargo et al.,2016)。基于服务主导逻辑,研究者提出资源液化和资源整合对于充分实现企业服务创新的价值至关重要(Goduscheit et al.,2018;Lusch et al.,2015)。已有部分学者开始采用服务主导逻辑来解释数字化如何增强服务创新(Goduscheit et al.,2018)。

本研究主要采用服务主导逻辑的两个元理论基础(即资源液化和资源整合)来解释服务化和数字化战略的交互作用(Goduscheit et al.,2018)。资源液化强调数字化在企业中的关键地位,认为数字化是企业的一种运营性资源(Lusch et al.,2015;Vargo et al.,2009)。数字化有助于企业将信息从物理设备中分离出来,通过降低物理设备运输的成本和时间,帮助企业通过液化相关资源来创造新的机会和触发新的服务理念(Lusch et al.,2015)。对比而言,资源整合强调企业通过整合资源来推进服务化的发展,并将所有的社会中的行动者视为资源整合者,强调整合新的资源与重构现有资源的重要性(Lusch et al.,2015)。数字化通过打开企业边界增加了资源的异质性,从而增加了企业对资源整合的需求(Goduscheit et al.,2018)。综上所述,服务主导逻辑的两个元理论基础有助于本研究解释不同的服务化和数字化战略如何相互作用从而影响制造企业的市场绩效的机制。

二、制造企业服务化与数字化交互的理论分析

(一)服务化与数字化的类型分析

1. 服务化的类型分析

服务化的概念是由 Vandermerwe 和 Rada 在 1988 年提出的,指制造企业通过提供产品-服务包来增强产品核心价值的一种方式。在 Vandermerwe 和 Rada(1988)的研究基础上,现有的服务化研究形成了多个流派,分别从多个不同的角度对服务化进行了阐述(Raddats et al.,2019)。服务战略和服务营销研究领域的学者倾向于采用资源基础观、商业模式创新理论和动态能力理论来分析服务化过程(Kowalkowski et al.,2014)、服务绩效(Neely,2008)和

服务能力(Kindstrom,2010;Sjödin et al.,2016;Ulaga et al.,2011);服务科学和服务运营的学者通常从服务主导逻辑和服务生态系统视角(Banoun et al.,2016;Kaartemo et al.,2016;Vargo et al.,2012)来分析服务化的路径(Vandermerwe et al.,1988;Visnjic et al.,2018;Visnjic et al.,2016)、服务化网络和服务化的制度安排(Siltaloppi et al.,2016;Vargo et al.,2016)。

　　研究者根据服务内容对服务化战略进行了分类,如服务支持产品(SSP)和服务支持客户行为(SSC)(Eggert et al.,2014;Mathieu,2001;Yan et al.,2021)、产品导向服务和顾客支持服务(Eggert et al.,2014;Gebauer et al.,2005;Green et al.,2017),以及基础服务和高级服务(Sousa et al.,2019;Sousa et al.,2017)。服务化战略还可以根据服务化的轨迹进行分类,即可用性提供者、绩效提供者和工业化者(Ardolino et al.,2017)。服务化战略还可以根据服务是聚焦于产品还是顾客,以及服务的价值主张是致力于执行约定还是获得一定程度的绩效回报,分为产品全生命周期服务、资产效率服务、流程支持服务、处理委托服务(Ulaga et al.,2011)。本研究拟采用基础服务和高级服务的分类,因为它不仅体现了服务化内容的差异,也体现了服务化的不同发展水平(Sousa et al.,2019)。

　　基础服务主要根据交易协议来支持产品功能(Saccani et al.,2014)。相对地,高级服务主要以顾客为主导,超越了仅提供产品的基本功能,更关注与顾客共同创造价值的过程。高级服务通常致力于满足顾客的独特的需求,从而实现更高的顾客满意度。此外,高级服务通常会收费,然而大多数基础服务是免费的。因此,与基础服务相比,高级服务对企业的财务回报有更积极的影响(Sousa et al.,2017)。虽然基础服务和高级服务都能延长产品的使用寿命,但这两种服务却不会因顾客购买率的降低而对企业绩效产生消极影响。它们以互补的方式共同作用于企业绩效。例如,维护和维修服务作为基础服务能提升顾客的产品使用寿命,当顾客的产品寿命变长时,虽然可能降低顾客的产品购买率,但企业可以通过提供高级服务与顾客构建更为紧密的联系,从而创造更多额外的顾客价值共创机会,降低顾客的机会主义行为,有助于企业绩效的提升(Vendrell-Herrero et al.,2021)。综上所述,虽然基础服务和高级服务在某些方面需要共享企业的资源和能力,但是它们在影响制造企业绩效上存在显著差异。因此,本研究将区分基本服务和高级服务来展开研究(Sousa et al.,2017)。

2. 数字化的类型分析

数字化是指企业使用数字技术来创造新的流程或转换现有流程来满足不断变化的商业和市场需求(Sklyara et al.,2019;Vial,2019)。学术界已从不同的角度对企业的数字化进行了研究。一些研究是从商业模式创新的角度分析数字化商业模式,探索它们与供应链中企业的相互依赖关系(Vendrell-Herrero et al.,2017)。信息系统领域的研究者将数字创新视为新的研究的机会,数字创新被认为是源于数字技术的使用,表现为产品营销、业务流程或商业模式的构建(Nambisan et al.,2017)。基于动态能力视角,数字能力的研究也吸引了许多学者的注意力,数字能力被认为是企业为了应对不断变化的环境,充分利用数字技术来帮助企业的利益相关者适应、整合以及重新配置资源的能力(Pagoropoulos et al.,2017)。

研究者基于不同视角对数字化战略进行了分类。Ardolino 等(2018)聚焦数字技术的内容,将数字化分为物联网、云计算和预测分析三种类型。基于商业化和工业化视角,一些学者将数字化分为前端数字化和后端数字化两种类型(Coreynen et al.,2017)。若将数字化视为一项组织变革(Hanelt et al.,2021),则数字化通常可以区分为内部导向的战略(即运营和结构)和外部导向的战略(即客户、供应商、竞争对手和合作伙伴)(Pettigrew,1987)。数字技术能够为提升效率以及加强与合作伙伴/顾客的紧密关系提供发展机会(Cenamor et al.,2019)。因此,根据内、外部视角,数字化可以划分为内部数字化与外部数字化两种类型(Parida et al.,2015)。

外部数字化旨在加强外部关系,如加强与合作伙伴或顾客的合作关系;内部数字化旨在提高内部流程的效率,包括项目管理、产品/服务开发和生产计划(Kroh et al.,2018)。内部数字化有助于降低成本、提高效率,关注内部运营;外部数字化则是更直接、有效地增加顾客对制造企业产品的感知价值,有助于企业在新的细分市场实现价值创造(Kindström et al.,2015)。因此,基于现有文献基础,我们将数字化划分为内部数字化和外部数字化,这主要是因为内部数字化和外部数字化会对制造企业的不同方面产生影响,进而可能对服务化战略产生不同的影响。

(二)服务化与数字化交互的研究进展

一部分新兴的研究开始关注服务化和数字化之间的交互作用(Baines et al.,2017)。其中一个研究流派探索了服务化和数字化的融合,将其称为数字服务化战略(Coreynen et al.,2020；Gebauer et al.,2020)。数字服务化被定义为制造企业使用数字技术实现从以产品为中心到以服务为中心的逻辑转变过程(Ardolino et al.,2018；Coreynen et al.,2017；Kohtamäki et al.,2020；Kowalkowski et al.,2017；Tronvoll et al.,2020)。现有研究已经检验了数字服务化的驱动因素,如关系和结构嵌入(Sklyara et al.,2019)、探索和开发(Coreynen et al.,2020)、承诺和敏捷性(Bustinza et al.,2018),以及供应商-客户关系等(Kamalaldin et al.,2020)。也有研究探索了数字服务化的管理方式,如制造企业应该开展集中决策,并在前端和后端以及产品和服务单元之间耦合资源(Sklyar et al.,2019),或企业采用敏捷的微服务创新方式来提供数字服务(Sjödin et al.,2020)。成功地实施数字服务化需要一个全面的转变过程,包括从计划到发现,从稀缺到丰富,从等级到伙伴关系等(Tronvoll et al.,2020)。数字服务化已经被证实可以帮助制造企业以新颖的方式实现价值共创,帮助企业从数据中生产知识,提高企业运营和环境绩效,获取竞争优势以及提高生产力(Opazo-Basáez et al.,2018；Paschou et al.,2020)。然而,我们发现,上述研究主要关注的是支持服务化战略实施的数字化战略,而鲜有研究去检验这两个战略如何独立地影响制造企业绩效。

相比之下,另一个新兴的研究流派将服务化和数字化视为两个独立的战略进行分析,这与本研究更为相关。该流派的学者探索了数字化和服务化之间的关系,而不是将它们视为一个整体的战略。例如,他们提出数字化已经被证实为服务化和企业绩效关系的中介变量(Martin-Pena et al.,2019)。当数字化水平处于中等至高水平时,服务化是数字化和企业绩效之间关系的中介变量(Kohtamäki et al.,2020)。然而,这一流派的研究未区分不同类型的服务化战略和数字化战略,也没有研究两种战略对制造企业绩效的交互影响。基于此,本研究将服务化和数字化作为两种独立的战略,研究不同类型的服务化(基础和高级)和数字化(内部和外部)交互影响制造企业市场绩效的机制。实际上,市场绩效也尚未在有关服务化和数字化的文献中得到很好的研究。

(三)服务化与数字化交互的研究假设

1. 制造企业服务化对企业市场绩效的影响

基于服务化文献,本研究将服务化分为基础服务化和高级服务化两类。基础服务,如产品安装和维护服务等,有助于增加有形产品的感知价值,且大部分的基础服务是免费的。在一般情况下,提供基础服务所需的技能与产品的功能紧密相关,不需要制造企业在产品生产系统中获取新的知识或资源(Sousa et al.,2017)。因此,向顾客提供基础的增值服务对于制造企业而言并不具挑战性,且成本相对较低。相反,高级服务致力于满足顾客的独特需求,超越了产品的基础功能,有助于推进制造企业的产品差异化、增强顾客忠诚度以及提升制造企业的市场绩效。而且,高级服务通常是知识密集型的,竞争对手很难模仿。因此,对于制造企业而言,提供高级服务虽然可能会更昂贵,但也可能更有效、持续地提高制造企业的市场绩效(Kohtamäki et al.,2020)。

虽然基础服务化和高级服务化有所不同,但它们在本质上是互补的。现有研究发现,基础服务可能是制造企业提供高级服务的必要前提(Sousa et al.,2017;Ulaga et al.,2011)。基础服务化有助于制造企业更好地将高级服务化和顾客需求联系起来,同时,高级服务化也能够增强制造企业提供基础服务的能力。一方面,基础服务通常是免费的或是价格低廉的,因此,相比于昂贵的高级服务,顾客在选择使用基础服务时不太会犹豫。通过使用制造企业的基础服务,顾客会增强对制造企业的了解和信任,因而也会更愿意为该企业的高级服务付费(Sousa et al.,2017)。此外,基础服务化有助于制造企业获得庞大的用户基础,从而获得顾客的产品使用数据,为企业准确把握顾客偏好提供了机会(Ulaga et al.,2011),有助于制造企业更好地将高级服务与顾客需求相结合。另一方面,高级服务增强了制造企业提供基础服务的能力。高级服务具有高度定制化、隐性以及社会复杂性等特征,这有助于制造企业超越基础产品,创造新的服务价值,从而获得可持续竞争优势(Sousa et al.,2017)。具有可持续竞争优势的制造企业更有可能拥有良好的财务状况,这些企业可以更好地处理由于提供免费的基础服务所产生的财务负担。综上所述,基础服务化和高级服务化之间的交互作用对制造企业的市场绩效有积极的影响。因此,本研究提出以下假设:

H1:基础服务化和高级服务化对制造企业市场绩效具有积极的交互作用。

2. 制造企业数字化对企业市场绩效的影响

数字化促进了信息共享,而信息共享往往受限于物理位置距离所带来的成本和时间。数字化也能够高效且有效地促进资源的流动,使得信息与物理设备即使在位置上分离也可以实现互动(Lusch et al.,2015)。外部数字化通过降低组织间沟通成本促进企业与顾客、供应商等外部伙伴的互动,这有助于制造企业更好地捕获顾客的偏好(Coreynen et al.,2017)。例如,自助服务点作为每位顾客的私人数字助理促进了企业与顾客的沟通。此外,外部数字化也能实现产品的定制化,并为顾客实现服务交付(Cenamor et al.,2017;Silvestro et al.,2015;Sklyara et al.,2019)。比如,数字化工具支持的自助异常需求规划可以帮助企业准确地预测顾客未来的需求。因此,外部数字化能够促进资源流动,优化顾客体验,从而增强顾客的忠诚度(Kindström et al.,2015),进而提高企业的市场绩效。相反,内部数字化侧重于降低内部流程成本,提高运营效率。例如,内部数字化能够提高生产流程的透明度,从而促进企业更好地做出资源配置相关的决策(Coreynen et al.,2017)。而且,内部数字化涉及标准的信息和通信技术(ICT)解决方案,如数字文本文件、电子邮件以及视频电视会议等,这有助于使内部工作过程更为顺畅(Lerch et al.,2015)。此外,内部数字化有助于企业提供数字化培训和支持,如产品包装、机器更换等技术工作的培训,从而提高员工的工作能力和韧性。内部数字化通过降低不同部门之间的内部协调成本,促进了产品设计、开发和生产职能的协同,这有助于制造企业改善市场绩效,从而能够在花费最少资源的情况下率先将新产品推向市场(Cenamor et al.,2017;Silvestro et al.,2015;Sklyar et al.,2019)。

虽然内部数字化和外部数字化有不同的侧重点,但是它们在促进制造企业市场绩效方面的作用是相互补充和促进的。一方面,内部数字化是企业有效实施外部数字化的基础。内部数字化使得企业的内部结构更为互通,顾客和外部合作伙伴的需求可以通过数字平台快速传回制造企业内部,有助于企业更便捷地满足顾客和合作伙伴不断变化的需求(Amoako et al.,2020)。而且,内部数字化提高了内部流程的效率,使得制造企业可以分配更多的时间和资源来加强与顾客和合作伙伴的沟通,从而加快定制化的、创新产品的开发,进而有助于企业获得更好的市场绩效(Cheng et al.,2020;Parida et al.,2015)。另一方面,外部数字化可以促进内部数字化的实施。制造企业通过外部数字化获得的资源、知识以及能力有助于企业更好地借助数字工具简化内部流程,提升效率。此外,外部数字化通过促进企业与外部组织间的最佳实践分享,帮助企业认识到通过内部数字化改善内部运营的重要性。整体而言,外部数字化与内部数字化之间存在紧密的耦合关系,表明这两种战略通过促进资源从企业外部流向企业内部来推动企业市场绩效的提升。因此,本研究提出以下假设：

假设 2：外部数字化与内部数字化对制造企业市场绩效具有积极的交互作用。

3. 制造企业服务化与数字化交互对企业市场绩效的效应

为更好地理解每一种类型的服务化和数字化之间的交互作用，我们采用服务主导逻辑的两个元理论基础——资源液化和资源整合阐述两方面机制。一方面解释服务为制造企业创造竞争优势的相关机制（Lusch et al.，2015），另一方面将数字技术视为企业的运营资源，探讨其通过液化企业的其他资源提升企业绩效的机制（Brodie et al.，2019）。

为了实现基础服务化的全部价值，制造企业需要提升企业内部产品部门和服务部门之间的沟通。在这种情形下，内部数字化比外部数字化更适合基础服务的发展（Sousa et al.，2017）。尤其是内部数字化能促进制造企业的内部交流，有助于制造企业更有效率地提供基础服务。例如，企业社会网络（enterprise social network，ESN）作为企业内部数字化的一种类型，能够增强企业内部各部门之间的交流，有助于企业营造一种合作的氛围，从而鼓励生产部门员工和服务部门员工之间的合作互动，最终有助于企业绩效的提升。又如，自动识别和检测产品质量瑕疵（即在线质量检测）等内部数字化，能够在顾客意识到产品维护和维修需求之前为顾客提供预防性服务。因此，随着内部数字化水平的提高，企业能够更容易地使用数字工具来优化资源，从而以更低的协调成本和实施成本来开展基础服务化（Kohtamäki et al.，2020）。由此节省下来的成本可以传递给顾客，从而增加客户的感知价值并改善企业的市场绩效。因此，内部数字化应与基础服务化更能产生强烈而积极的互动，从而提升制造企业的市场绩效。

基础服务与顾客的互动相对有限（Sousa et al.，2017），而外部数字化侧重于增强制造企业和合作伙伴的互动（Coreynen et al.，2017）。在某些情形下，当外部数字化过于要求企业与外部顾客互动时，反而会过犹不及，无法有效促进企业提供基础服务（Kohtamäki et al.，2020）。例如，有一家主营业务是电子插座的制造企业开发了一个针对用户的网络应用程序，作为其外部数字化的一部分。然而，该应用程序要求顾客进行复杂的操作，反而不能帮助企业更好地为顾客提供基础维护和维修服务（Coreynen et al.，2017）。事实上，在获取基础服务方面，顾客可能更倾向于简单、高效的服务方式。外部数字化

并不总是能帮助制造企业更好地提供基础服务。因此,本研究提出以下假设:

H3a:基础服务化与内部数字化的交互作用对制造企业市场绩效的正向影响比与外部数字化的交互作用更大。

虽然外部数字化与基础服务化并不完全匹配,但是外部数字化能够液化高级服务化所需要的资源,从而与高级服务化较好互动(Lerch et al.,2015)。例如,制造企业在提供高级服务时,由于担心泄露企业价值相关的信息,并不会与外部合作伙伴完全放开来建立密切的合作(Coreynen et al.,2017)。外部数字化能够通过提高组织间合作的透明度帮助企业缓解这种担忧。因此,通过与外部组织的合作,企业可以更好地设计和开发高级服务,给客户留下更为深刻的印象,有助于改善制造企业的市场绩效。此外,外部导向的数字工具,如面向客户的操作平台、数字传感器等,能够帮助制造企业收集顾客使用数据,更好地了解顾客的需求,从而可以定制化地增强顾客的体验,为顾客创造新的价值(Ardolino et al.,2018)。因此,外部数字化水平越高,制造企业越能够有效率地设计和开发高级服务,这有助于通过增强顾客的忠诚度来提高企业的市场绩效(Lusch et al.,2015)。

与外部数字化相比,内部数字化与高级服务化的匹配度并不高。高级服务化更强调顾客导向,因此,制造企业需要将员工以生产为主导的逻辑转变为以服务为主导的逻辑,才有望成功地提供高级服务。但事实上,这往往并不容易,需要消耗大量的资源(Lutjen et al.,2017)。而内部数字化又要求员工学习相关的数字技术来改变内部流程,员工在最初的学习和适应阶段同样要投入大量的精力和资源(Lerch et al.,2015)。因此,制造企业同时推行高级服务化和内部数字化就会导致企业内部的运营和外部协作对企业的有限资源进行激烈争夺。同时,高级服务提供过程中所要求的知识黏性和隐性信息也会加剧内部数字化实施的复杂性,而且企业内部业务单位之间的隐性信息很难统一编码(Kroh et al.,2018)。归纳而言,开展高级服务化会导致企业推行内部数字化的过程消耗更多的成本和时间(Kohtamäki et al.,2020)。因此,本研究提出以下假设:

H3b:高级服务化与外部数字化的交互作用对制造企业市场绩效的正向影响比与内部数字化的交互作用更大。

三、研究数据、变量测量与测量评估

(一)样本和数据收集

本研究使用中国的制造企业样本来验证研究假设。其主要原因在于,发达国家的数字化旨在降低与服务化相关的劳动力成本(Kharlamov et al.,2020),而在劳动力成本相对较低的新兴市场国家,结果可能会有所不同。新兴市场国家建立和应用数字化系统的成本可能高于劳动力成本,因此非常有必要在劳动力成本较低的国家(如中国)研究服务化和数字化的交互作用效应。为了能够更清楚地观察到样本企业的服务化和数字化活动,我们选择了长三角地区的企业,因为长三角地区是中国经济发展迅速的地区之一,服务化与数字化活动通常发展得更为显著(Shou et al.,2013)。

调查问卷中的大部分项目最初是用英文编写的,我们采用反向翻译的方式。首先请两名精通两种语言(英文与中文)的研究人员将最初的测量题项翻译成中文,然后再将中文版本的问卷回译成英文。我们不断地重复这个翻译过程,直到最初的英文题项和反向翻译后的题项之间没有显著差异为止。最后,我们邀请浙江省内30名MBA学生对问卷进行测试,以改进问卷的措辞和设计,从而确保制造企业的管理者能够准确到位地理解该问卷的题项。

2019年,我们在长三角地区的浙江省、江苏省和安徽省的地方政府机构的帮助下,随机选择了600家制造企业发放调查问卷①。我们通过电子邮件对这600家企业进行在线调查。我们把每份问卷分成两部分,以确保有两个不同的受访者来填答同一份问卷。为此,我们添加了两个额外的问题,询问受访者的职位和任职期,以此作为识别同一份问卷是否由两个不同的受访者填答的补充方法。在第一阶段,我们向600家企业发送了问卷的第一部分,以调查它们的基本信息,包括企业年龄、企业规模、行业类型、先前相关经验、先前提供服务的网络经验、先前相对市场份额、专利数量、企业的服务化和数字化等。这一阶段,我们收到了307家企业的回复。在第二阶段(即三个月之后),我们发送第二部分的问卷来进一步调查307家公司的市场绩效,共得到265份回复。根据受访者的职位和任期,我们删除了来自同一受访者的重复样

---

① 浙江省、江苏省和安徽省的三家地方政府机构提供各自省份实施服务化和数字化良好的制造企业名单。

本。同时，我们也删除了数据缺失和填答可信度较低的样本。最后，我们得到 257 个有效的样本，有效回复率为 42.8%。257 个有效样本的基本情况见表 5.3.1。

表 5.3.1　样本简介（N=257）

类别	描述	频数/个	占比/%
产业类型	ICT	81	31.5
	设备制造	65	25.3
	化学	61	23.7
	纺织	50	19.5
企业年龄	≤10 年	50	19.5
	10～20 年	101	39.3
	20～30 年	88	34.2
	>30 年	18	7.0
企业规模	≤300 人	85	33.1
	300～1000 人	128	49.8
	1000～3000 人	29	11.3
	>3000 人	15	5.8

（二）变量测量

1. 服务化

基于先前的研究（Sousa et al., 2019; Sousa et al., 2017），本研究以基础服务和高级服务的顾客覆盖率来衡量企业不同类型的服务化水平。基础服务化的测量包含 3 个项目：产品的维护与维修；安装/实施；零件/消耗品。高级服务化的测量包含 5 个项目：产品的租赁；产品升级；服务台/客户支持中心；产品使用培训；咨询服务。受访者被要求指出在过去三年中，跟企业的整个顾客群相比，使用上述这些服务的顾客的比例，范围从 1（"无"）到 7（"高"）。

2. 数字化

数字化水平根据 Johannessen 等（1999）和 Parida 和 Örtqvist（2015）改编的 10 个项目来测量。这些项目划分为两个维度：外部数字化（5 个项目）和内部数字化（5 个项目）。外部数字化指基于外部商业目的对合作伙伴（如供应商和顾客)的体验进行数字化,而内部数字化指基于内部工业目的对业务运营进行数字化,如成本节约和规划。我们阐述了外部数字化和内部数字化的活动,并要求受访者阐明在过去三年中,企业在多大程度上同意我们的表述。此处使用利克特 7 点量表,范围从 1("非常不同意")到 7("非常同意")。

3. 市场绩效

本研究对市场绩效的衡量方法与 Grawe 等人(2009)使用的方法类似,但我们增加了一个额外的题项,即顾客忠诚度,因为这个题项跟服务化和数字化密切相关。我们使用了 5 个测量题项,即销量增长、利润率增长、市场份额增长、整体竞争地位提升和顾客忠诚度增强。受访者被要求将企业的绩效与其主要竞争对手的绩效进行比较后再选择。这 5 个题项是用利克特 7 点量表来衡量的,范围从 1("非常不同意")到 7("非常同意")。

4. 控制变量

考虑到典型的企业特征统计变量可能对服务化或数字化战略产生影响,本研究以企业年龄、企业规模和行业类型为控制变量。企业年龄分为 4 种类型(例如,小于等于 10 年、10~20 年、20~30 年和超过 30 年),并通过 3 个虚拟变量进行测量。此外,我们通过 3 个虚拟变量将企业规模分为小于等于300 人、300~1000 人、1000~3000 人、3000 人以上 4 种类型。行业类型分为4 种类型(例如,ICT、设备制造、化学、纺织),由 3 个虚拟变量测量。我们还控制了企业先前提供服务的网络经验,这在服务化和企业绩效之间的关系中是重要的考虑因素(Zhou et al.,2020)。我们通过询问企业是否有提供服务的网络经验来衡量这一变量(1=是,0=否)。此外,我们控制了企业的专利数量,通过将其与平均行业水平进行比较(1=低于平均水平,2=平均水平,3=高于平均水平)来评估。最后,先前服务化经验可以促进企业的服务化战略,因此,我们对其也进行了控制(1=是,0=否)。

(三)测量评估:效度、信度和方法方差

本研究采用先前研究已验证过的测量题项来测量本研究的构念,这样有助于确保测量的有效性。为了检验理论模型的拟合程度,本研究运用验证性因子分析,并借助结构方程模型进行评估(具体结果见表 5.3.2),结构方程模型中包括本研究中所有的多维度的构念。验证性因子分析结果显示,卡方值为406.988,自由度为 214。拟合优度指数(GFI)为 0.884,验证性拟合指数

(CFI)为 0.957,增量拟合指数(IFI)为 0.957,近似的均方根误差(RMSEA)为 0.059,说明表明构念与计量模型的拟合度良好。此外,构念的所有题项的载荷值均显著,而且每个构念的平均提取方差(AVE)均大于 0.5(Fornell et al.,1981),因而本研究的构念具有较好的收敛效度。

表 5.3.2 建构测量和验证性因子分析结果

建构	测量	标准化因子载荷	t	AVE	MSV	ASV	CR	Cronbach's α
基础服务	产品的维护与维修	0.847	15.288	0.721	0.486	0.351	0.838	0.875
	安装/实施	0.851	15.514					
	零件/消耗品	0.816	N/A					
高级服务	产品租赁	0.759	9.570	0.657	0.557	0.414	0.905	0.860
	产品升级	0.794	14.459					
	服务台/客户支持中心	0.885	16.777					
	产品使用培训	0.793	14.408					
	咨询服务	0.817	N/A					
外部数字化	维持与现有合作伙伴(如供应商和客户)的合作	0.824	15.576	0.678	0.590	0.454	0.913	0.914
	与新的合作伙伴(如供应商和客户)建立业务合作	0.865	16.740					
	办公的灵活性(在办公室外工作)	0.776	14.265					
	接触信息(如市场和客户)	0.830	15.739					
	通过外部网实现与企业利益相关者的沟通	0.821	N/A					

续表

建构	测量	标准化因子载荷	t	AVE	MSV	ASV	CR	Cronbach's α
内部数字化	为员工提供能力/技能的发展	0.773	11.122	0.536	0.244	0.151	0.852	0.851
	在项目层面上实施市场规划	0.759	10.948					
	节省成本	0.667	9.724					
	在公司层面上实施战略规划	0.744	10.751					
	通过内部网推进企业内部的沟通	0.713	N/A					
市场绩效	销量增长	0.837	19.070	0.755	0.590	0.464	0.939	0.938
	利润率增长	0.830	18.697					
	市场份额增长	0.880	21.303					
	总体竞争地位提升	0.891	21.954					
	顾客忠诚度增强	0.904	N/A					

在检验区分效度时,本研究使用卡方差异性检验对由 5 个构念组成的 10 对模型进行比较。每对模型中有一个是限制模型,我们将该限制模型的相关系数设定为 1,另一个模型是自由模型,它的相关系数是自由估计的。我们发现,10 对模型的卡方差异检验均达到了显著水平。此外,我们评估了最大共享方差(MSV)和平均共享平方方差(ASV),发现它们都低于量表中所有构念的平均提取方差(AVE)(见表 5.3.2),这表明本研究具有足够的区分效度(Fornell et al.,1981)。

我们使用传统的信度测量方法,如 Cronbach's α、AVE 和构念信度来检验多维构念的信度。如表 5.3.2 所示,所有的多维构念的 Cronbach's α 都大于 0.8,超过了 0.7 的基准值,表明量表是可靠的(Garver et al.,1999)。这些构念的综合信度得分均大于 0.8,平均提取方差(AVE)得分大于 0.5,表明信度水平是可接受的(Garver et al.,1999)。综上所述,本研究使用的测量方法具有足够的信度和效度。

为了检验非回应偏差，我们进行了多变量方差分析（MANOVA），以比较有回应和无回应的企业在企业年龄、企业规模和行业类型方面是否存在显著差异。如前所述，我们在第一阶段获得了 307 份回复，在第二阶段获得了 265 份回复。我们比较了 42 家不回应的企业和 265 家回应的企业，MANOVA 的分析结果表明，两组没有显著差异（Wilks' $\lambda = 0.970$，$F = 1.006$，$p = 0.435$）。因此，非回应偏差不应是本研究的主要关注点。

我们以调查前的预防程序和调查后的统计检验来降低可能产生的共同方法方差。在操作流程上，我们将一份问卷分为两部分，通过询问受访者的职位和任期来确保同一份问卷是由两名不同的受访者完成的。一名受访者被要求对预测变量和控制因素进行评估，包括基础服务化、高级服务化、外部数字化、内部数字化、企业年龄、企业规模、行业类型、先前服务化经验、先前提供服务的网络经验、先前相对市场份额和专利数量。另一名受访者被要求评估因变量，即市场绩效。在统计技术方面，我们对因子分析中的所有变量进行了 Harman 的单因素检验。分析结果显示，最显著的因素占总方差的23.828%。因此，最显著的因子所解释的总方差的占比不到所有因子解释的总方差的一半（23.828/75.540＝0.315）。此外，我们提出了交互效应的假设，如果交互效应显著，也可以作为证据来排除本研究的共同方法偏差，如 Siemsen 等（2010）指出，若研究中存在平方项或交互效应，则该模型不会受到共同方法偏差的影响。因此，可以认为本研究不存在共同方法偏差。

四、制造企业服务化与数字化交互的数据分析

（一）描述性统计和假设检验结果

表 5.3.3 显示了本研究中涉及的变量的均值、标准差和相关性系数，这些数据是原始数据，因此反映的是所有变量的实际评估值。为了构建基础服务化、高级服务化、外部数字化和内部数字化之间的交互项，我们先将每个变量进行了去中心化处理，然后再构建交互项，这样可以减少多重共线性的可能。我们使用 Stata 13 中的"coldiag"命令进行了多重共线性诊断检验，结果显示，包含所有自变量的全模型的条件系数为 14.29，低于阈值 30（Belsley et al.，1980）。此外，我们评估了每个回归模型的方差膨胀因子（VIF）得分，发现均未超过 6.36，远远低于通常采用的 10 的"经验法则"（Ryan，1997）。此外，根据 Shieh（2010）的观点，我们的研究检测到了显著的交互效应（结果见

表 5.3.3　描述性统计和相关系数矩阵

变量	均值	标准差	1	2	3	4	5	6	7	8	9	10	11	12	13	14	15	16	17	18	19	20
1. 企业年龄I:≤10 年	0.195	0.397	1.000																			
2. 企业年龄II:10~20 年	0.393	0.489	−0.396**	1.000																		
3. 企业年龄III:20~30 年	0.342	0.475	−0.355**	−0.581**	1.000																	
4. 企业年龄IV:>30 年	0.070	0.256	−0.135*	−0.221**	−0.198**	1.000																
5. 企业规模I:≤300 人	0.331	0.471	0.469**	0.010	−0.403**	0.002	1.000															
6. 企业规模II:300~1000 人	0.498	0.501	−0.372**	0.139*	0.232**	0.121	−0.700**	1.000														
7. 企业规模III:1000~3000 人	0.113	0.317	−0.082	−0.136*	0.209**	−0.002	−0.251**	−0.355**	1.000													
8. 企业规模IV:>3000 人	0.058	0.235	−0.039	−0.132*	0.030	0.257**	−0.175**	−0.248**	−0.089	1.000												
9. 行业类型I:ICT	0.315	0.465	−0.016	0.089	−0.084	0.011	0.004	−0.006	−0.030	0.046	1.000											
10. 行业类型II:设备制造	0.253	0.436	−0.082	−0.028	0.127*	−0.055	−0.048	0.101	0.019	−0.145*	−0.395**	1.000										
11. 行业类型III:纺织	0.195	0.397	−0.093	0.067	0.018	−0.019	−0.011	0.100	−0.051	−0.122	−0.333**	−0.286**	1.000									
12. 行业类型IV:化学	0.237	0.426	0.188**	−0.131*	−0.056	0.062	0.055	−0.190**	0.061	0.212**	−0.379**	−0.325**	−0.274**	1.000								
13. 先前服务化的网络经验	0.930	0.249	0.052	0.054	−0.105	0.012	0.121	−0.048	−0.103	−0.001	0.089	−0.025	0.012	0.112	1.000							
14. 先前提供服务的网络经验	2.470	0.643	−0.129*	0.030	0.110	−0.062	−0.107	0.182**	−0.069	−0.080	0.133*	0.069	−0.003	−0.212**	0.001	1.000						
15. 专利的数量	5.342	1.257	−0.082	0.172**	0.050	−0.295**	−0.009	0.209**	−0.259**	−0.078	0.172*	−0.116	0.087	−0.149*	0.047	0.155*	1.000					
16. 基础服务	5.318	1.062	−0.150*	0.151*	0.097	−0.237**	−0.135*	0.278**	−0.029	−0.197**	0.105	0.055	0.130*	−0.223**	0.006	0.218**	0.442**	1.000				
17. 高级服务	5.413	1.009	−0.118	0.078	0.178**	−0.298**	−0.131*	0.266**	−0.079	−0.197**	0.105	−0.066	0.125*	−0.164**	0.018	0.184**	0.487**	0.709**	1.000			
18. 外部数字化	4.577	0.741	−0.225**	0.178**	0.160**	−0.291**	−0.165*	0.243**	−0.029	−0.148**	0.065	−0.073	0.119	−0.107	0.050	0.379**	0.428**	0.630**	0.715**	1.000		
19. 内部数字化	5.350	0.996	0.071	0.001	0.027	−0.161**	0.089	−0.113	0.048	−0.001	−0.002	0.001	−0.028	0.027	−0.042	0.172**	0.107	0.206**	0.321**	0.374**	1.000	
20. 市场绩效			−0.179**	0.130*	0.138*	−0.229**	−0.146*	0.258**	−0.084	−0.145*	0.044	−0.007	0.124*	−0.156*	−0.020	0.241**	0.435**	0.633**	0.747**	0.735**	0.439**	1.000

注：* 表示 p<0.05，** 表示 p<0.01。双尾检验。所有变量都是去中心化的原始变量。企业年龄、企业规模和行业类型是虚拟变量（1=是，0=否）。先前相关服务化经验和先前提供服务的网络经验都是虚拟变量（1=是，0=否）。专利数量采用 1~3 的评分表（1=低于均值；2=均值；3=高于均值。基础服务、

表 5.3.4），说明多重共线性不是本研究的主要问题。

表 5.3.4 为对市场绩效的回归结果，其中模型 1 只包含控制变量，模型 2 在模型 1 的基础上增加了基础服务化、高级服务化、外部数字化和内部数字化。模型 2 的结果表明，基础服务化、高级服务化、外部数字化和内部服务化的主效应均为正且显著，证实了主效应的存在。模型 3 在模型 2 的基础上又添加了 6 个交互项。基础服务化、高级服务化、外部数字化和内部数字化对市场绩效的主效应在模型 2 和模型 3 中是一致的，这表明所报告的主效应的结果是稳健的。

模型 3 的结果显示基础服务化和高级服务化之间的交互作用是积极且显著的（$b=0.151, p<0.001$）。我们绘制了交互效应图。由图 5.3.1 可知，两条直线的简易斜坡率显著（Aiken et al.，1991）。企业的基础服务化接近高水平时，高级服务化更能增强企业的市场绩效。因此，假设 1 得到了支持。但外部数字化与内部数字化之间的交互作用不显著（$b=0.027$，n.s.），因此假设 2 不成立。

表 5.3.4　对市场绩效的回归结果（$N=257$）

	VIF	模型 1	模型 2	模型 3
常数		2.823*** (0.419)	5.510*** (0.324)	5.668*** (0.298)
企业年龄Ⅰ:≤10 年	3.74	0.150 (0.259)	−0.245 (0.173)	−0.177 (0.157)
企业年龄Ⅱ:10～20 年	5.21	0.375 (0.244)	−0.165 (0.165)	−0.175 (0.150)
企业年龄Ⅲ:20～30 年	5.07	0.411 (0.248)	−0.195 (0.169)	−0.217 (0.152)
企业规模Ⅰ:≤300 人	5.69	0.191 (0.267)	−0.075 (0.179)	−0.261 (0.163)
企业规模Ⅱ:300～1000 人	6.36	0.394 (0.258)	0.033 (0.177)	−0.162 (0.162)
企业规模Ⅲ:1000～3000 人	3.15	0.322 (0.291)	−0.139 (0.198)	−0.280 (0.180)
行业类型Ⅰ:ICT	2.02	−0.017 (0.157)	0.004 (0.105)	0.037 (0.098)
行业类型Ⅱ:设备制造	1.89	0.019 (0.165)	0.119 (0.111)	0.152 (0.102)

续表

	VIF	模型 1	模型 2	模型 3
行业类型Ⅲ:纺织	1.81	0.172 (0.176)	0.093 (0.117)	0.106 (0.109)
先前服务化经验	1.07	−0.085 (0.224)	−0.144 (0.149)	−0.103 (0.133)
先前提供服务的网络经验	1.33	0.626* (0.243)	−0.113 (0.174)	−0.164 (0.158)
专利数量	1.66	0.556** (0.096)	0.095 (0.070)	0.075 (0.064)
基础服务	2.61		0.086 (0.045)	0.094* (0.041)
高级服务	3.41		0.325** (0.059)	0.426** (0.056)
外部数字化	3.62		0.321** (0.060)	0.271** (0.061)
内部数字化	1.41		0.266** (0.055)	0.279** (0.051)
基础服务 * 高级服务	3.61			0.151** (0.033)
外部数字化 * 内部数字化	4.54			0.027 (0.078)
基础服务 * 外部数字化	4.92			−0.215** (0.044)
基础服务 * 内部数字化	2.39			0.155** (0.041)
高级服务 * 外部数字化	6.04			0.151* (0.058)
高级服务 * 内部数字化	4.54			−0.274** (0.070)
F		7.53	32.84	33.00
R^2		0.270	0.687	0.756
调整后的 R^2		0.234	0.666	0.733
R^2 的变化		0.270	0.417	0.069

注:(a)† 表示 $p < 0.10$,* 表示 $p < 0.05$,** 表示 $p < 0.01$,** 表示 $p < 0.001$。

(b)非标准化系数、基础服务、高级服务、外部数字化、内部数字化都是已去中心化处理。

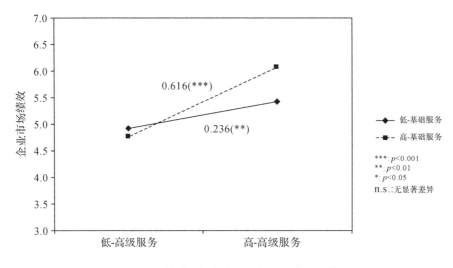

图 5.3.1　基础服务和高级服务之间的交互作用

此外,基础服务化和内部数字化间的交互作用为正且显著($b=0.155$,$p<0.001$),但是,基础服务化和外部数字化间的交互作用为负且显著($b=-0.215$,$p<0.001$)。我们进一步绘制了相应的交互效应图,这两个交互效应的简易斜坡率均显著(Aiken et al.,1991)。图 5.3.2(a)表明,基础服务化和内部数字化对企业市场绩效具有积极交互效应。当内部数字化接近高水平时,基础服务化更能增强企业的市场绩效。图 5.3.2(b)表明,基础服务化和外部数字化对企业市场绩效具有平衡效应。当外部数字化接近高水平时,基础服务化对企业市场绩效的积极作用会减轻。在明确了这两种交互效应的存在后,我们进一步使用 Wald 检验来检验两者之间是否存在显著差异。Wald检验的结果显示,基础服务化与内部数字化交互作用的回归系数显著大于基础服务化与外部数字化交互作用的回归系数($\chi^2=28.31$,$df=1$,$p<0.001$)。因此,假设 H3a 得到了支持。

同样地,模型 3 的结果表明,高级服务化与外部数字化的交互作用为正且显著($b=0.151$,$p<0.05$),而高级服务化与内部数字化的交互作用为负且显著($b=-0.274$,$p<0.001$)。由所绘制的交互效应图图 5.3.3 可知,这两种交互效应的简易斜坡率均显著(Aiken et al.,1991)。由图 5.3.3(a)可知,内部数字化程度的提高会削弱高级服务化对企业市场绩效的积极影响,而由

图 5.3.3(b)可知,随着外部数字化程度的提高,高级服务化对企业市场绩效的积极影响增强。此外,Wald 检验的结果($\chi^2 = 17.72, df = 1, p < 0.001$)表明,高级服务化与外部数字化交互作用的回归系数显著大于高级服务化与内部数字化交互作用的回归系数。因此,假设 H3b 得到了支持,即高级服务化与外部数字化交互的正向影响大于高级服务化与内部数字化交互的正向影响。

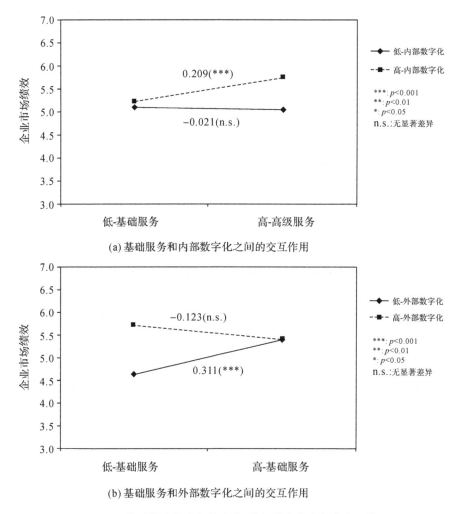

(a) 基础服务和内部数字化之间的交互作用

(b) 基础服务和外部数字化之间的交互作用

图 5.3.2　基础服务和内部数字化、外部数字化之间的交互作用

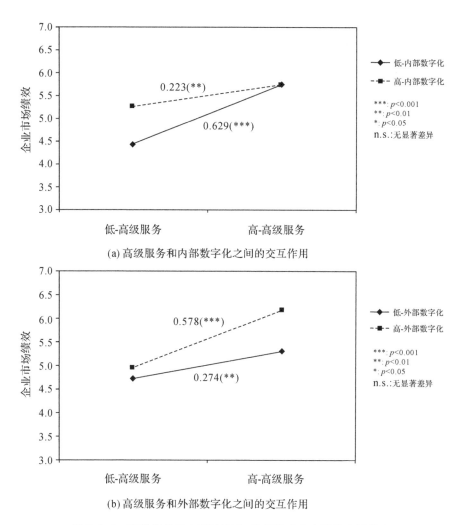

图 5.3.3　高级服务和内部数字化、外部数字化之间的交互作用

(二)稳健性检验

本研究进一步做了稳健性检验,以期获得额外的发现。稳健性检验主要包括:①使用市场绩效的替代变量进行稳健性检验;②增加额外的控制变量进行稳健性检验;③将总样本分拆成三个行业子样本进行稳健性检验。

首先,我们使用市场绩效的替代测量进行稳健性检验。如表 5.3.5 所示,我们选择客户忠诚度作为因变量进行回归分析,客户忠诚度是市场绩效量表中的其中一个题项。结果表明,基础服务化与高级服务化之间的交互作用对顾客忠诚度有正向影响($b=0.159,p<0.01$),而外部数字化与内部数字化之间的交互作用对顾客忠诚度无显著影响($b=-0.069,\text{n.s.}$)。此外,基础服务化与外部数字化的交互作用($b=-0.269,p<0.001$)和高级服务化与内部数字化的交互作用($b=-0.211,p<0.05$)对顾客满意度有负向影响。基础服务化与内部数字化的交互作用($b=0.181,p<0.01$)和高级服务化与外部数字化的交互作用($b=0.172,p<0.05$)对顾客满意度有正向影响。Wald 检验的结果显示,基础服务化与内部数字化的交互作用与基础服务化与外部数字化的交互作用存在显著差异($\chi^2=22.17,df=1,p<0.001$);高级服务化与外部数字化的交互作用与高级服务化与内部数字化的交互作用也存在显著差异($\chi^2=7.60,df=1,p<0.05$)。因此,假设 H1、H3a、H3b 得到支持,假设 H2 未得到支持。这些结果与我们之前在表 5.3.4 中报告的结果一致。

表 5.3.5　使用因变量的替代变量的稳健性检查

变量	VIF	因变量:顾客忠诚度		
		模型 1	模型 2	模型 3
常量		2.739***(0.480)	5.176***(0.427)	5.442***(0.409)
企业年龄Ⅰ:≤10 年	3.74	0.017(0.296)	−0.414(0.228)	−0.383†(0.216)
企业年龄Ⅱ:10~20 年	5.21	0.314(0.279)	−0.198(0.217)	−0.235(0.206)
企业年龄Ⅲ:20~30 年	5.07	0.371(0.284)	−0.236(0.222)	−0.267(0.210)
企业规模Ⅰ:≤300 人	5.69	0.245(0.305)	0.008(0.236)	−0.170(0.224)
企业规模Ⅱ:300~1000 人	6.36	0.357(0.295)	0.055(0.234)	−0.120(0.223)
企业规模Ⅲ:1000~3000 人	3.15	0.178(0.334)	−0.213(0.261)	−0.352(0.248)
行业类型Ⅰ:ICT	2.02	0.126(0.180)	0.132(0.138)	0.189(0.135)
行业类型Ⅱ:设备制造	1.89	0.191(0.189)	0.284†(0.147)	0.302*(0.140)
行业类型Ⅲ:纺织	1.81	0.304(0.201)	0.232(0.154)	0.250†(0.150)
先前服务化经验	1.07	−0.031(0.256)	−0.060(0.230)	−0.004(0.183)
先前提供服务的网络经验	1.33	0.594*(0.278)	−0.029(0.230)	−0.125(0.217)
专利数量	1.66	0.559**(0.110)	0.031(0.059)	0.084(0.089)
基础服务	2.61		0.031(0.059)	0.039(0.057)
高级服务	3.41		0.431***(0.078)	0.550***(0.077)

续表

变量	因变量:顾客忠诚度			
	VIF	模型 1	模型 2	模型 3
外部数字化	3.62		0.194*(0.080)	0.103(0.083)
内部数字化	1.41		0.344***(0.073)	0.366***(0.071)
基础服务*高级服务	3.61			0.159**(0.045)
外部数字化*内部数字化	4.54			−0.069(0.108)
基础服务*外部数字化	4.92			−0.269***(0.061)
基础服务*内部数字化	2.39			0.181**(0.056)
高级服务*外部数字化	6.04			0.172*(0.079)
高级服务*内部数字化	4.54			−0.211*(0.097)
F		6.16	19.37	18.10
R^2		0.233	0.564	0.630
调整后的 R^2		0.195	0.535	0.595
R^2 的变化		0.233	0.331	0.066

注:(a)† 表示 $p<0.10$,* 表示 $p<0.05$,** 表示 $p<0.01$,*** 表示 $p<0.001$。
(b)非标准化系数、基础服务、高级服务、外部数字化、内部数字化均进行去中心化处理。

其次,我们增加了企业先前的相对市场份额这一控制变量进行稳健性检验。先前相对市场份额通过要求被访者提供过去三年企业的市场份额(收入)与同一行业中最大的竞争对手的市场份额(收入)的比率来测量。最终的研究结果与之前的一致,具体见表 5.3.6。

表 5.3.6 增加一个控制变量后的稳健性检查

变量	VIF	模型 1	模型 2	模型 3
常量		2.655***(0.411)	5.366***(0.341)	5.589***(0.306)
企业年龄Ⅰ:≤10 年	3.85	−0.018(0.243)	−0.302†(0.174)	−0.206(0.152)
企业年龄Ⅱ:10~20 年	5.36	0.187(0.243)	−0.219(0.166)	−0.202(0.152)
企业年龄Ⅲ:20~30 年	5.16	0.246(0.246)	−0.239(0.169)	−0.238(0.154)
企业规模Ⅰ:≤300 人	5.77	0.266(0.261)	−0.041(0.179)	−0.242(0.164)
企业规模Ⅱ:300~1000 人	6.46	0.462†(0.252)	0.070(0.177)	−0.140(0.163)
企业规模Ⅲ:1000~3000 人	3.22	0.442(0.286)	−0.083(0.199)	−0.252(0.182)

续表

变量	VIF	模型 1	模型 2	模型 3
行业类型Ⅰ:ICT	2.02	−0.018(0.153)	0.002(0.104)	0.035(0.098)
行业类型Ⅱ:设备制造	1.90	0.044(0.161)	0.122(0.111)	0.154(0.102)
行业类型Ⅲ:纺织	1.83	0.097(0.172)	0.067(0.117)	0.094(0.110)
先前服务化经验	1.07	−0.162(0.219)	−0.166(0.148)	−0.115(0.134)
先前提供服务的网络经验	1.33	0.548*(0.238)	−0.116(0.173)	0.035(0.074)
专利数量	2.19	0.307**(0.115)	0.016(0.081)	0.035(0.074)
先前相对市场份额	2.23	0.422***(0.113)	0.156†(0.079)	0.079(0.073)
基础服务	2.61		0.088*(0.044)	0.094*(0.041)
高级服务	3.44		0.320***(0.059)	0.421***(0.056)
外部数字化	3.66		0.297***(0.061)	0.263***(0.061)
内部数字化	1.42		0.277***(0.055)	0.284***(0.052)
基础服务 * 高级服务	3.66			0.146***(0.033)
外部数字化 * 内部数字化	4.58			0.035(0.079)
基础服务 * 外部数字化	4.96			−0.210**(0.044)
基础服务 * 内部数字化	2.39			0.156***(0.041)
高级服务 * 外部数字化	6.07			0.147*(0.058)
高级服务 * 内部数字化	4.55			−0.273***(0.070)
F		8.39	31.51	31.64
R^2		0.310	0.692	0.758
调整后的 R^2		0.273	0.670	0.734
R^2 的变化		0.310	0.382	0.066
wald 检验	基础服务 * 外部数字化与 基础服务 * 内部数字化	$\chi^2=27.75, df=1, p<0.001$		
	高级服务 * 外部数字化与 高级服务 * 内部数字化	$\chi^2=17.28, df=1, p<0.001$		

注:(a)† 表示 $p<0.10$,* 表示 $p<0.05$,** 表示 $p<0.01$,*** 表示 $p<0.001$。
(b)非标准化系数、基础服务、高级服务、外部数字化、内部数字化均进行去中心化处理。

最后,本研究考虑到三种行业(ICT、设备制造、化学和纺织)之间的差异,我们以此为契机进一步考察了数据中的一些异质性。ICT 行业结合了制造业和服务业的特点,因此是最具服务属性的样本类型。相比之下,化学和纺织行业属于传统制造业,设备制造行业则介于两者之间。因此,我们将样本分为三类——ICT 行业(服务化程度最高)、设备制造行业(服务化程度适度)、化学和纺织行业(服务化程度最低),以进一步研究服务化和数字化之间的相互作用。本研究将样本根据行业差异拆分成三个子样本进行稳健性检验,结果见表 5.3.7。我们观察到服务化和数字化之间的四对互动(即基础服务化与外部数字化、基础服务化与内部数字化、高级服务化与外部数字化、高级服务化与内部数字化)在化学和纺织业中均是显著的。相反,在装备制造业中,服务化和数字化之间只有一对交互作用(即高级服务化与内部数字化)是负向显著的。但是,我们没有观察到任何显著的交互效应在 ICT 业。此外,基础服务化与高级服务化的交互作用在三个子样本回归中都是显著的。而且,三种回归的多重共线性诊断的检验条件系数分别为 14.23(化学和纺织行业)、15.88(设备制造行业)和 25.92(ICT 行业),均低于 30 的阈值(Belsley et al.,1980);因此,三个子样本回归的多重共线性诊断均满足要求。这些结果表明,基础服务化与内部数字化以及高级服务化与外部数字化之间的交互作用可能更有利于传统的制造企业(如化学和纺织企业)的市场绩效,而不是服务型制造企业(如 ICT 企业)的市场绩效。

表 5.3.7　拆分样本后的稳健性检查

变量	模型 1:ICT 行业(高度服务化样本,$N=81$)	模型 2:设备制造业(适度服务化样本,$N=65$)	模型 3:化学和纺织行业(低度服务化样本,$N=111$)
常量	4.484***(1.139)	5.121***(0.606)	5.048***(0.437)
企业年龄 I :≤10 年	−0.484(0.363)	0.397(0.340)	−0.587**(0.195)
企业年龄 II :10~20 年	−0.126(0.363)	0.208(0.311)	−0.723**(0.192)
企业年龄 III :20~30 年	−0.227(0.369)	0.010(0.329)	−0.605**(0.187)
企业规模 I :≤300 人	−0.265(0.308)	N/A	0.313*(0.193)
企业规模 II :300~1000 人	−0.056(0.320)	−0.064(0.178)	0.402*(0.191)
企业规模 III :1000~300 人	0.151(0.380)	0.064(0.270)	−0.032(0.209)
先前服务化经验	0.058(0.232)	−0.235(0.250)	0.182(0.246)
先前提供服务的网络经验	0.604(0.787)	0.170(0.133)	0.196(0.182)

续表

变量	模型1：ICT行业（高度服务化样本，$N=81$)	模型2：设备制造行业（适度服务化样本，$N=65$)	模型3：化学和纺织行业（低度服务化样本，$N=111$)
专利数量	0.114(0.137)	0.117(0.133)	0.055(0.092)
基础服务	0.144(0.129)	−0.087(0.109)	0.099(0.051)
高级服务	0.522***(0.120)	0.391***(0.111)	0.527***(0.080)
外部数字化	0.014(0.150)	0.538***(0.141)	0.178*(0.074)
内部数字化	0.619***(0.138)	0.069(0.110)	0.238***(0.066)
基础服务*高级服务	0.450***(0.117)	0.154†(0.082)	0.089**(0.039)
外部数字化*内部数字化	−0.131(0.245)	0.244(0.162)	0.138(0.110)
基础服务*外部数字化	−0.047(0.147)	−0.267(0.162)	−0.285**(0.046)
基础服务*内部数字化	−0.487(0.309)	0.087(0.145)	0.241***(0.042)
高级服务*外部数字化	−0.195(0.165)	0.119(0.126)	0.341***(0.074)
高级服务*内部数字化	0.413(0.276)	−0.496**(0.134)	−0.301**(0.087)
F	14.14	11.10	25.71
R^2	0.815	0.813	0.843
调整后的 R^2	0.757	0.740	0.810

注释：(a)†表示 $p<0.10$，*表示 $p<0.05$，**表示 $p<0.01$，**表示 $p<0.001$。
(b)非标准化系数、基础服务、高级服务、外部数字化、内部数字化已去中心化处理。

（三）讨论

本研究的研究结果表明，基础服务化和高级服务化对制造企业的市场绩效具有积极的交互作用，这一研究发现与先前的多数研究保持一致，即服务化有利于企业绩效的提升(Eggert et al.，2011；Kastalli et al.，2013)。本研究进一步通过研究不同类型的服务化战略之间的交互作用，对现有文献进行了拓展(Sousa et al.，2017)。现有研究已经证实，基础服务化可以促进高级服务化的发展(Sousa et al.，2017；Ulaga et al.，2011)，但鲜有研究进一步分析基础服务化和高级服务化的交互效应。本研究提出，通过共享资源、能力、声誉等，基础服务化和高级服务化是互补的，填补了这一研究的不足。我们的研究表明，制造企业有可能实现两种服务化战略（基础服务化与高级服务化）之间更大的协同效应。这一发现有助于深化服务化文献中关于战略支点的研究

(Gomes et al. ,2021;Kirtley et al. ,2020;Pillai et al. ,2020),即制造企业可以同时从基础服务化和高级服务化这两个战略支点中获益,而不是仅专注于两项战略中的一项。特别是当制造企业拥有足够的冗余资源时,这种观点更具可行性(Pillai et al. ,2020)。

迄今为止,学术界还没有提供足够的证据来证明数字化与企业市场绩效之间的关系(Kirtley et al. ,2020;Pillai et al. ,2020)。以瑞典为例的一项研究发现数字化与企业绩效呈曲线关系(Kohtamäki et al. ,2020)。本研究以中国为例,发现外部数字化和内部数字化均积极影响企业的市场绩效(直线而非曲线)。这一差异化的研究结果可能是由文化或行业特性的差异所引起的。我们抽样的制造企业可能还没有达到数字化水平的临界点,因此,数字化是积极(而非先抑后扬)地影响企业的市场绩效。此外,我们并没有发现外部数字化和内部数字化对企业市场绩效的显著的交互作用。可能的原因是,虽然外部数字化允许企业向外部看,但外部数字化可能还不能充分激励企业意识到内部数字化对于提升企业工作效率的重要性,两者之间还无法达到相互促进的效果。

此外,数字化与服务化的相关性仍未形成共识(Ardolino et al. ,2018)。虽然服务化的研究已经广泛讨论了技术的作用(Ardolino et al. ,2018;Cenamor et al. ,2017;Coreynen et al. ,2017;Ryu & Lee,2018),但是,关于服务化和数字化之间相互作用的实证研究仍然很少(Kohtamäki, et al. ,2020)。为响应这些研究的号召,我们的研究结果阐述了不同类型服务化和数字化之间的匹配或不匹配效应。

以往研究强调了服务化和数字化之间的协同效应(Kharlamov et al. ,2021;Kohtamäki, et al. ,2020;Martin-Pena et al. ,2019),但鲜有研究剖析数字化和服务化之间可能存在的冲突和不匹配。本研究识别出两种不匹配的场景。在第一个场景中,我们发现基础服务化和外部数字化交互对企业市场绩效产生负向影响。这一结果的一种可能解释是,外部数字化日益变得成熟和复杂,非但不能优化有关资源来改善基础服务化,反而增加了企业所提供的基础服务复杂性,因此减弱了基础服务化对企业市场绩效的积极影响。如图5.3.2(b)所示,随着外部数字化水平的提高,外部数字化与基础服务化之间的冲突也变大,最终基础服务化对企业市场绩效产生负向影响。虽然企业在分别实施基础服务化和外部数字化时有助于市场绩效提升,但若企业同时实施二者,却会导致企业的市场绩效下降。在第二个场景中,我们的结果表明,高级服务化和内部数字化共同对企业市场绩效产生负向影响。这种消极效应可能基于两个原因。其一是高级服务化通常要求员工将其产品主导逻辑转换为服务主导逻辑,甚至要求企业具备全新的能力和资源来提供高级服务化,这可能会因资源有限而阻碍内部数字化进程的推进。例如,企业通过高级服务化,往往会将顾客的隐性知识带入企业内部,这可能会导致企业内部不同业务部门之间的信息处理更加复杂,从而阻碍内部数字化工具的有效使用(Kroh et al.,2018)。其二是内部数字化通常是由新的方法和管理概念所驱动的,它通常要求企业员工能吸收新的知识来实践数字化操作。因此,内部数字化水平的提高可能会稀释企业实施高级服务化所需的资源,从而抑制高级服务化对企业市场绩效的积极影响。总体而言,本研究通过剖析制造企业的服务化与数字化可能存在的不匹配情况,拓展了数字化-服务化的互补性关联机制的研究。

五、研究结论

本研究首先回答了服务化文献中的一个基本研究问题:服务化对企业市场绩效的影响(Eggert et al.,2014;Fang et al.,2008;Kastalli et al.,2013;Zhou et al.,2020)。与以往强调财务绩效(如收入、利润、盈利能力)的研究(Eggert et al.,2014;Sousa et al.,2017;Yan et al.,2021)不同,本研究关注制造企业的市场绩效,这不仅能够反映服务化对企业的财务回报的影响,也能表明服务化对企业竞争地位和客户忠诚度的影响。此外,本研究验证了基础服务化和高级服务化对企业市场绩效的正向交互作用。通过这种方式,我们探索了不同类型的服务化战略如何相互作用影响企业市场绩效,从而对这一研究流派有所贡献。

此外,本研究响应了对数字化与企业绩效关系研究的号召(Kohtamäki et al.,2020)。通过验证内部数字化战略和外部数字化战略分别对企业市场绩效的积极影响,本研究拓展了数字化研究(Goduscheit et al.,2018)。内部数字化战略和外部数字化战略对企业市场绩效的交互作用不显著这一研究结果,呼吁未来的理论研究能进一步识别可能引导两种战略交互发展的权变因素。

最后,本研究采用一个整合的理论视角,即服务主导逻辑,来解释服务化和数字化之间的相互作用。本研究基于服务主导理论搭建了数字化和服务化文献之间的桥梁。本研究通过运用服务主导逻辑的两个元基础理论资源液化和资源整合，解释数字化和服务化如何相互作用进而影响企业市场绩效的机制。本研究提出，外部数字化将制造企业开发高级服务化所需的资源液化，有助于制造企业整合相关资源来提供高级服务，因此，高级服务化和外部数字化会产生协同效应。此外，本研究发现，内部数字化可以液化企业内部资源，提高产品部门和服务部门之间的沟通效率，从而有助于企业提供基础服务。通过挑战数字化与服务化具有互补性的传统智慧，研究发现，如果制造企业采用不匹配的数字化与服务化战略，则这两种战略会削弱彼此的利益而对企业市场绩效产生不利影响。以往的多数研究主要讨论数字化对服务化的积极作用，而本研究不仅阐述了这一观点，还识别了服务化-数字化互动对企业市场绩效的积极和消极影响。本研究为这两个战略之间的关联研究提供了一个更为全面和系统的补充。

本研究结果对于计划实施服务化战略或（和）数字化战略的制造企业具有重要的启示意义。

首先，制造企业可以同时实施基础服务化和高级服务化，两者对企业市场绩效有积极的交互作用。虽然外部数字化和内部数字化都可以改善企业的市场绩效，但企业可能不会从同时实施这两种战略中得到任何额外的好处。本研究表明，管理者可以根据企业对数字技术的实际需求而分别采取两种类型的数字化。此外，管理者不应只进行外部和内部的数字化，而应考虑采用数字化平台，但这是一种整体的数字化技术应用方式，更适合资金充足的企业。

其次，制造企业可以从采用正确的服务化和数字化战略组合中受益。具体而言，实施基础服务化和内部数字化或实施高级服务化和外部数字化，都可以提升制造企业的市场绩效。由于服务化和数字化战略通常由制造企业的不同部门发起和实施，因此，更高水平的跨职能协作和内部集成对于支持正确的数字化和服务化战略组合的综合实施至关重要。

最后，本研究结果提醒管理者应注意实施服务化和数字化战略的风险。本研究表明，基础（高级）服务与外部（内部）数字化对企业市场绩效的贡献可能相互减弱。因此，我们建议管理者在计划同时实施数字化和服务化战略之前，应先制订周密的规划，以缓解外部数字化与基础服务化，或内部数字化与高级服务化之间的冲突。而且，我们鼓励管理者在处理基础服务化、高级服务化、外部数字化、内部数字化之间复杂的交互作用时具备双元思维。例如,管理者可以尝试从时间和空间的维度上平衡基础服务与外部数字化和高级服务化与内部数字化之间的冲突。

需要注意的是,本研究样本来自中国经济最发达的地区,这可能限制了本研究结果的可推广性。未来的研究可以在中国的其他地区选择样本进行分析,以验证本研究的发现,提高本研究的概化效度。为了尽量减少企业年龄和规模这两个控制变量的缺失数据,我们将企业年龄和规模划分为几个区间,并要求受访者根据我们所划分的区间相应地报告这两个变量,而这可能会在一定程度上限制这两种测量方法的精确度。未来的研究可以利用企业年龄和规模的档案数据来获得更精确的测量。

在本研究中,我们只分析了服务化与数字化之间的交互作用,而没有对外部的情境影响进行分析。未来的研究应考虑边界条件来开展三维互动研究,如企业的创业导向、组织冗余和双元性,或地理、经济、文化和制度环境等因素,以进一步揭示服务化与数字化互动的边界条件。

考虑到不同类型的服务化和数字化的积极和消极的作用,尽管我们已经研究了如何将不同类型的服务化和数字化进行匹配,但如果未来的研究能够聚焦于特定的交互作用来探索它们的一致性,将会更加有趣。例如,利用响应面分析法,分析外部数字化与高级服务化的一致性和内部数字化与高级服务化的不一致性等对企业绩效的影响效应。

第四节　本章小结

本章研究了数字服务化情境下关键主体的交互机制,最大特色是:结合数字服务化的三个发展阶段特征,从知识、技术、数字三个视角识别出关键主体,系统深入地剖析了其内部交互机制。

本章研究得出以下结论:

第一,本章将制造企业与知识型服务机构的交互划分为互补型和辅助型两种,提出制造企业和 T-KIBS(技术服务机构)之间的交互通常是互补型的,而制造企业和 P-KIBS(专业服务机构)之间的交互是辅助型的。制造企业与 T-KIBS 的交互倾向于影响企业的知识汲取和知识利用,并最终影响企业的交互绩效；制造企业与 P-KIBS 的交互则倾向于影响企业的知识识别和知识汲取，进而影响企业的交互绩效，但该影响效应往往不能在短期内体现。

第二，本章将服务化划分为新颖型和效率型两种类型，将技术创新划分为探索式和利用式两种类型，提出：新颖型服务化与利用式技术创新的组合匹配能积极提升制造企业绩效；探索式技术创新与效率型服务化、新颖型服务化的组合匹配均对制造企业绩效具有抑制作用；效率型服务化、新颖型服务化、利用式技术创新、探索式技术创新均能显著提升制造企业网络中心性和制造企业绩效；网络中心性在服务化对制造企业绩效的影响中发挥完全中介作用，而在技术创新对企业绩效的影响中没有发挥中介作用。

第三，本章围绕服务化和数字化之间的交互作用构建了一个整合框架。研究得出：制造企业同时采用不匹配的服务化和数字化战略（内部数字化-高级服务化、外部数字化-基础服务化），会对制造企业市场绩效产生消极影响；基础服务化和高级服务化的交互作用对制造企业绩效有积极影响，表明基础服务化有助于服务型制造企业增强高级服务的价值创造；内部和外部数字化对制造企业绩效的影响缺乏交互效应，需要在未来的研究中进一步探索这两种类型的数字化战略更好地赋能制造企业绩效的机制。

第六章　如何演化？
——数字服务化的实现路径研究

【本章导读】本章在完成分析数字服务化的过程机制（包括驱动机制、作用机制、交互机制）的基础上，采用纵向多案例研究设计，进一步揭示数字服务化的实现路径。本章具体研究内容包括：第一，基于数字化对服务化的作用效应，识别出三种数字服务化模式。第二，分析制造企业如何基于政府数字化导向与企业数字化导向的一致性程度，改变其主导逻辑，进而培育相应的能力组合，从而推动数字服务化不同模式的实现路径。本章通过系统诠释数字服务化的实现路径，不但有助于获得更多深入且具启发性的研究成果，也有助于明确数字服务化的发展方向。

　　探索数字服务化的实现路径，是深化数字经济背景下制造企业数字服务化研究的一个重要议题。近年来，制造企业数字服务化的模式层出不穷，如：Rolls-Royce利用物联网技术赋能，通过实时监控发动机数据，向顾客提供发动机的预测维护服务（Baines et al.，2014）；运达风电通过搜集和分析发电机组的运营数据为顾客预测风力，从而开拓了风电厂设计服务；卧龙电机结合希尔机器人自动化生产线的设计与交付能力，帮助电机产业链上的中小微制造企业打造未来工厂，提升智能制造水平。然而，在制造企业数字服务化模式百花齐放的同时，一个比较普遍的问题逐渐显现：制造企业快速发展数字服务化来抢占先机，却忽略了寻找与其匹配的模式路径，往往因目标过于宏大而产生发展隐患（Kimita et al.，2022）。如，通用电气公司投入数十亿美元所选择发展的数字服务项目,由于技术复杂性和市场参与者的组织阻力而遭到破坏,于2018年被公司剥离(Tronvoll et al.,2020)。面对这种现象,以下几个现实问题很值得思考:制造企业可以发展哪些数字服务化模式? 制造企业应该选择怎样的路径来有效实现数字服务化? 然而这些问题在学术界还未得到充分关注。

第一节　数字服务化的发展模式分析

互联网、移动通信、云计算、物联网、大数据分析等技术的涌现与快速发展促使制造企业构建新的业务模式、流程、软件和系统,同时深刻地改变了制造企业的服务化模式和运作逻辑。在数字经济背景下,我国制造企业需要重新考虑如何基于服务化打造差异化竞争优势。面对产业升级、消费升级带来的新需求,以及数字技术突破性发展带来的新机遇,数字服务化应运而生,并成为制造企业在日益激烈的竞争中生存乃至繁荣发展的关键战略(Sklyara et al.,2019)。数字服务化是指制造企业使用数字技术从改善现有以产品为中心的服务模式向创建新的以顾客为中心的服务模式和商业逻辑转变的战略(Ardolino et al.,2018;Coreynen et al.,2017;Kohtamäki et al.,2020;Kowalkowski et al.,2017;Tronvoll et al.,2020)。在现实中,数字服务化以多种模式协助制造企业创造新的增长机会从而成功实现突围。劳斯莱斯、运达风电、海尔集团的卡奥斯工业互联网平台均是典型案例。数字服务化战略正通过数字技术赋能,协助制造企业围绕产品提供基础服务或围绕顾客需求提供高级定制化服务或解决方案,这不仅为制造企业提供了新的价值创造的机会,也为制造企业构筑了更不易被竞争者所模仿和超越的竞争优势。

一、数字服务化模式的相关文献回顾

目前鲜有研究充分探讨了数字服务化的类型或模式,而关于数字化、服务化类型的研究正在不断发展,为本研究提供了较多启示。学者们逐步采用更为清晰、简洁的方式研究数字化的类型。Ardolino等(2018)关注数字技术的内容,将数字化分为物联网、云计算和预测分析三种类型,并指出物联网对于实现服务化至关重要(Gebauer et al.,2020)。Coreynen 等(2017)从商业化和工业化的视角出发,将数字化分为前端数字化和后端数字化两种类型,前者聚焦企业的商业化行为,如与顾客、供应商的关系等,后者关注企业的工业化行为,如企业内部的运营和效率等。此外,数字化还常常被定义为一种组织变革(Hanelt et al.,2021),因而可以区分为内部(即运营、结构)和外部(即客户、供应商、竞争对手、合作伙伴)数字化。数字技术从公司的内部和外部角度为提高企业运营效率和合作伙伴/客户的亲密关系提供了可能性(Cenamor et al.,2019)。此外,数字技术既可以整合嵌入产品,成为企业产品的一个整合部分,也能够赋能企业后台运营,以及赋能前台管理促使企业更好地管理销售和客户关系(Calle et al.,2020)。因此,本研究尝试从数字化对企业服务化战略的影响角度将数字化分为数字赋能型(digital enabled)与数字嵌入型(digital embedded)两种类型(Ryu et al.,2018),以便更好地识别数字化在数字服务化进程中的作用方式。

学者们对服务化类型的研究由来已久,但目前的主要分类方式之间存在较大的相关性与重叠性。例如,早期学者普遍接受的一种分类方式是将服务化分为支持产品(SSP)的服务和支持客户行为(SSC)的服务(Eggert et al.,2014;Mathieu,2001;Yan et al.,2021)。此后,学者开始在此基础上进一步聚焦不同的视角研究服务化的类型。例如:根据服务是关注商品流程还是客户流程,以及服务价值主张是否旨在履行职责或实现绩效,将服务化分为产品生命周期服务、资产效率服务、流程支持服务和流程委派服务(Ulaga et al.,2011);根据服务化的发展轨迹,将服务化分为可用性提供者、绩效提供者和工业化者(Ardolino et al.,2018);根据服务提供形式的不同,将服务化分为基础服务和高级服务,基础服务围绕维护和改善产品基础功能而提供的服务,高级服务超越了基础产品服务,要求与客户紧密合作、共同创造价值,根据客户的独特需求和使用情况对产品使用进行调整(Sousa et al.,2019)。若纳入制造流程的不同属性,服务又可以分为设备制造基础服务、装备制造高级服务、流程制造高级服务、流程制造基础服务(李靖华 等,2019b)。也有研究指出,基础服务又称为产品导向服务,以效率和效果兼顾的方式为顾客提供产品基本功能相关的服务;高级服务又称为顾客导向服务化,其主要目的是使产品充分满足顾客的独特需求、使用环境和行为,类似于顾客支持服务,如提供使用导向和结果导向的服务(Sousa et al.,2017)。因此,将服务化战略分为以产品为中心（产品导向）与以客户为中心（顾客导向）两类，具有科学性与普适性。前者将服务作为产品的补充，以增强产品功能与差异化；后者是基于各种服务要素，不再与自身产品捆绑，通过服务解决方案或组合服务来满足顾客需求（陈菊花等，2017）。

一部分研究开始尝试识别数字服务化的类型或模式。如 Kohtamäki 等（2019）基于商业模式分析框架，在剖析数字服务化构成维度时，提及数字服务化可能存在产品导向服务提供商、工业化者、定制化的整合方案提供商、平台提供商和结果提供商，但并没有对这些模式进行深入探讨。类似地，Frank 等（2019）基于商业模式创新视角，聚焦工业 4.0 与服务化两方面，提出可以基于服务提供类型（平滑服务、适应服务、替代服务）和数字化水平（低水平、中等水平、高水平）对数字服务化的（商业）模式进行划分；他们提出了三种类型——工业 4.0 相关服务、数字服务与手工服务。但此分类只考虑了服务化的类型，并没有对数字化进行进一步的解构。Calle 等（2020）在刻画数字服务化转变过程时，阐述了每个阶段企业提供数字服务化的内容，如使用 ICT 工具协同提供产品维修、保养等必需性服务，使用 ICT 技术来提供降低运营成本和/或缩短服务交付时间和提高服务质量的服务，基于软件仿真、虚拟、现实增强版应用程序、数字技术分析的数字化服务，或创建整合数字产品服务系统元素的智能系统，但没有做进一步的归纳和提炼。简兆权和刘晓彦（2017）充分考虑了互联网环境的要素，从宽度、深度与系统性三个维度对服务化战略的类型进行划分，从中识别出多元化顾客服务战略、深度顾客服务战略、综合性顾客服务战略、深度生态圈服务战略、多元化生态圈服务战略与综合性生态圈服务战略六种类型。他们虽然并没有直接提出数字服务化战略的概念，但其充分考虑了数字经济特征。

总体来看，关于数字服务化类型和模式的研究尚需进一步深入解析，而现有关于数字化、服务化的分类研究为之提供了非常有益的研究参考。

二、数字服务化的发展模式识别

本研究借鉴 Ryu 和 Lee（2018）的观点，数字技术赋能服务化包含两个方面：一是作为外生变量推动服务化进程，二是作为内生变量主导服务化的发展。制造企业的服务化在基础阶段主要是改善有形产品的功能和效率，而在高级阶段，则注重围绕顾客需求，实现与顾客的价值共创（Sousa et al.,

2017)。基于此,本研究从数字技术赋能逻辑与服务提供逻辑两个维度识别制造企业数字服务化的模式,思路如图 6.1.1 所示。

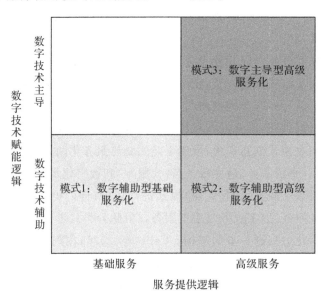

图 6.1.1　数字经济背景下制造企业服务化的模式识别

　　借鉴 Ryu 和 Lee(2018)、Coreynen 等(2020)的研究,基于数字技术赋能的逻辑,识别出数字技术辅助(digital technology-aided)和数字技术主导(digital technology-led)两种类型。数字技术辅助是指数字技术作为外部力量赋能,辅助或推动制造企业基于新服务概念、新服务传递系统、新顾客界面实现与顾客的价值共创;数字技术主导是指数字技术嵌入企业,成为企业内部核心部件,主导制造企业发展新服务概念、新服务传递系统与新顾客界面,从而实现与顾客的交织共创。同时,借鉴 Sousa 和 Da Silveira(2017)的研究,基于服务提供逻辑维度,识别出基础服务(basic service)与高级服务(advanced service)两种类型。基础服务是指以产品为中心,围绕改善产品功能的服务逻辑;高级服务是指以顾客为中心,围绕顾客需求,实现与顾客价值共创的服务逻辑。这两者的区别在于制造企业所提供的服务是否以其原有的制造产品为基础,而不在于其所提供的服务内容本身具有高、低之分。

　　在上述维度划分的基础上,本研究识别出现实中制造企业数字服务化存在的三种典型模式:数字辅助型基础服务化、数字辅助型高级服务化、数字主导型高级服务化,详见图 6.1.1。

数字辅助型基础服务化,指制造企业基于产品主导逻辑(Antioco et al.,2008;李靖华 等,2019a;张峰 等,2021),通过数字技术外部赋能,提供增强或改善产品功能、效率和效果的新服务,如提供在线监测、远程诊断、故障预测、运维管理、能效治理等与有形产品相关的智慧服务。典型的企业案例,如运达风电提供围绕产品咨询、维修、保养、升级等基础服务,满足顾客的一般需求,同时通过物联网技术搜集用户的使用数据,基于大数据分析为顾客提供产品故障预测这一差异化服务。基于此,运达风电通过采取与同类企业在特定服务类型上形成差异但在服务的类别范围上保持一致的补偿协奏机制,不断为企业创造价值。

数字辅助型高级服务化,指制造企业基于服务主导逻辑(Antioco et al.,2008;李靖华 等,2019a;张峰 等,2021),通过数字技术外部赋能,与顾客共同创造价值来提供满足顾客个性化需求的新服务,如基于互联网平台提供工业设计服务、供应链金融服务、供应链采购协同服务等独立于有形产品的智慧服务。典型的企业案例比如卧龙电气。卧龙电气是电机制造业的龙头企业。2019 年左右,卧龙电气为解决客户所面临的原材料采购成本高、订单交易周期长等痛点,搭建了舜智云工业互联网平台,将其业务拓展至对外提供供应链金融、供应链协同等智能服务。作为第一家提供供应链金融、供应链协同等顾客导向的服务的电机制造企业,卧龙电气在本行业形成了独特性,且由于其是该行业中的领头企业,领先提供差异化的顾客导向服务也保持了逻辑一致性和合法性,由此为企业带来更多价值创造机会。

数字主导型高级服务化,指制造企业基于数字主导逻辑(Herold et al.,2021),通过数字技术内部赋能,将数字技术作为价值创造的核心,围绕数字技术提供满足顾客个性化需求的服务,如提供数字化转型支撑服务、智能工厂改造服务等独立于有形产品的智慧服务。典型的企业案例如正泰电器依托工业物联网(IIoT)构建正泰智能制造体系,基于海量数据采集和分析体系,赋能智能制造,助力传统制造企业数字化转型,帮助客户企业打造未来工厂,提升智能制造水平。

三、研究结论

本研究通过解构数字服务化的内涵与构成维度,构建了数字服务化模式识别的分析框架。数字服务化是对服务化与数字化两种战略的融合(Paschou et al.,2020;Gebauer et al.,2020),基于此逻辑,本研究整合服务化与数字化的内涵特征,从服务提供逻辑与数字技术赋能逻辑两个维度对数字服务化进行解构,并基于这两个维度识别出三种数字服务化的模式(数字赋能型基础服务化、数字赋能型高级服务化、数字主导型高级服务化),进而深入揭示数字服务化模式的本质属性与特征类型,有助于厘清数字服务化的相关概念基础,也为下文分析数字服务化的实现路径研究提供了阶段划分的新的视角和切入点。

第二节　数字服务化的实现路径分析

近年来,促进制造企业数字服务化这一现实问题已广泛进入国家政策视野,并成为当今理论界深入研讨、实务界亟待推广的企业实践。

制造企业数字服务化转型重要性不断提升,但其推行过程并非一帆风顺(Kamalaldin et al.,2020)。数字化与服务化均会影响组织认知和能力变革(Hanelt et al.,2021),因而认知惰性和能力陷阱成为制造企业数字服务化转型的首要考虑问题(Tronvoll et al.,2020;Svahn et al.,2017)。制造企业拥有根深蒂固的传统制造工程基因,尤难破解数字服务化转型中的认知与能力障碍(Sjödin et al.,2020),因此借助外力破除障碍成为制造企业的重要切入点。新兴经济体国家政府是重要的外部因素,在制造企业转型过程中发挥着关键推动作用(张文文 等,2024)。一方面,政府通过财政补贴、税收减免等方式能够弥补企业在转型过程中的资金、技术等缺口(陈红 等,2019;周海涛 等,2015)。另一方面,政府通过发布工业互联网产业政策、加强数字基础设施建设等手段能够提升制造企业的数字服务化战略意识,这是制造企业数字服务化转型的重要外部因素(尚洪涛和宋岸玲,1991;王海 等,2023)。

学术界日益重视服务化与数字化领域的融合研究(Shen et al.,2023),强调制造企业应在服务化过程中重视整合数字资源以实现价值创造(Sklyar et al.,2019)。尽管服务化和数字化的关联性研究日益增加,但现有研究大多关注宏观和产业层面的产业数字化、制造业服务化等研究,对企业数字服务化中的微观基础研究较为欠缺。一方面,已有研究虽已识别出服务化转型中的不同主导逻辑和能力,如数字能力、大规模服务定制能力、网络管理能力、服务开发能力、制造能力、组织能力等(Manresa et al. ,2021;Sjödin et al. ,2016;Sousa et al. ,2017),但主导逻辑和能力组合如何在不同阶段变化进而推动数字服务化仍没有得到很好的剖析(Khanra et al. ,2021)。另一方面,已有研究探讨了政府在制造企业转型过程中的重要作用,强调政府推行数字化的举措对企业数字化、服务化转型的重要性(尚洪涛 等,2023;王海 等,2023)。但是较少有研究整合政府和企业两个视角来探讨政-企数字化导向一致性在企业数字服务化转型中的作用,而新兴市场国家(如中国)的企业如何与政府"步调一致"在企业数字服务化转型中起到关键作用,因此,政-企数字化导向一致性对数字服务化转型的推动作用值得深入探索(Kohtamäki, et al. ,2020)。

　　针对上述理论与实践背景,本研究采用动机(Motivation)-机遇(Opportunity)-能力(Ability)模型(以下简称 MOA 模型)分析制造企业如何基于政府数字化导向与企业数字化导向的一致性程度(O)改变其主导逻辑(M),进而培育相应能力组合(A),从而推动数字服务化的实现路径。在MOA 模型中,动机指引导个体或组织达成目标的因素,机遇反映推动个体或组织实现预期结果的外部情境,能力表征个体或组织达成目标的资源或条件(Macinnis et al. ,1991)。本研究将 MOA 模型拓展至企业数字服务化行为,有助于从整体和系统视角刻画制造企业数字服务化的实现路径。本研究从电机制造业选取了一家典型制造企业——卧龙集团进行纵向案例研究,并基于MOA 模型提出制造企业数字服务化过程中政-企数字化导向一致性、企业主导逻辑、企业能力组合动态演化进而实现数字服务化的理论模型。

一、数字服务化、主导逻辑、能力组合文献回顾

(一)数字服务化的发展阶段

　　数字服务化的类型或表现特征之间的转化规律在时间维度上构成了多阶段的动态过程(李靖华 等,2019a)。早期研究主要聚焦于传统服务化的动态发展过程。Visnjic 等(2016)认为传统服务化的阶段开始于"仅产品"的商业模式,随后纳入产品相关的服务,进而转向产品导向的商业模式,并最终转变为顾客导向的商业模式。Sousa 和 Da Silveira(2018)提出制造企业利用现有的制造能力提供基础服务,而基础服务通过推动服务文化的发展,为高级服务的产生创造条件。Visnjic 等(2018)认为制造企业的服务化经历了三个不同

发展阶段：首先是扩展服务范围，即提供不同的新服务；其次是扩展服务时间范畴，即从交易型服务转变为关系型服务；最后是提供与产品-服务组合相关的绩效保证，即保障服务结果或提升服务绩效。

近期研究开始关注数字服务化的动态发展过程。Calle(2020)等提出，在企业从提供必需服务到产品相关服务的过程中，数字部件发挥了重要的影响作用。其动态发展过程表现为企业最初使用标准 ICT 工具(如电子邮件、电子文件等)协助提供产品维修保养等必需服务，随后演变为使用 ICT 技术降低运营成本、缩短服务交付时间和提高服务质量，最后升级为提供仿真、虚拟现实(VR)、增强现实(AR)、数字技术分析等数字化服务或智能系统。Kamalaldin(2019)等指出，企业在初级阶段主要是投资建设数字化系统，从实物资产中搜集运营数据监测发展绩效，并基于所获取的运营数据开展针对性讨论以提供专门服务；企业在中级阶段开发了针对性的数字化平台，从多种来源中积累和连接数据以优化与透明化生产过程，并通过与合作伙伴之间建立常规性互动提供过程性服务；而企业在高级阶段基于数字平台提供定制化与高效服务，提高了数据透明度和分析能力，并通过组建多层次合作团队提供持续改进和创新服务。由此可见，在数字服务化的不同阶段，企业的产品、服务、数字技术之间不断发生主导地位的转变与更替。

（二）数字服务化的主导逻辑

主导逻辑是组织认知的核心要素，它指导着企业的战略决策和各项行动，是企业战略转型的重要因素(张璐 等，2020)。主导逻辑具有强烈的路径依赖性(Tripsas et al. ，2015)，若企业长期过度依赖固有的主导逻辑，则会被禁锢在既定的认知框架内，从而错失潜在发展机会。主导逻辑的形成受到内、外两方面因素的影响。外部因素包括环境压力和市场资源等，内部因素则包括组织危机和资源禀赋等。外部环境因素通过为组织发展提供关键资源，对主导逻辑的形成产生重要影响，而主导逻辑通过与外部环境适配，可以进一步指导企业发展关键能力，推进企业转型升级(张璐 等，2022)。因此，适时更新主导逻辑来应对动态和不确定的环境是企业转型升级的重要前因(尚航标 等，2013)。

数字服务化的主导逻辑主要涉及产品主导逻辑、服务主导逻辑与数字主导逻辑。产品主导逻辑以产品为中心，关注价值交换(value-in-exchange)，提出价值嵌入(有形)产品并通过货币产出来衡量(Vargo et al. ，2011)。产品主导逻辑认为控制和拥有静态和有形资源即对象性资源（operand resources），是企业占据战略优势地位的重要决定因素，其将员工、顾客、供应商等视为对象性资源。

服务主导逻辑以服务为中心，认为产品是服务的补充品（Vargo et al.，2016）。该逻辑提供了理论框架阐明服务的概念，识别服务在商业交易/竞争（Lusch et al.，2007）、服务创新、价值共创中的作用（Brodie et al.，2019）。服务主导逻辑关注价值使用（value-in-use），认为价值是在服务使用过程中创造的。服务主导逻辑将顾客视为价值共创者，强调所有的社会和经济主体都是资源整合者（Brodie et al.，2019），并认为资源整合对于充分实现企业服务化或服务创新至关重要（Goduscheit et al.，2018；Lusch et al.，2015）。不同于产品主导逻辑，服务主导逻辑认为操作性资源（如数字技术、知识和技能）是企业竞争优势的基础来源（Vargo et al.，2008）。

数字主导逻辑认为数字化转型是企业的社会性建构过程。数字主导逻辑主要用来解释数字化如何提高服务化或服务创新水平（Goduscheit et al.，2018），以及服务化与数字化之间的交互机制等（Zhou et al.，2021）。但目前关于数字主导逻辑是如何出现、被采用以及如何表现的相关研究仍非常有限（Herold et al.，2021）。尽管现有研究开始关注产品主导逻辑向服务主导逻辑的转变（Hartwig et al.，2021；Ng et al.，2012；Skålén et al.，2016），例如两大逻辑转变的驱动因素（Hartwig et al.，2021）、价值主张变化、制度逻辑冲突（Skålén et al.，2016）等，但是鲜有研究对上述三种主导逻辑的转变演化进行剖析。

（三）数字服务化的能力组合

企业能力是企业整合、配置、利用资源以适应内外部环境变化的行动惯例合集（Teece et al.，1997）。通过更新组织认知、转变主导逻辑、强化新惯例等方式，能培育新的企业能力，进而推进企业转型升级（Quinn，1980）。在数字服务化转型过程中，企业需要扩展资源和能力集，以帮助企业在特定产品市场中塑造竞争力，成功实现转型（Bustinza et al.，2018）。现有研究较为零散地关注了数字服务化转型中所需的能力，而对能力组合的关注相对不足。现有研究所关注的数字服务化转型的相关能力主要包括制造企业本身具备的制造（技术）能力、数字服务化转型过程中所需要的服务能力和数字化能力。

已有研究聚焦于数字服务化的"数字"特性，强调数字化能力的重要性。

例如：Svahn(2017)等提出能力陷阱是数字服务化过程中首要关注的问题，企业只有具备一定的数字化能力才能有效推进数字服务化。Sjödin(2016)等提出由数字能力、大规模服务定制能力、网络管理能力和服务开发能力所构成的能力架构能够有效推进制造企业提供高级服务方案。此外，部分文献关注数字服务化的"服务"特性，认为制造（技术）能力和服务能力是数字服务化的基础。Sousa 和 Da Silveira(2017)指出发展基础服务需要企业的制造（技术）能力，而发展高级服务则需要企业的服务能力。进一步地，已有研究认为不同类型的制造企业对制造（技术）能力、服务能力和数字化能力的需求具有差异性。Manresa 等(2021)将数字服务化的相关能力组合识别为制造能力、组织能力与数字能力，并提出基础服务需要制造能力，但是不太需要组织能力或数字能力，而中级服务和高级服务的发展需要组织能力和数字能力，却不太需要制造能力。此外，部分学者认为探索式/利用式能力(Coreynen et al.，2020)、网络能力(Kreye et al.，2015)，感知、捕捉和转型等能力(Warner et al.，2018)也是数字服务化过程中的重要能力构成。

总体而言，制造企业的数字服务化转型是一个复杂的动态过程，然而其转型过程机制仍未得到清晰剖析，数字服务化中与主导逻辑和能力组合相关的微观基础研究仍较为薄弱。因此，探索制造企业数字服务化过程中企业主导逻辑与能力组合的动态演变机制是推进数字服务化研究的重要切入点。本研究将采用 MOA 模型系统提出制造企业数字服务化中政企数字化导向一致性、企业主导逻辑与企业能力组合动态演化的理论模型。

二、案例研究设计

（一）方法选择

本研究分析企业与政府数字化导向一致性、企业主导逻辑、企业能力组合与数字服务化的动态演化过程，是一个关注"how"的研究问题。由于数字服务化研究仍处于起步阶段，而纵向单案例研究适合剖析复杂的、先前较少研究的现象，且能情景化展示组织变革的过程(Tronvoll et al.，2020)，有利于基于新现象来构建新理论，本研究适合采用单案例研究方法进行剖析。本案例研究的主要工作流程包括：首先，遵循理论抽样原则选择案例企业；其次，进行多来源、多层次的数据搜集；再次，基于关键事件法将案例企业的数字服务化过程划分阶段；最后，开展数据编码工作，通过理论归纳探索最终理论框架。

（二）案例选择

本研究采用理论抽样的方法选择案例企业，且案例企业满足以下条件：一是案例企业切实积极投入数字服务化；二是案例企业正在实施数字化和服务化战略；三是案例企业可以提供组织和职能层面的实时和追溯性的一手和二手数据（Pettigrew，1990）。卧龙集团始建于 1984 年，历经 40 年的高速发展，从一家传统电机制造企业转型为电机及驱动解决方案的服务型制造商，以技术创新、数字化赋能为引领，面向全球电机及驱动系统全产业提供数智化产品及业务整体解决方案，充分展现出了数字服务化的复杂动态过程，是本研究剖析研究问题的极佳样本。

（三）数据来源

本研究使用多种数据来源进行相互补充和交叉验证，数据来源包括深度访谈、公开学术文献、档案文件（如企业内部文件和网站信息等）等。

（1）深度访谈。研究团队自 2021 年开始持续跟踪卧龙集团进行深度访谈，重点考察卧龙集团的数字服务化历程，对集团高管、信息化部部长、供应链副总经理、总裁办公室主管等不同层次的管理者主要围绕企业信息化/数字化发展、服务化发展、制造技术等相关主题进行了 6 次面对面访谈，访谈时长合计约 2220 分钟，共转录文稿近 5 万字。案例企业的访谈情况具体见表 6.2.1。本研究将访谈记录与企业的文档资料和公开发表的学术文献进行了三角交叉验证，以避免回溯偏差。

表 6.2.1　深度访谈情况

访谈人	访谈主题	访谈日期	访谈时长
舜云互联 CTO（叶总）	舜云互联的发展历史	2021 年 11 月	240 分钟左右
卧龙集团供应链副总经理（陶总）	卧龙集团的发展历史	2021 年 11 月	240 分钟左右
数据咨询总监（邵总）	产业大脑的基本情况	2021 年 11 月	240 分钟左右
舜云互联副总裁（马总）	舜云互联的发展阶段和困境 舜云互联业务模式和发展过程	2022 年 2 月 2022 年 6 月	180 分钟左右 240 分钟左右
副董事长（王董）	卧龙集团数字化转型的具体过程	2022 年 6 月	240 分钟左右

续表

访谈人	访谈主题	访谈日期	访谈时长
信息部部长(朱部长)	卧龙集团的三个数字化	2022 年 6 月	240 分钟左右
卧龙集团党委书记(宋书记)	卧龙集团的企业发展史	2022 年 7 月	180 分钟左右
办公室主任(阮主任)	卧龙集团的企业文化建设	2022 年 7 月	180 分钟左右
上虞区经信局(杨局、吴科长)	政府政策 政府与卧龙集团之间的联系	2022 年 7 月	240 分钟左右
合计			2220 分钟左右

(2)公开学术文献。通过中国期刊全文数据库、重要报纸全文数据库、政府主管部门网站、百度与必应等搜索引擎获得与案例企业相关的文献及报道，最终收集了 25 篇学术文献以及 2007 年至 2022 年的 53 篇新闻报道。

(3)档案文件。通过查阅公司的内部刊物，记录了卧龙集团每个时期的重要关键事件，同时获得卧龙集团所提供的内部专著 3 本，并通过上市公司数据库搜集到 2007 年至 2022 年间的公司上市年报和招股说明书。

(四)数据编码与分析

本研究的数据分析工作包括三个阶段。

第一阶段是基于多种数据来源系统梳理卧龙集团的发展历程，识别出卧龙集团数字服务化的里程碑事件，并据此划分卧龙数字服务化阶段。如图 6.2.1 所示，2007 年卧龙集团开始实施 PLM(产品生命周期管理)，这标志着卧龙集团在信息化发展基础上产生了服务化思想萌芽(虽然该时期提供的是对内服务)，因此，本研究将 2007 年作为案例故事线的时间起点。四年之后，卧龙集团为了加快转型升级，确保企业持续快速发展，及时调整了企业发展模式，从电驱制造技术外延扩张为主转向内涵提升为主的发展模式。2016年，卧龙集团开始尝试云战略。卧龙集团耗费近一年的时间，搭建信息安全架构，将其数据中心整合于阿里云之上，成为最早"吃螃蟹"的数字化转型企业之一，正式开始对外提供产品的全生命周期服务。2021 年，卧龙集团联合上虞国投、龙创电机、上虞龙舜等产业生态圈内的企业共同组建了公司舜云互联。这标志着卧龙集团正式迈向数字服务型企业。

基于上述关键事件节点，本研究将卧龙集团的数字服务化转型过程划分

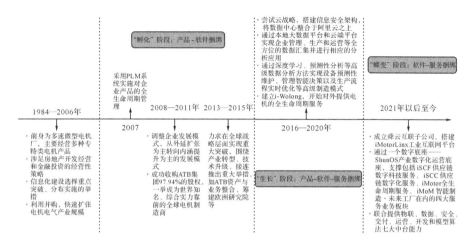

图 6.2.1 卧龙集团数字服务化发展阶段

为三个阶段：一是孵化阶段（产品-软件捆绑）（2007—2015 年）。卧龙集团最开始基于软件对企业内部产品生命周期进行管理与服务，企业以技术扩张为主，其后调整战略聚焦于电机产品发展，用信息化手段提升生产运营效率。二是生长阶段（产品-软件-服务捆绑）（2016—2020 年）。卧龙集团推行云战略，建立 i-Wolong，基于数字化平台对外提供电机产品的全生命周期服务，打造电机产品的差异化竞争力。三是蝶变阶段（软件-服务捆绑）（2021 年以后[①]），卧龙集团裂变出舜云互联，舜云互联通过 i-MotorLinx 工业互联网平台，面向全球电机及驱动系统全产业链提供数智化产品及业务运营整体解决方案，为企业创造更大价值。

在第二阶段，本研究整合了一手数据（如深度访谈、实地观察等）和二手数据（如公开学术文献、档案文件等）开展编码、识别关键因素和主题的工作。在数据搜集过程中，参与数据搜集的团队所有研究人员均参与平行分析和三角验证工作。本研究采用 Gioia 等（2013）等提出的归纳式主题分析法，通过对原始数据进行编码和抽象化、概念化，最终形成理论式主题。

由于本研究是按照数字服务化的三个主要阶段展开的，本研究采用时间序列策略实施具体的编码工作，根据数字服务化转型的孵化阶段（产品-软件捆绑）、生长阶段（产品-软件-服务捆绑）、蝶变阶段（软件-服务捆绑）三个阶段，

---

① 本研究截至 2022 年。

围绕政企数字化导向一致性、企业主导逻辑、企业能力组合、数字服务化四个核心构念开展数据编码工作。一级编码的形成基于三个原则：一是所提出的观点在特定情境以外也适用；二是不同的研究人员共同提到了这一观点；三是所形成的观点不仅是"明显"的观点，还要有趣和有用(Tronvoll et al.,2020)。基于这些标准，本研究最初产生了 21 个一阶概念(类别)，每个概念(类别)均用一个短语或句子进行标识，且需要包含编码者所提到的关键术语。接下来，一阶概念被进一步归纳为更为抽象的二阶主题，二阶主题旨在充分概括一阶概念所描述的现象信息，这个过程共产生了 8 个二阶主题。最后，进一步将二阶主题抽象为更高级别的聚合维度，最终产生了 3 个聚合维度。

如图 6.2.2 所示，关于政企数字化导向一致性，本研究从政府数字化导向和企业数字化导向两个维度，对其不同程度予以区分。例如，本研究将"政府倡导数字化"和"企业响应数字化"编码为"政企数字化导向一致性较高"；将"政府引导数字化"和"企业主动数字化"编码为"政企数字化导向一致性高"；将"政府主导数字化"和"企业主导数字化"编码为"政企数字化导向一致性极高"。关于企业主导逻辑，本研究从关注的资源类型和价值创造方式两个维度进行区分。例如，本研究将"关注有形、静态资源"和"价值交换"编码为"产品主导逻辑"；将"关注数据资源"和"价值互惠"编码为"数字主导逻辑"；将"关注作用于其他资源的无形资源"和"价值使用"编码为"服务主导逻辑"。关于能力组合，本研究从能力组合的构成要素、能力构成要素的关系结构两个维度，对企业能力组合进行了编码。例如，本研究将"技术拓展能力、信息化能力、产品服务能力"和"技术拓展能力带动信息化能力发展、信息化能力带动产品服务能力发展"编码为"以技术能力为主导的能力组合"；将"技术国际化能力、数字平台能力、整体解决方案"和"技术国际化获取海量数据、构建数字平台打造产品差异化、基于数字平台实现整体解决方案提供"编码为"以数字化能力为主导的能力组合"；将"技术聚焦能力、数字生态化、智慧互联服务"和"数字生态化实现智慧互联服务"编码为"以服务能力为主导的能力组合"。

研究主要进行理论归纳，采用模式匹配技术，不断比较案例数据和涌现的理论关系，进而将所涌现出来的理论框架与现有文献对比，最终基于 MOA 模型，开发出随着数字服务化转型阶段的推进，从政企数字化导向一致性到企业主导逻辑再到企业能力组合的理论分析框架(见图 6.2.3)。

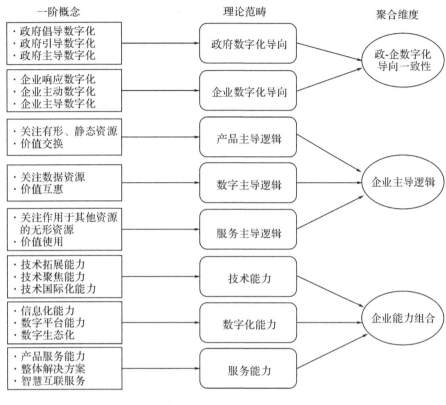

图 6.2.2　本研究的编码结构

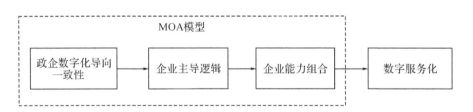

图 6.2.3　理论分析框架

三、制造企业数字服务化的阶段划分

（一）孵化阶段：产品-软件捆绑（2007—2015 年）

卧龙集团自 1992 年涉足信息化，于 2007 年推出信息化重点工程项目——PLM（product lifecycle management，产品生命周期管理）。PLM 指以产品为中心、以生命周期为导向的战略性商业模式,支持产品信息在企业和产品全生命周期内的创建、管理、分发和应用(Lee et al.,2008)。PLM 为企业提供了整体性管理方法。企业不仅可以管理不同阶段内部信息,还可以实现不同阶段信息的整合,打通产品研发、制造和服务等环节,真正实现以产品为中心的企业价值链协同,从而实现价值最大化。PLM 的实施标志着卧龙集团首次对内提供产品全生命周期服务。本研究将 2007 年定义为卧龙集团数字服务化转型开始年。孵化阶段的典型例证与编码结果详见表 6.2.2。

表 6.2.2　孵化阶段的典型例证与编码结果

孵化阶段的典型例证援引	理论范畴	聚合维度
"围绕加快国民经济信息化进程,花大力气培育要素市场,突出抓好信息服务产业化、企业信息化等工程建设,实施信息化建设,是上虞经济、社会发展的必然要求。"(上虞区一领导)	政府倡导信息化	政企数字化导向一致性较高
"我们开始推动信息化的时候,也是工信部大力推两化融合的时候。"(集团党委书记)	企业响应信息化	
"2007 年进行了声势浩大的改革,我们将制造和销售线进行了重新布局,把单独的销售线拎出来。那时候的改革是基于产品,还是以电机为主。这次改革大大激发了我们各个组织和板块的活力,大大提升了我们的行业竞争力。"(办公室主任)	产品主导逻辑	企业主导逻辑
"卧龙集团进入扩张阶段,共收购了 15 家企业,除了电机还收购了变压器企业(3 家)。"(集团党委书记)	技术拓展能力	企业能力组合
"以前是某一个单体或领域的一个独立的信息化,后来开始做系统之间的整合,2016 年之前一直在做这些,我们刚开始做的是跟供应商的协同。"(信息化部部长)	信息化能力	
"我们除了传统的基础服务,开始有了最初级的产品生命周期管理,但这个阶段主要是针对自己产品的管理。"(办公室主任)	产品服务能力	

1. 政企数字化导向一致性

数字化导向指企业承诺在业务运营中致力于应用数字技术(Mishra et al.,2022),反映了组织成员实施数字化的热情和信念(Nambisan, et al.,2019)。一致性概念强调两个组成部分之间的高度一致性会促成理想结果（Fry et al.，1987），反映了一个组成部分的需求、要求、目标和/或结构与另一组成部分的需求、要求、目标和/或结构相一致的程度。

在数字服务化的孵化阶段，政企数字化导向一致性表现为"政府倡导信息化"和"企业响应信息化"两大特征。政府与卧龙集团的数字化导向在发展需求、目标上具有较好的一致性，因此该阶段政企数字化导向一致性水平较高。

（1）政府数字化导向：政府倡导信息化。2007年，党的十七大报告首次明确提出了大力推进信息化与工业化融合发展，指出要"发展现代产业体系，大力推进信息化与工业化融合，促进工业由大变强，振兴装备制造业，淘汰落后生产能力"。至此，信息化作为包括工业化、城镇化、市场化、国际化在内的社会五大发展趋势之一，被赋予了新的历史使命。绍兴市上虞区当时以机电、化工为支柱行业，工业经济综合效益在浙江省名列前茅。因此，上虞区政府认为两化融合是实现上虞跨越式发展的关键机遇，于是提出了将工业化和信息化有机结合起来，以信息化带动工业化的战略思路。一位上虞区领导表示："围绕加快国民经济信息化进程，花大力气培育要素市场，突出抓好信息服务产业化、企业信息化等工程建设，实施信息化建设，是上虞经济、社会发展的必然要求。"为此，上虞早早就以市图书馆的信息工作部门为机构基准，设立了"上虞市信息中心"，为实现全市信息资源统一管理、协调、共享，以及为各类经济组织和政府机关提供优质高效的信息服务奠定了基础。之后几年，上虞区积极落实浙江省政府建设信息化和工业化深度融合国家示范区的决策部署，以省工业强区建设为总抓手，坚持将两化深度融合作为稳增长、促转型的重要举措来推进，着力打造区域经济升级版，最终成为浙江省第一批深度融合国家示范试点区域中的五个"浙江省绿色安全制造信息化示范区"之一。

（2）企业数字化导向：企业响应信息化。卧龙集团作为上虞区的龙头企业，积极响应上虞区政府的号召，坚持"一把手"工程，注重基础数据的处理，制定严格的工作规范。信息化改造对卧龙集团企业管理的改善效果非常明显。卧龙集团已基本形成以 ERP 为核心，以 CAD、PLM、SRM、CRM、OA、MES 等为支撑的管理信息化格局，以及以网络 DNC/MDC 系统为基础的制造解决方案。通过信息系统之间互相集成，卧龙集团避免了企业内部的信息孤岛现象，实现了业务环节之间的互联互通。为此，"上虞区政府以卧龙集团为模板编制了总部型企业信息化建设的实施方案,并将其列入绍兴市两化融合示范试点行动,在绍兴市内推广,同时还搜集卧龙集团的信息化应用案例下发给区里其他企业进行学习和交流互动"(上虞区经信局吴科长)。

2. 企业主导逻辑:产品主导逻辑

当企业处于高度动态的环境中,新技术、新市场以及新政策的出现,会释放出强烈的信号,迫使企业去学习和适应新的环境,而企业通过学习会改变其认知模式,进而推动主导逻辑的转变(陈逢文 等,2020;张璐 等,2021)。然而,企业的主导逻辑往往存在路径依赖性,由于受自我强化机制、路径有效性、沉没成本、利益团体寻租行为等组织内部压力的影响,往往很难打破(Santiago et al.,2020)。因此,外部环境所带来的信号和压力的强度决定着企业最终是否会改变其主导逻辑。

在孵化阶段,卧龙集团的主导逻辑是其固有的产品主导逻辑,即以产品为中心,关注有形资源、价值嵌入和价值交换(Vargo et al.,2004)。具体表现为,卧龙集团致力于成为"核心技术自己掌握,核心部件自己生产,为客户提供成套解决方案的国际化集成供应商"。为实现此目标,卧龙集团积极实施并购战略,集中资源收购国内外企业,提升技术水平并进行产品创新,一举成为世界知名、综合实力靠前的全球电机制造商。

卧龙集团在孵化阶段依然保持产品主导逻辑不变的主要原因有:第一,卧龙集团原有的信息化水平较低,因而很难培育出数字主导逻辑。当时分散的厂区和滞后的信息传递常常导致卧龙集团内部的生产信息传递不及时,因此,统一管理、集中采购和销售成为卧龙集团当时迫切需要解决的问题。卧龙集团在政府信息化部门相关人员的帮助下建立了管理信息化系统,情况得以改善。但此时的信息化是低水平的信息化,卧龙集团自身很难通过主动学习来显著转变为以信息化为主导的认识和思维模式。加之原先拥有的坚固的产品主导逻辑因存在路径依赖也不容易被打破,在这一阶段无法培育出数字主导逻辑。第二,政府在该阶段虽然推动企业信息化建设,但同时也提倡信息化与工业化的融合发展。当在产品主导逻辑指挥下大力推进制造技术发展时,外部环境带来的压力大大减轻。因此,卧龙集团在该阶段的信息化建设主要是作为辅助手段,通过实现工作流程规范化和数据集成来提升企业运营效率,从而更为顺畅地推动本身在制造业"老本行"方面的发展。

3. 企业能力组合:以技术能力为主导的能力组合

企业能力指组织配置、整合、利用资源以适应动态化情境的行动惯例合集(Teece et al.,1997)。Teece 等(1997)将主导逻辑视为组织能力发展的微观理论基础,认为企业在主导逻辑指导下制定发展战略,并借助战略行动更新组织认知、强化新惯例,从而构建适应内外部情境变化的能力组合(Wang et al.,2023)。现有研究重点关注技术能力、数字化能力和服务能力对数字服务化转型的重要性。具体地,在数字服务化转型孵化阶段,卧龙集团在产品主导逻辑的指导下,能力构成呈现出以技术能力为主导、其他两种能力为辅的显著特征。

(1)技术能力:经历了技术扩张到技术聚焦的技术拓展过程。主要表现为以下两方面:一是卧龙集团刚开始时大刀阔斧发展制造技术,着力打造一条集"发电、输变电、电机和工业自动化"于一体的完整产业链。此时,卧龙集团的技术能力涵盖范围较广,并没有完全聚焦在电机制造技术上。2007 年,卧龙集团凭借多元化技术成功实现跨越式发展,上市公司增加到两个,产业集团由一个扩展为两个,企业综合实力大幅提升。2008 年,卧龙集团继续推进跨越式发展战略。二是卧龙集团自 2011 年开始聚焦于电机技术能力的纵深化发展。2011 年 11 月,卧龙集团成功收购欧洲三大电机制造商之一的奥地利ATB 集团 97.94% 的股权,大幅度推进了电机产业链的技术升级和全球战略。2013 年 6 月,卧龙集团完成与 ATB 集团的资产和业务整合,集中优势资源,为加速技术创新、确保技术和信息共享奠定了基础。与此同时,卧龙集团在日本大阪设立研究院,汇聚日本顶尖的电机行业研发专家,强化国际领先的家电类电机、精密电机及电机驱动控制系统产品的研发能力。2014 年春,卧龙集团在德国杜塞尔多夫筹建欧洲研究所,重点研发具有前瞻性的各类特种电机、精密电机、驱动控制系统等新产品。

(2)数字化能力:呈现出信息化能力的快速发展。主要表现为以下两方面:一是卧龙集团的信息化技术不断迭代发展。卧龙集团基于前期已经取得的 ERP 系统的阶段性成果,推出了信息化重点工程项目——PDM(产品数据管理),相当于给 ERP 系统增加了数据保险环节。进一步地,卧龙集团以PDM 为基础,再次升级发展出 PLM(产品生命周期管理),对从客户对产品的需求,到产品淘汰报废的全部生命历程进行管理。二是卧龙集团通过发展信息化能力提升了整个集团的管理以及生产流程的运营效率。2013 年,卧龙集团进一步深化信息化管理系统,实施 ERP 延伸项目 SRM 资金管理系统,在欧力龙振动机械公司试点后推广。ERP 管理系统实施销售与分销管理、生产管理、采购与库存管理、财务会计、成本控制、质量管理六大模块,并将其有机整合于一个平台,实现了从需求传递到统筹排程、采购与生产执行的过程管控,直至销售出货、财务结算,形成闭环式的可视化的经营活动管控,彻底改变了原先信息孤立、管理效率低的状况。

(3)服务能力:对企业内部产品的全生命周期管理服务。主要表现为以下两方面:一是卧龙集团的服务能力开始显现。随着信息化能力的发展,卧龙集团萌生了基于 IT 技术的服务理念。通过 PLM 系统的实施与应用,卧龙集团得以在电气集团内部建立一个高效的产品全生命周期管理集成平台,统一管理产品数据,以实现设计、工艺、制造过程的并行,对产品工艺编制、工艺数据与工艺资源进行系统管理。二是卧龙集团的对外服务意识萌发。2011 年之后,卧龙集团开始意识到,要“从单纯地为客户提供产品”向“为客户提供产品与服务”转变,从而“通过这种增值服务进一步提升客户的忠诚度”。在 2015年年初收购南阳防爆集团股份有限公司(简称“南阳防爆”)正是因为卧龙集团看中了其增值服务的理念——南阳防爆曾在用户集中区建了电机 4S 店,即电机维修服务站,通过增值服务来提升吸引顾客,提升产品附加值。

概括而言,在数字服务化的孵化阶段,卧龙集团通过拓展技术能力产生发展信息化能力的需求,进而带动信息化能力快速发展;同时,信息化能力嵌入服务能力,带动服务能力发展;随着服务能力的发展,企业通过与顾客的合作互动和价值共创又反哺了技术拓展能力。因此,该阶段卧龙集团主要拥有的是以技术能力为主导的能力组合。

(二)生长阶段:产品-软件-服务捆绑(2016—2020 年)

得益于 20 多年的信息化发展积累,卧龙集团迅速抓住了全球数字技术突破式发展的机遇。2016 年,卧龙集团开始尝试云战略,成为数字化发展中最早“吃螃蟹”的一批企业之一。其标志性动作是搭建信息安全架构,将企业的整个数据中心整合至阿里云之上,从而快速进入数字化发展阶段。生长阶段典型例证与编码结果详见表 6.2.3。

表 6.2.3　生长阶段的典型例证与编码结果

生长阶段的典型例证援引	理论范畴	聚合维度
"上虞的营商环境很好,有时候政府比我们的领导还要急,有时候是(政府)在推着我们跑。"(集团党委书记)	政府引导数字化	政企数字化导向一致性高
"2016 年之后,我们在原有的信息化的基础上再不断地完善,2016 年我们开始推广工厂数字化、未来工厂等。"(信息化部部长) "管理数字化,卧龙集团是比较早的,在人家都不知道的时候,就开始用软件了,从 OA 开始,到 ERP,现在用的是最贵的 SAP,用起来成本是最高的。"(经信局一领导)	企业主动数字化	
"我们也推行企业的战略,但我们一直聚焦于电机的制造。"(集团党委书记)	产品主导逻辑	企业主导逻辑
"近两年,尝试做大数据的挖掘。数据治理和数据基础设施的建设已经纳入'十四五'战略,然后对战略再进行层层分级。"(信息部部长)	数字主导逻辑	
"2020 年基本做完了全球化布局,这个时候,我们就做平台—产品一张图纸,全球销售一张网,供应链统一采购平台,管理一盘棋。特别是 2020 年,当欧洲新冠疫情很严重的时候,他们就可以到我们这里生产;我们新冠疫情严重的时候,就可以到欧洲去生产。"(集团党委书记)	技术国际化能力	
"等实现智能制造以后,我们产品质量的一致性都上去了,我们开始尝试做大数据的挖掘。"(信息化部部长) "我们做的是平台＋运营,阿里只做平台,中控只做软件,我们还做运营等,我们有产业基金,还可以帮助解决资金问题。"(舜云副总)	数字平台能力	企业能力组合
"我们从传统电机到提供动力解决方案,我们叫产品全生命周期服务。我们对客户,从项目的立项开始,根据他们的需要,针对性地提供给客户解决方案。从提供高质量的技术领先的产品,到全生命周期的管理,我们的电机里面安装着芯片,我们对他们的产品进行全方位的服务,包括保养、质量、产品报废后的回购等。"(办公室主任)	整体解决方案能力	

1. 政企数字化导向一致性

根据 Mishra 等(2022)对数字化导向的界定以及 Nadler 和 Tushman (1980)对一致性的剖析,本文将生长阶段政企数字化导向一致性总结为"政府引导数字化"和"企业主动数字化"两大特征。通过"政府搭台、企业唱戏"的方式,政府与卧龙集团的数字化导向在发展需求和目标上达成了更高的一致性,该阶段政企数字化导向一致性水平高。

(1)政府数字化导向:政府引导数字化。2016 年,上虞区开始打造"一都两区三中心"。"一都"即全国网络游戏之都,"两区"指全国光电产业发展集聚区、全国智能装备产业引领区,"三中心"包括全国智能制造应用示范中心、长三角区域性电子商务和智慧物流中心、浙东"互联网+"创业创新孵化加速中心。2019 年,绍兴市通过激发 5G、人工智能、工业互联网、物联网等新基建加快规划布局和产业应用,使得智能化改造的网络基础、设备基础、技术支持得到进一步巩固。绍兴市全市共建成 5G 基站 765 个,企业上云累计 3 万余家,14 家企业被列入省工业互联网平台。"一区域一平台,一行业一朵云"的工业互联网平台体系加速成形。此外,绍兴市率先在全省出台《绍兴市数字经济五年倍增计划》《绍兴市传统产业智能化改造三年行动方案》,明确了全市 13 个传统产业领域实施智能化改造的目标、路径和重点任务,基本确立了"企业数字化制造、行业平台化服务"的新发展体系。根据绍兴市的总体数字经济推动方针,上虞区积极结合自身实际,出台政策,加大对企业智能化改造、智能工厂示范、智能化改造咨询诊断等工作的扶持力度。因此,上虞区在这个阶段实现了从信息化向数字化发展的转型。

(2)企业数字化导向:企业主动数字化。卧龙集团通过前一个阶段信息化的积累,通过业务流程的优化和重构,实现了企业信息的高效共享和业务的高效协同。卧龙集团在数字服务化的生长阶段致力于实现"三个数字化",即产品数字化、工厂数字化以及管理数字化。产品数字化是通过传感器将各电机接入 i-Wolong 产品全生命周期管理平台,实时监测电机的温度、振动频谱等关键指标,实时采集、存储、分析产品的运行状态,实现远程预测性维护,从而更好地为客户控制和修复电机,提高电机的灵活性,实现智慧运作。工厂数字化聚焦于智能制造工厂的建设,以数据驱动实现智能制造。工厂完成数字化改造后,可通过大数据平台实现数据抓取、收集与建模,应用于实际的智能制造场景。管理数字化基本涵盖了整个价值链,其中尤为突出的是营销、研发、供应链和运营等方面的变革。

2. 企业主导逻辑:产品-数字双重主导逻辑

伴随情境更迭与组织成长,企业原有的主导逻辑不再完全适用,阶段性主导逻辑依次涌现,与原有主导逻辑共同构成企业的多逻辑体系,以多样性逻辑适配复杂多变的情境(Kor et al.,2013)。如果企业仍依赖原有产品主导逻辑,则易陷入认知凝滞,难以支撑企业实现突破式发展(张璐 等,2021)。因此,随着外部机遇、压力的变化和企业内部资源的沉淀,企业开始向多重逻辑转变。

在生长阶段,卧龙集团的主导逻辑由原来的产品主导逻辑转变为产品-数字双重主导逻辑。卧龙集团不仅关注发展有形静态资源(有形产品)与通过价值交换实现价值创造,同时也开始关注数据资源,致力于实现卧龙集团与顾客、供应商、研究机构等主体之间基于数据共享的价值共创。具体表现为:一方面,卧龙集团在该阶段仍将"全球电机行业第一"定位为企业的主要目标之一,为此分配大量资源加大产品的研发和创新力度,不断扩大产品门类,该时期在产品研发和技术创新等方面取得了丰硕的成果。同时卧龙集团还与高校、研究所等科研机构展开合作,加速新技术的推广以及新成果的转化。另一方面,卧龙集团开始强调依托数字技术开发数据资源的潜在价值,全面推动产品数字化、工厂数字化和管理数字化建设。卧龙集团构建了本地大数据平台和云端平台,实现了管理、生产、运营等全方位的数据汇集与分析应用。

卧龙集团在生长阶段能够从产品主导逻辑转变为产品-数字双重主导逻辑的原因在于:第一,前期的信息化发展基础促使其信息化能力逐步提升,卧龙集团有了向更高水平的数字化迈进的信心,其认知模式开始转变。第二,浙江省政府和上虞区政府共同出台了一系列政策,加大对制造企业数字化转型的扶持力度,从人力、资金、技术等各方面为企业注入资源;同时,经过前期与政府在信息化发展步调上的一致,卧龙集团更为深刻地体会到政府对发展数字化的决心和信心。这两股力量共同作用,成为突破卧龙集团当前产品主导逻辑的路径依赖的原动力,推动了卧龙集团数字主导逻辑的产生。因此,在生长阶段,卧龙集团原本的产品逻辑随着政企数字化导向一致性的加强与新的数字主导逻辑叠加,构成多逻辑体系——产品-数字双重主导逻辑,指导卧龙集团的进一步发展壮大。

3. 企业能力组合:以数字化能力为主导的能力组合

内外部情境变化使卧龙集团的主导逻辑实现从产品主导逻辑到产品-数字双重主导逻辑的演化。在演化过程中,数字化能力作为实现数字服务化转型的基础能力,随着数字主导逻辑的涌现而不断增强。因此,在数字服务化转型生长阶段,卧龙集团主要具备以数字化能力为主导的能力组合,其能力构成呈现出数字化能力主导、技术能力稳健发展、服务能力显现的显著特征。

(1)技术能力:通过国际化发展进一步提升技术能力。卧龙集团在全球范围进行电机技术布局,建立了全球中央研究院和日本、德国、美国四大全球研发中心,形成了遍及全球100多个国家的研发网络。一大批来自通用电气、ATB、西门子等跨国巨头的电机专家加盟卧龙集团。2018年6月,卧龙集团并购美国通用电气旗下的中小型电机业务;同月,卧龙集团首个海外自建工厂在越南海防建成投产。卧龙集团通过并购增加技术发展的投入,同时,经由海外合作、海外工厂等方式,通过"干中学""用中学""试验中学"等方式,不断增强技术研发能力。

(2)数字化能力:重点发展数字平台能力。卧龙集团从2016年开始尝试云战略,成功地通过本地大数据平台和云端平台实现企业管理、生产和运营等全方位的数据汇集并进行相应的分析应用。卧龙集团通过深度学习、预测性分析等高级数据分析方法,实现了设备预测性维护、管理智能决策以及生产流程实时优化等高级制造模式。2019年,卧龙集团大力推广智能制造,投入三分之一的经营性现金流用于工厂的数字化改造,通过大数据平台实现数据抓取、收集与建模,进而将其应用于实际的智能制造场景。在这一阶段,卧龙集团已建成5个智能制造工厂,并计划于未来三年内实现国内25个工厂的改造。卧龙集团的董事长陈建成说:"计划从2019年起,在三年时间内,把约60亿元经营性净现金流中的50%用于研发和工厂数字化改造,加快传统制造业向智能制造转型升级。"

(3)服务能力:解锁提供整体解决方案的能力。2018年卧龙集团成立i-Wolong,开始对外提供产品全生命周期服务。通过传感器将各电机接入i-Wolong产品全生命周期管理平台,可实时监测电机的温度、振动频谱等关键指标,进而实时采集、存储、分析产品的运行状态,实现远程预测性维护,更好地为客户控制和修复电机,提高电机的灵活性,从而实现智慧运作。

概括而言,在数字服务化的生长阶段,卧龙集团通过并购等方式从全球范围内获取技术资源以提升技术能力,与此同时获得了海量数据,促进了数字平台能力的构建。构建数字平台一方面有助于打造产品差异化优势,另一方面也能够通过赋能企业提升提供整体解决方案的能力,而能提供个性化和系统性的整体解决方案的能力能够进一步增强企业的技术国际化能力。因此,技术能力和服务能力的提升是以数字化能力的提升作为支撑的,数字技术就是技术能力和服务能力进一步发展的"引擎"。正是因为有了数字技术的高速发展,才有了技术能力和服务能力的快速飞跃。因此,该阶段卧龙集团主要拥有的是以数字化能力为主导的能力组合。

（三）蝶变阶段:软件-服务捆绑（2021 至今）

2021 年 3 月,为更好地解决管理模式粗放、故障难以发现、运维效率低下和成本高昂等市场痛点,卧龙集团初步形成打造电机产业大脑的宏伟蓝图。2021 年 7 月,卧龙集团联合上虞国投、龙创电机、上虞龙舜等产业生态圈内的企业共同组建了公司舜云互联,通过舜云互联开始拓展智能互联服务业务。蝶变阶段典型例证与编码结果详见表 6.2.4。

表 6.2.4　蝶变阶段的典型例证与编码结果

蝶变阶段的典型例证援引	理论范畴	聚合维度
"我们跟政府是相辅相成的。一来是政府给我们提供了很多支持,我们后期的推广也离不开政府的帮助;二来是我们也跟上虞区经济和信息化局一起面向中小企业推广数字化转型。"(集团 IT 总监)	政府主导数字化	政企数字化导向一致性极高
"我们一开始(搞数字化)的出发点是增加顾客的黏性。后来省委袁书记来考察,我们发现我们的想法跟省里的想法比较吻合,触发了我们的行动,提出了一号工程。"(办公室主任)	企业主导数字化	
"西门子现在慢慢在剥离电机业务,ABB 可能未来也会这样,大企业未来都会去做信息化、数字化。企业的组织结构甚至都可以改变,例如不需要销售团队等。"(办公室主任)	数字主导逻辑	企业主导逻辑
"卧龙集团未来不是重资产,而是通过我们的基础来调动资源,赋能自己也好,赋能别人也好,对于中小企业的数字化改革的服务,我们都可以提供。"(办公室主任) "老板的思路是电机一定要数字化,才能把产品变成服务,进入另外一个赛道。"(舜云副总)	服务主导逻辑	

续表

蝶变阶段的典型例证援引	理论范畴	聚合维度
"提出要专精电机,收购的都是电机企业,从原来的多元发展重新聚焦到电机。"(集团党委书记)	技术聚焦能力	
"我们主要是互联网技术+运营,我们有我们的数字化部门。"(数据总监) "我们的使命是数字化转型和数字化赋能。"(舜云 CTO)	数字生态化能力	企业能力组合
"我们提供了 1+X+N 的服务体系,具体包括 iMotor 全生命周期服务、iMom 智能制造和未来工厂、iSCF 产业链金融科技服务、iSCC 供应链数字化服务。"(供应链副总) "我们现在主要是基于服务,服务于企业,服务于政府。"(集团副总)	智慧互联服务能力	

1. 政企数字化导向一致性

在数字服务化转型蝶变阶段,政企数字化导向一致性表现为"政府主导数字化"和"企业主导数字化"两大特征。政府与卧龙集团对数字化发展的观点不谋而合,双方的数字化导向在发展需求和目标上空前一致,因此,该阶段政企数字化导向一致性水平极高。

(1)政府数字化导向:政府主导数字化。2021 年 3 月 26 日,浙江省制造业高质量发展大会在省人民大会堂召开。会上,时任经济和信息化厅厅长的徐旭明确提出了"加快数字化改革,推动制造业转型,奋力打造全球先进制造业基地"的未来发展方向。为实现制造业的高质量发展,浙江省强调重点抓好四个方面的工作,其中包括产业数字化和数字产业化,以数字化改革撬动制造业变革。具体来说,就是用数字化为制造业赋能,而赋能的关键途径之一就是建设产业大脑。浙江省提出通过电机产业大脑建设,能够实现政府数据、产业数据、行业数据互联共享。同时,能够推进产业上下游资源共享和业务协同,提升企业内部数字化水平、运营能力和生产效率,实现企业侧和政府侧融合贯通。自全省数字化改革号角吹响以来,上虞区政府深入贯彻落实省政府数字化改革决策部署,积极开展"数字改革提速年"活动,数字化改革全面开花。"通过聚全区之力、集各方之智,努力在全省数字化改革跑道上追赶超越、争先领跑,全力推动数字化改革成为打造'重要窗口'的重大标志性成果。"(上虞区委改革办负责人)为实现此目标,上虞区政府积极响应浙江省政府号召,推进数字经济"一号工程"2.0版,大力推进数字产业化、产业数字化,相互赋能、齐头并进。全区3个国家级、6个省级、8个市级工业互联网平台或项目带动产业数字化能力不断提升。而数字化改革与产业转型升级的深度融合更是一场政府与企业的双向互动,在上虞区政府看来,"政府搭台,企业联手唱戏,是推进数字化建设的重要举措"。

(2)企业数字化导向:企业主导数字化。继i-Wolong之后,卧龙集团愈发感受到数字化生态重要性,因此主动构建企业生态圈,积极响应省政府建设产业大脑的号召,并于2021年上线电机产业大脑——舜云互联。舜云互联扎根电机及驱控系统产业,利用新一代数字技术为电机全产业链提供多场景数智化产品和业务运营整体解决方案。"其应用场景主要涵盖政府侧和企业侧两个方面。政府侧随着数据流的持续汇聚,通过平台数据的智能分析处理,为政府科学规划产业布局,高效配置资源,精准招商引资提供支撑。企业侧则通过构建全要素、全产业链、全价值链连接,降低供应链成本、融资成本,缩短研发和交付周期,从而破解产业链协同低效难题。"(办公室主任)"在规划里,'电机产业大脑'建设将从企业级到区域级,再到全国级,目前我们已基本完成2.0版本迭代,到2023年将完成产业大脑4.0版本的功能迭代。"(集团党委书记)

2. 企业主导逻辑:数字—服务双重主导逻辑

主导逻辑是组织适应外部环境变化的一种过滤行为,引导组织将注意力集中在与主导逻辑相关的行动上(Bettis et al.,1995)。当外部环境快速变化时,企业需要关注如何切换赛道,重新思考业务逻辑(Prahalad,2004),通过修改或增加主导逻辑来开展多元化的业务(Prahalad et al.,1986)。因此,多重主导逻辑的更替体现出组织分配资源、协调业务发展策略的思维倾向和心智模式。

在蝶变阶段,卧龙集团的主导逻辑由产品-数字双重主导逻辑转变为数字-服务双重主导逻辑。卧龙集团既关注数据资源以及与平台参与者之间的价值互惠,也关注通过数字技术以服务形式促进企业与顾客的价值共创。具体表现为:一方面,卧龙集团通过前期推行的数字化,有效解决了不同管理信息系统不兼容的问题,实现了用数据说话、用数据管理、用数据决策和用数据创新的管理模式。另一方面,卧龙集团将其战略定位为"电机制造和提供电机动力系统解决方案、提供电机全生命周期服务解决方案并重","致力于把电机全生命周期管理与供应链、供应链金融、协同研发、未来工厂、政府产业地图等有机结合起来,从而更好地为整个电机行业服务"。

卧龙集团在蝶变阶段从产品-数字双重主导逻辑向数字-服务双重主导逻辑转变的原因在于:第一,浙江省提出数字经济"一号工程"2.0版,省内各地方政府均积极响应号召在数字化改革跑道上不断提速,上虞区政府更是提出"举全区之力实现超越追赶"的口号。而卧龙集团在尝过数字化带来的甜头后,也早已对打造数字化生态圈跃跃欲试,因此,政府与卧龙集团之间的数字化导向基于前期积累空前一致,打破了主导逻辑的路径依赖,彻底撼动了卧龙集团作为制造企业坚持的产品主导逻辑。第二,随着所打造的数字化生态圈的进一步发展,卧龙集团开始意识到将数字化转型方案以服务的形式提供给行业内的中小企业可以创造更大的价值,于是开始增加服务主导逻辑来指挥发展相关的数字化服务业务。因此,在蝶变阶段,卧龙集团原本的产品-数字双重主导逻辑随着政企数字化导向一致性的空前加强而驱动其转变为数字-服务双重主导逻辑,指导卧龙集团向服务型制造企业转型。

3. 企业能力组合:以服务能力为主导的能力组合

服务主导逻辑将服务描述为以价值交换为核心目的,企业、客户和其他市场参与者通过服务互动共同创造价值(Vargo et al.,2008)。服务主导逻辑要求企业提升服务能力,提出服务能力是动态化情境下为企业创造持续竞争优势的核心战略能力(Karpen et al.,2012)。在数字服务化转型蝶变阶段,卧龙集团的服务主导逻辑不断增强,其能力构成呈现出服务能力主导、数字化能力稳健发展、技术能力为辅的显著特征。

(1)技术能力:技术不断聚焦发展。"2021年卧龙集团以4.15亿元出售卧龙集团电气集团杭州研究院100%的股权,以推进卧龙集团专注优质资源开展业务,旨在进一步提高卧龙集团资产盈利能力,聚焦卧龙集团主业。"(副董事长)同时,卧龙集团全速推进技术领先型新卧龙集团建设,致力于将其打造成为高科技的技术领先型企业。此外,"卧龙集团持续推出各类高新技术产品,荣获多项国家级省级科技奖项,多项新品经专家鉴定达到国际领先水平。卧龙集团的技术研发体系进一步完善,产品驱控一体化发展进一步深入,关键研究突破和产品产业化进一步推进,助力推动了卧龙集团的高质量发展。"(2021年年报)

(2)数字化能力:重点发展数字生态系统。卧龙集团通过舜云互联开展浙江省电机产业大脑建设，积极布局数字生态，构建了"1＋X＋N"产品服务体系，打造电机及驱动系统数智化产业中台。其中，X代表赋能多个产业大脑，N代表面向全球电机及驱动系统产业链提供N个场景的业务运营服务。通过打通产业数智化转型和业务价值落地的"最后一公里"，卧龙集团带动了万亿级产业集群发展，成为全球电驱产业互联网领跑者。

（3）服务能力：实现智能互联服务提供。舜云互联通过 iMotorLinx 工业互联网平台，使用 ShunOS 产业数字化运营底座，依托大数据监测和运营工具，支撑 iSCF 产业链金融科技服务、iSCC 供应链数字化服务、iMotor 全生命周期服务以及 iMom 智能制造·未来工厂等四大服务业务板块，提供物联、数据、安全、交付、运营、开发和模型算法七大中台能力，形成了"线上诊断＋线下运维＋就地服务"的一体化服务解决方案。

概括而言，在数字服务化的蝶变阶段，卧龙集团通过结构化布局，在集团内部依然聚焦于电机技术的制造与研发能力，同时通过资源优化配置，由子公司舜云互联作为数字平台企业开始布局数字生态系统，持续提升数字生态能力，而数字生态系统与数字生态能力都赋能于舜云互联的智能互联服务的提供，致力于实现卧龙集团、舜云互联与生态企业之间的价值共创。因此，该阶段卧龙集团主要拥有的是以服务能力为主导的能力组合。

四、涌现的理论模型

通过上述案例分析，本研究基于 MOA 模型，整合数字化转型理论、主导逻辑理论与企业能力理论对制造企业数字服务化转型过程进行剖析。MOA模型中的机遇维度采用企业与政府的数字化导向一致性表征，动机维度采用企业主导逻辑表征，能力维度采用企业能力组合表征。从过程视角看，制造企业数字服务化转型过程可以分为孵化（产品-软件捆绑）、生长（产品-软件-服务捆绑）和蝶变（软件-服务捆绑）三个阶段。据此，本研究提出随着企业与政府数字化导向一致性水平发生变化，制造企业数字服务化转型过程中主导逻辑和能力组合演变的理论框架（如图 6.2.4 所示）。

在孵化阶段，制造企业与政府之间数字化导向一致性虽然比较高，但企业对数字化变革所感知到的信号和压力强度还无法突破路径依赖而改变原有产品主导逻辑。基于产品主导逻辑，制造企业依然注重有形产品（电机）与顾客之间的价值交换。该时期企业开始发展数字化（信息化）和产品服务能力，但

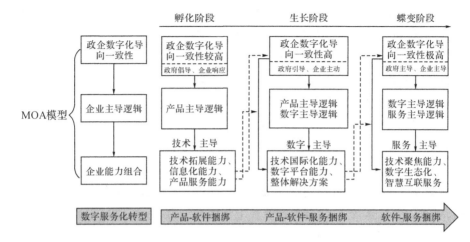

图 6.2.4　本研究的动态演化模型

能力组合架构仍以技术能力为主导。

由孵化阶段向生长阶段发展时,企业前期发展的数字化(信息化)能力与产品服务能力通过"干中学"与持续投入而逐步增强。与此同时,企业所在区域政府部门受国家政策导向影响开始大力发展数字经济。当企业感知到自身数字化转型行为与政府数字化导向高度匹配,并且前面孵化阶段形成的数字化(信息化)能力和产品服务能力也发挥作用时,主导逻辑开始发生变化,企业在产品主导逻辑基础上叠加形成了数字主导逻辑。在数字、产品双重主导逻辑的作用下,企业能力组合也发生了变化,开始发展兼具技术、数字双重属性的数字化平台能力、整体解决方案能力,此时能力组合以数字化能力为主导。

由生长阶段向蝶变阶段发展时,企业前期发展的数字化平台能力与整体解决方案能力进一步增强。同时,企业与政府在数字化导向上达成空前的一致(极高水平),企业强烈感知到外部政策环境信号。加之在前面生长阶段所形成的数字化平台能力、整体解决方案能力的推动下,企业开始强调服务并进一步深化数字化转型的价值创造机会,逐渐形成服务主导逻辑;与此同时,产品主导逻辑逐步淡化。在服务和数字双重主导逻辑作用下,企业能力组合再次发生变化,培育出兼具数字、服务双重属性的数字生态能力、智慧互联服务能力,此时能力组合以服务能力为主导。

概括而言,在整个演化过程中,企业能力组合由于数据和知识不断累积而持续增强,同时,企业主导逻辑在连接外部机遇(政企数字化导向一致性)与内部能力组合(技术能力、数字化能力、服务能力)上发挥了关键作用。企业主导逻辑本质上代表了管理者思考和行为的主要方式,它是企业对环境因素进行分类并解释的认知过程(Prahalad,2004;Prahalad et al.,1986)。当环境因素改变时,企业原有主导逻辑不再适用。因此,在快速变化的环境中,企业必须发展多重主导逻辑。卧龙集团基于政府政策导向,能够更早从原有的主导逻辑(产品主导逻辑)中抽离出来,发展新的多重主导逻辑(数字主导逻辑与服务主导逻辑),以更快地适应环境,从而带动企业能力组合的发展。与此同时,不同阶段下卧龙集团能力的持续累积又反哺了主导逻辑的演进。在政府与企业的数字化导向协同下,多重主导逻辑与能力组合的共同作用推进了卧龙集团从传统制造企业逐步成功转型为数字服务型制造企业。

五、研究结论

本研究通过卧龙集团 2007—2022 年数字服务化转型纵向案例研究,探索了数字服务化转型的实现路径,主要得到以下结论:

第一,本研究整合政府与企业两个视角揭示了政企数字化导向一致性在制造企业数字服务化转型中的重要作用。已有研究大多仅关注政府的单方面行动对制造企业转型的影响(Doh et al.,2014;Lin et al.,2012),强调政府通过出台各项激励政策或补贴来推动企业的转型升级(陈红 等,2019;周海涛 等,2015),而对政、企双方协同产生影响的内在机制研究相对不足。本研究从政府与企业协同的视角揭示了政企数字化导向一致性在制造企业数字服务化转型中的重要作用。与西方的管理实践不同,在新兴市场中政府的作用不容忽视(Wang et al.,2021)。在中国,政府在企业战略制定和经营过程中扮演着重要角色,这使得中国制造企业的数字服务化转型面临着独特的机遇与挑战(陈春花 等,2017;解学梅 等,2022)。本研究剖析了政府在中国制造企业数字服务化转型过程中的驱动作用,响应了学者对本土管理实践研究的呼吁(路风,2019);同时从政府与企业协同视角将政府与企业数字化导向的一致性程度引入研究,对政府与企业之间数字化导向是否达成一致以及一致性程度的高低进行刻画,进而揭示政府在制造企业数字服务化过程中的作用,为刻画新兴市场中政府在企业数字服务化转型中作用提供了新的研究视角。

第二,本研究从能力视角推进了数字服务化转型的微观影响机制研究。已有学者呼吁要更多关注企业在数字服务化转型中的能力(Huang et al.,

2018),企业能力在企业转型升级中所发挥的作用不容忽视(Wang et al.,2010)。虽有一部分学者开始探讨能力对于企业数字服务化转型的影响,但是现有研究主要是从静态视角剖析不同能力对数字服务化/服务化转型的作用(Sousa et al.,2017;Sjödin et al.,2016),鲜有研究能够从动态视角探索数字服务化转型不同阶段中能力组合的构成要素,以及构成要素关系结构如何驱动数字服务化不同模式等问题(Tronvoll et al.,2020)。通过卧龙集团的纵向单案例研究,本研究剖析了数字服务化转型过程不同阶段制造企业的能力组合的演化路径,弥补了从静态视角讨论单因素能力对企业数字服务化转型影响的研究不足(牛璐 等,2024)。研究发现,在数字服务化转型过程中,卧龙集团的能力组合由最初的以技术能力为主导的能力组合,不断演进为以数字化能力为主导的能力组合,最后聚焦于以服务能力为主导的能力组合。上述发现揭示了制造企业数字服务化转型过程中能力组合的结构演进,丰富了数字服务化转型的能力微观影响机制,拓展了数字服务化转型的前因研究。

　　第三,本研究从主导逻辑视角深化了制造企业数字服务化转型的微观过程机制研究。现有关于数字服务化转型中主导逻辑的研究主要聚焦于单一主导逻辑(Zhou et al.,2020),也有部分研究关注两种主导逻辑的转变(Hartwig et al.,2021),但鲜有研究能够基于时间维度对三种主导逻辑的转变过程以及企业内部多重主导逻辑共存的运行机制进行综合剖析(张璐 等,2022)。数字服务化转型是一个动态过程,纳入时间维度剖析演化过程是数字服务化研究深入推进的一个重要方向。本研究基于主导逻辑视角,剖析了产品主导逻辑、数字主导逻辑与服务主导逻辑的共演路径,揭示了制造企业数字服务化转型过程中多重主导逻辑的演化机制,弥合了现有研究未能识别出企业主导逻辑演化的空缺。此外,本研究基于主导逻辑视角,剖析了政企数字化导向一致性与企业能力组合的关联机制,通过构建数字服务化转型情境下"政企数字化导向一致性—企业主导逻辑—企业能力组合"的逻辑链条,回应了已有研究所呼吁的关注数字化情境下企业内部主导逻辑的应用,同时也深化了数字服务化转型的微观过程机制研究。

　　第四,本研究运用 MOA 模型分析了制造企业数字服务化转型行为,拓展了 MOA 模型的应用边界。早期研究主要将 MOA 模型运用于分析个体行为(Kunasekaran et al.,2022;Cui et al.,2020),鲜有研究将 MOA 模型用于分析企业行为。此外,MOA 模型虽然强调了机遇(O)、动机(M)、能力(A)是个体/组织产生行为的关键因素，但是，对于机遇、动机、能力之间的因果关系仍未进行深入的探讨。本研究用政企数字化导向一致性、企业主导逻辑和企业能力组合分别来表征机遇、动机、能力维度，识别出政企数字化导向一致性（机遇）影响企业主导逻辑（动机），而企业主导逻辑（动机）影响企业能力组合（能力），并最终促进制造企业数字服务化转型的因果关系，打开了 MOA 模型中动机、机遇、能力之间的关系黑箱，有利于推动未来研究进一步探讨三者之间的内在联系。

此外，本研究还提供了相应的实践启示：

第一，制造企业数字服务化应重视国家数字经济政策的引导作用。企业战略发展导向与政策的匹配性越高，则越有利于企业驱动数字服务化转型，企业可以借此之力转变其主导逻辑，培育发展与之相应的能力组合。传统制造企业的数字服务化面临认知惰性和能力陷阱等不可忽视的巨大障碍，因此，企业需要借助外力突破现有障碍，然后才能实现数字服务化的成功转型。我国正在大力倡导发展数字经济，前瞻布局数字化转型重点领域与方向。在该特定情境下，充分重视政策的重点支持领域与方向是传统制造企业数字服务化中不容忽视的关键方面。

第二，本研究为制造企业正确选择数字服务化的发展模式提供了借鉴。数字服务化既能为制造企业增加价值创造的机会，同时也存在风险与挑战。数字服务化的不同模式代表着不同的价值创造潜力与风险可能性，因此，选择适合企业能力条件的发展模式是制造企业从数字服务化中获益的关键切入点。本研究通过解构制造企业的能力组合结构，为制造企业基于其现有能力结构条件选择发展相应的数字服务化模式提供建议，也为制造企业进入新的数字服务化模式并培育与发展相应的能力组合结构提供建议。

第三，鼓励企业发展多元化主导逻辑，以避免嵌入既有的主导逻辑而不断固化。通过发展多种主导逻辑并从中选择一个根本逻辑，组织才能以多种方式感知和应对环境变化。本研究提出制造企业在数字服务化过程中，需要更快更好地感知外部政策变化，及时转变其主导逻辑，逐渐从单一的产品主导逻辑向数字主导逻辑和服务主导逻辑的多重逻辑转变，从而突破数字服务化中的认知惰性而有效发展数字服务化。

本研究结论也存在一定局限，有待未来进一步拓展，如：

第一，本研究以产品为中心的传统制造企业为案例对象，此类企业更倾向于先构建数字主导逻辑实现智能制造,再发展服务主导逻辑实现数字服务化转型。但现实中仍存在其他情况,如服务型制造企业的数字服务化转型可能会呈现出不同的实现路径,比如先发展服务主导逻辑再发展数字主导逻辑。因此,未来研究可选择服务型制造企业探索其差异化演化路径。

第二,未来研究可选择不同行业进行比较研究。本研究的案例对象拥有较为完整的产业链,而零散型制造业企业由于产业链完整度不够,在搭建数字平台和构建数字生态过程中必然会面临较大的障碍。因此,企业数字服务化转型的主导逻辑与能力组合会有所不同,对零散型制造业企业的数字服务化转型进行探索可作为未来的一个研究方向。

第三,本研究所选择的案例企业在数字服务化转型初期已与政府形成较好关系,即政企数字化导向的初始水平就比较高,因此,本案例分析的理论概化存在一定的局限性。未来研究可以对政、企数字化导向水平较低的制造企业数字服务化转型进行对比分析,通过多案例研究进一步提升该研究主题的概化水平。

第三节　本章小结

本章研究了数字服务化的实现路径,研究的最大特色是:有别于静态横截面研究,首先识别数字服务化的模式,在此基础上,以动态演绎的方法归纳总结数字服务化的实现路径,有助于在现有横截面研究基础上进一步深化数字服务化路径研究。

本章研究得出以下结论:

第一,探索并识别了数字服务化模式。基于数字技术赋能逻辑与服务提供逻辑两个维度,将现实情境中的制造企业的数字服务化模式划分为三种——数字辅助型基础服务化、数字辅助型高级服务化、数字主导型高级服务化,有助于厘清基于数字化和服务化双维度的数字服务化模式类型。

第二,探索并归纳了数字服务化的实现路径。制造企业在数字服务化过程中如何借助政府力量、构建多重主导逻辑和相应的能力组合是成功实现数字服务化的重要因素。研究提出:制造企业数字服务化过程包括孵化(产品-软件捆绑)、生长(产品-软件-服务捆绑)、蝶变(软件-服务捆绑)三个阶段。在孵化阶段，制造企业在产品主导逻辑指挥下，以技术能力为主导构建技术拓展能力、信息化能力与产品服务能力组合；在生长阶段，制造企业形成产品主导逻辑与数字主导逻辑的双重逻辑，以数字化能力为主导构建技术国际化能力、数字平台能力与整体解决方案能力组合；在蝶变阶段，制造企业形成数字主导逻辑与服务主导逻辑的双重逻辑，以服务能力为主导构建技术聚焦能力、数字生态化能力与智慧互联服务能力组合，从而实现从传统制造企业向数字服务型制造企业的成功转型。

第七章　如何保障？
——推进数字服务化发展的对策研究

【本章导读】数字经济背景下，数字技术的蓬勃发展推动数字服务化成为制造企业的一种差异化战略。数字服务化战略在促进数实融合、制造业高质量发展等方面的作用日益凸显。为兼顾理论研究与实践发展的相关性，本章在前述数字服务化实现机制和路径的理论研究基础上，重点进行对策研究。

当前，全球制造企业正大规模向服务领域拓展。其中，欧洲约有高达82％的制造企业将服务作为其产品差异化的关键手段，美国和亚洲国家的服务型制造企业的占比分别为67％和66％。我国制造企业也已开始加大服务环节的投入，装备制造业领域内大约有50％的企业已涉足服务领域。尽管选择服务化发展战略的制造企业数量正逐渐增多，但我国制造企业的整体服务化水平仍相对较低。截至2022年，中国制造企业服务化总体水平仅为38％，与发达国家相比仍处于起步阶段。随着数字技术的蓬勃发展，政府、企业及其他利益相关者已经深刻认识到，推进制造企业数字服务化是实现制造业高质量发展、加速转型升级的重要途径。然而，由于相关的政策环境支撑不够，制造企业在数字服务化转型过程中仍然面临重重困难，无法高效推进制造企业数字服务化进程。本章从政府与企业两个层面进行研究，首先总结归纳出典型问题和障碍，然后基于此来研究设计一系列发展政策。

第一节 我国数字服务化发展的问题与障碍分析

我国数字服务化发展主要存在以下五个方面的问题与障碍。

一、尚缺乏顶层设计,数字服务化发展方向不明确

我国尚缺乏针对先进制造业与现代服务业深度融合发展的顶层设计。原有政策长久以来将制造业与服务业分开来引导,对两类产业的政策设计缺乏针对性,导致制造业与服务业在政策上存有较深的隔阂。比如,服务业对信用体系、隐私保护、数据安全等法律环境的依赖性更高,但针对服务业的这部分法律法规和监督体系仍不够完善与健全。虽然现阶段政府已经意识到这个问题并着手推动解决,但目前仍处在初级攻关阶段。此外,虽然我国已出台了一系列推动制造服务化的"行动指南""实施方案""实施细则",但综观这些政策,仍主要偏向于制造业,明显具有制造业的发展特点,无法与制造服务化的发展要求精准吻合。而且,相关政策的出台往往滞后于企业实际战略的提出,通常是企业的新战略或新模式出现后,政策才出台相关的扶持和引导政策。因此,政策先导性不足,无法第一时间高效促进制造企业数字服务化快速发展。

此外,制造业与服务业的定位不准确等问题依然存在,在一定程度上阻碍了制造企业数字服务化发展。诸多研究者从服务业占 GDP 比重的增长速度来看,认为我国正面临"过快去工业化"的风险等。单纯从经济结构衡量的两方面,即就业率、增加值在 GDP 中的占比来判断两类产业发展状态较为片面。制造业和服务业有其自身特征,服务业虽然在就业、增加值创造上超过制造业(大致比例为 52∶29),但制造业在出口、创新、生产率增长方面远远优于服务业(大致比例为 91∶6)。从美国、德国、日本的发展形势上看,这是制造业与服务业融合发展的必然趋势,而且我国服务业在创新、出口方面与制造业的差距要远大于美国、德国和日本,仍处于相对劣势。实际上,我国服务业确实仍无法有效支撑数字经济时代下制造业的高精尖发展。服务业发展整体水平不高,尤其是产业创新能力和竞争力不强,质量和效益偏低。相较于发达国家,我国服务业增加值比重仍低于世界平均水平,整体上处于国际分工的中低端环节,服务贸易逆差规模持续扩大。在现代服务业尚未壮大之际,我国已开始

担心其会引发"过快去工业化"的风险。但现实并不是我国服务业发展过快，而是我国的服务业仍无法满足制造业对于产业深度融合发展的迫切需求。尤其是在大数据、物联网、云计算等高端信息技术快速发展的情景下，我国现代服务业发展明显滞后，无法与先进制造业齐头并进，在一定程度上阻碍了制造企业的数字服务化的发展。

二、人才结构有待完善，对集成化数字技术重视不足

人才是制造企业数字服务化发展过程中不可或缺的关键要素。制造企业数字服务化意味着企业需要在新的领域拓展服务业务，这对制造企业人才的数量和质量均提出了更高的要求。强有力的人才队伍是企业正确认识数字服务化过程、理解数字服务化政策方针、执行数字服务化战略决策的重要保障和驱动力量。优秀的人才队伍也是企业引导员工支持数字服务化发展、克服转型过程中组织惰性的中坚力量。同时，制造企业数字服务化所需要的人才既不同于制造业，也不同于服务业，制造企业数字服务化需要既熟悉制造业务又熟悉服务业务，既精通生产技术又精通数据管理知识的高层次复合型人才。综观我国部分省市的人才发展战略可以发现，复合型人才仍有所欠缺，存在广而不精等问题。例如，江苏省制造企业内部从事服务业务的管理人员仍有80%左右是制造行业背景，缺乏专业的服务管理背景；河南省的服务行业人才结构失衡，其中交通、仓储和物流等服务行业人员占比最大，而科研与技术服务行业人员占比最小，约为前者的十分之一。

此外，新一代数字技术是制造企业数字服务化发展的关键助推要素。虽然我国在最新的一些政策中，一直强调要关注数字化技术——例如，在山东省工业和信息化厅等15个部门在《关于加快促进服务型制造发展的实施意见》中提出，要重视提升工业互联网等技术的赋能功能，以助推制造业向服务化转型，然而，在实际推进过程中，数字化转型所产生的巨额成本，导致大多数制造企业并没有能力将新兴的数字化技术与自身的服务化转型较好融合。不少制造企业的重点仍在单项技术突破方面，如何借助数字化技术来助推研发设计由单项突破向多维突破转变，实现虚拟化、集成化、多维化发展，仍存在很大发展空间。

三、认知和能力锁定，阻碍数字服务化发展

近年来，随着经济的持续发展和技术的不断升级，数字服务化已成为制造

业发展的必然趋势。然而，目前很多中国制造企业的管理者仍深陷传统观念的泥淖，往往轻视产品研发创新与服务创新等环节的重要性。即使已经理解了数字服务化的概念，但在实践中，多数管理者的认知仍局限于将服务提供等同于售后服务、维修服务等基础性服务，未能深刻洞察数字服务为企业带来的深远价值。以辽宁省为例，作为制造业大省，辽宁省的制造业虽规模庞大，但整体实力并不强劲，多数制造企业仍然将重心牢牢锁定在产品制造环节，忽视了基于产品的个性化服务开发，并且这些企业通常采用低成本战略，导致产品同质化严重，缺乏创新性和顾客吸引力，这与当前的发展趋势格格不入，严重制约了制造业服务化的进程。事实上，制造企业原有的能力或实现路径对于服务化而言，有时不仅不相关，甚至可能产生冲突。企业现有的服务能力或路径所产生的组织惯性，往往成为数字服务化的绊脚石。因此，制造企业若不能成功重构其现有服务能力组合或组织路径，可能无法获取数字服务化所带来的有益回报。然而，能力重构并非易事，它是一个复杂且充满挑战的过程（Chen et al.，2014），并且呈现出双元属性（陈力田 等，2014；胡畔 等，2017）。在参与这一过程时，制造企业通常需要投入大量的资源和时间。更为棘手的是，由于在发展新数字服务领域缺乏相关经验，制造企业在面对数字服务化转型过程中的风险时往往承受能力相对较弱（Mennens et al.，2018），从而导致数字服务化的转型动力不足。

四、转型成本高，缺乏足够的资源投入

制造企业实施数字服务化面临高昂的转型成本，需要足够的资源投入。然而，资源短缺成了许多企业难以跨越的鸿沟，严重阻碍了数字服务化的进程。具体表现有：

第一，制造企业的服务化专业知识储备不足。数字服务化过程包括产品的研发与设计、产品和服务的交付等诸多环节，对相关人员的专业知识储备提出了更高的要求，涵盖了产品生命周期管理、供应链管理、总集成总承包、信息增值服务以及信息化、数字化等相关的专业知识。但是我国制造企业的知识储备普遍不足，国内经济欠发达地区的制造企业尤甚。

第二，制造企业数字服务化过程所需资金不足。制造企业开展数字服务化时需要对企业战略、组织结构、组织商业模式、产品研发设计和营销模式等进行重大调整，对外需要购买新设备或是因自身研发创新能力不足从其他公

司购买关键核心技术,这些都需要投入大量的资金。除此之外,制造企业实施数字服务化后,可能会与原有的服务提供商产生竞争关系,这也可能增加企业的制造成本。近年来,我国经济从高速增长逐渐转向高质量发展阶段,再加上新冠疫情、中美贸易摩擦、俄乌冲突等极端情况的影响,制造业经济增速下滑明显,利润下跌,企业很难通过自有资金实现数字服务化。

第三,制造企业没有以系统的方式推行数字服务化过程,因此无法培育出服务化的长远潜在收益(Visnjic et al.,2016),导致数字服务化仅呈现短期效应。制造企业数字服务化的实践不仅仅是聚焦某一个点而短期突破见效果的,而应该综合性地从企业自身能力与外部环境出发,系统性推进与发展。从长远来看,制造企业只有重构和培育核心服务能力,并通过外部制度的支持来获得必要资源,才能获取服务业务的潜在收益,最终得到积极的资金回报(Visnjic et al.,2016)。然而,我国诸多制造企业只关注数字服务化给企业带来的即期效应,而往往忽视其长远意义。

五、数据效能难释放,数字服务化难以跨越式发展

数据作为企业的核心资源,对于推动制造企业的数字服务化转型和升级至关重要。深化数据的开发利用、促进业态创新是制造业实现数字服务化转型的重要路径和目的。在制造企业从生产、销售到服务提供的全链条中,海量数据应运而生。然而,当前制造企业在数据的开发、利用与价值实现上仍面临重重挑战,这些挑战无疑为数字服务化的发展设置了重重障碍。

一方面,制造企业在数据的开发利用上存在显著短板,数据建设现状不容乐观。调研数据显示,仅有 3.42% 的企业内部构建了良好的数据应用氛围;39.32% 的企业仅初步萌生了数据应用的念头,并开始利用业务系统中的简单报表来支撑业务运行(帆软数据应用研究院,帆软数字制造事业部,2023)。综合来看,高达 64.96% 的企业仅完成了核心业务系统的数据覆盖,而能够全面实现业务数字化管理的企业比例更是低至 10.26%。这些数据清晰地表明当前国内制造企业的数据建设大部分仍然处于起步阶段,企业内外部的数据资源尚未得到充分的挖掘和利用。此外,企业在开发和利用数据方面还面临着数据颗粒度粗、数据更新频率低等问题。数据颗粒度粗使得制造企业难以实施精细化生产管理和质量控制,数据更新频率低则使得数据状态具有滞后性与模糊性,导致企业难以快速、准确地捕捉到消费者对产品及相关服务的真实

需求,进而阻碍了数字服务化进程的顺利推进。

另一方面,企业内部系统间缺乏有效的衔接和协同机制,导致"数据孤岛"现象普遍存在。根据华夏邓白氏、微码邓白氏近期开展的研究,目前有92%的中国企业内部存在数据孤岛,其中,36%的企业更是深受其困扰。数据孤岛的存在严重阻碍了企业内部信息的流通与共享,限制了数据的有效利用和深入分析,使得企业难以充分释放数据的潜在价值(韩少杰 等,2023),制约了企业数字服务化转型的深入发展。因此,数据要素效能难以释放也是阻碍制造业数字服务化转型的一大关键因素。

第二节　我国数字服务化发展的优化对策研究

以下从政府层面和企业层面分述优化对策建议。

一、政府层面的优化对策建议

我国的制造企业数字服务化起步较晚、发展不均衡,相对于国外企业的一些"去制造业"的服务化(赵宸宇,2021),我国制造企业的服务化大多还是在先进制造的基础上提供附加服务,是一种"产品＋服务"的模式。而且,数字服务化大都是在大型企业中率先开展,中小企业由于技术成本、资源分配等原因没能跟上大企业的步伐。因此,在推进制造企业数字服务化的过程中,政府应当积极发挥主体作用,科学谋划,正确引导,推动大中小制造企业的数字服务化整体发展。

第一,政府应积极组织实施各项重大科技专项行动。制造业数字服务化过程中需要依托各种复杂的数字技术,传统的旧技术已经无法满足制造企业数字服务化转型的需求,因此,在转型过程中企业通常需要进行技术创新。自动化生产制造系统、专业化供应链管理系统、高效物流配送系统、产品全生命周期管理系统、超自动化系统等都是制造企业在为满足客户需求时所需要的数字技术创新。

第二,政府应积极推进科技创新发展规划。各地的科技创新委员会应当关注我国制造企业数字服务化进程中遇到的重大科技问题,特别是针对在智能服务、供应链协同管理、服务制造系统集成化等核心领域遇到的问题,做好相应的科技创新发展规划,成立专项小组,组织开展专项行动。

第三,政府可推进建立制造企业数字服务化转型的创新基地。各地的工业与信息化委员会可以选拔部分正在进行数字服务化转型的重点企业作为技术创新规范试点,招募相关人才成立科技创新主题工程实验室,并建立制造企业数字服务化转型的创新基地,积累相关经验以供其他正在经历数字化转型的制造企业借鉴,探索制造企业数字服务化转型可复制路径,让一部分走在数字服务化发展前列的制造企业带动发展进程相对缓慢的企业,从整体上推进数字服务化的发展进程。

第四,政府应推动创建利于制造企业数字服务化的专业服务平台。各地的工业与信息化委员会可联合有关部门,创建一批专业服务平台来帮助制造企业提升智慧服务创新能力。这些平台应包括从研发设计到生产制造等各个领域,如基础研发设计、产业技术基础、制造行业协同制造、供应链管理、信息增值服务和融资租赁等,以实现"有问必答"的多对一供需对接,平台主导企业可通过专业服务平台为制造业企业提供评估、诊断、改造等一系列数字服务化转型解决方案。

第五,政府应适当降低数字服务化过程中涉及服务业务的门槛。政府通过成立专门的管理部门,调整原来政策中有关财政、税收、融资、土地审批、高新技术认定等阻碍服务业发展的部分,在政策和产业规划上向服务业慢慢倾斜,以鼓励和支持制造企业向数字服务化的转型升级。

第六,政府应成立复合型人才培养专项基金。政府可通过专项基金全力培养一批复合型、跨学科的、懂服务的创新型人才,同时引进生产技术服务和数据管理知识等方面的人才,从而为数字服务化发展提供有力的技术和人才支持。政府可将数字服务化发展的相关内容列入企业家培训课程,提升数字服务化供给能力,并对符合条件的人才(项目)按照有关规定给予奖励。

第七,政府应加强数字服务化发展宣传引导。工业与信息化委员会可等相关部门与宣传机构开展合作,在公共媒体、公共场所加强对制造企业数字服务化的宣传力度,高频次举办面向国内外的制造企业数字服务化转型专题论坛,促进国内外交流与合作。政府可作为组织者统筹包括研究机构、政府机构、制造企业、数字技术服务企业等在内的多方资源,支持展示中心建设,开展"制造企业数字服务化"主题宣传系列活动,宣传推广优秀案例,传播经验,发挥示范企业的引领作用,鼓励制造企业树立数字服务化发展理念,明确制造企业数字服务化的精准发展方向,制定制造企业数字服务化的发展路线。

二、企业层面的优化对策建议

第一,企业应当增强数字服务化的转型意识。阻碍我国制造企业数字服务化发展的其中一个因素是管理者认知水平不足,企业家没有准确理解制造企业数字服务化的概念,不了解服务化不是"去制造化"(赵宸宇,2021),而是依托制造发展服务,数字服务化不是其他形式的服务化,而是依托大数据、智能数字化的服务。此外,在面对残酷的市场竞争时,企业往往难以有效地做出服务化发展的正确决策,于是在服务化竞争中逐渐掉入"服务化陷阱",这也在一定程度上阻碍了制造企业数字服务化发展。企业与用户的关系发生了转变,即"服务化",基于数据和数字技术的企业行为都将通过服务的形式呈现。对企业而言,这是一种全新的经营场景与实践现象,意味着企业的经营理念、管理思路和商业模式的变革。为了克服这一障碍,企业应通过构筑顶层设计来明确数字服务化发展战略方向。

第二,企业应在服务型人才引培方面加大力度。制造企业需要通过构建多层次、全方位的人才培养体系,实现集设计、研发、生产、销售、服务于一体的人才培养与制造企业数字服务化的人才需求同频同步发展。具体包括:为增加复合型人才比重,以更好地推动制造企业数字服务化的发展,企业可以根据服务产品特征和技术需求制定相应的人才培育政策。企业可以和地方高校展开合作,结合自身需要在校内成立相关专业人才培养定制班进行定制化培养,毕业后直接进行校企对接,为企业输送人才,以补充制造企业数字服务化发展过程中的人才供应需求。企业也可以建设重点行业制造业数字服务化线上培训平台,增设制造企业数字服务化人才引进专项项目,设立专门部门从全球范围内引进中高端复合型人才。

第三,企业应对组织结构进行针对性的调整与优化。为顺利实施数字服务化转型,制造企业应建立与之匹配的企业组织结构。制造企业原先以制造为导向的组织结构等级森严、效率低下,暴露出行动缓慢的天生缺陷,无法满足数字服务化发展的需求。因此,企业应向松散的有机式网络型组织结构转化,呈现出小型化、扁平化和外部化的组织结构特征。这样的组织结构更加灵敏快捷,有助于加速推动制造企业数字服务化的发展。

第四,企业应积极推动建立服务生态系统。在制造企业实施数字服务化的过程中,企业的商业逻辑从以产品为中心转向以服务为中心,因而容易在各利益相关者之间引发多种冲突。为了应对这种冲突导致的数字服务化悖论,企业必须舍弃以往的"either-or"思维,即错误地认为必须在产品和服务中二选一,而应该采取"both-and"思维,即在产品和服务之间巧妙地维持平衡。因此,企业需要合理协调价值链各环节的关系,推动服务生态系统的建立。首先,制造企业中应发挥主导作用,联合服务供应商推动建立核心服务体系,再以此为中心与其他类型的企业建立联系,从而构建出稳健的服务生态系统。企业在整合资源的过程中应注重数字化平台的建设,基于数字化平台实现数据资源共享,从而降低生产成本。其次,企业应引导顾客积极参与共建服务生态系统,根据顾客的需求,对各利益相关者的合作关系结构进行相应的调整与重组,从而构建起维持服务生态系统稳定运行的制度逻辑,通过协调生态系统内利益相关者的资源,实现价值共创。

第五,企业应增强数字化平台能力。从本质上看,服务化是技术创新、管理创新、模式创新的产物。制造企业通过利用新技术、引进新设备,可以推动企业向数字服务化转型。制造企业应该依托移动互联网、云计算、大数据、区块链等新兴数字技术,提升产品价值,打造品牌效应,从而提供更高质量、更具创新性的服务。制造企业可以基于数字底座构建数字化平台,利用数字化平台的智能大数据开发、数据分析等技术,使所提供的数字服务化定位更加精准化,形式更加多样化,服务更加个性化,同时减少数字服务化各环节不必要的成本。数字服务平台的搭建也能将数字技术与企业的生产流程、业务管理相融合,延伸出更多类型的数字服务化模式。

第六,企业应保证企业文化符合数字服务化发展的趋势。制造企业可以通过企业文化建设,塑造一个有利于数字服务化发展的内部环境,实现从上至下、从管理者到员工的全员数字化、服务化意识的提升和转型。原先的制造企业是以"制造文化"为主导,企业的资源也倾向于制造,普遍认为服务是依赖于制造的附属品。而在数字服务化转型过程中,企业要对原有的企业文化进行改造升级,使制造企业改变传统观念,从产品主导逻辑转向数字与服务双重主导逻辑,培育服务发展理念,提升服务在企业中的地位,将数字化服务视为会为企业创造更大价值的重要业务。

第三节　我国数字服务化发展的相关保障措施

本研究对我国数字服务化相关保障措施提出五点建议。

一、构建促进我国制造企业数字服务化发展的体制与机制环境

数字化推动了制造业与服务业的融合，引领企业发展进入新的阶段，这一新的阶段要求构建新的体制与机制。党和政府应针对制造企业数字服务化的发展需求，相继推出一系列体制机制的改革，为制造企业数字服务化的发展注入强大动能。首先，在基础保障体系上，国家应从人才培养、资金保障、产权保护等多方面为制造企业数字服务化发展提供要素支撑。其中，在人才培养上，我国应持续构建和完善数字化人才培养体系，建设和加强学校、企业、科研机构之间的长效合作机制，培养一批既具备技术能力又掌握服务知识的复合型数字人才。在资金保障上，国家应利用产融合作平台等渠道，创新对制造企业资金扶持的方式，引导金融资源支持制造企业数字服务化发展。在产权保护上，国家应强化对知识产权的保护，完善知识产权转化的收益分配机制，为企业数字服务化保驾护航。此外，在安全防护体系上，国家应从监管、数据等各方面为制造企业数字服务化发展提供安全保障。我国应持续改进和优化数字经济治理体系，加强对制造企业数字服务化发展的监管机制，提升对制造企业数字服务化过程的监管透明度和法治水平；同时也要注重制造行业数字经济发展的安全体系，提高企业利用数据赋能数字服务化发展过程中的安全保障水平和能力，为数字化驱动制造企业服务化发展奠定良好的安全基础。

二、打造促进我国制造企业数字服务化发展的良好税收环境

在国家治理体系中，制造业处于核心地位，而税收作为国家治理中发挥保障性作用的重要角色，是支撑制造业高质量发展的关键。我国应持续改进和优化现行税收政策，积极推动制造业实现数字服务化转型，提高制造企业经济效益，营造良好的税收环境。

一方面，为推进制造企业数字服务化，我国应提供多项政府补助，并制定各种税收优惠政策，以提供全方位的税收保障支持。国家应全面、精准地匹配

制造企业数字服务化的需求,通过对实施数字服务化的制造企业进行重点扶持来降低其发展所需的成本,并充分发挥税收优惠的事后激励功效,激励制造企业加大技术创新投入和服务投入,促进制造企业数字化和服务化的融合发展。

另一方面,为紧扣数字化时代的发展趋势,我国应持续加强税收数字化建设,提高税务征管工作的数字化水平,逐步实现"以数治税"。国家应充分认识到数据要素的重要性,并在此基础上创新税收制度,加强"数字税收制度"的建立;同时要加快构建数据驱动的智慧税务体系和税收大数据挖掘与应用体系,解决制造企业数字服务化过程中存在的多元性、复杂性等纳税问题,从而为企业提供高专业化和智能化水平的税费服务。

三、研究编制我国制造企业数字服务化发展的战略性规划

为应对产业升级的新需求和激烈的竞争环境,数字服务化成为制造企业获取竞争优势的关键战略之一。为促进服务业同制造业深度融合,助推制造企业数字服务化转型,党和政府制定了一系列重大战略部署。尽管这些战略部署取得了一定的成效,但总体而言,我国制造企业实施数字服务化的战略规划仍有待完善。当前,制造企业在实施数字服务化战略时仍存在认知不足和能力锁定等一系列问题。因此,在制定战略规划时,国家应对相关目标进行细化,以更明确的数字服务化目标来引领制造企业的发展方向。同时,国家可以通过设立专门部门或借助行业协会等组织,建立定期交流与反馈机制,及时了解和掌握制造业企业在数字服务化各阶段遇到的问题,并据此提供政策支持与行业指导,以对战略性规划进行补充与完善。此外,国家在进行战略性规划时,也应强调数字技术在协调制造与服务协同发展时的关键作用,鼓励制造企业加强对数字化基础设施的建设,利用数字技术加大对产品(服务)的创新。考虑到我国产业布局具有差异性,国家在制定战略性规划时应实施差异化的发展策略,为我国不同区域的制造企业实施数字服务化战略提供符合实际的方法和路径。

四、设立我国制造企业数字服务化发展的专项引导基金

在制造企业数字服务化发展的过程中,企业会面临资金短缺、技术瓶颈和市场信息不对称等困境,因此,设立数字服务化发展专项引导基金是解决这些

问题,助力企业实现转型升级的重要方式之一。

首先,专项引导基金应重点支持制造企业应用人工智能等新一代信息技术的数字服务化项目,并将基金支持对象定位为具有创新技术和优秀产品,且有数字服务化转型需求的制造企业,尤其是中小微企业。

其次,专项引导基金可聚焦于以下几个方面:一是应支持企业增加算力资源,购置尖端的计算硬件和软件工具,提高数据处理速度和数据分析的准确性,夯实企业数字基础底座,从而满足数字服务化业务日益增长的需求;二是专项引导基金可以通过提供资金、政策支持等方式,帮助企业建立和完善服务研发体系,培养和壮大数字服务化研发团队,激发团队成员的服务创新潜能,创造出满足市场多样化需求的创新服务;三是助力企业在自主研发方面的全面深化,通过整合咨询服务、产品与解决方案、平台构建以及技术赋能四大维度,将全方位服务嵌入数字化平台,形成一套完整的全栈数字服务化体系;四是通过专项引导基金的设立,积极引导社会资本投向数字服务经济领域,加大对制造企业数字服务化转型的重大项目的支持力度。这有助于在一定时期内显著提升我国制造企业数字服务化水平,培育一批具有国际竞争力的数字服务化转型示范企业。

五、构建推动我国制造企业释放数据价值、赋能数字服务化发展的保障体系

随着数据成为第五大生产要素,政府应通过制度设计和激励措施积极推动制造企业释放数据要素价值、赋能数字服务化发展。企业全面释放数据价值需要经历数据资源化、数据要素化和数据产品化三个阶段(戎珂 等,2022)。

在数据资源化阶段,政府必须采取积极措施,致力于打造和优化制造企业的数据基础设施。具体而言,政府可以通过提供一系列财政补贴、税收减免等激励措施来鼓励企业将庞大且复杂多样的原始数据转变为具有实际应用价值的数据资源,从而促进制造企业内部服务团队管理效率的提升,同时通过分析顾客的服务需求,增强其服务创新迭代能力。此外,数据的赋能和安全也呈现出双重特征(李正辉 等,2024)。制造企业在享受数据资源为数字服务转型带来的红利的同时,也必须确保数据的安全合规性。因此,政府还应建立严格的监管政策体系,对企业的数据采集、存储及传输行为进行规范和指导,防止客户数据滥用和隐私泄露事件的发生。

在数据要素化阶段,制造企业将数据资源转变为可界定、可流通、可定价的数据要素(戎珂 等,2022),这种转变促进实施数字服务化的制造企业彼此之间、数字服务化产业链中各环节以及与外部服务提供商之间的数据共享,促进制造企业掌握市场服务需求趋势,实现数字服务化资源的合理配置。因此,政府应积极构建规范、透明的数据交易平台,让制造企业能够便捷快速地获取与交易所需的数字服务化相关的数据要素,助力企业数字服务化发展。此外,政府应完善数据产权制度,明确数据资源持有权、数据加工使用权、数据产品经营权归属,保障制造企业在数字服务化过程中数据要素利用的合法权益。

在数据产品化阶段,强调数据要素与其他生产要素结合、协同和联动,创造出新的产业形态和业务流程。数字服务化转型需要制造企业借助数据要素的力量,提供更加个性化、智能化的服务体验,创造新的服务场景和服务业务模式。该阶段,数字人才发挥着至关重要的作用。2024 年人力资源社会保障部等相关部门印发《加快数字人才培育支撑数字经济发展行动方案(2024—2026 年)》(人社部发〔2024〕37 号),要求扎实开展多项专项行动,提升数字人才自主创新能力,形成数字人才集聚效应,更好地支撑数字经济高质量发展。未来我国仍应继续开展数字人才培养专项行动,同时积极引进数据产品化领域专业人才,提升制造企业数据人才自主创新能力,以更好支撑制造企业创造新服务应用场景。

综上所述,为实现数据要素赋能制造企业数字服务化发展,政府相关部门应围绕数据价值释放的三个阶段,构建全方位的保障体系。

第四节　本章小结

基于前文的理论和实证研究,本章进行对策分析,识别出了我国数字服务化发展的关键问题和障碍,具体提出推进我国数字服务化发展的系列对策建议与保障措施,为国家层面和企业层面的数字服务化发展提供政策参考。

对于推进我国数字服务化发展的优化对策,本章从政府层面提出七点建议:积极组织实施各项重大科技专项行动;积极推进科技创新发展规划;建立制造企业数字服务化转型的创新基地;推动创建利于制造企业数字服务化的专业服务平台;适当降低数字服务化过程中涉及服务业务的门槛;成立复合型人才培养专项基金；加强数字服务化发展宣传引导。从企业层面也提出六点建议：企业应当增强数字服务化的转型意识；应在服务型人才引培方面加大力度；应对组织结构进行针对性的调整与优化；应积极推动建立服务生态系统；应增强数字化平台能力；应保证企业文化符合数字服务化发展的趋势。

对于数字服务化发展相关保障措施，本章提出了五点建议：一是构建促进我国制造企业数字服务化发展的体制与机制环境，应从人才培养、资金保障、产权保护等多方面为制造企业数字服务化发展提供要素支撑。二是打造促进我国制造企业数字服务化发展的良好税收环境，应持续加强税收数字化建设，提高税务征管工作的数字化水平，逐步实现"以数治税"。三是研究编制我国制造企业数字服务化发展的战略性规划，应对相关目标进行细化，以更明确的数字服务化目标来引领制造企业的发展方向。四是设立我国制造企业数字服务化发展的专项引导基金，应重点支持制造企业应用人工智能等新一代信息技术的数字服务化转型项目。五是构建推动我国制造企业释放数据价值赋能数字服务化发展的保障体系，应通过提供一系列财政补贴、税收减免等激励措施来鼓励企业将庞大且复杂多样的原始数据转变为具有实际应用价值的数据资源，建立严格的监管政策体系。

第八章 研究结论与未来展望

通过前面七个章节的研究,本书对数字服务化的概念内涵、驱动机制、作用机制、交互机制、实现路径和保障措施进行了较为深入、系统的理论和实证研究。本章主要是对本书的研究结果进行归纳和总结,同时阐述本书的研究意义,并对未来的研究进行展望。

第一节 本书研究结论

推动实体经济和数字经济深度融合是我国实现经济高质量发展的必由之路。数字服务化是指制造企业通过数字技术的监测、控制、优化、自动化等功能,推动企业从以产品为中心向以顾客为中心的服务模式转变,从而创造和获取价值。因此,数字服务化是我国实现数实融合的重要抓手。然而,现实中很多制造企业对实施数字服务化犹豫不决,而且,企业对于如何有效地实现数字服务化及应该遵循怎样的实现路径,仍不甚清晰。虽有一部分研究开始关注数字服务化,但仍未能对上述问题做出清晰解答。如何驱动企业实施数字服务化?数字服务化是如何作用于企业绩效的?数字服务化是否与关键主体发生交互?数字服务化的实现路径是什么?如何保障数字服务化发展?这些问题是当前理论界和实业界亟待研究的问题。

为此,本书采用"问题驱动式"的研究框架——如何驱动、如何作用、如何交互、如何演化、如何保障,基于服务生态系统理论、知识基础观、范围经济理论、资源管理理论等多种理论视角,通过案例探索与实证研究,剖析数字服务化的驱动机制、数字服务化对企业绩效的作用机制、数字服务化的交互机制,以及数字服务化的实现路径等问题,以寻求数字服务化发展的新洞见,同时为我国促进数实融合发展的政策制定和明确数字服务化发展方向等方面提供参考建议。总体上,形成以下五个方面的研究结论:

第一,数字平台可以有效驱动数字服务化发展。数字平台能力通过影响企业的知识边界拓展和权力边界拓展来驱动数字服务化。参与者互补性与服务复杂性对知识边界拓展的中介效应产生调节作用,参与者互补性(或服务复杂性)越强,知识边界拓展的中介效应越弱,但参与者互补性与服务复杂性对权力边界拓展的中介效应没有产生调节作用。

第二,数字服务化对企业绩效的积极影响取决于服务网络的合理配置以及冗余资源的激活。服务化与企业绩效之间呈 U 形关系,当服务化对企业绩效的贡献处于 20% 到 40% 之间时,企业可以预见到服务化即将带来收益。数字服务化是一种特殊类型的服务化,基础数字服务化和高级数字服务化都有利于提升制造企业绩效,基础数字服务化和高级数字服务化均可通过构建服务网络连带、扩大服务网络规模而对制造企业绩效产生积极影响。冗余资源虽然会减弱基础数字服务化对构建服务网络连带的依赖性,但能够促进构建服务网络连带与扩大服务网络规模。

第三,在数字服务化情境下企业与知识型服务机构、服务化与技术创新、服务化与数字化会产生差异化交互效应。制造企业在与知识型服务机构互动时,需要识别出技术服务机构的"知识源"和专业服务机构的"桥梁"作用才能实现有效互动。服务化在与技术创新互动时,新颖型服务化只有与利用式技术创新组合才能积极提升制造企业绩效,而探索式技术创新与效率型服务化、新颖型服务化的组合均对制造企业绩效具有抑制作用。服务化在与数字化互动时,外部数字化与高级服务化、内部数字化与基础服务化,相对于外部数字化与基础服务化、内部数字化与高级服务化,更有助于提升企业绩效。

第四,数字服务化的实现路径可归纳为从数字化到服务化再到数字服务化。具体表现为产品-软件捆绑、产品-软件-服务捆绑、软件-服务捆绑三个阶段的实现。制造企业的数字服务化实现路径受到外部环境、企业能力组合、企业主导逻辑的相互影响。制造企业的数字服务化实现路径具有一定的规律性,即优先实现制造智能化,进而提供数字化服务。

第五,数字服务化的保障机制要注重总体战略引领和数字技术设施建设。我国数字服务化的发展要紧密围绕数实融合战略引领,从体制机制、税收环境、数字技术设施建构等方面予以保障。具体提出了五点建议：一是构建促进我国制造企业数字服务化发展的体制与机制环境；二是打造促进我国制造企业数字服务化发展的良好税收环境；三是研究编制我国制造企业数字服务化发展的战略性规划；四是设立我国制造企业数字服务化发展的专项引导基金；五是构建推动我国制造企业释放数据价值、赋能数字服务化发展的保障体系。

第二节　本书研究启示

本书研究对理论和实践均有一定启示。

一、理论贡献

本书重点关注了数字服务化的实现机制和路径，理论贡献主要表现为：

第一，本书探索与检验了数字平台对数字服务化的驱动机制，有助于深化数字服务化的前因研究。本书基于动态能力理论与服务生态系统理论构建起涵盖数字平台能力、企业边界拓展、参与者互补性、服务复杂性、服务化的关联机制的整合性研究框架，为动态能力理论与服务生态系统理论之间构建了连接桥梁。此外，通过构建"数字平台能力—企业边界拓展—服务化"的因果模型，有利于深化动态能力理论在数字服务化情境下的研究，通过构建参与者互补性、服务复杂性的有调节的中介效应机制模型，有助于将服务生态系统理论的应用拓展到数字平台情境下。

第二，本书验证并完善了数字服务化对企业绩效的作用机制，有助于推进数字服务化与企业绩效的关系研究。首先，本书采用多案例研究法探索服务化对企业绩效的作用机制，识别出资源溢出和资源稀释的两条作用路径；其次，本书从资源溢出和资源稀释两个路径实证检验服务化对制造企业绩效的主效应，剖析了服务化与企业绩效之间的 U 形关系，并基于范围经济理论对服务化导致企业绩效先降后升的现象给出了理论解释；最后，针对以往研究只通过确定一个显著的二次项就得出 U 形关系的不足，本书采用了三步过程法，获得了服务化与企业绩效关系的拐点和拐点两侧的斜率（绩效变化的速度）的相关研究发现。在此基础上，本书结合数字服务化与服务化的差别特征，基于服务生态系统视角分析了数字服务化影响企业绩效的作用效应与边界条件,得出数字服务化对制造企业绩效的积极影响,并从服务网络配置的视角为数字服务化与企业绩效之间的关联机制提供了一种全新的解释视角,同时,基于资源协奏视角识别出冗余资源的调节效应,加强了组织冗余在数字服务化领域的情境研究。

第三,本书系统剖析与检验了数字服务化过程中所发生的三种重要交互机制,有助于构建与深化数字服务化文献与知识管理、技术创新、数字化文献的对话。在数字服务化的初级阶段,本书剖析了制造企业与知识型服务机构的交互机制,从知识整合的视角,识别出制造企业与不同类型的知识型服务互动影响企业绩效的不同路径,以此为未来从知识型服务机构的关联视角研究服务化提供更丰富的观点和见解。在数字服务化的中级阶段,本书分析了服务化与技术创新之间的交互机制,基于权变视角对比分析不同类型服务化与技术创新交互对企业绩效的差异化影响,有助于丰富和深化服务化与技术创新研究,同时基于网络视角识别出网络中心性在服务化与企业绩效之间的中介效应,拓展了网络理论在服务化研究中的应用。在数字服务化的高级阶段,本书系统研究了服务化与数字化的交互机制,运用服务主导逻辑的两个元基础理论——资源液化和资源整合,解释了服务化和数字化是如何相互作用进而影响企业绩效的。本书的观点挑战了服务化与数字化具有正向互补性的传统观点。以往的多数研究主要讨论数字化对服务化的积极作用,而本书识别出服务化与数字化的交互对企业绩效产生积极和消极两方面影响。因此,本书为这两个战略之间的关联研究提供了一个更为全面和系统的拓展。

第四,本书探索与归纳了数字服务化的实现路径,推动了数字服务化研究由"静态"向"动态"发展。本书首先解构了数字服务化的内涵与构成维度,从而构建了数字服务化模式识别的分析框架。通过整合服务化与数字化的内涵特征,从服务提供逻辑(基础服务、高级服务)与数字技术赋能逻辑(数字主导、数字辅助)两个维度识别出三种数字服务化的模式(数字主导型高级服务化、数字辅助型基础服务化、数字辅助型高级服务化),进而揭示了数字服务化模式的本质属性与特征类型,有助于明晰数字服务化的相关基础概念,也为数字服务化研究从模式选择的角度提供了新的视角和切入点。在此基础上,本书进一步探索了数字服务化的实现路径,通过纵向案例分析,探索了企业在数字服务化过程中如何借助政府力量、构建多重主导逻辑和相应的能力组合,最终实现从数字化到服务化再到数字服务化的演化路径。本书揭示了制造企业数字服务化过程中主导逻辑与能力组合的结构演进,也丰富了数字服务化的微观演化机制。

二、实践启示

本书的实践意义在于为制造企业实施数字服务化提供指导意见,为政府引导制造企业实施数字服务化提供政策建议。具体表现为:

第一,为制造企业基于数字服务化创造价值提供新视角。虽然数字服务化是制造企业获取竞争优势的重要途径之一,但我国大多数制造企业的数字服务化还未迈入"服务利润区"。数字技术的蓬勃发展为制造企业的数字服务化带来了双面效应:一是数字技术为制造企业的数字服务化实现差异化竞争优势带来更多机会;二是数字技术的无边界性与用户范围广泛性为制造企业的数字服务化的合法性带来挑战——政府加大对制造企业数字服务化的监管力度,数字技术增加了用户、供应商、合作方对数字服务化的接受难度。本书提出,在数字服务化过程中,积极构建服务供应网络并激活冗余资源是数字经济背景下制造企业推动数字服务化、实现价值创造的新思路。

第二,为制造企业正确选择数字服务化的发展模式提供参考借鉴。制造企业需要明确引入何种类型的服务、发展何种能力,以确保投资具有绩效回报。数字服务化的不同模式具有不同的价值创造潜力与风险可能性,因此,选择适合企业能力条件的发展模式是制造企业从数字服务化中获益的关键切入点。本书通过解构制造企业的能力组合,并剖析不同能力组合与不同数字服务化模式之间的演化关系,建议企业综合审视自身的资源和能力条件以及所处外部环境特征和组织间关系,系统性推进数字服务化的实践,为制造企业系统实施数字服务化战略以收获长远收益而提供了可行思路。

第三,为政府部门基于数字服务化推进我国数实深度融合提供建议。数字服务化是我国推进数实融合发展的重要抓手。目前我国虽已在大力提倡数实融合发展,但仍需要更多具体的推进和扶持政策。数字服务化一方面有利于数字经济的高质量发展,另一方面也会对制造企业这一实体经济的高质量发展产生深刻影响。目前我国已出台相关政策以推动制造企业服务化,但保障数字服务化、提高制造业高质量发展方面的对策仍相对缺乏。本书的研究成果有助于相关部门识别出影响制造企业通过数字服务化创造价值的关键政策因素。在保障数字服务化的价值创造方面,建议相关部门研究完善国家和地方保护数字服务化成果的政策和法律框架。在保障制造企业构建数字服务化的制度方面，建议相关部门制定和完善用户数据保护、数据治理等方面的规章制度。同时，相关部门可通过宣传、教育的方式积极普及数字技术的相关知识，消除数字鸿沟。此外，地方政府的相关部门还可以为有潜力的领先企业的数字服务化提供背书，为企业推进数字服务化提供直接的支持，以此系统化地设计一系列保障政策来助力制造企业数字服务化的顺利开展。

第三节　未来研究展望

本书认为在以下几个方面可以做进一步的研究和拓展：

第一，本书在剖析数字服务化的驱动机制时，主要聚焦在数字平台上，未来的研究可以进一步纳入其他类型的数字技术，如大数据分析技术、人工智能、元宇宙等。不同类型的数字技术的驱动逻辑和效应具有差异性，未来研究可进一步比较分析其驱动效应。此外，当前研究主要关注数字平台、大数据分析技术的单独的驱动效应，未来研究可以考虑采用模糊集定性比较分析（fsQCA）探索多重驱动因素的组态效应，从而更系统和完善地识别数字服务化的驱动机制。

第二，本书在剖析数字服务化对企业绩效的作用机制时，采用的主要是比较传统的实证研究方法，尤其是在变量测量部分基本仍沿用传统做法，采用国外成熟的量表来测量关键变量，未来的研究可以采用更多新兴的测量方法，如自然语言处理、主题建模法等来检验研究的稳健性；在研究方法上，未来研究应该采用混合研究方法，本研究采用了案例研究与大样本调查法来剖析数字服务化对企业绩效的作用机制，未来研究可以进一步扩大混合研究方法范围，将行为实验、计量建模、响应面分析等方法与传统的回归分析方法综合起来，共同推进研究结果的科学性。

第三，本书虽然已经使用了一定数量的案例来分析数字服务化的过程、模式和路径，但在数字经济时代，企业发展的速度非常快，仍有很多新兴的企业案例在不断涌现。未来研究可以进一步将工业互联网平台、产业大脑、未来工厂、供应链金融服务平台等更具数字化元素的案例对象纳入制造企业数字服务化的模式演化分析，更具体形象地探索数字服务化的实现路径。此外，本书主要发现了数字服务化对制造企业的积极效应,但没有进一步搜集到"数字服务化悖论"的相关数据和案例,未来可以进一步深入挖掘数字服务化的消极作用机制的鲜活案例,以不断丰富数字服务化研究。

参考文献

本书编写组,2022.党的二十大报告辅导读本[M].北京:人民出版社.

陈逢文,付龙望,张露,等,2020.创业者个体学习、组织学习如何交互影响企业创新行为?:基于整合视角的纵向单案例研究[J].管理世界,36(3):142-164.

陈刚,高腾飞,2021.数字服务化:回顾与展望[J],北京大学学报(哲学社会科学版),58(1):136-146.

陈红,张玉,刘东霞,2019.政府补助、税收优惠与企业创新绩效:不同生命周期阶段的实证研究[J].南开管理评论,22(3):187-200.

陈菊花,王绒,马安妮,等,2017.制造企业服务化战略与组织要素的匹配关系研究[J].管理评论,29(10):168-179.

陈力田,吴志岩,2014.战略转型背景下企业创新能力重构的二元机理:信雅达1996—2012年纵向案例研究[J].科研管理,35(2):1-9.

崔月慧,葛宝山,董保宝,2018.双元创新与新创企业绩效:基于多层级网络结构的交互效应模型[J].外国经济与管理,40(8):45-57.

戴勇,朱桂龙,刘荣芳,2018.集群网络结构与技术创新绩效关系研究:吸收能力是中介变量吗?[J].科技进步与对策,35(9):16-22.

工业和信息化部,发展改革委,教育部,等,2020.工业和信息化部、发展改革委、教育部、科技部、财政部、人力资源社会保障部、自然资源部、生态环境部、商务部、人民银行、市场监管总局、统计局、银保监会、证监会、知识产权局关于进一步促进服务型制造发展的指导意见[EB/OL].(2020-06-30)[2024-11-15].https://www.gov.cn/gongbao/content/2020/content_

5547652. htm.

工业和信息化部,国家发展改革委,中国工程院,(2016-07-28)[2024-11-15].
　三部门关于印发《发展服务型制造专项行动指南的通知》[EB/OL].
　https://www. gov. cn/xinwen/2016-07/28/content_5095552. htm.

郭克莎,2019-07-16.推动制造业高质量发展是稳增长的重要依托[N].光明日
　报(16).

国家发展改革委,2017.服务业创新发展大纲(2017—2015 年)[EB/OL].
　(2017-06-13)[2024-11-15]. https://www. gov. cn/xinwen/2017-06/21/
　5204377/files/8b5b9dfe307b456898d77ba355f71748. pdf.

国家发展改革委,工业和信息化部,中央网信办,等,2019.关于推进制造业和
　现代服务业深度融合发展的实施意见(发改产业〔2019〕1762 号)[EB/OL].
　(2019-11-10)[2024-11-15]. https://www. gov. cn/xinwen/2019-11/15/
　content_5452459. htm.

国家发展改革委,教育部,科技部,等,2021.关于加快推动制造服务业高质量发
　展的意见(发改产业〔2021〕372 号)[EB/OL]. (2021-03-16)[2024-09-15].
　https://www. gov. cn/zhengce/zhengceku/2021-03/23/content_5595161.
　htm.

国家数据局,2024.数字中国发展报告(2023 年)[R/OL]. (2024-06-30)
　[2024-11-15]. https://www. szzg. gov. cn/2024/szzg/xyzx/202406/
　P020240630600725771219. pdf.

二十国集团,2016.二十国集团数字经济发展与合作倡议[EB/OL]. (2016-09-29)
　[2024-11-15]. https://www. cac. gov. cn/2016-09/29/c _ 1119648520.
　htm.

帆软数据应用研究院,帆软数字制造事业部,2023.数据制造未来:制造业数据
　建设白皮书[R].

冯长利,刘洪涛,2016.网络视角下制造企业服务转型的价值共创模型:基于陕
　鼓的案例研究[J].管理案例研究与评论,9(5):472-484.

韩少杰,苏敬勤,2023.数字化转型企业开放式创新生态系统的构建:理论基
　础与未来展望[J].科学学研究,41(2):335-347

何哲,孙林岩,2012.服务与制造的历次大讨论剖析和服务型制造的提出[J].
　管理学报,9(10):1515-1523.

胡查平,汪涛,朱丽娅,2018.制造业服务化绩效的生成逻辑:基于企业能力理论视角[J].科研管理,39(5):129-137.

胡畔,于渤,2017.追赶企业的本地搜索、能力重构与创新绩效[J].科研管理,38(7):72-80.

简兆权,旷珍,2020.协同创新网络、复合式能力与新服务开发绩效[J].管理学报,17(10):1498-1505.

简兆权,令狐克睿,李雷,2016.价值共创研究的演进与展望:从"顾客体验"到"服务生态系统"视角[J].外国经济与管理,38(9):3-20.

简兆权,刘晓彦,2017.互联网环境下服务战略与组织结构的匹配:基于制造业的多案例研究[J].管理案例研究与评论,10(5):449-466.

简兆权,伍卓深,2011.制造业服务化的路径选择研究:基于微笑曲线理论的观点[J].科学学与科学技术管理,32(12):137-143.

姜铸,李宁,2015.服务创新、制造业服务化对企业绩效的影响[J].科研管理,36(5):29-37.

蒋楠,赵嵩正,吴楠,2016.服务型制造企业服务提供、知识共创与服务创新绩效[J].科研管理,37(6):57-64.

路风,2019.冲破迷雾:揭开中国高铁技术进步之源[J].管理世界,35(9):164-194＋200.

李靖华,马江璐,瞿庆云,2019a.授人以渔,还是授人以鱼——制造服务化价值创造逻辑的探索式案例研究[J].科学学与科学技术管理,40(7):43-60.

李靖华,瞿庆云,林莉,等,2019b.内外导向视角下的制造企业服务创新能力演进研究:探索性案例研究[J].科学学与科学技术管理,40(5):87-104.

李雷,简兆权,张鲁艳,2013.服务主导逻辑产生原因、核心观点探析与未来研究展望[J].外国经济与管理,35(4):2-12.

李秋香,吉慧敏,黄毅敏,2021.制造业高质量发展的路径与方法:价值链视角[J].科技管理研究,41(4):117-123.

李瑞雪,彭灿,杨晓娜,2019.以双元创新为中介过程的开放式创新对企业核心能力的影响[J].科技进步与对策,36(4):90-97.

李正辉,许燕婷,陆思婷,2024.数据价值链研究进展[J].经济学动态(2):128-144.

林岩,陈燕,李剑锋,2010.价值链中的上行知识流对供应商的促进作用—以汽车生产行业为例[J].科学学研究,28(8):1181-1191.

刘飞,简兆权,2014.网络环境下基于服务主导逻辑的服务创新:一个理论模型[J].科学学与科学技术管理,35(2):104-113.

刘继国,李江帆,2007.国外制造业服务化问题研究综述[J].经济学家(3):119-126.

刘继国,赵一婷,2008.制造业企业产出服务化战略的影响因素及其绩效:理论框架与实证研究[J].上海管理科学,30(6):42-46.

刘继国,2008.制造业企业投入服务化战略的影响因素及其绩效:理论框架与实证研究[J].管理学报,5(2):237-242.

罗建强,戴冬烨,李丫丫,2020.基于技术生命周期的服务创新轨道演化路径[J].科学学研究,38(4):759-768.

买忆媛,叶竹馨,陈淑华,2015.从"兵来将挡,水来土掩"到组织惯例形成:转型经济中新企业的即兴战略研究[J].管理世界(8):147-165.

牛璐,陈志军,刘振,2024.资源与能力匹配下的中小企业数字化转型研究[J].科学学研究,42(4):766-777.

彭本红,武柏宇,2016.制造业企业开放式服务创新生成机理研究:基于探索性案例分析[J].研究与发展管理,28(6):114-125.

钱艺文,黄庆华,周密,2021.数字经济促进传统制造业转型升级的内涵、逻辑与路径[J].创新科技,21(3):10-17.

曲婉,穆荣平,李铭禄,2012.基于服务创新的制造企业服务转型影响因素研究[J].科研管理,33(10):64-71.

戎珂,陆志鹏,2022.数据要素论[M].上海:人民出版社.

尚洪涛,宋岸玲,2023.工业互联网产业政策促进了企业数字化转型吗[J].科学学研究,41(11):1991-2003,2072.

尚航标,李卫宁,蓝海林,2013.如何突破认知凝滞?:管理认知变革的理论综述[J].科学学与科学技术管理,34(8):25-33.

孙国强,吉迎东,张宝建,等,2016.网络结构、网络权力与合作行为:基于世界旅游小姐大赛支持网络的微观证据[J].南开管理评论,19(1):43-53.

孙婧,沈志渔,2015.商业模式设计与企业竞争优势:竞争战略与冗余资源的调节作用[J].经济与管理研究,36(11):115-122.

唐红祥,张祥祯,吴艳,等,2019.中国制造业发展质量与国际竞争力提升研究

[J].中国软科学(2):128-142.

田晖,程倩,李文玉,2021.进口竞争、创新与中国制造业高质量发展[J].科学学研究,39(2):222-232.

王海,闫卓毓,郭冠宇,等,2023.数字基础设施政策与企业数字化转型:"赋能"还是"负能"?[J].数量经济技术经济研究,40(5):5-23.

王琳,魏江,饶扬德,等,2017.知识密集服务关系嵌入与制造企业服务创新:探索性学习的中介作用和技术能力的调节作用[J].研究与发展管理,29(1),106-115.

温忠麟,张雷,侯杰泰,等,2004.中介效应检验程序及其应用[J].心理学报(5):614-620.

吴隽,张建琦,刘衡,等,2016.新颖型商业模式创新与企业绩效:效果推理与因果推理的调节作用[J].科学学与科学技术管理,37(4):59-69.

吴晓波,房珂一,刘潭飞,等,2022.数字情境下制造服务化的治理机制:契约治理与关系治理研究[J].科学学研究,40(2):267-277.

吴晓波,房珂一,吴东,2020.超越追赶下制造企业服务化能力的动态演化[J].科学学研究,38(11):1944-1953,2019.

习近平,2022.习近平谈治国理政:第四卷[M].北京:外文出版社:204.

解学梅,韩宇航,2022.本土制造业企业如何在绿色创新中实现"华丽转型"?:基于注意力基础观的多案例研究[J].管理世界,38(3):76-106.

新华社,2021.刘鹤向2021世界制造业大会开幕式致辞[N/OL].(2021-11-19)[2024-11-15].https://www.gov.cn/guowuyuan/2021-11-19/content_5652081.htm.

杨毅,党兴华,成泷,2018.技术创新网络分裂断层与知识共享:网络位置和知识权力的调节作用[J].科研管理,39(9):59-67.

姚明明,吴东,吴晓波,等,2017.技术追赶中商业模式设计与技术创新战略共演:阿里巴巴集团纵向案例研究[J].科研管理,38(5):48-55.

姚明明,吴晓波,石涌江,等,2014.技术追赶视角下商业模式设计与技术创新战略的匹配:一个多案例研究[J].管理世界(10):149-162,188.

姚树俊,陈菊红,张晓瑞,2011.基于服务能力的产品服务化供应链协调对策研究[J].软科学,25(11):56-60.

易朝辉,周思思,任胜钢,2018.资源整合能力与科技型小微企业创业绩效研究

[J].科学学研究,36(1):123-130,139.

于超,许晖,王亚君,2023.生态"树"源:平台生态系统的创新扩散机制研究:卡奥斯与科大讯飞平台的双案例对比分析[J].南开管理评论,26(3):15-27.

张爱琴,张海超,2021.数字化转型背景下制造业高质量发展水平测度分析[J].科技管理研究,41(19):68-75.

张峰,战相岑,殷西乐,等,2021.进口竞争、服务型制造与企业绩效[J].中国工业经济(5):133-151.

张璐,韩玉琪,严子淳,等,2022.主导逻辑:内涵、研究议题及未来展望[J].科研管理,43(4):165-176.

张璐,梁丽娜,苏敬勤,等,2020.破茧成蝶:创业企业如何突破能力的刚性束缚实现进阶?[J].管理世界,36(6):189-201,253.

张璐,闫红月,苏敬勤,等,2021.从"锁定"到"进阶":如何突破主导逻辑的路径依赖:基于战略认知视角的案例研究[J].南开管理评论,24(1):86-96＋117-118.

张文红,张骁,翁智明,2010.制造企业如何获得服务创新的知识?:服务中介机构的作用[J].管理世界(10):122-134.

张文文,景维民,2024.数字经济监管与企业数字化转型:基于收益和成本的权衡分析[J].数量经济技术经济研究,41(1):5-24.

张志元,2020.我国制造业高质量发展的基本逻辑与现实路径[J].理论探索(2):87-92.

赵宸宇,2021.数字化发展与服务化转型:来自制造业上市公司的经验证据[J].南开管理评论,24(2):149-163.

中共中央,2021.中共中央关于党的百年奋斗重大成就和历史经验的决议[M].北京:人民出版社.

中共中央,2024.中共中央关于进一步全面深化改革、推进中国式现代化的决定[EB/OL].(2024-07-18)[2024-11-15].https://www.gov.cn/zhengce/202407/content_6963770.htm? sid_for_share=80113_2.

周丹,李鑫,王核成,2019.如何共舞?:服务商业模式创新与技术创新对企业绩效的交互影响[J].科技进步与对策,36(22):92-101.

周丹,阳银娟,周泯非,2018.溢出还是稀释:制造企业服务转型的作用路径[J].技术经济,37(8):43-51.

周丹,翟蕾,胡胜蓉,等,2024.制造企业数字服务化:内涵解析、研究演进与整合框架构建[J].财经论丛(7):91-101.

周丹,张新悦,郭京京,等,2024.政-企数字化导向一致性驱动数字服务化转型研究[J].科研管理,45(11):141-150.

周海涛,张振刚,2015.政府研发资助方式对企业创新投入与创新绩效的影响研究[J].管理学报,12(12):1797-1804.

AAS T H, BREUNIG K J, HELLSTROM M M, et al. , 2020. Service-oriented business models in manufacturing in the digital era: toward a new taxonomy [J]. International Journal of Innovation Management, 24 (8): 2040002.

ABEYSEKARA N, WANG H, KURUPPUARACHCHI D, 2019. Effect of supply-chain resilience on firm performance and competitive advantage: a study of the Sri Lankan apparel industry [J]. Business Process Management Journal, 25(7): 1673-1695.

ACOSTA A S, CRESPO Á H, AGUDO J C, 2018. Effect of market orientation, network capability and entrepreneurial orientation on international performance of small and medium enterprises(SMEs)[J]. International Business Review, 27(6): 1128-1140.

AFUAH A, 2013. Are network effects really all about size?: the role of structure and conduct [J]. Strategic Management Journal, 34 (3): 257-273.

AHUJA G, KATILA R, 2004. Where do resources come from?: the role of idiosyncratic situations [J]. Strategic Management Journal, 25 (8-9): 887-907.

AIKEN L S, WEST S G, 1991. Multiple regression: testing and interpreting interactions[M]. [S. l.]: Sage Publications, Inc.

AKAKA M A, VARGO S L, 2014. Technology as an operant resource in service (eco) systems [J]. Information Systems and e-Business Management, 12(3): 367-384.

AKTER S, WAMBA S F, GUNASEKARAN A, et al. , 2016. How to improve firm performance using big data analytics capability and business strategy alignment? [J]. International Journal of Production Economics，182：113-131.

ALAIMO C，KALLINIKOS J，VALDERRAMA E，2020. Platforms as service ecosystems：lessons from social media[J]. Journal of Information Technology，35(1)：25-48.

AMOAKO T，HUAI SHENG Z，DOGBE C S K，et al.，2022. Effect of internal integration on SMEs' performance：the role of external integration and ICT [J]. International Journal of Productivity and Performance Management，71(2)：643-665.

ANDERSON J C，GERBING D W，1988. Structural equation modeling in practice：a review and recommended two-step approach[J]. Psychological Bulletin，103(3)：411-423.

ANDREASSEN T W，STREUKENS S，2009. Service innovation and electronic word-of-mouth：is it worth listening to? [J]. Managing Service Quality，19(3)：249-265.

ANDREWS J C，1988. Motivation，ability，and opportunity to process information：conceptual and experimental manipulation issues [J]. Advances in Consumer Research，15：219-225.

ANNARELLI A，BATTISTELLA C，NONINO F，et al.，2021. Literature review on digitalization capabilities：Co-citation analysis of antecedents，conceptualization and consequences[J]. Technological Forecasting and Social Change，166：120635.

ANTIOCO M，MOENAERT R K，LINDGREEN A，et al.，2008. Organizational antecedents to and consequences of service business orientations in manufacturing companies[J]. Journal of the Academy of Marketing Science，36(3)：337-358.

ARAUJO L，DUBOIS A，GADDE L E，2003. The multiple boundaries of the firm[J]. Journal of Management Studies，40(5)：1255-1277.

ARDOLINO M，RAPACCINI M，SACCANI N，et al.，2018. The role of digital technologies for the service transformation of industrial companies [J]. International Journal of Production Research，56(6)：2116-2132.

ARORA A, GAMBARDELLA A, 1994. Evaluating technological information and utilizing it: scientific knowledge, technological capability, and external linkages in biotechnology[J]. Journal of Economic Behavior & Organization, 24(1): 91-114.

ASGARI N, SINGH K, MITCHELL W, 2017. Alliance portfolio reconfiguration following a technological discontinuity [J]. Strategic Management Journal, 38(5): 1062-1081.

AYALA N F, GAIARDELLI P, PEZZOTTA G, et al., 2021. Adopting service suppliers for servitisation: which type of supplier involvement is more effective? [J] Journal of Manufacturing Technology Management, 32(5): 977-993.

AYALA N F, GERSTLBERGER W, FRANK A G, 2019. Managing servitization in product companies: the moderating role of service suppliers [J]. International Journal of Operations & Production Management, 39 (1): 43-74.

AYALA N F, PASLAUSKI C A, GHEZZI A, et al., 2017. Knowledge sharing dynamics in service suppliers' involvement for servitization of manufacturing companies [J]. International Journal of Production Economics, 193: 538-553.

BAGHERI M, MITCHELMORE S, BAMIATZI V, et al., 2019. Internationalization orientation in SMEs: the mediating role of technological innovation[J]. Journal of International Management, 25(1): 121-139.

BAINES T, BIGDELI A Z, BUSTINZA O F, et al., 2017. Servitization: revisiting the state-of-the-art and research priorities [J]. International Journal of Operations & Production Management, 37(2): 256-278.

BAINES T, LIGHTFOOT H W, 2014. Servitization of the manufacturing firm: exploring the operations practices and technologies that deliver advanced services[J]. International Journal of Operations & Production Management, 34(1): 2-35.

BAINES T, LIGHTFOOT H, SMART P, et al., 2013. Servitization of manufacture: exploring the deployment and skills of people critical to the delivery of advanced services[J]. Journal of Manufacturing Technology Management, 24(4): 637-646.

BAINES T S, LIGHTFOOT H W, BENEDETTINI O, et al., 2009. The servitization of manufacturing: a review of literature and reflection on future challenges[J]. Journal of Manufacturing Technology Management, 20(5): 547-567.

BANOUN A, DUFOUR L, ANDIAPPAN M, 2016. Evolution of a service ecosystem: Longitudinal evidence from multiple shared services centers based on the economies of worth framework[J]. Journal of Business Research, 69(8): 2990-2998.

BANTAU G, RAYBURN S W, 2016. Advanced information technology: transforming service innovation and design[J]. The Service Industries Journal, 36(13-14): 699-720.

BARILE S, LUSCH R, REYNOSO J, et al., 2016. Systems, networks, and ecosystems in service research[J]. Journal of Service Management, 27(4): 652-674.

BARNEY J, 1991. Firm resources and sustained competitive advantage[J]. Journal of management, 17(1): 99-120.

BARNEY J, HESTERLY W S, 2010. Strategic management and competitive advantage[M]. [S. l.]: Pearson Prentice Hall.

BARRAS R, 1986. Towards a theory of innovation in services[J]. Research Policy, 15(4): 161-173.

BARRETT M, DAVIDSON E, PRABHU J, et al., 2015. Service innovation in the digital age: key contributions and future directions[J]. MIS Quarterly, 39(1): 135-154.

BASAURE A, VESSELKOV A, TÖYLI J, 2020. Internet of things(IoT) platform competition: consumer switching versus provider multihoming [J]. Technovation, 90-91: 102101.

BASTL M, JOHNSON M, LIGHTFOOT H, et al., 2012. Buyer-supplier relationships in a servitized environment: an examination with Cannon and

Perreault's framework [J]. International Journal of Operations & Production Management, 32(6): 650-675.

BEHNAM M, HOLLEBEEK L D, CLARK M K, et al. , 2021. Exploring customer engagement in the product vs. service context[J]. Journal of Retailing and Consumer Services, 60: 102456.

BELLOS I, REN H, FERGUSON M, 2024. Moving from a product-based economy to a service-based economy for a more sustainable future [M]// BOUCHERY Y, CORBETT C J, FRANSOO J C, et al. sustainable supply chains: a research-based textbook on operations and strategy(Vol. 23). [S. l.]: springer.

BELSLEY D A, KUH E, WELSCH R E, 1980. Regression diagnostics: identifying influential data and sources of collinearity[M]. New York: Wiley.

BENEDETTINI O, DAVIES J, NEELY A, 2015. A capability-based view of service transitions[M]. Cambridge: University of Cambridge.

BETTIS R A, PRAHALAD C K, 1995. The dominant logic: retrospective and extension[J]. Strategic Management Journal, 16(1): 5-14.

BIGDELI A Z, BUSTINZA O F, VENDRELL-HERRERO F, et al. , 2018. Network positioning and risk perception in servitization: evidence from the UK road transport industry [J]. International Journal of Production Research, 56(6): 2169-2183.

BIGDELI A Z, KAPOOR K, SCHROEDER A, et al. , 2021. Exploring the root causes of servitization challenges: an organisational boundary perspective [J]. International Journal of Operations & Production Management, 41(5): 547-573.

BÖHM E, EGGERT A, THIESBRUMMEL C, 2017. Service transition: a viable option for manufacturing companies with deteriorating financial performance? [J]. Industrial Marketing Management, 60: 101-111.

BORGATTI S, EVERETT M, FREEMAN L, 2002. UCINET 6 for Windows: software for social network analysis [EB/OL]. (2002-06-24)[2024-10-24]. Analytic Technologies. https://pages. uoregon. edu/vburris/hc431/

Ucinet_Guide. pdf.

BOURGEOIS L J, 1981. On the measurement of organizational slack[J]. Academy of Management Review, 6(1): 29-39.

BRAX S, 2005. A manufacturer becoming service provider: challenges and a paradox[J]. Managing Service Quality, 15(2): 142-155.

BRAX S A, BASK A, HSUAN J, et al. , 2017. Service modularity and architecture-an overview and research agenda[J]. International Journal of Operations & Production Management, 37(6): 686-702.

BRAX S A, JONSSON K, 2009. Developing integrated solution offerings for remote diagnostics: a comparative case study of two manufacturers[J]. International Journal of Operations & Production Management, 29(5): 539-560.

BRESSANELLI G, ADRODEGARI F, PERONA M, et al. , 2018. Exploring how usage-focused business models enable circular economy through digital technologies [J]. Sustainability, 10(3): 639-639.

BRODIE R J, LÖBLER H, FEHRER J A, 2019. Evolution of service-dominant logic: towards a paradigm and metatheory of the market and value cocreation? [J]. Industrial Marketing Management, 79: 3-12.

BRUNSWICKER S, VANHAVERBEKE W, 2015. Open innovation in small and medium-sized enterprises(SMEs): external knowledge sourcing strategies and internal organizational facilitators [J]. Journal of Small Business Management, 53(4): 1241-1263.

BUCKLEY P J, GLAISTER K W, KLIJN E, et al. , 2009. Knowledge accession and knowledge acquisition in strategic alliances: the impact of supplementary and complementary dimensions [J]. British Journal of Management, 20(4): 598-609.

BURNHAM T A, FRELS J K, MAHAJAN V, 2003. Consumer switching costs: a typology, antecedents, and consequences [J]. Journal of the Academy of Marketing Science, 31(2): 109-126.

BURT R S, 1992. Structural holes: the social structure of competition[M]. Cambridge, mass. : Harvard University Press.

BUSTINZA O F, ARIAS-ARANDA D, GUTIERREZ L, 2010. Outsourcing, competitive capabilities and performance: an empirical study in service firms[J]. International Journal of Production Economics, 126 (2): 276-288.

BUSTINZA O F, GOMES E, VENDRELL-HERRERO F, et al., 2018. An organizational change framework for digital servitization: evidence from the Veneto region[J]. Strategic Change, 27(2): 111-119.

CALLE A D L, FREIJE I, UGARTE J V, et al., 2020. Measuring the impact of digital capabilities on product-service innovation in Spanish industries[J]. International Journal of Business Environment, 11(3): 254-274.

CALOGHIROU Y, KASTELLI I, TSAKANIKAS A, 2004. Internal capabilities and external knowledge sources: complements or substitutes for innovative performance? [J]. Technovation, 24(1): 29-39.

CANTWELL J, ZHANG F, 2012. Knowledge accession strategies and the spatial organization of R&D//ANDERSSON M, JOHANSSON B, KARLSSON C, et al. Innovation and Growth: From R&D Strategies of Innovating Firms to Economy-wide Technological Change[M]. Oxford: Oxford University Press: 88-111.

CARLBORG P, KINDSTRÖM D, KOWALKOWSKI C, 2014. The evolution of service innovation research: a critical review and synthesis[J]. The Service Industries Journal, 34(5): 373-398.

CARMONA-LAVADO A, CUEVAS-RODRÍGUEZ G, CABELLO-MEDINA C, 2013. Service innovativeness and innovation success in technology-based knowledge-intensive business services: an intellectual capital approach[J]. Industry and Innovation, 20(2): 133-156.

CARNABUCI G, OPERTI E, 2013. Where do firms' recombinant capabilities come from? Intraorganizational networks, knowledge, and firms' ability to innovate through technological recombination [J]. Strategic Management Journal, 34(13): 1591-1613.

CASADESUS-MASANELL R, ZHU F, 2013. Business model innovation and competitive imitation: the case of sponsor-based business models[J]. Strategic Management Journal, 34(4): 464-482.

CENAMOR J, PARIDA V, WINCENT J, 2019. How entrepreneurial SMEs compete through digital platforms: The roles of digital platform capability, network capability and ambidexterity[J]. Journal of Business Research, 100: 196-206.

CENAMOR J, SJÖDIN D R, PARIDA V, 2017. Adopting a platform approach in servitization: leveraging the value of digitalization [J]. International Journal of Production Economics, 192: 54-65.

CHANDLER J D, DANATZIS I, WERNICKE C, et al., 2019. How does innovation emerge in a service ecosystem? [J]. Journal of Service Research, 22(1): 75-89.

CHAUDHURI A, NASERALDIN H, NARAYANAMURTHY G, 2023. Healthcare 3D printing service innovation: resources and capabilities for value Co-creation[J]. Technovation, 121: 102596.

CHEN C, 2016. CiteSpace: a practical guide for mapping scientific literature [M]. New York: Nova Science Publishers.

CHEN J E, PAN S L, OUYANG T H, 2014. Routine reconfiguration in traditional companies'e-commerce strategy implementation: a trajectory perspective[J]. Information & Management, 51(2): 270-282.

CHEN K H, WANG C H, HUANG S Z, et al., 2016. Service innovation and new product performance: the influence of market-linking capabilities and market turbulence[J]. International Journal of Production Economics, 172: 54-64.

CHEN L, DAI Y, REN F, et al., 2023. Data-driven digital capabilities enable servitization strategy: from service supporting the product to service supporting the client[J]. Technological Forecasting and Social Change, 197: 122901.

CHEN M, PU X, ZHANG M, et al., 2022. Data analytics capability and servitization: the moderated mediation role of bricolage and innovation orientation [J]. International Journal of Operations & Production

Management, 42(4): 440-470.

CHEN Y, VISNJIC I, PARIDA V, et al., 2021. On the road to digital servitization: the (dis)continuous interplay between business model and digital technology[J]. International Journal of Operations & Production Management, 41(5): 694-722.

CHENG Y, FAROOQ S, JAJJA M S S, 2021. Does plant role moderate relationship between internal manufacturing network integration, external supply chain integration, operational performance in manufacturing network? [J]. Journal of Manufacturing Technology Management, 32 (6): 1267-1289.

CHIRUMALLA K, LEONI L, OGHAZI P, 2023. Moving from servitization to digital servitization: identifying the required dynamic capabilities and related microfoundations to facilitate the transition[J]. Journal of Business Research, 158: 113668.

CHIU W H, DAI Z J, CHI H R, 2023. Mastering customer lock-in by servitization innovation strategies of asset specificity [J]. Journal of Business & Industrial Marketing, 38(13): 239-263.

CIAMPI F, DEMI S, MAGRINI A, et al., 2021. Exploring the impact of big data analytics capabilities on business model innovation: the mediating role of entrepreneurial orientation[J]. Journal of Business Research, 123: 1-13.

CIASULLO M V, POLESE F, MONTERA R, et al., 2021. A digital servitization framework for viable manufacturing companies[J]. Journal of Business & Industrial Marketing, 36(13): 142-160.

CIMINIA C, ARODEGARI F, PASCHOU T, et al., 2021. Digital servitization and competence development: a case-study research[J]. CIRP Journal of Manufacturing Science and Technology, 32:447-460.

COASE R H, 1937. The nature of the firm[J]. Economica, 4 (16): 386-405.

COHEN W M, LEVINTHAL D A, 1990. Absorptive capacity: a new perspective on learning and innovation [J]. Administrative Science

Quarterly，35(1)：128-152.

CONSOLI D，ELCHE-HORTELANO D，2010. Variety in the knowledge base of Knowledge Intensive Business Services[J]. Research Policy，39 (10)：1303-1310.

COOMBS R，MILES I，2000. Innovation，measurement and services：the new problematique[M]//METCALFE J S，MILES I. Innovation systems in the service economy，Springer，85-103.

COREYNEN W，MATTHYSSENS P，VAN BOCKHAVEN W，2017. Boosting servitization through digitization：pathways and dynamic resource configurations for manufacturers[J]. Industrial Marketing Management，60：42-53.

COREYNEN W，MATTHYSSENS P，VANDERSTRAETEN J，et al.，2020. Unravelling the internal and external drivers of digital servitization：a dynamic capabilities and contingency perspective on firm strategy[J]. Industrial Marketing Management，89：265-277.

CORROCHER N，CUSMANO L，2014. The "KIBS engine" of regional innovation systems：empirical evidence from European regions [J]. Regional Studies，48(7)：1212-1226.

COVA B，SALLE R，2007. Introduction to the IMM special issue on "Project marketing and the marketing of solutions"：a comprehensive approach to project marketing and the marketing of solutions [J]. Industrial Marketing Management，36(2)：138-146.

CUI X，LAI V S，LOWRY P B，et al.，2020. The effects of bidder factors on online bidding strategies：a motivation-opportunity-ability （MOA） model[J]. Decision Support Systems，138：113397.

CUSUMANO M A，YOFFIE D B，GAWER A，2020. The future of platforms[J]. MIT Sloan Management Review (Spring)，46-54.

DALENOGARE L S，LE DAIN M A，AYALA N F，et al.，2023. Building digital servitization ecosystems：an analysis of inter-firm collaboration types and social exchange mechanisms among actors[J]. Technovation，124：102756.

DAS T K, TENG B S, 2000. A resource-based theory of strategic alliances [J]. Journal of Management, 26(1): 31-61.

DAVIES A, 2004. Moving base into high-value integrated solutions: a value stream approach[J]. Industrial and Corporate Change, 13(5): 727-756.

DE LUCA L M, ATUAHENE-GIMA K, 2007. Market knowledge dimensions and cross-functional collaboration: examining the different routes to product innovation performance[J]. Journal of Marketing, 71 (1): 95-112.

DE REUVER M, SØRENSEN C, BASOLE R C, 2018. The digital platform: a research agenda[J]. Journal of Information Technology, 33 (2): 124-135.

DEMIL B, LECOCQ X, 2010. Business model evolution: in search of dynamic consistency[J]. Long Range Planning, 43(2-3): 227-246.

DEN HERTOG P, 2000. Knowledge-intensive business services as co-producers of innovation [J]. International Journal of Innovation Management, 4(4): 491-528.

DEN HERTOG P, GALLOUJ F, SEGERS J, 2011. Measuring innovation in a "low-tech" service industry: the case of the Dutch hospitality industry [J]. The Service Industries Journal, 31(9): 1429-1449.

DEN HERTOG P, VAN DER A W, DE JONG M W, 2010. Capabilities for managing service innovation: towards a conceptual framework[J]. Journal of Service Management, 21(4): 490-514.

DESMET S, VAN DIERDONCK R, VAN LOOY B, et al., 2003. Servitization: or why services management is relevant for manufacturing environments[M]//VAN LOO Y B, GEMEL D, VAN DIERDONCK R. Services management: an integrated approach. Harlow: pearson Education: 40-51.

DJELLAL F, GALLOUJ F, 2013. The productivity challenge in services: measurement and strategic perspectives [J]. The Service Industries Journal, 33(3-4): 282-299.

DOH S, KIM B, 2014. Government support for SME innovations in the regional industries[J]. Research Policy, 43(9): 1557-1569.

DOLOREUX D, SHEAMUR R, 2012. How much does KIBS contribute to R&D activities of manufacturing firms? [J]. Economia Politica, 29(3): 319-342.

DREJER I, VINDING A L, 2005. Location and collaboration: manufacturing firms' use of knowledge intensive services in product innovation[J]. European Planning Studies, 13(6): 879-898.

EGGERT A, BÖHM E, CRAMER C, 2017. Business service outsourcing in manufacturing firms: an event study[J]. Journal of Service Management, 28(3): 476-498.

EGGERT A, HOGREVE J, ULAGA W, et al. , 2011. Industrial services, product innovations, and firm profitability: a multiple-group latent growth curve analysis[J]. Industrial Marketing Management, 40(5): 661-670.

EGGERT A, HOGREVE J, ULAGA W, et al. , 2014. Revenue and profit implications of industrial service strategies [J]. Journal of Service Research, 17(1): 23-39.

EHIE I C, OLIBE K, 2010. The effect of R&D investment on firm value: an examination of US manufacturing and service industries [J]. International Journal of Production Economics, 128(1): 127-135.

EISENHARDT K M, 1991. Better stories and better constructs: the case for rigor and comparative logic[J]. Academy of Management Review, 16 (3): 620-627.

EISENHARDT K M, 1989. Building theories from case study research[J]. Academy of Management Review, 14(4): 532-550.

EISENHARDT K M, GRAEBNER M E, 2007. Theory building from cases: opportunities and challenges[J]. Academy of Management Journal, 50(1): 25-32.

EISENMANN T, PARKER G, VAN ALSTYNE M W, 2006. Strategies for two-sided markets[J]. Harvard Business Rreview, 84(10): 92-101.

ELLER R, ALFORD P, KALLMÜNZER A, 2020. Antecedents, consequences, and challenges of small and medium-sized enterprise digitalization[J]. Journal of Business Research, 112: 119-127.

ERNST H, LICHTENTHALER U, VOGT C, 2011. Retracted: the impact of accumulating and reactivating technological experience on R&D alliance performance [J]. Journal of Management Studies, 48 (6): 1194-1216.

FAINSHMIDT S, PEZESHKAN A, FRAZIER M L, et al., 2016. Dynamic capabilities and organizational performance: a meta-analytic evaluation and extension [J]. Journal of Management Studies, 53 (8): 1348-1380.

FALKENRECK C, WAGNER R, 2017. The Internet of Things, chance and challenge in industrial business relationships[J]. Industrial Marketing Management, 66: 181-195.

FANG E E, PALMATIER R W, STEENKAMP J B E M, 2008. Effect of service transition strategies on firm value[J]. Journal of Marketing, 72 (5): 1-14.

FANG J, GUO H, 2013. Electronic information industry, clustering and growth: empirical study of the Chinese enterprises [J]. Chinese Management Studies, 7(2): 172-193.

FANG L H, LERNER J, WU C, 2017. Intellectual property rights protection, ownership, and innovation: evidence from China [J]. The Review of Financial Studies, 30(7): 2446-2477.

FENG B, FAN Z P, LI Y, 2011. A decision method for supplier selection in multi-service outsourcing [J]. International Journal of Production Economics, 132(2): 240-250.

FERNANDES C I, FERREIRA J J M, 2013. Knowledge spillovers: cooperation between universities and KIBS[J]. R&D Management, 43 (5): 461-472.

FERRARIS A, MAZZOLENI A, DEVALLE A, et al., 2019. Big data analytics capabilities and knowledge management: impact on firm performance[J]. Management Decision, 57(8): 1923-1936.

FERREIRA J J M, FERNANDES C I, FERREIRA F A F, 2019. To be or not to be digital, that is the question: firm innovation and performance [J]. Journal of Business Research, 101: 583-590.

FINSTERWALDER J, KUPPELWIESER V G, FISK R P, 2022. Dynamics of individual actors' self, social, and task pre-dispositions in multi-actor service ecosystems[J]. Journal of Business Research, 147: 518-531.

FITZGERALD M, KRUSCHWITZ N, BONNET D, et al., 2014. Embracing digital technology: a new strategic imperative[J]. MIT Sloan Management Review, 55(2): 1-12.

FJELDSTAD Ø D, SNOW C C, 2018. Business models and organization design[J]. Long Range Planning, 51(1): 32-39.

FORKMANN S, HENNEBERG S C, WITELL L, et al., 2017. Driver configurations for successful service infusion [J]. Journal of Service Research, 20(3): 275-291.

FORNELL C, LARCKER D F, 1981. Evaluating structural equation models with unobservable variables and measurement error [J]. Journal of Marketing Research, 18(1): 39-50.

FRANCO M, HAASE H, 2015. Interfirm alliances: a taxonomy for SMEs [J]. Long Range Planning, 48(3): 168-181.

FRANK A G, MENDES G H S, AYALA N F, et al., 2019. Servitization and Industry 4.0 convergence in the digital transformation of product firms: a business model innovation perspective [J]. Technological Forecasting and Social Change, 141: 341-351.

FREDRICH V, BOUNCKEN R, KRAUS S, 2019. The race is on: configurations of absorptive capacity, interdependence and slack resources for interorganizational learning in coopetition alliances [J]. Journal of Business Research, 101: 862-868.

FRY L W, SMITH D A, 1987. Congruence, contingency, and theory building[J]. Academy of Management Review, 12(1): 117-132.

GALUNIC D C, EISENHARDT K M, 2001. Architectural innovation and modular corporate forms[J]. Academy of Management Journal, 44(6): 1229-1249.

GALVANI S, BOCCONCELLI R, 2022. Intra-and inter-organizational tensions of a digital servitization strategy: evidence from the mechatronic sector in Italy[J]. Journal of Business & Industrial Marketing, 37(13): 1-18.

GARVER M S, MENTZER J T, 1999. Logistics research methods: employing structural equation modeling to test for construct validity[J]. Journal of Business Logistics, 20(1): 33-58.

GAWER A, 2014. Bridging differing perspectives on technological platforms: toward an integrative framework[J]. Research Policy, 43(7): 1239-1249.

GAWER A, CUSUMANO M A, 2014. Industry platforms and ecosystem innovation[J]. Journal of Product Innovation Management, 31 (3): 417-433.

GE Z, HU Q, 2008. Collaboration in R&D activities: firm-specific decisions [J]. European journal of Operational Research, 185(2): 864-883.

GEBAUER H, FLEISCH E, FRIEDLI T, 2005. Overcoming the service paradox in manufacturing companies[J]. European Management Journal, 23(1): 14-26.

GEBAUER H, FRIEDLI T, 2005. Behavioral implications of the transition process from products to services[J]. Journal of Business & Industrial Marketing, 20(2): 70-78.

GEBAUER H, FRIEDLI T, FLEISCH E, 2006. Success factors for achieving high service revenues in manufacturing companies [J]. Benchmarking, 13(3): 374-386.

GEBAUER H, PAIOLA M, SACCANI N, 2013. Characterizing service networks for moving from products to solutions[J]. Industrial Marketing Management, 42(1): 31-46.

GEBAUER H, PAIOLA M, SACCANI N, et al., 2021. Digital servitization: crossing the perspectives of digitization and servitization[J]. Industrial Marketing Management, 93: 382-388.

GERBING D W, ANDERSON J C, 1988. An updated paradigm for scale development incorporating unidimensionality and its assessment [J]. Journal of Marketing Research，25(2)：186-192.

GHOSH S，HUGHES M，HODGKINSON I，et al.，2022. Digital transformation of industrial businesses：a dynamic capability approach[J]. Technovation，113：102414.

GIOIA D A，CORLEY K G，HAMILTON A L，2013. Seeking qualitative rigor in inductive research[J]. Organizational Research Methods，16(1)：15-31.

GOBBLE M M，2018. Digitalization，digitization，and innovation [J]. Research-Technology Management，61(4)：56-59.

GODUSCHEIT R C，FAULLANT R，2018. Paths toward radical service innovation in manufacturing companies：a service-dominant logic perspective [J]. Journal of Product Innovation Management，35 (5)：701-719.

GOMES E，LEHMAN D W，VENDRELL-HERRERO F，et al.，2021. A history-based framework of servitization and deservitization [J]. International Journal of Operations & Production Management，41(5)：723-745.

GRANOVETTER M，1985. Economic action and social structure：The problem of embeddedness[J]. American Journal of Sociology，91(3)：481-510.

GRANOVETTER M，1974. Getting a job：a study of contacts and careers [M]. Cambridge，MA：Havard University Press.

GRANOVETTER M S，1973. The strength of weak ties [J]. American Journal of Sociology，78(6)：1360-1380.

GRANT R M，1996. Toward a knowledge-based theory of the firm [J]. Strategic Management Journal，17(S2)：109-122.

GRANT R M，BADEN-FULLER C，2004. A knowledge accessing theory of strategic alliances[J]. Journal of Management Studies，41(1)：61-84.

GRAWE S J，CHEN H，DAUGHERTY P J，2009. The relationship between strategic orientation，service innovation，and performance [J].

International Journal of Physical Distribution & Logistics Management, 39 (4): 282-300.

GREEN M H, DAVIES P, NG I C L, 2017. Two strands of servitization: a thematic analysis of traditional and customer co-created servitization and future research directions [J]. International Journal of Production Economics, 192: 40-53.

GRÖNROOS C, VOIMA P, 2013. Critical service logic: making sense of value creation and co-creation[J]. Journal of the Academy of Marketing Science, 41: 133-150.

GRONUM S, STEEN J, VERREYNNE M L, 2016. Business model design and innovation: unlocking the performance benefits of innovation[J]. Australian Journal of Management, 41(3): 585-605.

GUERRIERI P, MELICIANI V, 2005. Technology and international competitiveness: the interdependence between manufacturing and producer services[J]. Structural Change and Economic Dynamics, 16(4): 489-502.

GUSTAFSSON A, SNYDER H, WITELL L, 2020. Service innovation: a new conceptualization and path forward[J]. Journal of Service Research, 23(2): 111-115.

HAANS R F J, PIETERS C, HE Z L, 2016. Thinking about U: theorizing and testing U-and inverted U-shaped relationships in strategy research[J]. Strategic Management Journal, 37(7): 1177-1195.

HAHL O, KACPERCZYK A O, DAVIS J P, 2016. Knowledge asymmetry and brokerage: linking network perception to position in structural hole [J]. Strategic Organization, 14(2): 118-143.

HAHN R, SPIETH P, INCE I, 2018. Business model design in sustainable entrepreneurship: illuminating the commercial logic of hybrid businesses [J]. Journal of Cleaner Production, 176. 439-451.

HAIR J F, JR, SARSTEDT M, HOPKINS L, et al. , 2014. Partial least squares structural equation modeling (PLS-SEM): an emerging tool in business research[J]. European Business Review, 26(2): 106-121.

HAKANSSON H, 1982. International marketing and purchasing of industrial goods: an interaction approach [M]. Chichester; New York: Wiley.

HANELT A, BOHNSACKB R, MARZ D, et al., 2021. A systematic review of the literature on digital transformation: insights and implications for strategy and organizational change [J]. Journal of Management Studies, 58(5): 1159-1197.

HANSEN M T, 1999. The search-transfer problem: the role of weak ties in sharing knowledge across organization subunit[J]. Administrative Science Quarterly, 44(1): 82-111.

HARRIGAN P, EVERS U, MILES M P, et al., 2018. Customer engagement and the relationship between involvement, engagement, self-brand connection and brand usage intent [J]. Journal of Business Research, 88: 388-396.

HARTWIG K, VON SALDERN L, JACOB F, 2021. The journey from goods-dominant logic to service-dominant logic: a case study with a global technology manufacturer[J]. Industrial Marketing Management, 95 (3): 85-98.

HASSELBLATT M, HUIKKOLA T, KOHTAMÄKI M, et al., 2018. Modeling manufacturer's capabilities for the Internet of Things [J]. Journal of Business & Industrial Marketing, 33(6): 822-836.

HAUKNES J, 1998. Services in innovation-innovation in services [R]. STEP Report series 199813. Olso: The STEP Group, Studies in technology, innovation and economic policy, 1998.

HE Y, LAI K K, 2012. Supply chain integration and service oriented transformation: evidence from Chinese equipment manufacturers [J]. International Journal of Production Economics, 135(2): 791-799.

HECHAVARRÍA D M, MATTHEWS C H, REYNOLDS P D, 2016. Does start-up financing influence start-up speed?: evidence from the panel study of entrepreneurial dynamics [J]. Small Business Economics, 46 (1): 137-167.

HEIN A, SCHREIECK M, RIASANOW T, et al., 2020. Digital platform ecosystems[J]. Electronic Markets, 30(1): 87-98.

HEIN A, WEKING J, SCHREIECK M, et al., 2019. Value co-creation practices in business-to-business platform ecosystems [J]. Electronic Markets, 29(3): 503-518.

HELFAT C E, RAUBITSCHEK R S, 2018. Dynamic and integrative capabilities for profiting from innovation in digital platform-based ecosystems[J]. Research Policy, 47(8): 1391-1399.

HELKKULA A, KOWALKOWSKI C, TRONVOLL B, 2018. Archetypes of service innovation: Implications for value cocreation[J]. Journal of Service Research, 21(3): 284-301.

HENDERSON R M, CLARK K B, 1990. Architectural innovation: the reconfiguration of existing product technologies and the failure of established firms[J]. Administrative Science Quarterly, 35(1): 9-30.

HENFRIDSSON O, NANDHAKUMAR J, SCARBROUGH H, et al., 2018. Recombination in the open-ended value landscape of digital innovation[J]. Information and Organization, 28(2): 89-100.

HEROLD D M, ĆWIKLICKI M, PILCH K, et al., 2021. The emergence and adoption of digitalization in the logistics and supply chain industry: an institutional perspective [J]. Journal of Enterprise Information Management, 34(6): 1917-1938.

HIZ D I L, FERRON-VILCHEZ V, ARAGON-CORREA J A, 2019. Do firms' slack resources influence the relationship between focused environmental innovations and financial performance?: more is not always better[J]. Journal of Business Ethics, 159: 1215-1227.

HO M H-W, CHUNG H F L, 2020. Customer engagement, customer equity and repurchase intention in mobile apps[J]. Journal of Business Research: 121: 13-21.

HOANG G, LUU T T, NGUYEN T T, et al., 2024. Entrepreneurial leadership fostering service innovation in the hospitality firms: the roles of knowledge acquisition, market-sensing capability and competitive intensity [J]. International Journal of Contemporary Hospitality Management, 36

(4): 1143-1169.

HOIFORD W D, 2016. Boundary constructions as knowledge flows within and between work groups [J]. Knowledge Management Research & Practice, 14(1): 4-14.

HOLMSTRÖM J, PARTANEN J, 2014. Digital manufacturing-driven transformations of service supply chains for complex products[J]. Supply Chain Management, 19(4): 421-430.

HORGOS D, KOCH A, 2008. The internal differentiation of the KIBS sector: empirical evidence from cluster analysis[J]. International Journal of Services Technology and Management, 10(2/3/4): 190-210.

HU Y S, MCLOUGHLIN D, 2012. Creating new market for industrial services in nascent fields[J]. Journal of Services Marketing, 26 (5): 322-331.

HUANG J W, LI Y H, 2018. How resource alignment moderates the relationship between environmental innovation strategy and green innovation performance[J]. Journal of Business & Industrial Marketing, 33(3): 316-324.

HUIKKOLA T, RABETINO R, KOHTAMÄKI M, et al., 2020. Firm boundaries in servitization: interplay and repositioning practices [J]. Industrial Marketing Management, 90: 90-105.

HUNG H F, KAO H P, CHU Y Y, 2008. An empirical study on knowledge integration, technology innovation and experimental practice [J]. Expert Systems with Applications, 35(1-2): 177-186.

IGNATIUS J, LEEN J Y A, RAMAYAH T, et al., 2012. The impact of technological learning on NPD outcomes: the moderating effect of project complexity[J]. Technovation, 32(7-8): 452-463.

JACOBIDES M G, CENNAMO C, GAWER A, 2018. Towards a theory of ecosystems[J]. Strategic Management Journal, 39(8): 2255-2276.

JAIN G, PAUL J, SHRIVASTAVA A, 2021. Hyper-personalization, co-creation, digital clienteling and transformation[J]. Journal of Business Research, 124: 12-23.

JIN J L, ZHOU K Z, WANG Y, 2016. Exploitation and exploration in international joint ventures: moderating effects of partner control imbalance and product similarity[J]. Journal of International Marketing, 24(4): 20-38.

JOHANNESSEN J A, OLAISEN J, OLSEN B, 1999. Strategic use of information technology for increased innovation and performance [J]. Information Management & Computer Security, 7(1): 5-22.

JONG A, ZACHARIAS N A, NIJSSEN E J, 2021. How young companies can effectively manage their slack resources over time to ensure sales growth: the contingent role of value-based selling[J]. Journal of the Academy of Marketing Science, 49: 304-326.

JOSEPHSON B W, JOHNSON J L, MARIADOSS B J, et al. , 2016. Service transition strategies in manufacturing: Implications for firm risk [J]. Journal of Service Research, 19(2): 142-159.

JOVANOVIC M, RAJA J Z, VISNJIC I, et al. 2019. Paths to service capability development for servitization: examining an internal service ecosystem[J]. Journal of Business Research, 104: 472-485.

JOVANOVIC M, SJÖDIN D, PARIDA V, 2022. Co-evolution of platform architecture, platform services, and platform governance: expanding the platform value of industrial digital platforms [J]. Technovation, 118: 102218.

JUN W, NASIR M H, YOUSAF Z, et al. , 2022. Innovation performance in digital economy: does digital platform capability, improvisation capability, and organizational readiness really matter? [J]. European Journal of Innovation Management, 25(5): 1309-1327.

KAARTEMO V, AKAKA M A, VARGO S L, 2016. A service-ecosystem perspective on value creation: implications for international business[M]// MARINOVA S, LARIMO J, NUMMELA N. Value creation in international business[J]. [S. l.]: Palgrave Macmillan.

KALIA P, PAUL J, 2021. E-service quality and e-retailers: attribute-based multi-dimensional scaling [J]. Computers in Human Behavior,

115: 106608.

KAMALALDIN A, LINDE L, SJÖDIN D, et al., 2020. Transforming provider-customer relationships in digital servitization: a relational view on digitalization[J]. Industrial Marketing Management, 89: 306-325.

KAMALALDIN A, SJÖDIN D, HULLOVA D, et al., 2021. Configuring ecosystem strategies for digitally enabled process innovation: a framework for equipment suppliers in the process industries [J]. Technovation, 105: 102250.

KAPOOR K, BIGDELI A Z, SCHROEDER A, et al., 2022. A platform ecosystem view of servitization in manufacturing [J]. Technovation, 118: 102248.

KARATZAS A, JOHNSON M, BASTL M, 2017. Manufacturer-supplier relationships and service performance in service triads[J]. International Journal of Operations & Production Management, 37(7): 950-969.

KARIM S, CAPRON L, 2016. Reconfiguration: Adding, redeploying, recombining, and divesting resources and business units[J]. Strategic Management Journal, 37(13): E54-E62.

KARPEN I O, BOVE L L, LUKAS B A, 2012. Linking service-dominant logic and strategic business practice: a conceptual model of a service-dominant orientation[J]. Journal of Service Research, 15(1): 21-38.

KASTALLI I V, VAN LOOY B, NEELY A, 2013. Steering manufacturing firms towards service business model innovation [J]. California Management Review, 56(1): 100-123.

KASTALLI I V, VAN LOOY B, 2013. Servitization: disentangling the impact of service business model innovation on manufacturing firm performance[J]. Journal of Operations Management, 31(4): 169-180.

KHAN Z, LEW Y K, MARINOVA S, 2019. Exploitative and exploratory innovations in emerging economies: the role of realized absorptive capacity and learning intent[J]. International Business Review, 28(3): 499-512.

KHANRA S, DHIR A, MÄNTYMÄKI M, 2020. Big data analytics and enterprises: a bibliometric synthesis of the literature [J]. Enterprise

Information Systems, 14(6): 737-768.

KHANRA S, DHIR A, PARIDA V, et al. , 2021. Servitization research: a review and bibliometric analysis of past achievements and future promises [J]. Journal of Business Research, 131: 151-166.

KHARLAMOV A A, PARRY G, 2021. The impact of servitization and digitization on productivity and profitability of the firm: a systematic approach[J]. Production Planning & Control, 32(3): 185-197.

KIM J, LEE S, GEUM Y, et al. , 2012. Patterns of innovation in digital content services: the case of App Store applications [J]. Innovation: Organization & Management, 14(4): 540-556.

KIM K H, KO E, KIM S J, et al. , 2021. Digital service innovation, customer engagement, and customer equity in AR marketing[J]. Journal of Global Scholars of Marketing Science, 31(3): 453-466.

KIMITA K, MCALOONE T C, OGATA K, et al. , 2022. Servitization maturity model: developing distinctive capabilities for successful servitization in manufacturing companies[J]. Journal of Manufacturing Technology Management, 33(9): 61-87.

KINDSTRÖM D, 2010. Towards a service-based business modes: key aspects for future competitive advantage [J]. European Management Journal, 28(6): 479-490.

KINDSTRÖM D, KOWALKOWSKI C, 2014. Service innovation in product-centric firms: A multidimensional business model perspective[J]. Journal of Business & Industrial Marketing, 29(2): 96-111.

KIRTLEY J, O'MAHONY S, 2023. What is a pivot?: explaining when and how entrepreneurial firms decide to make strategic change and pivot[J]. Strategic Management Journal, 44(1): 197-230.

KOHTAMÄKI M, BAINES T, RABETINO R, et al. , 2018. Practices and Tools for Servitization[M]. [S. l.]: Springer International Publishing.

KOHTAMÄKI M, EINOLA S, RABETINO R, 2020. Exploring servitization through the paradox lens: coping practices in servitization[J]. International Journal of Production Economics, 226: 107619.

KOHTAMÄKI M, HAKALA H, PARTANEN J, et al., 2015. The performance impact of industrial services and service orientation on manufacturing companies[J]. Journal of Service Theory and Practice, 25 (4): 463-485.

KOHTAMÄKI M, PARIDA V, OGHAZI P, et al., 2019. Digital servitization business models in ecosystems: a theory of the firm[J]. Journal of Business Research, 104: 380-392.

KOHTAMÄKI M, PARIDA V, PATEL P C, et al., 2020. The relationship between digitalization and servitization: the role of servitization in capturing the financial potential of digitalization [J]. Technological Forecasting and Social Change, 151: 119804.

KOHTAMÄKI M, PARTANEN J, PARIDA V, et al., 2013. Non-linear relationship between industrial service offering and sales growth: the moderating role of network capabilities [J]. Industrial Marketing Management, 42(8): 1374-1385.

KOLAGAR M, REIM W, PARIDA V, et al., 2022. Digital servitization strategies for SME internationalization: the interplay between digital service maturity and ecosystem involvement [J]. Journal of Service Management, 33(1): 143-162.

KOLDEWEY C, HEMMINGER A, REINHOLD J, et al., 2022. Aligning strategic position, behavior, and structure for smart service businesses in manufacturing [J]. Technological Forecasting and Social Change, 175: 121329.

KOLLMANN T, STÖCKMANN C, NIEMAND T, et al., 2021. A configurational approach to entrepreneurial orientation and cooperation explaining product/service innovation in digital vs. non-digital startups [J]. Journal of Business Research, 125: 508-519.

KOR Y Y, MESKO A, 2013. Dynamic managerial capabilities: configuration and orchestration of top executives' capabilities and the firm's dominant logic[J]. Strategic Management Journal, 34(2): 233-244.

KOSKELA-HUOTARI K, EDVARDSSON B, JONAS J M, et al., 2016.

Innovation in service ecosystems: breaking, making, and maintaining institutionalized rules of resource integration[J]. Journal of Business Research, 69(8): 2964-2971.

KOWALKOWSKI C, GEBAUER H, KAMP B, et al., 2017. Servitization and deservitization: overview, concepts, and definitions[J]. Industrial Marketing Management, 60: 4-10.

KOWALKOWSKI C, WIRTZ J, EHRET M, 2024. Digital service innovation in B2B markets[J]. Journal of Service Management, 35(2): 280-305.

KRAAIJENBRINK J, WIJNHOVEN F, GROEN A, 2007. Towards a kernel theory of external knowledge integration for high-tech firms: exploring a failed theory test[J]. Technological Forecasting & Social Change, 74(8): 1215-1233.

KREYE M E, ROEHRICH J K, LEWIS M A, 2015. Servitising manufacturers: the impact of service complexity and contractual and relational capabilities[J]. Production Planning & Control, 26(14-15): 1233-1246.

KROH J, LUETJEN H, GLOBOCNIK D, et al., 2018. Use and efficacy of information technology in innovation processes: the specific role of servitization[J]. Journal of Product Innovation Management, 35(5): 720-741.

KUIJKEN B, GEMSER G, WIJNBERG N M, 2017. Effective product-service systems: a value-based framework[J]. Industrial Marketing Management, 60: 33-41.

KULINS C, LEONARDY H, WEBER C, 2016. A configurational approach in business model design[J]. Journal of Business Research, 69(4): 1437-1441.

KUNASEKARAN P, RASOOLIMANESH S, WANG S, et al., 2022. Enhancing local community participation towards heritage tourism in Taiping, Malaysia: application of the motivation-opportunity-ability (MOA) model[J]. Journal of Heritage Tourism, 17(4): 465-484.

KUULA S, HAAPASALO H, TOLONEN A, 2018. Cost-efficient co-creation of knowledge intensive business services[J]. Service Business, 12 (4): 779-808.

LANDRY R, AMARA N, DOLOREUX D, 2012. Knowledge-exchange strategies between KIBS firms and their clients[J]. The Service Industries Journal, 32(2): 291-320.

LANE P J, LUBATKIN M, 1998. Relative absorptive capacity and interorganizational learning[J]. Strategic Management Journal, 19(5): 461-477.

LAU A K W, TANG E, YAM R C M, 2010. Effects of supplier and customer integration on product innovation and performance: empirical evidence in Hong Kong manufacturers[J]. Journal of Product Innovation Management, 27(5): 761-777.

LAVIE D, 2006. Capability reconfiguration: an analysis of incumbent responses to technological change[J]. Academy of Management Review, 31(1): 153-174.

LAY G, 2014. Servitization in Industry[M]. [S. l.]: Springer.

LEE S G, MA Y S, THIMM G L, et al. , 2008. Product lifecycle management in aviation maintenance, repair and overhaul[J]. Computers in Industry, 59(2-3): 296-303.

LEHRER C, WIENEKE A, VOM BROCKE J, et al. , 2018. How big data analytics enables service innovation: materiality, affordance, and the individualization of service [J]. Journal of Management Information Systems, 35(2): 424-460.

LENKA S, PARIDA V, WINCENT J, 2017. Digitalization capabilities as enablers of value co-creation in servitizing firms: digitalization capabilities [J]. Psychology and Marketing, 34(1): 92-100.

LERCH C, GOTSCH M, 2015. Digitalized product-service systems in manufacturing firms: a case study analysis [J]. Research-Technology Management, 58(5): 45-52.

LETAIFA S B, REYNOSO J, 2015. Toward a service ecosystem

perspective at the base of the pyramid[J]. Journal of Service Management, 26(5): 684-705.

LEUNG K, 2014. Globalization of Chinese firms: what happens to culture? [J]. Management and Organization Review, 10(3): 391-397.

LEVITT B, MARCH J G, 1988. Organizational learning[J]. Annual Review of Sociology, 14: 319-340.

LI T C, CHAN Y E, 2019. Dynamic information technology capability: concept definition and framework development [J]. The Journal of Strategic Information Systems, 28(4): 101575.

LIGHTFOOT H, BAINES T S, SMART P, 2013. The servitization of manufacturing: A systematic literature review of interdependent trends [J]. International Journal of Operations & Production Management, 33 (11): 1408-1434.

LIMAJ E, BERNROIDER E W N, 2019. The roles of absorptive capacity and cultural balance for exploratory and exploitative innovation in SMEs [J]. Journal of Business Research, 94: 137-153.

LIN C, CHANG C C, 2015. A patent-based study of the relationships among technological portfolio, ambidextrous innovation, and firm performance[J]. Technology Analysis & Strategic Management, 27(10): 1193-1211.

LIN F J, LIN Y H, 2012. The determinants of successful R&D consortia: government strategy for the servitization of manufacturing[J]. Service Business, 6(4): 489-502.

LIND J T, MEHLUM H, 2010. With or without U? the appropriate test for a U-shaped relationship [J]. Oxford Bulletin of Economics and Statistics, 72(1): 109-118.

LINDHULT E, CHIRUMALLA K, OGHAZI P, et al. , 2018. Value logics for service innovation: practice-driven implications for service-dominant logic[J]. Service Business, 12(3): 457-481.

LIU A L, LIU H F, GU J B, 2021. Linking business model design and operational performance: the mediating role of supply chain integration

[J]. Industrial Marketing Management, 96: 60-70.

LIU C H, CHEN M-C, TU Y-H, et al., 2014. Constructing a sustainable service business model[J]. International Journal of Physical Distribution & Logistics Management, 44(1/2): 80-97.

LIU C H, JI H N, JI J A, 2022. Mobile information technology's impacts on service innovation performance of manufacturing enterprises [J]. Technological Forecasting and Social Change, 184: 121996.

LIU D Y, CHEN S W, CHOU T C, 2011. Resource fit in digital transformation[J]. Management Decision, 49(10): 1728-1742.

LIU L, LONG J, LIU R, et al., 2022. Examining how and when digital platform capabilities drive technological innovation: a strategic information perspective[J]. Journal of Enterprise Information Management, 36(2): 553-582.

LIU R, WENG Q, MAO G, et al., 2013. Industrial cluster, government agency and entrepreneurial development[J]. Chinese Management Studies, 7(2): 253-280.

LIU Y, NDUBISI N O, LIU Y, et al., 2020. New product development and sustainable performance of Chinese SMMEs: the role of dynamic capability and intra-national environmental forces[J]. International Journal of Production Economics, 230: 107817.

LÖBLER H, LUSCH R F, 2014. Signs and practices as resources in IT-related service innovation[J]. Service Science, 6(3): 190-205.

LOMBERG C, URBIG D, STÖCKMANN C, 2017. Entrepreneurial orientation: the dimensions' shared effects in explaining firm performance [J]. Entrepreneurship Theory and Practice, 41(6): 973-998.

LOVELOCK C, JOCHEN W, 2011. Services Marketing: People, Technology, Strategy[M]. 7th ed. Upper Saddle River, NT: Prentice Hall.

LUO Y, 2003. Industrial dynamics and managerial networking in an emerging market: the case of China[J]. Strategic Management Journal, 24(13): 1315-1327.

LUSCH R F, NAMBISAN S, 2015. Service innovation: a service-dominant logic perspective[J]. MIS Quarterly, 39(1): 155-175.

LUSCH R F, VARGO S L, O'BRIEN M, 2007. Competing through service: insights from service-dominant logic[J]. Journal of Retailing, 83(1): 5-18.

LÜTJEN H, TIETZE F, SCHULTZ C, 2017. Service transitions of product-centric firms: an explorative study of service transition stages and barriers in Germany's energy market [J]. International Journal of Production Economics, 192: 106-119.

MACINNIS D J, JAWORSKI B J, 1989. Information processing from advertisements: toward an integrative framework [J]. Journal of Marketing, 53(4): 1-23.

MACINNIS D J, MOORMAN C, JAWORSKI B J, 1991. Enhancing and measuring consumers' motivation, opportunity, and ability to process brand information from ads[J]. Journal of Marketing, 55(4): 32-53.

MAŁKOWSKA A, URBANIEC M, KOSAŁA M, 2021. The impact of digital transformation on european countries: insights from a comparative analysis[J]. Equilibrium. Quarterly Journal of Economics and Economic Policy, 16(2): 325-355.

MANRESA A, PRESTER J, BIKFALVI A, 2021. The role of servitization in the capabilities-performance path[J]. Competitiveness Review, 31(3): 645-667.

MARCON É, MARCON A, AYALA N F, et al., 2022. Capabilities supporting digital servitization: a multi-actor perspective[J]. Industrial Marketing Management, 103: 97-116.

MARKHAM S K, KOWOLENKO M, MICHAELIS T L, 2015. Unstructured text analytics to support new product development decisions [J]. Research-Technology Management, 58(2): 30-39.

MARTÍN-PEÑA M, SÁNCHEZ-LÓPEZ J, DÍAZ-GARRÍDO E, 2019. servitization and digitalization in manufacturing: the influence on firm performance[J]. Journal of Business & Industrial Marketing, 35(3): 564-

574.

MARTIN G, GÖZÜBÜYÜK R, BECERRA M, 2015. Interlocks and firm performance: the role of uncertainty in the directorate interlock-performance relationship [J]. Strategic Management Journal, 36 (2): 235-253.

MARTIN J A, EISENHARDT K M, 2010. Rewiring: cross-business-unit collaborations in multibusiness organizations[J]. Academy of Management Journal, 53(2): 265-301.

MARTIN S L, JAVALGI R G, CAVUSGIL E, 2017. Marketing capabilities, positional advantage, and performance of born global firms: contingent effect of ambidextrous innovation[J]. International Business Review, 26(3): 527-543.

MARTINEZ V, BASTL M, KINGSTON J, et al., 2010. Challenges in transforming manufacturing organisations into product-service providers [J]. Journal of Manufacturing Technology Management, 21(4): 449-469.

MASON K, CHAKRABARTI R, 2017. The role of proximity in business model design: making business models work for those at the bottom of the pyramid[J]. Industrial Marketing Management, 61: 67-80.

MATHIEU V, 2001. Product services: from a service supporting the product to a service supporting the client[J]. Journal of Business & Industrial Marketing, 16(1): 39-61.

MATHIEU V, 2001. Service strategies within the manufacturing sector: benefits, costs and partnership [J]. International Journal of Service Industry Management, 12(5): 451-475.

MAX FINNE J H, 2013. A manufacturer moving upstream: triadic collaboration for service delivery[J]. Supply Chain Management, 18(1): 21-33.

MCEVILY B, ZAHEER A, 1999. Bridging ties: a source of firm heterogeneity in competitive capabilities [J]. Strategic Management Journal, 20(12): 1133-1156.

MENNENS K, VAN GILS A, ODEKERKEN-SCHRÖDER G, et al.,

2018. Exploring antecedents of service innovation performance in manufacturing SMEs [J]. International Small Business Journal: Researching Entrepreneurship, 36(5): 500-520.

MIKALEF P, BOURA M, LEKAKOS G, et al., 2019. Big data analytics capabilities and innovation: the mediating role of dynamic capabilities and moderating effect of the environment[J]. British Journal of Management, 30(2): 272-298.

MIKALEF P, PATELI A, 2017. Information technology-enabled dynamic capabilities and their indirect effect on competitive performance: findings from PLS-SEM and fsQCA[J]. Journal of Business Research, 70: 1-16.

MILES I, 2005. Knowledge intensive business services: prospects and policies[J]. Foresight, 7(6): 39-63.

MILES I, KASTRINOS N, FLANAGAN K, et al., 1995. Knowledge-intensive business services: users, carriers and sources of innovation[R]. EIMS publication No. 15: EC.

MINTZBERG H, AHLSTRAND B, LAMPEL J, 2005. Strategy safari: a guide tour through the wilds of strategic management[M]. New York: Free Press.

MISHRA R, SINGH R K, PAPADOPOULOS T, 2022. Linking digital orientation and data-driven innovations: a SAP-LAP linkage framework and research propositions [J]. IEEE Transactions on Engineering Management, 71: 1346-1358.

MORAN P, 2005. Structural vs. relational embeddedness: social capital and managerial performance [J]. Strategic Management Journal, 26 (12): 1129-1151.

MOSCH P, SCHWEIKL S, OBERMAIER R, 2021. Trapped in the supply chain?: digital servitization strategies and power relations in the case of an industrial technology supplier [J]. International Journal of Production Economics(6):108141. 1-108141. 14.

MÜLLER E, ZENKER A, 2001. Business services as actors of knowledge transformation: the role of KIBS in regional and national innovation systems[J]. Research Policy, 30(9): 1501-1516.

NADLER D, TUSHMAN M L, 1980. A congruence model for diagnosing organizational behavior [M]//MILES R H. Resource book in macro organizational behavior. CA: Goodyear: Santa Clara: 30-49.

NAMBISAN S, BARON R A, 2021. On the costs of digital entrepreneurship: role conflict, stress, and venture performance in digital platform-based ecosystems [J]. Journal of Business Research, 125: 520-532.

NAMBISAN S, LYYTINEN K, MAJCHRZAK A, et al. , 2017. Digital innovation management: reinventing innovation management research in a digital world[J]. MIS Quarterly, 41(1): 223-238.

NAMBISAN S, WRIGHT M, FELDMAN M, 2019. The digital transformation of innovation and entrepreneurship: progress, challenges and key themes[J]. Research Policy, 48(8): 103773.

NEELY A, 2007. The servitization of manufacturing: an analysis of global trends [C]. 14th European Operations Management Association Conference, Ankara.

NEELY A, 2008. Exploring the financial consequences of the servitization of manufacturing[J]. Operations Management Research, 1(2): 103-118.

NELSON R R, WINTER S G, 1982. An evolutionary theory of economic change[M]. Cambridge, MA: Belknap Press.

NENONEN S, AHVENNIEMI O, MARTINSUO M, 2014. Image risks of servitization in collaborative service deliveries[J]. The Service Industries Journal, 34(16): 1307-1329.

NG I, PARRY G, SMITH L, et al. , 2012. Transitioning from a goods-dominant to a service-dominant logic: Visualising the value proposition of Rolls-Royce[J]. Journal of Service Management, 23(3): 416-439.

NGO L V, BUCIC T, SINHA A, 2019. Effective sense-and-respond strategies: mediating roles of exploratory and exploitative innovation[J]. Journal of Business Research, 94: 154-161.

NING J, JIANG X, LUO J, 2023. Relationship between enterprise digitalization and green innovation: a mediated moderation model[J]. Journal of Innovation & Knowledge, 8(1): 100326.

NOHRIA N, GULATI R, 1996. Is slack good or bad for innovation? [J]. Academy of Management Journal, 39(5): 1245-1264.

NYLÉN D, HOLMSTRÖM J, 2015. Digital innovation strategy: a framework for diagnosing and improving digital product and service innovation[J]. Business Horizons, 58(1): 57-67.

OKE A, 2007. Innovation types and innovation management practices in service companies[J]. International Journal of Operations & Production Management, 27(6): 564-587.

OLIVA R, KALLENBERG R, 2003. Managing the transition from produces to services [J]. International Journal of Service Industry Management, 14(2): 160-172.

OPAZO-BASÁEZ M, VENDRELL-HERRERO F, BUSTINZA O F, 2018. Uncovering productivity gains of digital and green servitization: implications from the automotive industry [J]. Sustainability, 10 (5): 1524.

OPRESNIK D, TAISCH M, 2015. The value of big data in servitization [J]. International Journal of Production Economics, 165: 174-184.

ORSI L, GANZAROLI A, DE NONI I, et al. , 2015. Knowledge utilisation drivers in technological M&As[J]. Technology Analysis & Strategic Management, 27(8): 877-894.

ØYSTEIN D F, SNOW C C, 2018. Business models and organization design [J]. Long Range Planning, 51(1): 32-39.

PAGOROPOULOS A, MAIER A, MCALOONE T C, 2017. Assessing transformational change from institutionalising digital capabilities on implementation and development of product-service systems: learnings from the maritime industry[J]. Journal of Cleaner Production, 166: 369-380.

PAIOLA M, GEBAUER H, 2020. Internet of things technologies, digital servitization and business model innovation in B to B manufacturing firms

［J］. Industrial Marketing Management，89：245-264.

PAIOLA M，SACCANI N，PERONA M，et al.，2013. Moving from products to solutions：strategic approaches for developing capabilities［J］. European Management Journal，31(4)：390-409.

PARDO C，IVENS B S，PAGANI M，2020. Are products striking back?：the rise of smart products in business markets［J］. Industrial Marketing Management，90：205-220.

PARIDA V，JOVANOVIC M，2022. Servitization in global markets：role alignment in global service networks for advanced service provision［J］. R & D Management，52(3)：577-592.

PARIDA V，OGHAZI P，CEDERGREN S，2016. A study of how ICT capabilities can influence dynamic capabilities［J］. Journal of Enterprise Information Management，29(2)：179-201.

PARIDA V，ÖRTQVIST D，2015. Interactive effects of network capability，ICT capability，and financial slack on technology-based small firm innovation performance［J］. Journal of Small Business Management，53(S1)：278-298.

PARIDA V，SJÖDIN D R，LENKA S，et al.，2015. Developing global service innovation capabilities：how global manufacturers address the challenges of market heterogeneity［J］. Research-Technology Management，58(5)：35-44.

PARIDA V，SJÖDIN D R，WINCENT J，et al.，2014. Mastering the transition to product-service provision：insights into business models，learning activities，and capabilities［J］. Research-Technology Management，57(3)：44-52.

PARK S H，CHAN K S，1989. A cross country input-output analysis of intersectoral relationships between manufacturing and service and their employment implications［J］. World Development，17(2)：199-212.

PARK S，GUPA S，2012. Handling endogenous regressors by joint estimation using copulas［J。Marketing Science，31(4)：567-586.

PASCHOU T，ADRODEGARI F，PERONA M，et al.，2018. Digital

servitization in manufacturing as a new stream of research: a review and a further research[M]//GALLOUJ F, DJELLAL F. A research agenda for service innovation cheltenham, England: Edward Elgar Publishing: 148-165.

PASCHOU T, RAPACCINI M, ADRODEGARI F, et al. , 2020. Digital servitization in manufacturing: a systematic literature review and research agenda[J]. Industrial Marketing Management, 89: 278-292.

PATI R K, NANDAKUMAR M K, GHOBADIAN A, et al. , 2018. Business model design-performance relationship under external and internal contingencies: evidence from SMEs in an emerging economy[J]. Long Range Planning, 51(5): 750-769.

PAYNE E H M, DAHL A J, PELTIER J, 2021. Digital servitization value co-creation framework for AI services: a research agenda for digital transformation in financial service ecosystems[J]. Journal of Research in Interactive Marketing, 15(2): 200-222.

PEDERSEN E R G, GWOZDZ W, HVASS K K, 2018. Exploring the relationship between business model innovation, corporate sustainability, and organisational values within the fashion industry [J]. Journal of Business Ethics, 149(2): 267-284.

PENTTINEN E, PALMER J, 2007. Improving firm positioning through enhanced offerings and buyer-seller relationships[J]. Industrial Marketing Management, 36(5): 552-564.

PETTIGREW A M, 1987. Context and action in the transformation of the firm[J]. Journal of Management Studies, 24(6): 649-670.

PETTIGREW A M, 1990. Longitudinal field research on change: theory and practice[J]. Organization Science, 1(3): 267-292.

PILLAI S D, GOLDFARB B, KIRSCH D A, 2020. The origins of firm strategy: learning by economic experimentation and strategic pivots in the early automobile industry[J]. Strategic Management Journal, 41(3): 369-399.

PLOYHART R E, MOLITERNO T P, 2011. Emergence of the human

capital resource: a multilevel model[J]. Academy of Management Review, 36(1): 127-150.

PODSAKOFF P M, MACKENZIE S B, LEE J Y, et al., 2003. Common method biases in behavioral research: a critical review of the literature and recommended remedies [J]. Journal of Applied Psychology, 88 (5): 879-903.

PODSAKOFF P M, ORGAN D W, 1986. Self-reports in organizational research: problems and prospects[J]. Journal of Management, 12(4): 531-544.

POEPPELBUSS J, EBEL M, ANKE J, 2022. Iterative uncertainty reduction in multi-actor smart service innovation[J]. Electronic Markets, 32(2): 599-627.

PORTER M E, HEPPELMANN J E, 2015. How smart, connected products are transforming companies[J]. Harvard Business Review, 93 (10): 97-114.

PRAHALAD C K, 2004. The blinders of dominant logic[J]. Long Range Planning, 37(2): 171-179.

PRAHALAD C K, BETTIS R A, 1986. The dominant logic: a new linkage between diversity and performance[J]. Strategic Management Journal, 7 (6): 485-501.

PRAKASH G, 2011. Service quality in supply chain: empirical evidence from Indian automotive industry[J]. Supply Chain Management, 16(5): 362-378.

PREISSL B, 2007. The German service gap or: re-organizing the manufacturing-services puzzle[J]. Metroeconomica, 58(3): 457-478.

QUINN J B, 1980. Strategic change: "Logical incrementalism"[J]. Sloan Management Review, 20(1): 7-21.

QUINN J B, DOORLEY T, PAQUETTE P, 1990. Beyond products: services-based strategy[J]. Harvard Business Review, 68(2): 58-60, 64-66, 68.

RAASSENS N, WUYTS S, GEYSKENS I, 2014. The performance

implications of outsourcing customer support to service providers in emerging vs established economies[J]. International Journal of Research in Marketing, 31(3): 280-292.

RABETINO R, HARMSEN W, KOHTAMÄKI M, et al., 2018. Structuring servitization related research [J]. International Journal of Operations & Production Management, 38(2): 350-371.

RADDATS C, BURTON J, ASHMAN R, 2015. Resource configurations for services success in manufacturing companies[J]. Journal of Service Management, 26(1): 97-116.

RADDATS C, KOWALKOWSKI C, BENEDETTINI O, et al., 2019. Servitization: a contemporary thematic review of four major research streams[J]. Industrial Marketing Management, 83: 207-223.

RADDATS C, ZOLKIEWSKI J, STORY V M, et al., 2017. Interactively developed capabilities: evidence from dyadic servitization relationships[J]. International Journal of Operations and Production Management, 37(3): 382-400.

RAI A, CONSTANTINIDES P, SARKER S, 2019. Next generation digital platforms: toward human-AI hybrids[J]. Mis Quarterly, 43(1): iii-ix.

RAI A, TANG X, 2010. Leveraging IT capabilities and competitive process capabilities for the management of interorganizational relationship portfolios[J]. Information Systems Research, 21(3): 516-542.

RAJALA R, BRAX S A, VIRTANEN A, et al., 2019. The next phase in servitization: transforming integrated solutions into modular solutions[J]. International Journal of Operations & Production Management, 39(5): 630-657.

RAJALA R, WESTERLUND M, RAJALA A, et al., 2008. Knowledge-intensive service activities in software business[J]. International Journal of Technology Management, 41(3/4): 273-290.

RAJAPATHIRANA R P J, HUI Y, 2018. Relationship between innovation capability, innovation type, and firm performance [J]. Journal of Innovation & Knowledge, 3(1): 44-55.

REIM W, SJÖDIN D R, PARIDA V, 2019. Servitization of global service network actors: a contingency framework for matching challenges and strategies in service transition[J]. Journal of Business Research, 104: 461-471.

ROBINSON T, CLARKE-HILL C M, CLARKSON R, 2002. Differentiation through service: a perspective from the commodity chemicals sector[J]. The Service Industries Journal, 22(3): 149-166.

ROGERS D, 2016. The Digital Transformation Playbook: rethink Your Business for the Digital Age[M]. Columbia University Press.

RONDI E, DE MASSIS A, KRAUS S, 2021. Servitization through open service innovation in family firms: exploring the ability-willingness paradox[J]. Journal of Business Research, 135: 436-444.

ROWLEY T, BEHRENS D, KRACKHARDT D, 2000. Redundant governance structures: an analysis of structural and relational embeddedness in the steel and semiconductor industries[J]. Strategic Management Journal, 21(3): 369-386.

RUAN A, CHEN J, 2017. Does formal knowledge search depth benefit Chinese firms' innovation performance?: effects of network centrality, structural holes, and knowledge tacitness[J]. Asian Journal of Technology Innovation, 25(4): 79-97.

RUIZ-ALBA J L, SOARES A, RODRÍGUEZ-MOLINA M A, et al., 2018. Servitization strategies from customers' perspective: the moderating role of co-creation[J]. Journal of Business & Industrial Marketing, 34(3): 628-642.

RUST R T, HUANG MH, 2014. The service revolution and the transformation of marketing science[J]. Marketing Science, 33(2): 206-221.

RYAN T Y, 1997. Modern regression analysis[M]. New York, NY: Wiley.

RYU H S, LEE J N, 2018. Understanding the role of technology in service innovation: comparison of three theoretical perspectives[J]. Information

&. Management, 55(3): 294-307.

SACCANI N, PERONA M, 2014. Sourcing and supplier relationships for servitized manufacturers[M]//LAY G. Servitization in industry. Cham, Suitzerland: Springer: 247-262.

SACCANI N, VISINTIN F, RAPACCINI M, 2014. Investigating the linkages between service types and supplier relationships in servitized environments[J]. International Journal of Production Economics, 149: 226-238.

SALONEN A, 2011. Service transition strategies of industrial manufacturers[J]. Industrial Marketing Management, 40(5): 683-690.

SANTIAGO L P, SOARES V M O, 2020. Strategic alignment of an R&D portfolio by crafting the set of buckets [J]. IEEE Transactions on Engineering Management, 67(2): 309-321.

SANTOS F M, EISENHARDT K M, 2005. Organizational boundaries and theories of organization [J]. Organization Science, 16(5): 491-508.

SCARSO E, BOLISANI E, 2012. Trust in knowledge exchanges between service providers and clients: a multiple case study of KIBS [J]. Knowledge Management Research &. Practice, 10(1): 16-26.

SCHOTTER A P J, MUDAMBI R, DOZ Y L, et al., 2017. Boundary spanning in global organizations [J]. Journal of Management Studies, 54 (4): 403-421.

SCHULZ T, ZIMMERMANN S, BÖHM M, et al., 2021. Value co-creation and co-destruction in service ecosystems: the case of the Reach Now app [J]. Technological Forecasting and Social Change, 170: 120926.

SEDERA D, LOKUGE S, GROVER V, et al., 2016. Innovating with enterprise systems and digital platforms: a contingent resource-based theory view [J]. Information &. Management, 53(3): 366-379.

SELANDER L, HENFRIDSSON O, SVAHN F, 2013. Capability search and redeem across digital ecosystems [J]. Journal of Information Technology, 28(3): 183-197.

SHEN L, SUN W, PARIDA V, 2023. Consolidating digital servitization research: a systematic review, integrative framework, and future research directions[J]. Technological Forecasting and Social Change, 191: 122478.

SHIEH G, 2010. On the misconception of multicollinearity in detection of moderating effects: multicollinearity is not always detrimental [J]. Multivariate Behavioral Research, 45(3): 483-507.

SHIPILOV A, GAWER A, 2020. Integrating research on interorganizational networks and ecosystems [J]. Academy of Management annals, 14(1): 92-121.

SHOU Y, FENG Y, ZHENG J, et al., 2013. Power source and its effect on customer-supplier relationships: an empirical study in Yangtze River Delta[J]. International Journal of Production Economics, 146 (1): 118-128.

SIEMSEN E, ROTH A, OLIVEIRA P, 2010. Common method bias in regression models with linear, quadratic, and interaction effects [J]. Organizational Research Methods, 13(3): 456-476.

SILTALOPPI J, KOSKELA-HUOTARI K, VARGO S L, 2016. Institutional complexity as a driver for innovation in service ecosystems [J]. Service Science, 8(3): 333-343.

SILVESTRO R, LUSTRATO P, 2015. Exploring the "mid office" concept as an enabler of mass customization in services[J]. International Journal of Operations & Production Management, 35(6): 866-894.

SINGH A, KLARNER P, HESS T, 2020. How do chief digital officers pursue digital transformation activities? : the role of organization design parameters[J]. Long Range Planning, 53(3): 101890.1-101890.4.

SIRMON D G, HITT M A, IRELAND R D, et al., 2011. Resource orchestration to create competitive advantage: Breadth, depth, and life cycle effects[J]. Journal of Management, 37(5): 1390-1412.

SIRMON D G, HITT M A, IRELAND R D, 2007. Managing firm resources in dynamic environments to create value: looking inside the black box[J]. Academy of Management Review, 32(1): 273-292.

SJÖDIN D R, PARIDA V, KOHTAMÄKI M, 2016. Capability

configurations for advanced service offerings in manufacturing firms: using fuzzy set qualitative comparative analysis [J]. Journal of Business Research, 69(11): 5330-5335.

SJÖDIN D, PARIDA V, KOHTAMÄKI M, 2023. Artificial intelligence enabling circular business model innovation in digital servitization: conceptualizing dynamic capabilities, AI capacities, business models and effects [J]. Technological Forecasting and Social Change, 197: 122903.

SJÖDIN D, PARIDA V, KOHTAMÄKI M, 2019. Relational governance strategies for advanced service provision: multiple paths to superior financial performance in servitization[J]. Journal of Business Research, 101: 906-915.

SJÖDIN D, PARIDA V, KOHTAMÄKI M, et al., 2020. An agile co-creation process for digital servitization: a micro-service innovation approach [J]. Journal of Business Research, 112: 478-491.

SJÖDIN D, PARIDA V, PALMIÉ M, et al., 2021. How AI capabilities enable business model innovation: scaling AI through co-evolutionary processes and feedback loops [J]. Journal of Business Research, 134: 574-587.

SJÖDIN D, PARIDA V, VISNJIC I, 2022. How can large manufacturers digitalize their business models?: a framework for orchestrating industrial ecosystems [J]. California Management Review, 64(3): 49-77.

SKÅLÉN P, EDVARDSSON B, 2016. Transforming from the goods to the service-dominant logic [J]. Marketing Theory, 16(1): 101-121.

SKÅLÉN P, GUMMERUS J, VON KOSKULL C, et al., 2015. Exploring value propositions and service innovation: a service-dominant logic study [J]. Journal of the Academy of Marketing Science, 43: 137-158.

SKLYAR A, KOWALKOWSKI C, TRONVOLL B, et al., 2019. Organizing for digital servitization: a service ecosystem perspective [J]. Journal of Business Research, 104: 450-460.

SMANIA G S, MENDES G H DE SOUSA, LIZARELLI F L, et al., 2022. Service innovation in medical device manufacturers: does the digitalization matter? [J]. Journal of Business & Industrial Marketing, 37 (3): 578-593.

SMITH L, MAULL R L, NG I C L, 2014. Servitization and operations management: a service dominant-logic approach[J]. International Journal of Operations & Production Management, 34(2): 242-269.

SOETANTO D, JACK S L, 2018. Slack resources, exploratory and exploitative innovation and the performance of small technology-based firms at incubators[J]. The Journal of Technology Transfer, 43 (5): 1213-1231.

SONG W, MING X, HAN Y, et al., 2015. An integrative framework for innovation management of product-service system [J]. International Journal of Production Research, 53(8): 2252-2268.

SOUSA R, DA SILVEIRA G J C, 2019. The relationship between servitization and product customization strategies[J]. International Journal of Operations & Production Management, 39(3): 454-474.

SOUSA R, DA SILVEIRA G J C, 2017. Capability antecedents and performance outcomes of servitization differences between basic and advanced services[J]. International Journal of Operations & Production Management, 37(4): 444-467.

SOUSA R, DA SILVEIRA G J C, 2018. Implementing servitization strategies: trajectories of capability development and offering of basic and advanced services[M]//KOHTAMÄKI M, BAINES T, RABETINO R, et al. Practices and tools for servitization. Cham, Switzerland: Palgrave Macmillan.

STOCKSTROM C S, GODUSCHEIT R C, LÜTHJE C, et al., 2016. Identifying valuable users as informants for innovation processes: comparing the search efficiency of pyramiding and screening[J]. Research Policy, 45(2): 507-516.

STORBACKA K, 2011. A solution business model: capabilities and management practices for integrates solutions[J]. Industrial Marketing Management, 40(5): 699-711.

STORY V M, RADDATS C, BURTON J, et al. , 2017. Capabilities for advanced services: a multi-actor perspective [J]. Industrial Marketing Management, 60: 54-68.

STRUWE S, SLEPNIOV D, 2023. Unlocking digital servitization: a conceptualization of value co-creation capabilities [J]. Journal of Business Research, 160: 113825.

SU Z H, WEI J, LIU Y, 2023. Digital industrial platform development: a peripheral actor's perspective [J]. Technological Forecasting and Social Change, 194: 122683

SUAREZ F F, CUSUMANO M A, KAHL S J, 2013. Services and the business models of product firms: an empirical analysis of the software industry[J]. Management Science, 59(2): 420-435.

SUBRAMANIAM M, 2006. Integrationg cross-border knowledge for transnational new product development [J]. The Journal of Product Innovation Management, 23(6): 541-555.

SUPPATVECH C, GODSELL J, DAY S, 2019. The roles of internet of things technology in enabling servitized business models: a systematic literature review[J]. Industrial Marketing Management, 82: 70-86.

SVAHN F, MATHIASSEN L, LINDGREN R, 2017. Embracing digital innovation in incumbent firms: how Volvo cars managed competing concerns[J]. MIS Quarterly, 41(1): 239-254.

SZÁSZ L, DEMETER K, BOER H, et al. , 2017. Servitization of manufacturing: the effect of economic context [J]. Journal of Manufacturing Technology Management, 28(8): 1011-1034.

TAN J, ZHANG H, WANG L, 2015. Network closure or structural hole?: the conditioning effects of network-level social capital on innovation performance [J]. Entrepreneurship Theory and Practice, 39 (5): 1189-1212.

TAPSCOTT D, 1996. The digital economy: promise and peril in the age of networked intelligence[M]. New York: McGraw Hill.

TEECE D J, 2010. Business models, business strategy and innovation[J].

Long Range Planning, 43(2-3): 172-194.

TEECE D J, 2018. Profiting from innovation in the digital economy: enabling technologies, standards, and licensing models in the wireless world [J]. Research Policy, 47(8): 1367-1387.

TEECE D J, PISANO G, SHUEN A, 1997. Dynamic capabilities and strategic management [J]. Strategic Management Journal, 18 (7): 509-533.

TIAN J, COREYNEN W, MATTHYSSENS P, et al., 2022. Platform-based servitization and business model adaptation by established manufacturers [J]. Technovation, 118: 102222.

TOIVONEN M, BRAX S, TUOMINEN T, 2008. Client-oriented multicompetence: the core asset in KIBS [J]. International Journal of Service Technology and Management, 10(2/3/4): 175-189.

TOIVONEN M, TUOMINEN T, 2009. Emergence of innovations in services [J]. The Service Industries Journal, 29(7): 887-902.

TOTH Z, SKLYAR A, KOWLKOWSK C, et al., 2022. Tensions in digital servitization through a paradox lens [J]. Industrial Marketing Management, 102: 438-450.

TRABUCCHI D, BUGANZA T, DELL'ERA C, et al., 2018. Exploring the inbound and outbound strategies enabled by user generated big data: evidence from leading smartphone applications [J]. Creativity and Innovation Management, 27(1): 42-55.

TRIPSAS M, GAVETTI G, 2015. Capabilities, cognition, and inertia: evidence from digital imaging [J]. Strategic Management Journal, 21(10/11): 1147-1161.

TROILO G, DE LUCA L M, ATUAHENE-GIMA K, 2014. More innovation with less?: a strategic contingency view of slack resources, information search, and radical innovation [J]. Journal of Product Innovation Management, 31(2): 259-277.

TRONVOLL B, SKLYAR A, SÖRHAMMAR D, et al., 2020. Transformational shifts through digital servitization [J]. Industrial

Marketing Management, 89: 293-305.

TRONVOLL B, 2017. The actor: the key determinator in service ecosystems[J]. Systems, 5(2): 38.

TSIOTSOU R H, WIRTZ J, 2012. Consumer behavior in a service context [M]//WELLS V, FOXALL G. Handbook of developments in consumer behavior. Cheltenham, England: Edward Elgar Publishing: 147-201.

TSIOTSOU R H, WIRTZ J, 2015. The three-stage model of service consumption[M]//BRYSON J R, DANIELS P W. Handbook of service business-management, marketing, innovation and internationalisation Cheltenham, England: Edward Elgar Publishing: 464.

TULI K R, KOHLI A K, BHARADWAJ S G, 2007. Rethinking customer solutions: from product bundles to relational processes[J]. Journal of Marketing, 71(3): 1-17.

ULAGA W, REINARTZ W J, 2011. Hybrid offerings: how manufacturing firms combine goods and services successfully[J]. Journal of Marketing, 75(6): 5-23.

URBINATI A, BOGERS M, CHIESA V, et al., 2019. Creating and capturing value from Big Data: a multiple-case study analysis of provider companies [J]. Technovation, 84-85: 21-36.

UZZI B, 1997. Social structure and competition in interfirm networks: the paradox of embeddedness[J]. Administrative Science Quarterly, 42(1): 35-67.

VALMINEN K, TOIVONEN M, 2012. Seeking efficiency through productisation: a case study of small KIBS participating in a productisation project[J]. The Service Industries Journal, 32(2): 273-289.

VAN ALSTYNE M W, PARKER G G, CHOUDARY S P, 2016. Pipelines, platforms, and the new rules of strategy [J]. Harvard Business Review, 94(4): 54-60, 62.

VAN DER VALK W, 2007. Buyer-seller interaction patterns during ongoing service exchange [M]. Rotterdam: Erasmus University Rotterdam.

VAN DER VALK W, 2009. Buying business services: towards a structured service purchasing process[J]. Journal of Service Marketing, 23(1): 3-10.

VAN DER VALK W, 2008. Service procurement in manufacturing companies: results of three embedded case studies [J]. Industrial Marketing Management, 37(3): 301-315.

VAN DER VALK W, WYNSTRA F, AXELSSON B, 2009. Effective buyer-supplier interaction patterns in ongoing service exchange [J]. International Journal of Operations & Production Management, 29(8): 807-833.

VAN RIEL A C R, ANDREASSEN T W, LERVIK-OLSEN L, et al., 2021. A customer-centric five actor model for sustainability and service innovation [J]. Journal of Business Research, 136: 389-401.

VANDERMERWE S, RADA J, 1988. Servitization of business: adding value by adding services [J]. European Management Journal, 6(4): 314-324.

VARGO S L, LUSCH R F, 2014. Evolving to a new dominant logic for marketing [M]//The service-dominant logic of marketing. [S. l.]: Routledge: 21-46.

VARGO S L, LUSCH R F, 2010. From repeat patronage to value cocreation in service ecosystems: a transcending conceptualization of relationship [J]. Journal of Business Market Management, 4: 169-179.

VARGO S L, AKAKA M A, 2009. Service-dominant logic as a foundation for service science: clarifications[J]. Service Science, 1(1): 32-41.

VARGO S L, AKAKA M A, 2012. Value cocreation and service systems (re)formation: a service ecosystems view[J]. Service Science, 4(3): 207-217.

VARGO S L, LUSCH R F, 2011. It's all B2B … and beyond: toward a systems perspective of the market[J]. Industrial Marketing Management, 40(2): 181-187.

VARGO S L, LUSCH R F, 2004. Evolving a service dominant logic[J]. Journal of Marketing, 68(1): 1-17.

VARGO S L, LUSCH R F, 2008. Service-dominant logic: continuing the evolution[J]. Journal of the Academy of Marketing Science, 36: 1-10.

VARGO S L, LUSCH R F, 2016. Institutions and axioms: an extension and update of service-dominant logic[J]. Journal of Academy of Marketing Science, 44(1): 5-23.

VARGO S L, LUSCH R F, 2017. Service-dominant logic 2025. International Journal of Research in Marketing, 34(1): 46-67.

VARGO S L, WIELAND H, AKAKA M. A, 2015. Innovation through institutionalization: a service ecosystems perspective [J]. Industrial Marketing Management, 44: 63-72.

VASUDEVA G, ANAND J, 2011. Unpacking absorptive capacity: a study of knowledge utilization from alliance portfolios [J]. Academy of Management Journal, 54(3): 611-623.

VELU C, JACOB A, 2014. Business model innovation and owner-managers: the moderating role of competition[J]. R&D Management, 46 (3): 328-335.

VENDRELL-HERRERO F, BUSTINZA O F, PARRY G, et al., 2017. Servitization, digitalization and supply chain interdependency [J]. Industrial Marketing Management, 60: 69-81.

VENDRELL-HERRERO F, BUSTINZA O F, VAILLANT Y, 2021. Adoption and optimal configuration of smart products: the role of firm internationalization and offer hybridization [J]. Industrial Marketing Management, 95: 41-53.

VENDRELL-HERRERO F, VAILLANT Y, BUSTINZA O F, et al., 2021. Product lifespan: the missing link in servitization[J]. Production Planning & Control, 33(14): 1372-1388.

VIAL G, 2019. Understanding digital transformation: a review and a research Agenda[J]. The Journal of Strategic Information Systems, 28 (2): 118-144.

VISNJIC I, NEELY A, JOVANOVIC M, 2018. The path to outcome delivery: interplay of service market strategy and open business models

［J］. Technovation，72：46-59.

VISNJIC I，WEINGARTEN F，NEELY A，2016. Only the brave：Product innovation，service business model innovation，and their impact on performance［J］. Journal of Product Innovation Management，33（1）：36-52.

VON KROGH G，GRAND S，2000. Justification in knowledge creation：dominant logic in management discourses ［M］//VON KROGH，NONAKA I，NISHIGUCHI. Knowledge creation. London：Palgrave Macmillan.

VON NORDENFLYCHT A，2010. What is a professional service firm?：toward a theory and taxonomy of knowledge-intensive firms［J］. The Academy of Management Review，35（1）：155-174.

WAGNER S M，KEMMERLING R，2010. Handling nonresponse in logistics research［J］. Journal of Business Logistics，31（2）：357-381.

WAGNER S，HOISL K，THOMA G，2014. Overcoming localization of knowledge：The role of professional service firms［J］. Strategic Management Journal，35（11）：1671-1688.

WAMBA S F，DUBEY R，GUNASEKARAN A，et al.，2020. The performance effects of big data analytics and supply chain ambidexterity：the moderating effect of environmental dynamism［J］. International Journal of Production Economics，222：107498.

WANG C L，AHMED P K，2007. Dynamic capabilities：a review and research agenda［J］. International Journal of Management Reviews，9（1）：31-51.

WANG J，NIE Y，GUO M，et al.，2024. Digital orientation and innovation outputs in collaboration networks：inside the black box［J］. Journal of the Knowledge Economy，15：732-750.

WANG N，WAN J H，MA Z Z，et al.，2023. How digital platform capabilities improve sustainable innovation performance of firms：the mediating role of open innovation［J］. Journal of Business Research，167：114080.

WANG T, ZHANG T, SHOU Z, 2021. The double-edged sword effect of political ties on performance in emerging markets: the mediation of innovation capability and legitimacy [J]. Asia Pacific Journal of Management, 38(3): 1003-1030.

WANG W, LAI K H, SHOU Y, 2018. The impact of servitization on firm performance: a meta-analysis[J]. International Journal of Operations & Production Management, 38(7): 1562-1588.

WANG Y G, TIAN Q H, LI X, et al., 2022. Different roles, different strokes: how to leverage two types of digital platform capabilities to fuel service innovation [J]. Journal of Business Research, 144: 1121-1128.

WARNER K S R, WÄGER M, 2018. Building dynamic capabilities for digital transformation: an ongoing process of strategic renewal[J]. Long Range Planning, 52(3): 326-349.

WEI Z, YANG D, SUN B, et al. 2014. The fit between technological innovation and business model design for firm growth: evidence from China[J]. R&D Management, 44(3): 288-305.

WEN X, ZHOU X, 2016. Servitization of manufacturing industries based on cloud-based business model and the down-to-earth implementary path[J]. International Journal of Advanced Manufacturing Technology, 87: 1491-1508.

WILLIAMSON O E, 2007. The economic institutions of capitalism: firms, markets, relational contracting [M]//Das Summa Summarum des Management: [S.l.]: Springer: 61-75.

WINTER S G, 2000. The satisficing principle in capability learning [J]. Strategic Management Journal, 21(10/11): 981-996.

WIREDU G O, BOATENG K A, EFFAH J K, 2021. The platform executive: technology shaping of executive cognition during digital service innovation [J]. Information & Management, 58(4): 103469.

WITELL L, LÖFGREN M, 2013. From service for free to service for fee: Business model innovation in manufacturing firms[J]. Journal of Service Management, 24(5): 520-533.

WITELL L, SNYDER H, GUSTAFSSON A, et al., 2016. Defining service innovation: a review and synthesis [J]. Journal of Business Research, 69(8): 2863-2872.

WUYTS S, RINDFLEISCH A, CITRIN A, 2015. Outsourcing customer support: the role of provider customer focus[J]. Journal of Operations Management, 35:40-55.

WYNSTRA F, AXELSSON B, VAN DER VALK W, 2006. An application-based classification to understand buyer-supplier interaction in business service [J]. International Journal of Service Industry Management, 17(5): 474-496.

WYNSTRA F, SPRING M, SCHOENHERR T, 2015. Service triads: a research agenda for buyer-supplier-customer triads in business services[J]. Journal of Operations Management, 35: 1-20.

XIAO X H, TIAN Q H, MAO H Y, 2020. How the interaction of big data analytics capabilities and digital platform capabilities affects service innovation: a dynamic capabilities view[J]. IEEE Access, 8: 18778-18796.

XING Y, LIU Y, TARBA S, et al., 2017. Servitization in mergers and acquisitions: manufacturing firms venturing from emerging markets into advanced economies[J]. International Journal of Production Economics, 192: 9-18.

XU X X, 2012. Internet of things in service innovation [J]. Amfiteatru Economic, 14(SPEC. ISS6): 698-719.

YAN K, CHENG T C E, LI G, et al., 2021. Overcoming the service paradox by leveraging organizational design and cultural factors: a combined configuration and contingency approach[J]. IEEE Transactions on Engineering Management, 68(2): 498-512.

YAN Y, GUAN J C, 2018. Social capital, exploitative and exploratory innovations: the mediating roles of ego-network dynamics [J]. Technological Forecasting and Social Change, 126: 244-258.

YANG H, LIN Z, LIN Y, 2010. A multilevel framework of firm

boundaries: firm characteristics, dyadic differences, and network attributes[J]. Strategic Management Journal, 31(3): 237-261.

YIN R K, 1994. Case study research: design and method[M]. Beverly Hills, CA: Sage Publishing.

YU M C, 2017. Customer participation and project performance: a moderated-mediation examination [J]. Project Management Journal, 48 (4): 8-21.

YUAN FU Q, PING CHUI Y, HELANDER M G, 2006. Knowledge identification and management in product design[J]. Journal of Knowledge Management, 10(6): 50-63.

ZANCUL E D S, TAKEY S M, BARQUET A P B, et al. , 2016. Bussiness process support for IoT based product-service system (PSS)[J]. Business Process Management Journal, 22(2): 305-323.

ZENG J, TAVALAEI M M, KHAN Z, 2021. Sharing economy platform firms and their resource orchestration approaches [J]. Journal of Business Research, 136: 451-465.

ZHANG F, CANTWELL J A, 2013. Regional and global technological knowledge search strategies and the innovative performance of large multinational corporations[J]. Industry and Innovation, 20(7): 637-660.

ZHANG M, ZHAO X D, VOSS C, et al. , 2016. Innovating through services, co-creation and supplier integration: cases from China [J]. International Journal of Production Economics, 171: 289-300.

ZHANG Y, LI H, 2010. Innovation search of new ventures in a technology cluster: the role of ties with service intermediaries [J]. Strategic Management Journal, 31(1): 88-109.

ZHONG R Y, XU C, CHEN C, et al. , 2017. Big data analytics for physical internet-based intelligent manufacturing shop floors [J]. International Journal of Production Research, 55(9): 2610-2621.

ZHOU D, KAUTONEN M, WANG H C, et al. ,2017. How to interact with knowledge-intensive business services: a multiple case study of small and medium manufacturing enterprises in China [J], Journal of

Management & Organization, 23(2), 297-318.

ZHOU D, WEI J, 2009. A comparison study on interactive demand between producer services and manufacturing industries in Japan, Germany, Korea and Brazil[C]. International Conference on Management of Technology, Taiyuan, China.

ZHOU D, WU Q H, LEE S, et al. , 2024. Unpacking the mechanism linking digital servitization and manufacturing firm performance: the role of the service networks and slack resources[J]. Journal of Business & Industrial Marketing, 39(2): 189-205.

ZHOU D, YAN T T, DAI W Q, et al. , 2021. Disentangling the interactions within and between servitization and digitalization strategies: a service-dominant logic[J]. International Journal of Production Economics, 238, 108175.

ZHOU D, YAN T T, ZHAO L L, et al. , 2020. Performance implication of servitization: does a manufacturer's service supply network matter? [J]. International Journal of Production Economics, 219: 31-42.

ZHOU Y W, GUO J, ZHOU W, 2018. Pricing/service strategies for a dual-channel supply chain with free riding and service-cost sharing[J]. International Journal of Production Economics, 196: 198-210.

ZHU Z, ZHAO J, TANG X, et al. , 2015. Leveraging e-business process for business value: a layered structure perspective [J]. Information & Management, 52(6): 679-691.

ZOTT C, AMIT R, 2010. Business model design: an activity system perspective[J]. Long Range Planning, 43(2/3): 216-226.

附　　录

附录一:数字平台能力对数字服务化的驱动机制调查

尊敬的女士/先生:

　　您好!

　　本调查旨在了解企业通过数字平台能力对服务化的作用机制。本问卷采用匿名填写方式。对于您填写的信息我们会严格保密,相关数据信息仅供学术研究之用,不会用于任何商业用途,问卷数据也仅作大样本分析,不会进行个案分析,敬请放心! 您的参与对我们的研究非常重要,非常感谢您的支持!

答题前请先阅读填写说明

　　请您在适当的选项上打"√"。请选择一个最符合您在一般情形下的最直接的想法、感觉或行为的选项。如果您做的是电子版问卷,请将相应的数字颜色改成红色,或做上其他标识。

　　注:要求企业是构建数字平台的主体企业,这里的数字平台包括企业自己的小平台(如交易平台或服务平台等)和/或企业面向产业的大平台(如工业互联网等)。

　　一、基本信息。请依据您所在企业的情况填入信息或在相应"□"上打"√"。

　　1. 是否属于制造企业:□是　　□否

　　2. 是否是企业中高级管理者:□是　　　□否

　　3. 贵企业是否构建了数字平台:□是　　　□否

4. 企业所在地：＿＿＿＿＿＿＿省＿＿＿＿＿＿＿市

5. 企业成立年份：＿＿＿＿＿＿＿

6. 企业当前员工数：

□500 人及以下　□501～1000 人　□1001～2000 人　□大于 2000 人

7. 企业所有权：□国有　　　□非国有

8. 贵企业主导业务所处行业：

□通信设备、计算机及其他电子设备制造业　　□交通运输设备制造业

□通用、专用设备制造业　　□医药制造业　　□其他制造业

9. 贵企业的研发投入占年销售额的比重：

□3％及以下　　□4％～6％　　□7％～9％　　□大于 10％

10. 企业建立数字平台的年份：＿＿＿＿＿＿＿

11. 贵企业是否与数字平台上主要参与者之间保持长期关系：

□是　　　□否

12. 贵企业的数字平台参与者数量：

□50 个及以下　□51～100 个　□101～500 个　□大于 500 个

13. 贵企业的数字平台发展阶段：

□初创期　　□成长期　　□成熟期

14. 贵企业的数字平台主要参与者类型(可多选)：

□科研机构　　□同行企业　　□高校　　□供应商

□银行等金融机构、风投机构　　□领先用户、消费者

□各类小微企业、创客　　□第三方服务企业

15. 贵企业主要的服务提供类型：

□监测服务(如实时监控产品性能、捕获和分析数据等)

□优化服务(如提供产品的升级与更新、更换功能模块等)

□解决方案(如交钥匙工程、定制化产品-服务包等)

16. 贵企业之前的服务经验：

□无经验　　□经验较少　　□经验较丰富　　□经验丰富

二、贵企业的数字平台能力调查。请依据您所在企业的实际情况在相应的数值上打"√"。

贵企业的数字平台能力：	完全不同意→完全同意						
我们的平台可以便利地访问合作伙伴信息系统内的数据	1	2	3	4	5	6	7
我们的平台能够无缝连接合作伙伴和我们的信息系统	1	2	3	4	5	6	7
我们的平台能够与合作伙伴实时交换信息	1	2	3	4	5	6	7
我们的平台可以轻松地整合合作伙伴数据库的相关信息	1	2	3	4	5	6	7
我们的平台很容易适应新的合作伙伴	1	2	3	4	5	6	7
我们的平台可以轻松扩展以适应新的 IT 应用程序或功能	1	2	3	4	5	6	7
我们的平台采用了现有的和潜在的合作伙伴都接受的标准	1	2	3	4	5	6	7
我们的平台由可以重复使用的模块化的软件组件构成	1	2	3	4	5	6	7

三、贵企业的边界拓展调查。请依据您所在企业的实际情况在相应的数值上打"√"。

贵企业的权力边界拓展：	完全不同意→完全同意						
我们能够最大限度地控制产品与服务的相容性	1	2	3	4	5	6	7
我们能够最大限度地控制服务对产品的生命周期管理	1	2	3	4	5	6	7
我们能够有效地规避中介机构的控制	1	2	3	4	5	6	7
我们能够调整服务设计的权限和决策	1	2	3	4	5	6	7
我们能够调整服务销售/营销的权限和决策	1	2	3	4	5	6	7
我们能够有效地控制客户关系	1	2	3	4	5	6	7
我们拥有所交付的服务的所有权	1	2	3	4	5	6	7
贵企业的知识边界拓展：	完全不同意→完全同意						
我们能够获取新的服务相关知识	1	2	3	4	5	6	7
我们能够对技术与服务的相关知识进行整合	1	2	3	4	5	6	7
我们能够建立基于价值共创的营销方式	1	2	3	4	5	6	7
我们发展了软件相关知识	1	2	3	4	5	6	7
我们增加了理解顾客需求的知识	1	2	3	4	5	6	7
我们增加了提高服务质量的知识	1	2	3	4	5	6	7
我们增加了系统地规划服务的知识	1	2	3	4	5	6	7

四、贵企业的服务化调查。请依据您所在企业的实际情况在相应的数值上打"√"。

贵企业的服务化：	完全不同意→完全同意						
我们提供的服务能够为客户创造更多可能的价值	1	2	3	4	5	6	7
我们提供的服务对客户来说是独特的或具有创新性的	1	2	3	4	5	6	7
我们提供的服务满足了客户更多的需求	1	2	3	4	5	6	7
我们提供的服务更具有用性	1	2	3	4	5	6	7
我们提供的服务在质量上更优	1	2	3	4	5	6	7
我们提供的服务在技术上更优	1	2	3	4	5	6	7

五、请依据您所在企业的实际情况在相应的数值上打"√"。

贵企业与参与者之间的互补性程度：	完全不同意→完全同意						
平台参与者可以提供平台内其他参与者缺失的资源	1	2	3	4	5	6	7
平台参与者可以弥补平台内其他参与者现有的资源不足	1	2	3	4	5	6	7
平台参与者可以为我们提供功能组件以补充平台架构	1	2	3	4	5	6	7
平台参与者可以为我们修改功能组件以完善平台架构	1	2	3	4	5	6	7

——问卷到此结束，再次劳烦您检查一遍有无漏答的题目——

附录二:服务化对企业绩效的影响效应调查

尊敬的先生/女士:

您好!

非常感谢您在百忙之中抽出时间参与我们的调查!本问卷旨在研究"制造企业服务化的绩效机制"问题,答案无对错之分,请选择与企业实际情况最为接近的答案(电子版问卷请用不同颜色标注答案)。本问卷完全匿名,纯为学术研究之用,所获信息也绝不用于任何商业目的,请您放心并尽可能根据实际情况客观回答。如果您对本研究的结论感兴趣,请在问卷结尾处注明,并留下您的通信方式,届时我们会将有关研究成果及时发给您。

一、企业基本信息

1. 企业成立时间:

   企业所在地:

2. 企业主营业务所属行业:

A. ICT 制造业　　B. 设备制造业

C. 制药制造业　　D. 纺织和皮革制造业

3. 企业目前员工人数:

A. 100 人(含)以下　　B. 100～300 人(含)　　C. 300～1000 人(含)

D. 1000～5000 人(含)　　E. 5000 人以上

4. 企业近三年年均营业收入(以人民币计,单位"元")

A. 300 万以下　　B. 300 万(含)～2000 万　　C. 2000 万(含)～4 亿

D. 4 亿(含)～100 亿　　E. 100 亿以上

5. 贵企业是否曾经对外提供过服务?

A. 是　　B. 否

6. 您所属的部门:_____,您的职务:_____,

您的工作年限:_____年

7. 您在工作期间是否亲身经历了企业逐步转变为对外提供相关服务的过程?

□是　　□否

二、企业服务网络的构建现状

请根据过去三年企业与以下合作伙伴的联系频率,在相应数值上画"√"。

	贵企业与以下合作伙伴的联系频率	1(几乎不联系)→5(几乎每天都联系)				
1	产品的售前服务提供商	1	2	3	4	5
2	产品的售后服务提供商	1	2	3	4	5
3	产品使用中的服务提供商	1	2	3	4	5

过去三年,企业为更好地对外提供服务,最重要的五个合作伙伴的名称(按重要性从高到低,企业名称可缩写)。

	A	B	C	D	E

请判断这五个主要合作伙伴之间的相互关系:0＝没联系,1＝有联系。请在相应数字(0或1)上画√。

	A	B	C	D	E
A					
B	0　;　1				
C	0　;　1	0　;　1			
D	0　;　1	0　;　1	0　;　1		
E	0　;　1	0　;　1	0　;　1	0　;　1	

三、服务化实施情况

过去三年,贵企业提供给客户的相关服务对企业自身的收入的贡献,请选择最为客观的情况,在相应数字上画"√"。

服务种类	该项服务对企业收入的贡献程度进行评估					
	0%	0~20%	20%~40%	40%~60%	60%~80%	80%~100%
产品运输与物流	1	2	3	4	5	6
产品安装与调试	1	2	3	4	5	6
产品维修与维护	1	2	3	4	5	6
产品翻新与升级	1	2	3	4	5	6
技术咨询服务	1	2	3	4	5	6

四、实施服务化战略之后的企业绩效状况

实施服务化战略以来,企业近三年与同行业其他企业相比的绩效情况,在相应数字上画"√"。

实施服务化战略以来,企业近三年与同行业其他企业相比,我们:	完全不同意→完全同意				
资产回报率高于竞争对手	1	2	3	4	5
投资回报率高于竞争对手	1	2	3	4	5
平均年销售量增长高于竞争对手	1	2	3	4	5
产品/服务利润率增长高于竞争对手	1	2	3	4	5

若您对我们的研究结果感兴趣,请留下联系方式。电话:＿＿＿＿＿＿；电子邮件:＿＿＿＿＿＿。再次感谢您的支持!

附录三:数字服务化对企业绩效的作用机制调查

尊敬的女士/先生:

您好!

非常感谢您在百忙之中抽出时间填写这份问卷!本问卷旨在研究制造企业数字服务化对企业绩效的作用机制。答案没有对错之分,请勾选您的真实想法或您最近的想法。本问卷纯为学术研究之用,内容不会涉及贵企业的商业机密,所获信息也不会用于任何商业目的,请您放心填答!再次感谢您的热情帮助。如果您对本研究的结论感兴趣,请在问卷结尾处注明,并留下您的通信方式,届时我们会将有关研究成果及时发给您。

一、企业基本信息

1. 贵企业的成立时间为:

A. 1991 年以前　　　　　　B. 1991—1999 年

C. 2000—2010 年　　　　　D. 2010 年以后

2. 贵企业的性质为:

A. 民营企业　　　　　　　　B. 非民营企业

3. 贵企业的从业人数为:

A. 300 人及以下　　　　　　B. 300~1000 人

C. 1000~3000 人　　　　　D. 3000 人以上

4. 贵企业属于下列哪类制造行业:

A. 信息、通信技术制造业　　B. 设备制造业　　C. 化学医药制造业

D. 纺织皮革制造业　　　　　E. 其他

5. 贵企业所在的省份:

A. 浙江省　　　B. 江苏省　　　　C.安徽省　　　　D. 河南省

6. 您在贵企业的职位为:

A. 与服务业务相关　　　　　B. 与服务业务不相关

7. 您在贵企业的任职年限为：

A. 1 年以下　B. 1～3 年　C. 3～5 年　D. 5～10 年　E. 10 年以上

8. 贵企业是否曾经对外提供服务：

A. 是　　　　　B. 否

9. 贵企业是否曾经与外部服务提供商有过合作的经验：

A. 是　　　　　B. 否

10. 您认为贵企业所处的外部市场竞争程度如何：

A. 基本没有竞争　　　B. 一般　　　C. 非常激烈

11. 您认为贵企业所在的领域技术变化程度如何：

A. 基本没有变化　　　B. 一般　　　C. 非常激烈

12. 您认为贵企业的高管是否具有创业意识：

A. 比较弱　　　　　B. 一般　　　C. 非常强

二、数字服务化的开展现状

下面是制造企业提供的 7 种典型的数字服务，请您根据本企业的实际情况回答下列问题，请在相应的数值上打"√"。

服务类别	请对贵企业采用数字技术来提供以下服务的情况进行评价（1 表示完全不同意，7 表示完全同意）						
	1	2	3	4	5	6	7
产品修理/维护服务							
安装和使用产品服务							
配件和消耗品服务							
产品升级服务							
服务台/客户支持服务							
产品培训服务							
咨询服务							

三、企业冗余资源的基本情况

请根据贵企业冗余资源的情况，在相应的数值上打"√"。

贵企业的冗余资源状况	完全不同意 ←——→ 完全同意						
	1	2	3	4	5	6	7
贵企业有未使用的资源在短时间内为战略举措提供支持							
贵企业有大量可用的资源在短期内为战略举措提供支持							
贵企业能够在短时间内获取资源以支持新的战略举措							

四、服务网络配置的现状

以下题项用来测量服务网络配置,请在相应的数值上打"√"。

贵企业与下列主体的交流频率状况	完全不同意 ←——→ 完全同意						
	1	2	3	4	5	6	7
贵企业与服务提供商交流频率较高							
贵企业与顾客的交流频率较高							
贵企业与同行企业的交流频率较高							
贵企业与科研机构的交流频率较高							
贵企业与下列主体的网络规模状况	完全不同意 ←——→ 完全同意						
	1	2	3	4	5	6	7
贵企业与多数服务提供商建立了联系							
贵企业与多数的顾客建立了联系							
贵企业与多数的同行企业建立了联系							
贵企业与多数的科研机构建立了联系							

五、企业绩效

以下问题用来测量企业绩效,请在相应的数值上打"√"。

贵企业在实施数字服务化之后,企业的绩效状况	完全不同意 ⟸⟹ 完全同意						
	1	2	3	4	5	6	7
本企业的销售总量提升							
本企业的销售利润提升							
本企业的市场份额提升							

附录四：服务化、技术创新的交互机制调查

尊敬的先生/女士：

您好！

非常感谢您在百忙之中填写这份问卷！本问卷采用匿名的方式获取数据，所得数据全部用于学术研究，并承诺对贵公司的所有相关信息予以严格保密。您的回答对我们的研究十分重要，再次感谢您的配合与支持！

一、企业基本信息

1. 贵公司的成立时间为：

A. 1990 年以前　　　　　　　　B. 1991—2000 年

C. 2001—2010 年　　　　　　　D. 2011 年以后

2. 贵公司的企业性质为：

A. 国有企业　　　　　　　　　　B. 中外合资企业

C. 民营企业　　　　　　　　　　D. 外资企业

3. 贵公司的从业人数约为：

A. 300 人及以下　　　　　　　　B. 300～600 人

C. 600～1200 人　　　　　　　　D. 1200 人以上

4. 贵公司所属的行业领域为：

A. 机械、建材制造业　　　　　　B. 纺织、食品制造业

C. 有色金属制造业　　　　　　　D. 航天航空制造业

E. 化学医药制造业　　　　　　　F. 信息、通信制造业

G. 汽车制造业　　　　　　　　　H. 其他

二、企业的服务化(商业模式创新)的现状

本部分是关于企业的服务化(商业模式创新)的内容,请在相应的数值上打"√"。

请对效率型服务化(商业模式创新)进行评价	完全不同意→完全同意				
本公司的服务化能够降低交易成本	1	2	3	4	5
本公司的服务化能够简化交易流程	1	2	3	4	5
本公司的服务化能够降低交易过程的信息不对称	1	2	3	4	5
本公司的服务化使合作伙伴间能够共享信息	1	2	3	4	5
本公司的服务化能够提高交易效率	1	2	3	4	5
本公司的服务化能够加快交易速度	1	2	3	4	5
请对新颖型服务化(商业模式创新)进行评价	完全不同意→完全同意				
本公司的服务化能够引入新的合作伙伴	1	2	3	4	5
本公司的服务化能够搜寻新的产品信息组合	1	2	3	4	5
本公司的服务化采用了新的方式来激励利益相关者	1	2	3	4	5
本公司的服务化提供了新的交易方式	1	2	3	4	5
本公司的服务化创造了一种新的盈利模式	1	2	3	4	5
本公司的服务化引入了新的运作流程和规范	1	2	3	4	5

三、企业技术创新的现状

本部分是关于企业的技术创新的内容,请在相应的数值上打"√"。

请对利用式技术创新进行评价	完全不同意→完全同意				
本公司经常在现有产品的提供方面进行改进	1	2	3	4	5
本公司定期对现有产品实施小规模改进	1	2	3	4	5
本公司经常为本地市场引入改进的、但已存在的产品	1	2	3	4	5
本公司提高了产品的供应效率	1	2	3	4	5
本公司增加现有市场的规模经济	1	2	3	4	5
请对探索式技术创新进行评价	完全不同意→完全同意				
本公司可以接受超越现有产品的要求	1	2	3	4	5
本公司会将全新的产品进行商业化	1	2	3	4	5
本公司经常在市场中开发和尝试新产品	1	2	3	4	5

续表

本公司经常在新市场中探索新的机会	1	2	3	4	5
本公司经常使用新的分销渠道	1	2	3	4	5

四、企业的网络中心性的现状

以下题项用来测量企业的网络中心性,请在相应的数值上打"√"。

请评价企业的网络中心性	完全不同意→完全同意				
本公司在合作网络中的中心地位显著	1	2	3	4	5
与主要竞争对手相比,本公司更容易在网络联系中获取所需的关键资源	1	2	3	4	5
本公司在合作网络中的中心位置吸引了其他网络成员与我们合作的意愿	1	2	3	4	5
本公司的服务供应商往往需要通过本公司与其他服务供应商进行业务联系	1	2	3	4	5
本公司较少依赖其他企业的帮助而与其他合作伙伴进行业务联系	1	2	3	4	5

五、企业绩效状况

以下问题用来测量企业绩效,请在相应的数值上打"√"。

请对企业绩效进行评价	完全不同意→完全同意				
相比主要竞争对手而言,本公司的市场占有率较高	1	2	3	4	5
相比主要竞争对手而言,本公司的雇员增长率较快	1	2	3	4	5
相比主要竞争对手而言,本公司的顾客满意度较高	1	2	3	4	5
相比主要竞争对手而言,本公司的新产品和新服务发展速度较快	1	2	3	4	5
相比主要竞争对手而言,本公司的投资收益率较高	1	2	3	4	5
相比主要竞争对手而言,本公司的销售额增长速度较快	1	2	3	4	5

附录五:服务化、数字化的交互机制调查

尊敬的女士/先生:

您好!

非常感谢您在百忙之中抽出时间填写这份问卷! 本问卷旨在研究传统制造企业的服务化转型战略与数字化转型战略对企业绩效的交互影响机制。答案没有对错之分,请勾选您的真实想法或您最近的想法。本问卷纯为学术研究之用,内容不会涉及贵企业的商业机密,所获信息也不会用于任何商业目的,请您放心填答! 再次感谢您的热情帮助。

一、企业基本信息

1. 贵企业的成立时间为:

A. 1991 年以前　　　　　　　　　B. 1991—1999 年

C. 2000—2010 年　　　　　　　　D. 2010 年以后

2. 贵企业的从业人数为:

A. 300 人及以下　　　　　　　　　B. 300 至 1000 人

C. 1000~3000 人　　　　　　　　D. 3000 以上

3. 贵企业属于下列哪类制造行业:

A. 信息、通信技术制造业　　　　　B. 设备制造业

C. 化学医药制造业　　　　　　　　D. 纺织皮革制造业　　　E.其他

4. 贵企业是否曾经对外提供服务:

A. 是　　　　　　　　　　　　　　B. 否

5. 贵企业是否曾经与外部服务提供商有过合作的经验:

A. 是　　　　　　　　　　　　　　B. 否

6. 贵企业与同行最大的竞争对手相比,市场份额如何:

A. 比较低　　　　　B. 一般　　　　　C. 非常高

7. 贵企业与同行企业相比,所申请的专利数如何:

A. 比较少　　　　　B. 差不多　　　　C. 非常多

8. 您在贵企业的职位为：

A. 与服务业务相关　　　　　　　　B. 与服务业务不相关

9. 您在贵企业的任职年限为：

A. 1 年以下　　　　　B. 1～3 年　　　　　C. 3～5 年

D. 5～10 年　　　　　E. 10 年以上

二、企业服务化的情况

下面是制造企业提供的 8 种典型的服务，请您根据本企业的实际情况在相应的数值上打"√"。

服务类别	贵企业有多少顾客使用该项服务 (1 表示几乎没有,7 表示几乎所有客户)						
	1	2	3	4	5	6	7
产品维修/维护							
安装和实施							
零件和消耗品的提供							
租赁							
产品升级(产品、软件的完善)							
服务台/客户支持中心							
产品使用培训							
咨询服务							

三、企业数字化的情况

以下题项用来测量数字化转型，请您根据本企业的实际情况在相应的数值上打"√"。

贵企业通过使用数字技术可以……	完全不同意 ⟺ 完全同意						
	1	2	3	4	5	6	7
维持与现有合作伙伴（如供应商和客户）的合作							
与新的合作伙伴（如供应商和客户）建立业务合作							
办公的灵活性（如可以在办公室外工作）							
接触信息（如市场和客户）							
通过外部网实现与企业利益相关者的沟通							

贵企业通过使用数字技术可以……	完全不同意 ⟺ 完全同意						
	1	2	3	4	5	6	7
为员工提供能力/技能的发展							
在项目层面上实施市场规划							
节省成本							
在公司层面上实施战略规划							
通过内部网推进企业内部的沟通							

四、企业市场绩效

以下问题用来测量企业市场绩效，请在相应的数值上打"√"。

贵企业的市场绩效状况	完全不同意 ⟺ 完全同意						
	1	2	3	4	5	6	7
销量提升							
利润率增长							
市场份额增长							
总体竞争地位提升							
顾客忠诚度增强